宁夏改革开放史研究丛书

2015年度宁夏回族自治区社科规划委托项目

宁夏工业经济改革与发展史研究

中共宁夏回族自治区委员会党史研究室
宁夏回族自治区经济和信息化委员会 编著
宁 夏 中 共 党 史 学 会

黄河出版传媒集团
宁夏人民出版社

图书在版编目（CIP）数据

宁夏工业经济改革与发展史研究 / 中共宁夏回族自治区委员会党史研究室，宁夏回族自治区经济和信息化委员会，宁夏中共党史学会编著．—银川：宁夏人民出版社，2016.9

（宁夏改革开放史研究丛书）

ISBN 978-7-227-06443-5

Ⅰ.①宁… Ⅱ.①中… ②宁… ③宁… Ⅲ.①地方工业经济—经济体制改革—研究—宁夏②地方工业经济—经济发展—研究—宁夏 Ⅳ.①F427.43

中国版本图书馆CIP数据核字（2016）第239077号

宁夏工业经济改革与发展史研究

（宁夏改革开放史研究丛书）

中共宁夏回族自治区委员会党史研究室
宁夏回族自治区经济和信息化委员会　编著
宁夏中共党史学会

责任编辑　管世献
封面设计　陈　燕
责任印制　肖　艳

黄河出版传媒集团
宁夏人民出版社　出版发行

出 版 人　王杨宝
地　　址　银川市北京东路139号出版大厦（750001）
网　　址　http://www. nxpph.com　http://www. yrpubm.com
网上书店　http://shop126547358.taobao.com　http://www.hh-book.com
电子信箱　nxrmcbs@126.com　renminshe@yrpubm.com
邮购电话　0951-5019391　5052104
经　　销　全国新华书店
印刷装订　银川金利丰彩色印刷有限责任公司
印刷委托书号　（宁）0002813

开　　本　787 mm × 1092 mm　1/16
印　　张　35　字数　460千字
版　　次　2016年10月第1版
印　　次　2016年10月第1次印刷
书　　号　ISBN 978-7-227-06443-5/F · 457
定　　价　98.00元

总　序

改革开放，是决定当代中国命运的关键一招，也是实现“两个一百年”奋斗目标和中华民族伟大复兴的中国梦的关键一招。实践发展永无止境，改革开放永无止境。改革开放只有进行时，没有完成时。回顾三十多年改革开放的历程，在中国共产党的领导下，中国社会的面貌、中国人民的面貌和社会主义中国的面貌都发生了翻天覆地的历史巨变，取得了社会主义现代化建设事业的伟大成就，谱写了中华民族自强不息、顽强奋进、光辉灿烂的新的壮丽史诗。

改革开放以来，地处西北内陆的宁夏，在党中央、国务院的亲切关怀和全国人民的大力支持下，在自治区党委、政府的坚强领导下，全区上下高举中国特色社会主义伟大旗帜，解放思想，实事求是，与时俱进，求真务实，坚持以经济建设为中心，坚持把发展作为第一要务，坚持改革开放，全区经济、政治、文化、社会、生态文明五大建设和党的建设扎实推进、跨越发展，社会主义现代化建设取得了辉煌成就。一个开放、富裕、和谐、美丽的新宁夏正全面展现在世人面前。

习近平总书记指出：历史是最好的教科书和“营养剂”。真实记录、客观总结、深入研究党领导人民进行改革开放的历史，是党和国家赋予党史工作者的神圣使命。鉴于中国三十多年来在改革开放方面所取得的巨大成功和辉煌成就，同时，也鉴于党的十八大以来，以习近平为总书记的党中央做出了全面深化改革的战略部署。2014 年，党中央就全国党史工作特别是党史研究工作明确提出了“一突出”（突出开创和发展中国特色社会主义时间段历史研究）、“两跟进”（即时跟进十八大以来党中央的决策部署，即时跟进以习近平为总书记的党中央的理论发展）的战略要求，中央党史研究室下发了《关于开展〈改革开放实录〉课题研究编写工作的通知》，要求各省、区、市党史部门要将党史研究的重心向改革开放时间段历史研究转变，全面加强改革开放时间段的党史研究工作。自治区党委书记李建华，自治区党委副书记崔波，自治区党委常委、组织部部长傅兴国也先后做出明确批示，要求全区党史部门要加大对宁夏改革开放史的研究力度。为了积极贯彻落实党中央的要求、中央党史研究室的决策部署和自治区党委领导的批示精神，自治区党委党史研究室从 2014 年开始，正式启动了宁夏改革开放史系列专题和专著的研究与编写工作，并取得了阶段性的成果，于当年出版了《宁夏农业产业化发展史研究》《宁夏扶贫开发史研究》《宁夏城镇化建设与发展史研究》《宁夏生态文明建设与发展史研究》四本专著。自治区党委主要领导和分管领导对此给予了高度评价，充分肯定了党史研究工作对服务党委中心工作、推动宁夏改革发展稳定所发挥的积极作用。

2015 年，自治区党委党史研究室选取宁夏财税改革与发展、宁夏医疗卫生和计生改革与发展、宁夏工业经济改革与发展、宁夏交通运输业改革与发展、宁夏教育改革与发展五个事关宁夏改革发展大局的专题作为研究重点，继续开展宁夏改革开放史系列专题的研究和编写，以更好地展现自治区党委带领全区各族人民进行改革开放的创造性实践，总结宁夏党和人民所创造的宝贵的历史经验和鲜活经验，不断探索和把握宁夏经济社会发展的规律，不断探索和把握宁夏改革开放的规律，为协调推进“四个全面”提供资政服务，为加快推进“四个宁夏”建设、全面建成小康社会提供历史借鉴和经验启示。一年来，自治区党委党史研究室采取横向与自治区相关厅局委办联合、纵向与全区各市党史部门联动的方式，在时间紧、任务重的情况下，集中力量深入研究、认真编写完成了《宁夏财税改革与发展史研究》《宁夏医疗卫生和计生改革与发展史研究》《宁夏工业经济改革与发展史研究》《宁夏交通运输业改革与发展史研究》《宁夏教育改革与发展史研究》五部专著。

“宁夏改革开放史研究丛书”均分为综述篇、专题篇、地方篇和文献篇四部分，对相关领域改革开放进程以图文并茂的形式进行了历史性梳理和全景式展现，并总结了重要的经验启示，形成了进一步全面推进深化改革、加快发展的思路和措施。在研究编写过程中，自治区党委党史研究室始终坚持党性原则与科学精神相统一的指导思想，坚持正确的世界观和方法论，力求全方位、多层次、广视角地反映、展示和总结改革开放新时期，全区各地，各级党委、政府贯彻执行党的理论路线方针政策和中央重大决策部署，在推进这些领域改革开放与发展进程中所形成的重要发展历程、重要决策和举措、重要事件和活动、重要成就、重要经验与启示、重要文献史料以及今后进一步推动其改革与发展的对策建议。

本丛书的出版，凸显了存史与修史、资政与服务、育人与引领的作用，是党史部门更好地服务于协调推进“四个全面”战略布局、着力深入践行“五大发展理念”、加快推动“四个宁夏”建设的重要行动和举措，是进行爱国主义教育、改革开放教育、理想信念教育、区情教育和着力强化“四个自信”的一本好教材，更填补了宁夏改革开放史相关研究的空白。全区广大干部群众应以此书为鉴，以更加开放的思想观念、更加执着的奋斗精神、更加扎实的工作作风，团结一心、开拓创新，负重拼搏、务实苦干，深入贯彻落实党的十八大，十八届三中、四中、五中全会精神，深入贯彻落实自治区党委十一届三次至八次全会精神，大力践行和弘扬“不到长城非好汉”的宁夏精神，全面执行“十三五”规划，为协调推进“四个全面”战略布局、加快推动“四个宁夏”建设、全面建成小康社会而努力奋斗！

目　录

综 述 篇

专 题 篇

地 方 篇

文 献 篇

中央及国家部委文献

宁夏地方文献

综　述　篇

坚持新发展理念
加快推动宁夏工业改革发展步伐

改革开放38年来，伴随着国家改革发展的步伐，宁夏工业改革不断深化，工业经济迅速发展，显示出了蓬勃生机和活力，对经济社会发展的带动作用日益增强。党的十八届五中全会提出了创新协调绿色开放共享理念，为宁夏工业经济改革发展确立了新目标，提出了新要求，提供了新动力。在新的历史起点上，要贯彻党的十八届五中全会和国家“十三五”规划精神，按照自治区党委十一届七次全会和自治区“十三五”规划精神，坚持创新协调绿色开放共享发展理念，大力实施创新驱动发展战略，进一步推动宁夏工业经济改革与发展。

一、改革发展历程

改革开放38年来，宁夏工业经济改革与发展大致经历了五个阶段。

（一）实行扩权让利、启动改革阶段（1979—1984年）

党的十一届三中全会后，针对政企不分、条块分割，国家对企业统得过多、管得过死，企业缺乏自主权，职工吃企业“大锅饭”，企业吃国家“大锅饭”等一系列问题，国务院下发了《关于扩大国营工业企业经营管理自主权的若干规定》等一系列文件，开始了以扩大企业自主权为主的改革，宁夏工业经济运行与管理体制改革由此发轫，先后经历了扩大企业自主权、实行“利改税”、推行承包经营责任制等阶段。

第一步，扩大企业自主权。1979年后，自治区陆续颁布了5个关于企业扩权等方面的规定。同年10月，首先确定在银川橡胶厂、西北煤矿机械总厂等8个大中型企业，进行扩大企业自主权的试点，主要是将以往按工资总额提取企业基金的办法，改为按比例实行基数利润留成加增长利润留成的办法。从1980年10月1日起，自治区决定大河机床厂、银川毛纺厂试行“独立核算，国家征税，自负盈亏”的办法，即在以税代利、自负盈亏的前提下，扩大企业在计划、销售方面的自主权，允许企业按市场需要自主安排生产计划和承接加工订货。之后，生产资料开始进入市场。

第二步，实行“利改税”。1983年，自治区在557户地方国营盈利企业中推行“以税代利，税利并存”的“利改税”，即以1982年企业决算为依据并考虑新的因素，由企业按核定的所得税率、缴利比例向国家上缴税利，把国家同企业的分配关系用税收形式固定下来，保证了国家财政收入的稳定增长，同时提高了企业留利水平。这一年，实行“利改税”的国营企业，上缴国家的税利占其利润总额的65%（其中税后上缴利润占利润总额的14%），同时企业留利达35%，增强了企业发展的后劲。

第三步，推行经济责任制。1981年，宁夏开始在全部工业企业中推行经济责任制。10月，批准大河机床厂、银川毛纺厂等企业进行独立核算、国家征税、自负盈亏的试点。1982年，宁夏开始全面整顿工业企业。经过两年时间，对377个工业交通企业进行了全面整顿。在整顿中，各企业推行了各种形式的经济责任制，将国家计划任务及对国家承担的经济责任，按照责、权、利相结合的原则，逐级落实到车间、科室、班组直至个人。1984年5月国务院发布《关于进一步扩大国营工业企业自主权的暂行规定》后，全区企业承包经营责任制进一步推开并逐步走向规范。至年底，全区80%以上的企业都建立了经济责任制。同时，建立和完善了企业内部经营机制。1984年8月，在银川橡胶厂、石嘴山钢铁厂等5户企业中进行厂长（经理）负责制试点。1985年，各地、市、县和自治区主管部门又选择了一批企业进行厂长（经理）负责制试点。之后，在全区普遍推开。随着企业经营机制的改革，厂长（经理）在企业经营管理中的中心作用得到加强，企业党政不分的状况开始改变，企业普遍出现了指挥灵、决策快和办事效率高、经济效益好的新局面；绝大多数实行厂长（经理）负责制的企业，同时实行的厂长任期目标责任制和任期终结审计制，也收到了好的效果。

还改革了企业内部分配制度。1979 年企业陆续恢复奖金制度后，对企业内部工资奖励制度进行了改革，扩大了企业的工资分配权。1982 年后，多数企业先后实行浮动工资制、计件工资制、记分计奖制、超基数联销计奖等办法，使职工个人收入多少同企业经营好坏、劳动贡献大小直接挂钩，初步克服了平均主义现象，调动了广大职工的积极性。1984 年企业工资制度改革后，统一了工资标准，进一步贯彻了按劳分配原则，广大职工收入普遍增加了。

这一时期，自治区确立了依托宁夏资源优势、发展以能源工业为主的工业建设方针，相继新建扩建了一批大中型骨干企业。特别是集中财力物力，大力支援国家重点建设并切实保证自治区重点工程，使以煤炭、电力为龙头的能源工业、高耗能工业较快发展，轻纺、食品等轻工业建设项目相继投产。至 1985 年，共建成项目 3443 个（其中大中型项目 19 个），新增发电装机容量 10 万千瓦、采煤能力 52.9 万吨、化肥生产能力 1.32 万吨、水泥生产能力 46.7 万吨等。1984 年 1 月，国务院山西能源规划办公室将宁夏划入以山西为中心的能源重化工基地范围。宁夏以此为契机，不仅对石嘴山、石炭井、汝箕沟矿区原有的几个大中型矿井挖潜改造，扩大采区深度，保证稳产高产，而且贯彻以煤带电、以电促煤方针，加快电力建设步伐，促进煤电同步发展。自治区兴建了大武口电厂、太西洗煤厂、石嘴山矿务局三号井等国家及自治区重点工程，对加快宁夏经济社会发展发挥了重大作用。

自治区还在企业中积极推广国内外科技成果、开发新产品、适当提高企业折旧率、降低原材料消耗和扩大生产能力等推进企业技术进步的具体措施，不仅重工业中的煤炭生产、机械制造、仪器仪表等优势企业的物质基础和技术力量得以发挥，而且实施了轻纺和食品工业技术改造项目 48 个，累计完成工业技术改造投资 8.77 亿元，使企业因技术改造而增加产值 3.35 亿元和利税 0.88 亿元，占同期工业增加值的 42%和新增利税的一半以上。

（二）推行承包经营制、推动改革阶段（1985—1992 年）

1984 年 10 月，党的十二届三中全会通过了《中共中央关于经济体制改革的决定》，明确提出“要使企业成为相对独立的经济实体，成为自主经营、自负盈亏的社会主义的商品生产者和经营者，成为具有一定权利和义务的法人”。之后，相继出台了扩大企业自主权、实行承包经营责任制及转换企业经营机制等一系列政策措施，工业改革步入新阶段。

从 1984 年 10 月开始，自治区在工业、交通等 238 个国营企业中实行了第二步“利改税”，即以企业 1983 利润总额为基数，通过加减价格调整等因素后，合理调整产品税率，增设资源税、增值税和几种地方税，对国营企业征收所得税和调节税，对小型企业征收八级累进税，在确保企业合理留利的前提下，确定对 23 户大中型企业开征调节税，并对微利企业核定了减征所得税率。“利改税”确立了国家同企

宁夏发展工业经济不忘环境保护

业的分配关系，并通过税收杠杆，缓解了企业因产品价格不合理、资源条件和技术装备水平不同所产生的苦乐不均的矛盾，在国家拿大头的同时，使企业留利有所增加，调动了企业积极性。

1987 年 8 月，在全区经济体制改革会议上，自治区政府同大河机床厂、长城机床厂、银川汽车运输公司等 13 个企业签订了“两保一挂”（保上缴利润、保技术改造任务，实行工资总额同经济效益挂钩浮动）承包经营责任制合同，拉开了全区首轮企业承包经营的序幕。之后，自治区政府先后出台了《宁夏回族自治区全民所有制工业企业承包经营责任制暂行规定》和《宁夏回族自治区关于全民所有制工业企业实行招标承包经营的试行办法》等文件，确立了“包死基数，确保上交，超收多留，欠收自补”承包经营原则。1988 年至 1989 年，又制定了《宁夏回族自治区全民所有制工业企业承包经营责任制实施细则》等 7 个文件，进一步完善企业承包经营责任制。全区首轮承包的各类企业 3123 户，占应承包企业 3892 户的 80.2%。企业承包经营责任制的实行，不仅促进了企业经营机制的转变，而且提高了经济效益，使国家、企业和职工三者利益关系得到合理调整。但是，由于企业领导和管理方面的约束机制和监督机制未成型和不完善，出现了承包企业上缴国家利润水平低于经济效益增长水平、在利益分配上过于偏重企业和职工个人，一些企业承包人收入不合理过快增长，有的企业出现吃老本、拼设备的短期行为，以及假报效益、挂账亏损等违背承包经营责任制原则的问题。

1990 年，开始推行第二轮承包制。1990 年 3 月，经自治区政府批准，自治区体改委、自治区经委发出《关于完善企业承包经营责任制的意见》，从 18 个方面对承包的原则和办法做了规定。7 月，由自治区体改委、自治区经委、自治区财政厅、自治区劳动人事厅、自治区税务局和自治区审计局等 6 部门负责人组成的自治区承包小组做出《全面推行新一轮企业承包经营责任制的若干意见》。1991 年，新一轮企业承包全面铺开。在承包中，多数企业以“两包一挂”为主，实行上缴利润递增承包超收分成、基数承包超收分成或利润递增承包形式，少数企业实行“切块分包”“长包短定”、企业认标承包、顺延承包或招标承包等办法。由于在承包中坚持了科学合理确定基数基础上的“包死基数，确保上交，超收多留，欠收自补”原则，在指标体系上力求经济效益、发展后劲、企业管理三大指标统筹兼顾，推动了企业组织结构的调整和经营机制的转换，增强了企业的生机活力和发展后劲。

还进行了转换经营机制试点。1991 年 6 月，自治区党委、政府发出《关于进一步搞活企业的若干政策措施》。1992 年，自治区确定了 90 家工商企业（其中工业企业 49 家）进行转换经营机制的试点，企业逐步向自主经营、自负盈亏、自我发展、自我约束的商品生产者和经营者转变。同时，推进企业内部改革，全区绝大多数企业推行了厂长（经理）负责制，实行厂长（经理）任期目标责任制和任期终结审计制；推行人事劳动制度改革，企业公开招聘中层以上干部，竞争上岗，择优使用，职工实行双向选择，择优上岗，企业进人全部实行劳动合同制；进一步深化分配制度改革，将职工工资、奖金的分配与企业效益及个人贡献大小结合起来，实行计件工资、岗位工资、浮动工资、档案工资与评分记奖、联产联销、联利记奖等分配形式，打破了分配中存在的平均主义和吃大锅饭现象，促进了国家、企业和职工群众三者利益关系的合理调整。

（三）建立现代企业制度与国企脱困、拓展改革阶段（1993—2002 年）

1992 年 10 月，党的十四大宣布我国“经济体制改革的目标，是建立社会主义市场经济体制”。1993 年 11 月，党的十四届三中全会《关于建立社会主义市场经济体制若干问题的决定》提出，国有企业改革的方向是建立现代企业制度。

根据中央精神，1993 年 2 月，自治区政府发布《宁夏回族自治区全民所有制工业企业转换经营机制实施办法》，宁夏国有企业改革由搞活大中型企业转向建立现代企业制度。1994 年，国务院确定百家企业进行现代企业制度试点，宁夏的西北轴承厂被列为试点企业之一。1995 年 9 月，改制为国有独资的西轴股份有限集团公司。1996 年 4 月，新组建的集团公司和不同地区、行业的另外 5 家股东筹建“西北轴承”上市公司，在深圳证券交易所挂牌上市。1995 年，自治区确定宁夏石嘴山钢铁厂、宁夏电机总厂等 5 户自治区直属企业和六盘山水泥厂、石嘴山市铁合金厂等 5 户地市县属企业进行建立现代企业制度试点，中卫县、青铜峡市被确定为产权制度改革试点市县。在试点的基础上，宁夏陆续组建了 454 户股份制企业，有 29 户亏损严重的国有企业被 22 户国有企业兼并，28 户小型国有企业被整体拍卖。但是，由于国有企业的市场适应性较差，经济效益低下，大多陷于严重经营困难的境地。自治区政府相继发出《关于促进国有工业企业扭亏增盈的若干政策措施》等文件，提出一系列扶持措施，帮助企业解困。自治区按照“三改一加强”（以建立现代企业制度为目标，把企业的改革、改组、改造和加强管理结合起来）和“抓大放小”精神，加强了企业改革的力度。在突出重点、分类指导的基础上，对国有大中型企业中生产经营状况较好和生产经营困难的企业，分别实行大公司、大集团战略改组或通过综合治理促其转换经营机制。同时，采取改组、联合、兼并、股份合作、承包、租赁、拍卖、破产等形式，加大国有小型企业改革的力度。1996 年 4 月，自治区政府发布《关于加快小型企业改革与发展的若干政策措施》，对小型企业改革作出规定。全区按照 11 个“一批”的形式，对小型企业进行了改革，即多元参股扩张一批，组建集团带动一批，以强扶弱托管一批，产权出让盘活一批，公有民营租赁一批，配股增资改造一批，母体裂变分离一批，“退二进三”转产一批，兼并联合重组一批，引进外资嫁接一批，依法破产淘汰一批。

党的十五大后，自治区党委、政府提出，利用三年时间完成国有大中型企业“改革脱困”目标。1998 年 5 月，自治区党委、政府《关于加快改革与发展的决定》提出，要全面推进企业改革，到 2000 年，全区国有大中型企业初步建立起现代企业制度，多数国有大中型亏损企业基本走出困境，争取亏损面下降到 20%左右，初步实现经济结构的战略性调整。1999 年 3 月，自治区党委、政府《关于进一步加快工业改革与发展的意见》提出，要紧紧围绕国有企业三年改革与脱困的目标，进一步深化改革，加快结构调整，加速科技进步，培育特色，发挥优势，积极发展新兴产业，大力开拓市场，全面提高企业素质和经济运行质量和效益，努力保持全区工业持续、快速、健康发展。9 月，党的十五届四中全会通过《中共中央关于国有企业改革和发展若干重大问题的决定》后，以产权多元化为核心、以股份合作制为主要形式的国有企业改革全面展开。至 2000 年年底，全区国有大中型企业改制面达到 86.6%，其中上市公司 10 家；全区 505 家国有中小企业改制面达到 90.5%，其中实行产权制度改革的占到了 88%。在全区 409 家规模以上工业企业产值中，国有及国有控股企业产值所占比重为 59.4%，集体企业产值占 4.80%，非公有制企业产值占 35.8%。这种所有制结构的形成为全区工业注入了活力，形成了新的经济增长点。在企业脱困方面，自治区列入脱困计划的 36 家国有大中型企业有 28 家脱困，脱困面为 77.87%；自治区 85 家国有大中型企业中有 66 家脱困，亏损面降到 22.4%。全区规模以上工业经济效益综合指数达 83.6，较上年提高 15.4 个百分点，全部工业利税总额达 18.1 亿元、盈利企业盈利额 8.5 亿元、亏损企业亏损额 4 亿元，分别较上年增长 51.7%、增长 39.6%和下降 32.3%，大多数国有亏损企业基本摆脱困境，如期实现了国企脱困目标。2001 年，自治区政府批转了自治区经贸委《关于深化工业改革强化企业管理提高经济效益的若干意见》，提出要进一步建立健全法人治理结构，放开搞活中小企业，深化国有企业内部人事、劳动、分配制度改革等措施，国有企业改革向纵深发展。在改革中，自治区党委、政府多次召开国有企业下岗职工基本生活保障和再就业工作会议，着力解决下岗职工的基本生活保障和再就业问题，逐步建立起了适应社会主义市场经济体制的社会保障体制和就业机制，千方百计确保下岗职工基本生活和离退休人员养老金的按时足额发放，积极促进下岗职工再就业。

自治区还投资建设了一些大型骨干企业，包括年产煤炭1190万吨的灵武矿区、大坝电厂二期工程、宁夏化工厂第二套大化肥生产装置工程、青铜峡铝厂三期扩建工程、银川（长城）轮胎有限责任公司30万套全钢载重子午胎项目、小巨人机床有限公司等。

（四）推进新型工业化、深化改革阶段（2003—2012年）

2002年11月，党的十六大提出走新型工业化道路、深化国有资产管理体制改革等任务。12月，自治区党委、政府印发《关于深化国有资产管理体制改革的意见》，决定成立自治区国有资产管理委员会及办公室，建立了新的国有资产管理体系。2003年2月，自治区党委、政府召开全区加快工业化进程工作会议，部署加快工业化进程工作。会议提出，宁夏加快推进工业化发展的重点：一是实施“五大基地建设”工程。加快建设以煤炭、石油、天然气开发及深加工为主的能源重化工基地，以钽、铌、铝和镁合金为主的新型材料基地，以数控机床和智能化仪表等为主的机械加工基地，以抗生素为主的特色医药基地，以清真品牌为特色的食品加工基地。二是实施“双十”工程。青铜峡铝业集团、宁夏煤业集团等10户企业力争2010年销售收入达到或超过20亿元，中石油宁夏石化公司、吴忠仪表集团等10户企业力争到2010年销售达到或超过10亿元。三是实施“1611”工程。从2003年开始，自治区每年组织实施100个新产品开发项目，60项技术创新项目，优选扶持10个运用高新技术和先进适用技术改造传统产业，总投资超过1亿元的重大技改项目。四是实施“15555”计划。各市、县（区）委大力发展以非公有制经济为主的中小企业，到2010年规模以上（年销售收入超过500万元）的非公有制企业超过1000户，培育500户年销售收入超过1000万元、50户年销售收入超过1亿元、5户年销售收入超过10亿元的非公有制企业。以重点项目建设为切入点，加大工业投资力度，力争“十五”期间完成工业投资400亿元，2006年至2010年完成工业投资500亿元。以加快工业结构调整优化、培育壮大特色产品、打造企业核心竞争力为重点，重塑工业新优势，通过引进国外先进技术、资金和人才，加快建设千万千瓦级火电基地、300万吨煤炭间接液化、83万吨煤基二甲醚、70万吨大颗粒尿素等一批重大项目，实现经济发展新跨越。各市县力争经过5年的努力，使县（市、区）工业在区域经济中的比重达到40%以上。按照会议部署，宁夏加快推进新型工业化进程。

实施宁东重化工基地建设。2003年，自治区党委、政府做出开发建设宁东基地的重大战略决策，并将宁东基地建设确定为自治区的“一号工程”，宁东基地建设大会战拉开序幕。2007年3月，国家《西部大开发“十一五”规划》明确提出利用宁东地区水、煤、电、石油、天然气资源丰富的优势，加快建设国家重要的能源工业开发接续基地和重要能源化工产品加工基地。4月，胡锦涛总书记在视察宁东时做出“又好又快建设宁东能源化工基地，实现资源优势向经济优势的转化”的重要指示。9月，自治区政府印发了《关于又快又好建设宁东能源化工基地的若干意见》。2008年8月，温家宝总理在视察宁东时指出:“高水平建设好宁东能源化工基地，是推动宁夏工业发展和产业结构调整的龙头，也是宁夏经济发展新的增长点。”“要把宁东建设成为贯彻科学发展观要求的全国一流经济开发区。”9月，国务院《关于进一步促进宁夏经济社会发展的若干意见》明确提出，将宁东基地列入国家重点开发区，高起点、高水平地把宁东建设成为国家重要的大型煤炭基地、煤化工产业基地、“西电东送”火电基地和循环经济示范区。2009年2月，国家发改委正式批复《宁东能源化工基地开发总体规划》，确定将宁东基地建成全国一流的能源化工基地；建成全国循环经济与资源高效利用示范区；建成带动宁夏跨越式发展与实现全面小康社会目标的重点开发区，进一步明确了宁东基地的定位。2010 年 12 月，国务院《全国主体功能区规划》将宁夏沿黄经济区列入国家层面的重点开发区域，宁东基地作为沿黄经济区的重要组成部分，标志着宁东基地上升为国家战略。2011 年 2 月，成立了中共宁夏回族自治区宁东能源化工基地工作委员会和自治区宁东能源化工基地管理委员会，赋予宁东基地管委会地级市一级经济管理权和社会事务管理权，授权其享有部分自治区级经济管理权限，对宁东能源化工基地实行统一领导、统一规划、统筹建设和协调管理；将宁东镇整建制移交宁东能源化工基地管委会代管，实行区镇一体化发展。12 月，自治区党委、政府《关于进一步促进宁东能源化工基地又好又快发展的若干意见》提出：经过 5 年到 10 年的努力，将宁东基地建设成国内最先进的能源化工基地、全国循环经济示范区和宁夏城乡一体化发展先行区。到 2015 年，累计完成固定资产投资 2000 亿元以上，实现地区生产总值 450 亿元，地方财政收入 40 亿元，城镇居民人均可支配收入达到 3 万元以上。2012 年 9 月，国务院批复宁夏内陆开放型经济试验区，提出依托宁东基地建设国家大型综合能源化工生产基地、综合生产加工区和储备区。同月，宁东新城建设开始奠基。宁东新城规划面积 38.66 平方公里，分为服务核心区、生态居住区、远景拓展区和新能源展示基地 4 个区块。规划人口 2015 年约 10 万，2020 年约 15 万。

加强和完善国有企业治理体系。2002 年 11 月，自治区党委、政府印发了《关于健全和完善我区国有企业法人治理结构的意见》，自治区党委印发了《宁夏回族自治区区管国有企业党委会工作暂行规定》，加强了对国有企业的管理。2005 年 11 月，全区上市公司股权分置改革工作会议要求有关部门和上市公司按照《上市公司股权分置改革的指导意见》和《宁夏上市公司股权分置改革实施意见》，积极稳妥有序推进股权分置改革工作，力争2006年年底前完成任务。

推进宁夏国企与央企的战略组合。自治区政府先后与中国华能集团公司、中国电力投资集团公司、中国国电集团公司、中化集团、中国华电集团、中国铝业公司、中国航天科技集团和神华集团签订了“战略合作框架协议”，还与浙江华欣控股集团签署了共同推进中国（宁夏）生态纺织工业园建设框架协议。石嘴山市政府也与无锡尚德电力控股有限公司签订了《500兆瓦太阳能电站项目暨建设光伏产业基地战略合作框架协议》。自治区政府与国家开发银行签署了《宁夏回族自治区人民政府国家开发银行“十二五”开发性金融合作备忘录》，规定“十二五”期间，国家开发银行将发挥中长期投融资优势，重点加强对宁东能源化工基地、农业、民生、中阿经贸等领域的支持力度，助力宁夏经济社会跨越式发展。自治区交通运输厅、水利厅及宁夏宝塔石化集团也分别与国家开发银行宁夏分行签署了三个附属合作协议。

进行工业园区建设。2003年，自治区党委、政府《关于进一步加快开发区和工业园区发展的意见》提出，坚持“积极推进，开拓创新，合理规划，突出重点，各具特色”的原则，以加快发展为主题，以科技创新、体制创新为动力，以招商引资、发展工业经济、壮大经济实力为重点，坚持开发区和工业园区的建设与推进工业化、城市化相结合，解放思想，创新发展模式，改善投资环境，完善服务体系，切实把开发区和工业园区建成经济发展的带动区、特色产业培育区、体制创新和科技创新的试验区、城市发展的新区。力争一年一个新变化，三年上个新台阶，五年有个大发展。2006年8月，自治区党委、政府《关于加强自主创新建设创新型宁夏的决定》提出，要努力建设创新型宁夏。到2010年，基本建成具有宁夏特色的区域创新体系，综合科技实力显著提升。在重点行业和特色优势产业方面掌握一批核心技术，拥有一批自主知识产权和知名品牌。重点企业的核心竞争力、高新技术产业产值和社会发展领域的科技支撑能力显著提高。全社会科技投入大幅增加，研究开发投入占地区生产总值的比重达到1.2%，科技进步与创新在全区经济社会发展中的支撑和引领作用明显增强，科技进步贡献率达到43%。到2020年，力争全社会研究开发投入占地区生产总值的比重达到2%，科技进步贡献率达到55%，全社会科技创新意识和公众科技素养明显提高，综合科技实力达到西部中等水平。要创新体制，完善机制，不断增强创新能力；落实政策，强化措施，切实搞好自主创新；优化环境，营造氛围，大力弘扬创新精神，努力形成建设创新型宁夏的强大合力。2009年6月至11月，自治区政府相继印发了《关于加快发展新能源产业的若干意见》《关于促进工业结构优化升级的实施意见》《关于加快建设高新技术产业基地的意见》和《自治区新能源产业发展规划》。2010年12月，自治区政府印发了《关于进一步加快工业园区发展的指导意见》。2011年4月，银川高新技术产业园区升级为国家级高新技术产业开发区。国务院批准宁夏石嘴山工业园区升级为国家级经济技术开发区，定名为石嘴山经济技术开发区。11月，自治区党委、政府印发了《关于建设银川“人才特区”的若干意见》，规划在银川经济技术开发区、银川高新技术产业开发区、银川科技园先行试点建设“人才特区”，率先把银川打造成全区高层次人才集聚地、科技创新研发地、人才体制机制试验地。

推进工业化和信息化融合。2010年3月，自治区政府印发了《关于加快推进信息化与工业化融合的意见》，对“两化”融合做出部署。2011年2月，自治区政府与国家工业和信息化部签署了《加快推进宁夏工业和信息化发展战略合作框架协议》。根据协议，工信部将在发展规划、产业布局、资金安排等方面加大对宁夏的指导和支持力度。7月，国家工业和信息化部、财政部认定了首批55家国家级技术创新示范企业，中色

(宁夏)东方集团有限公司成为国家级技术创新示范企业。

推进节能减排和发展方式转变。自治区政府先后发出《关于煤炭电力化工机械建材冶金医药等七个行业结构调整的实施方案》《关于进一步加强重点领域节能减排工作的实施意见》《自治区党委、政府关于加快转变经济发展方式的意见》《关于加快发展方式转变推进工业结构调整的意见》等文件，加快转变发展方式。2012 年 12 月，环保部与自治区政府签署了《加快宁夏内陆开放型经济试验区建设合作协议》。根据协议，环保部将在环境影响评价、主要污染物总量减排、农村环境保护、重点领域污染防治、生态建设、科技创新、能力建设等 7 个方面，给予“试验区”特殊政策、项目、资金技术倾斜与支持，为“试验区”建设注入了强劲动力。

(五)全面深化改革与打造宁夏经济升级版阶段(2013 年至今)

2013 年 11 月，党的十八届三中全会做出《中共中央关于全面深化改革若干重大问题的决定》。12 月，自治区党委十一届三次全会提出了全面建设开放宁夏、富裕宁夏、和谐宁夏、美丽宁夏的目标。会议提出，要全力打造宁夏经济升级版。要突出重点、转型升级，做优做强工业。一是努力做强煤化工、煤炭火电、羊绒纺织、葡萄、文化旅游和清真食品穆斯林用品等六大产业；二是发展壮大石油化工、特色农业、装备制造、新能源、新材料等五大产业；三是积极培育现代物流、金融、生物、信息及电子商务四大产业；四是限制淘汰电解铝、钢铁、水泥、铁合金、电石、焦炭、化肥等七大过剩落后产业。党的十八大以来，自治区加大对工业的投入力度，工业投入累积达 1000 多亿元，宁夏工业改革全面展开，工业发展加速推进。

全面深化工业改革。2014 年，为抵御经济运行复杂多变的风险，应对经济不断下行的严峻局面，自治区党委、政府出台了《关于促进经济平稳较快发展的若干意见》，针对工业经济运行中的焦点、难点和瓶颈性的问题采取有力措施。实行电价改革，督促煤电合作，扩大差别电价和电力直接交易的实施范围；从企业税费、融资渠道、交通运输等生产要素入手降低企业成本；鼓励区内工业产品产需直供，加大对特别困难地区和重点困难企业的扶持力度，特别是生产经营中的具体困难和问题，全方位、多途径促进工业企稳回升。10月至12月，自治区党委、政府相继印发了《关于进一步深化区属国有企业改革的意见》《宁夏回族自治区企业投资项目管理体制改革方案》等文件，加快推进“两优”投资发展环境建设，进一步落实了企业投资自主权。

加快宁东能源化工基地建设。2013年至2015年，自治区政府每年都召开宁东基地建设大会战动员会，自治区政府与各会战指挥部签订任务书，力争各项工作月月有进度，年底见成效。2013年4月，自治区党政主要领导李建华、刘慧、齐同生等与神华集团公司董事长张喜武、总经理张玉卓签署了项目推进合作协议。根据协议，双方将共同努力加快推动宁东能源化工基地建设步伐，自治区政府将积极营造良好环境和有利条件，支持神华集团参与宁夏的能源等项目建设。“十二五”期间，累计完成固定资产投资2000亿元，宁东基地对沿黄经济区的辐射带动作用明显增强。

推进与央企的战略合作。2013年7月，自治区政府与中国机械工业集团有限公司签署战略合作框架协议，双方通过优势互补共同开拓双方装备产品在国内外的市场；以沙漠光伏、光热等清洁能源电站建设为载体，开发沙区现代农业、林业和旅游业；共同培养适应装备制造业发展所需的各类专业技术与管理人才。2014年5月，自治区政府、阿里巴巴集团《战略合作框架协议》签约。双方决定在电子商务、云计算和大数据等领域开展多渠道、多层次、多形式的合作与交流，共同将宁夏建设成中国—阿拉伯国家互联网经济试验区和丝绸之路经济带的重要战略节点。

宁夏宝丰能源集团加快建设循环经济工业基地

推进工业园区建设。2014 年 1 月，国务院批准石嘴山高新技术产业园区晋级为国家高新技术产业开发区。该园区有 40 多项科研成果达到国内领先水平，30 多项科研成果填补国内空白。国家发改委批复 7 个国家级承接产业转移示范区，银川—石嘴山承接产业转移示范区名列其中。7 月，灵武羊绒产业园区获批筹建全国羊绒深加工产业知名品牌创建示范区。这是宁夏首个获批的国家级示范区，也是全国羊绒产业唯一获准筹建的知名品牌示范区。

推进科技创新。2013 年 6 月，自治区党委、政府印发了《关于加快推进科技创新的若干意见》，全面启动创新驱动发展战略。《意见》提出，要强化企业技术创新主体地位，推进科技管理体制改革，加大科技创新投入，加强协同创新，加强创新人才队伍建设，加强组织领导。要坚持以应用技术研究为重点，推动产学研用协同创新，大力推进科技成果转化。工业领域重点面向产业需求，以企业为主体，围绕“五优一新”产业和战略性新兴产业，开展新技术新产品新工艺研究。到 2017 年，全社会研究和试验发展经费占地区生产总值比重达到 1.8%以上；到 2020 年，全社会研究和试验发展经费占地区生产总值比重达到 2%以上，高新技术产业和战略性新兴产业增加值占 GDP 比重达到 20%以上，全区重点骨干工业企业平均研发投入占主营业务收入的比重达到 4%以上，公民具备基本科学素质的比例达到 4%以上，全区科技进步贡献率达到55%以上。科技管理体制改革取得实质性进展，企业创新能力普遍增强，科技创新环境显著改善，基本形成与经济社会科学发展、跨越发展相适应的科技创新格局。2014 年 10 月，自治区党委、政府《关于创新体制机制促进人才与经济社会协调发展的若干意见》提出，要明确人才支撑产业和技术发展的战略地位；打造人才与产业和技术协调发展的衔接载体；发挥企业在人才发展中的主体作用；创新激发人才创造活力的体制机制；建设集聚人才的良好环境。

转变发展方式。“十二五”时期，宁夏共投资 7000 亿元集中力量推进“三个千亿”的兴工强区战略，投资 2000 亿元培育发展战略性新兴产业、投资 2000 亿元改造提升传统产业、投资 3000 亿元壮大做强优势特色产业，实施“工业效益倍增工程、技术创新工程、节能降耗工程、园区提质工程、大项目推进工程、大企业培育工程、中小企业成长工程和‘两化’融合”等八大工程，加快工业经济发展方式转变和结构调整。2014 年 4 月，《宁夏回族自治区化解产能过剩矛盾实施方案(2013—2017)》提出：到 2017 年，宁夏钢铁、水泥、电解铝、焦炭、钛合金、电石六大行业将在目前的产能基础上，减少 594 万吨产能，产能利用率达到 80%以上。

二、重要成就

改革开放 38 年来，宁夏工业改革与发展取得了巨大成就。

（一）工业经济实力显著增强，在国民经济中的地位不断提升

改革开放 38 年来，尤其是进入新世纪以来，宁夏坚持走新型工业化道路，实施“工业强区”战略，工业经济进入快速发展阶段，已经建立起了以能源、煤炭、电力、化工、冶金、机械、轻纺、建材、医药等为主体，门类比较齐全的具有区域特色的工业体系，工业经济实力显著增强。宁东基地已成为国务院批准的国家级重点开发区、国家重要的大型煤炭生产基地、西电东送火电基地、煤化工产业基地和国家循环经济示范区，也成为中国能源化工“金三角”（宁东—鄂尔多斯—榆林）的

主要支撑。至2014年年底，煤炭产能达到7720万吨、火电装机容量达到891万千瓦、新能源装机容量达到307万千瓦、煤化工产能达到1357万吨，其中烯烃产能达到160万吨。煤炭、电力、煤化工三大主导产业初具规模，煤气化、煤液化、煤焦化、乙炔化工四大产业链基本形成。全区规模以上工业增加值年均增长16.5%，高于同期国内生产总值年均增幅4.3个百分点。2014年，全区全部工业增加值达到973.53亿元，占GDP的比重达到35.4%，对经济增长的贡献率超过60%，工业企业缴纳税金占全区税收超过60%，吸纳城镇就业超过50%。工业产品大幅度增加，市场占有率稳步上升，一大批产品在全国占有重要地位。工业在国民经济中的地位显著提高，成为国民经济中发展最快、活力最强、贡献最大的产业，成为拉动地区经济增长的主导力量和推动经济社会发展的重要力量。

（二）工业结构不断优化，具有宁夏特色的产业体系初具规模

改革开放以来，宁夏工业以市场为导向，以资源为依托，以技术进步为动力，通过政策规范，投入引导，注重优势产业、企业、产品的培育，工业经济结构不断优化，产业聚集度不断提高。

一是工业结构调整呈现积极变化。轻工业保持较快增长，对工业经济贡献率提高。2014年，轻工业实现工业增加值124.7亿元，增长13.7%，增幅高于全区规模工业平均水平5.4个百分点，比重工业高出6.2个百分点，对全区规模工业增长的贡献率达到21.5%，贡献作用明显提升。高耗能工业比重降低。高耗能工业占全部规模工业增加值比重降为54.3%。战略性新兴产业和高技术产业增势良好。“五优一新”产业比重不断上升，成为新的支柱产业，宁夏已被国家确定为13个亿吨级煤炭基地、4个“西电东送”火电基地之一；钽铌铍钛及其合金、风电及其组件、光伏发电及组件、生物发酵等新兴产业初具规模；以羊绒、葡萄酿酒、枸杞系列产品、土豆淀粉、乳制品、金属镁、稀有金

属、化学原料药等为主的特色产业迅速发展壮大，成为工业经济新的增长点。全区规模工业高技术产业实现工业增加值 19.7 亿元，同比增长 14.4%，增幅高于全部工业增加值增速。

二是区域结构进一步优化。银川、石嘴山、吴忠、固原、中卫五市工业全面增长，都形成了各具特色的支柱产业。在地方特色产业方面，羊绒产业异军突起。原绒收购量达到 10000 吨，全世界 60%的原绒、中国 70%的精品无毛绒在宁夏集散，中银、嘉源、荣昌三大集团开发出了羊绒制条配套设备和工艺技术，完成了我国唯一的羊绒制条技术地方标准，其中嘉源绒业“绒典”商标及图案获中国驰名商标，使羊绒自主知名品牌增加到 5 个，其自主研发的第六代羊绒分梳设备，达到了国内一流水平，使原绒的提取率及生产率得到极大提升；研发的微悬浮体染色技术，大大缩短了染色时间，降低了能源消耗，减少了污染物排放，使羊绒染色技术达到了国际领先水平。中银绒业的制条和纺纱技术达到了国内领先、国际先进水平。发酵行业快速增长。宁夏是全国重要的抗生素原料药和生物发酵生产基地之一。启元药业的盐酸四环素产能占国内同品种 70%以上，占国际市场 70%以上，硫氰酸红霉素占国内市场60%左右。泰瑞制药公司的泰乐菌素产能达 2800 吨，居全球首位。伊品公司新投一条 12 万吨味精生产线，总产能达 20 万吨，在全国味精行业排名由前 5 位跃居前 3 位。多维药业自主研发了宁夏医药界第一个国家级二类新药——西尼地平胶囊，已申请国家专利。特色农副产品加工业快

20 世纪 80 年代末吴忠阀门厂厂区

速发展。葡萄酒生产能力已达到 8 万吨/年，已创出了“西夏王”“贺兰山”“御马”等一系列区内国内知名品牌，张裕、王朝、长城等国内知名葡萄酒企业与宁夏达成了合作。

三是企业结构开始向大型化方向转变。自治区先后引进了国电、华能、中电投等国家五大发电集团以及中色、中冶、中粮、中航、锦江等一批国内外知名的大企业集团，组织实施了宁夏煤业集团公司等 18 户地方企业与中央企业战略重组，企业结构开始向大型化方向转变。

（三）工业体制改革不断深化，工业企业动力活力不断增强

改革开放以来，宁夏工业管理体制完成了从计划经济管理体制向社会主义市场经济体制的转变，企业成为经济活动的主体，市场机制成为工业管理的重要手段和方式。

建立和完善了现代企业制度。随着改革的不断深化，现代企业制度在国有及国有控股企业中基本确立，工业经济活力明显增强。

所有制结构向多元化方向发展。经过多年的改革、改组，形成了多种所有制、多种经济成分、多元股权结构并存的良性发展态势。全区规模工业非公有制经济在企业数量和规模上不断壮大，社会贡献日益突出，成为工业稳增长的主力军。2014 年，非公有制工业就业人数占全部规模以上工业就业人数的 50%以上，全区规模工业非公有制经济实现工业增加值 362.5 亿元，增长 14.3%，高于全区平均增速 6 个百分点，对全区规模工业增长的贡献率达到 67.6%，拉动全区规模工业增长 5.6 个百分点，规模工业中的非公有制经济的贡献率和拉动点双超公有制经济。

对外开放和合作的领域不断扩大。引进了国电、中电投等国家五大发电集团以及中色、中冶、中粮、中航、锦江等一批国内外知名的大企业集团。积极参与中阿经贸论坛，参与丝绸之路经济带建设，实施引进来、走出去战略，宁夏工业参与国际分工合作的范围和能力不断增强。围绕打造在西部最优、比东部更优的“两优”投资发展环境，转变政府

职能，深化行政审批制度改革，不断简化审批程序，减少审批环节，对审批事项实行“一站式”服务和全程代办服务机制。

（四）科技创新能力不断提高，企业竞争能力不断增强

改革开放以来，宁夏工业科技水平不断提高，实现了历史性的突破和跨越。

科技创新能力显著提升。一批关键工艺技术取得突破，技术达到世界领先水平。在新材料产业方面，中色（宁夏）东方集团公司钽铌冶炼加工技术水平处于世界前三强；公司投资建设的9200吨铍青铜板带材生产线改造项目、3万刃料级碳化硅项目、3000吨球形氢氧化镍项目等新材料项目，均为全球或全国同行业中规模最大、技术装备水平最高的生产线。中电投青铜峡能源铝业公司的“QTX”牌1020铝锭在伦敦交易所注册，400KA、350KA预焙槽电解技术达到了国内领先、国际先进水平。宁夏被国家确定为金属镁及镁合金材料产业化基地，产能和产量均排全国第三位，生产管理及技术装备水平在全国居先进水平。在光伏材料方面，形成了光伏电站完整的产业链，在全国有举足轻重的地位。宁夏发电集团冶金物理法太阳能多晶硅生产技术具有完全的自主知识产权，总体工艺技术与国际同类型技术保持同等水平，具有较强的核心技术竞争力。在先进装备制造业方面，共享集团开发的大型燃气轮机铸件生产技术世界一流，供货产量和生产品种数居世界第一；巨型水电叶片铸造技术世界一流。其中，燃气轮机铸件国外市场占有率50%以上，国内80%以上；水力发电设备铸件国内市场占有率30%以上。卧龙电气银川变压器有限公司自主研制的高速铁路牵引变压器领跑中国高速列车，已占国内高铁市场份额的51%。宁夏日晶电子科技有限公司研发生产的85型单晶炉，各项技术参数、节能指标等达到了国内领先水平。宁夏天地奔牛实业集团有限公司研发的“国内首套年产1200万吨综采工作面成套输送装备”标志着宁夏超重型综采成套输送装备的主要技术达到

国际领先水平，其槽宽和装机功率均居国际首位，是国内煤矿机械装备向大功率、大运量、高可靠性、智能化方面发展取得的重大突破。在化工行业方面，神华宁夏煤业集团50万吨/年煤基烯烃项目是目前世界上最大的以煤为原料生产聚丙烯的项目。国内外首次实现了单台日耗煤2000吨GSP煤气化技术、50万吨/年MTP技术的大规模工业化应用；自主研发了高性能MTP工业催化剂，打破进口催化剂垄断局面，填补了国内空白。英力特公司的乙炔法PVC是国内工艺最先进、能耗最低的生产线。在冶金行业方面，中卫市银河冶炼有限公司45000千伏·安大型铁合金矿热炉是国内最大硅铁矿热炉。在电力行业方面，已投产的百万千瓦火电机组均是世界最先进的超临界空冷发电机组。

技术创新体系初具规模。在重点领域、重点行业均建立了国家或自治区级技术中心，全区共建成国家级企业技术中心10个，自治区级企业技术中心45个，构建了以企业技术中心为核心的技术创新体系。同时，创建了“夏进”“宝山”“香山”“汇川”“西北轴承”“QTX”等一批中国名牌产品、驰名商标和宁夏名牌产品、著名商标。

（五）发展方式不断转变，工业发展后劲不断增强

近年来，宁夏大力转变发展方式，以发展循环经济为突破口，以重点领域节能减排为着力点，认真贯彻落实节能减排“十大铁律”，努力克服指标高、任务重和经济快速增长导致主要污染物新增排放量骤增等巨大压力，大力实施重点节能减排工程，积极推广节能减排新技术、新工艺，加快发展新能源产业，先后淘汰了小火电、小煤矿、水泥、造纸以及一批铅冶炼、原油脱水、味精、洗煤、黏土砖、碳素、活性炭等行业落后生产能力，节能减排取得了显著成效，实现了主要污染物排放总量由大增到大减的历史性突破。资源综合利用已从传统的建材产品，扩展到利用共生、伴生矿产资源，废水（液）、废气、废渣，以及再生资源领域，资源综合利用率达到63.12%。规模以上发电企业全部安装脱硫

设施，造纸制浆企业全部安装碱回收装置，全面完成了国家节能降耗目标任务。

同时，制定实施了具有国际先进水平的循环经济发展规划和指标体系，形成了多个循环经济产业链，实现了能源梯级利用、水资源循环利用、废物交换利用、土地节约集约利用。在全国率先开展了生态企业创建，制定实施了宁东基地环境保护行动计划，安排建设73项重点工程，总投资58亿元；建立了全面量化控制体系，建成了324个污染源监测点，实现了24小时连续动态监控；绿化种植面积达到19.6万亩，生态环境不断优化。

（六）工业化与信息化融合有序推进，企业信息化水平大幅提升

近年来，自治区坚持工业化、信息化同步推进，全区企业信息化水平从几乎空白到重点企业实现信息自动化管理的转变，企业信息化水平实现了质的跨越。一是沿黄经济区无线智慧城市群工程建设提升了信息化的应用空间。二是工业和信息化融合发展，涌现出神华宁煤、共享集团、吴忠仪表等一批“两化”融合先进企业。其中，神华宁煤数字矿山集成应用，已达到了国际同行业先进水平，共享集团、吴忠仪表等数家企业综合集成应用，达到了国内同行业先进水平。三是信息和软件产业快速发展。宁夏软件园、动漫基地、希望、方达等园区和企业不断上水平、上规模，带动全区信息软件产业加快发展，为信息化提供了动力支撑。

三、基本经验

改革开放以来，宁夏工业改革与发展道路富有特色，业绩令人自豪，其中蕴含着十分宝贵的经验。

（一）抢抓历史机遇，加快推进工业化进程

社会主义制度的优越性是宁夏加快发展的制度基础。改革开放以来，党中央十分关心宁夏发展，先后制定和实施了一系列促进宁夏经济

社会发展的重大政策，特别是西部大开发战略和《国务院关于进一步促进宁夏经济社会发展的若干意见》《工业和信息化部关于进一步促进宁夏工业和信息化发展的意见》，工业和信息化部与自治区政府签订的《深入实施西部大开发，加快推进宁夏工业和信息化发展战略合作框架协议》及中阿经贸论坛的举办和宁夏内陆开放型经济试验区与设立银川综合保税区建设等的实施，为宁夏工业发展提供了重要的战略机遇和政策机遇。自治区党委、政府主动适应世情、国情、区情深刻变化的阶段性特征，抢抓历史机遇，坚持走新型工业化道路和工业强区战略，以转变发展方式为主线，以结构调整为抓手，以改善民生为目的，以提高工业经济增长的质量和可持续性为重点，以改革开放和技术创新为动力，把工业发展建立在创新驱动、集约高效、环境友好、惠及民生、内生增长的基础上，把工业化同城镇化协调推进，促进产业之间联动发展和协调发展，构建富有竞争力的现代工业体系。特别是加快实施宁东能源化工基地建设，“一号工程”拉动经济增长的火车头效应已逐步显现，促进宁夏工业发展迈上了新台阶。各市（县）也纷纷出台了加快工业发展的政策措施，全区发展工业的环境不断优化，发展工业的氛围不断增强。更为重要的是，工业先行发展形成的有益经验，如工业效率原则、企业化管理、自主责任制度、行业竞争规则等，为其他行业的改革发展提供了越来越强的激励作用，而其他领域实际上也主要是在汲取工业改革发展经验的基础上推进改革发展的。

（二）立足宁夏资源优势，着力发展壮大优势特色产业体系

改革开放以来，全区各级党委、政府坚持解放思想、实事求是的思想路线，不断深化对区情和宁夏资源禀赋的认识，坚持从宁夏区情和资源特点出发，充分考虑工业经济发展的特点和产业成长现状，引导工业产业发展，积极培育优势特色产业体系，形成了以能源、新材料、化工、装备制造、农副产品加工业等五大区域特色的工业体系，培育了特

色医药、光机电一体化、生物工程、节能环保等一批高新技术产业。以宁东能源化工基地为核心的工业经济新增长点日益凸显，工业主导作用进一步增强。同时，各市县也立足自身资源优势，发展优势特色产业，形成了各具特色的产业体系。银川市以宁东能源化工基地和银川经济技术开发区为依托，重点发展了能源化工、石油天然气化工、装备制造、新型纺织、清真食品及穆斯林用品、新材料等“一强五优”主导产业，积极发展了羊绒产业、信息产业以及生产性服务业等特色产业。石嘴山市紧紧围绕新材料、装备制造、能源化工三大主导产业，大力发展光伏新材料、新能源、生物质能、专用（特种）汽车等新兴产业，改造提升煤炭、电力、冶金、钢铁、煤机制造等传统产业，提高技术装备水平，扩大生产规模，成为西北重要的先进装备制造基地；做强做大钽铌铍、镁合金、多晶硅等新材料产业，延伸产业链，提高附加值，成为全球重要的新材料研发生产基地；加快发展氯碱化工、精细化工、生物化工等特色产业，成为全国重要的特色能源化工基地。吴忠市围绕“两城五园”进行产业优化布局，太阳山新型能源化工城和青铜峡现代铝业新城重点发展新能源、煤化工、铝材和镁合金产业，利通特色装备制造园重点发展专用汽车，金积工业园区、同心羊绒工业园区、盐池工业园区、红寺堡工业园区、青铜峡嘉宝工业园区重点发展清真食品穆斯林用品、乳品加工、羊绒、生物制药、葡萄酿酒等特色农产品加工业。中卫市重点发展造纸、冶金、化工、建材、机械装备制造、农副产品加工等六大优势产业，积极培育区域性龙头骨干企业，加大自主创新能力，巩固枸杞制品、数控机床、造纸等产业在全国的优势地位。固原市大力发展马铃薯、草畜产品加工、回药种植与加工等特色产业，成为全国马铃薯生产研发基地。发展煤炭、电力等能源产业，为地区工业发展提供了能源保障。

（三）深化改革，不断创新工业经济体制机制

改革是宁夏工业发展的强大引擎。改革开放38年来，宁夏工业体制机制逐步从计划经济体制向市场经济体制转变，始终坚持市场化的改革方向，始终围绕市场经济活动主体的培育、发展和公平市场竞争环境与相关法律环境的建立和完善展开。就国有企业改革来看，从放权让利开始，改革高度集中的计划经济体制，扩大企业经营自主权；到实行承包经营责任制，实行政企分开，所有权和经营权分开，转换经营机制；再到建立现代企业制度，企业成为自主经营、自负盈亏、自我发展和自我约束的市场竞争主体，企业活力不断释放；再到进行公司制改革和国有经济的战略性重组，都是以市场化作为改革方向，调整政府和企业之间的关系，扩大企业经营自主权，使企业真正成为市场经济活动的主体，成为能够独立、自主经营的法人主体。就非公企业的发展而言，伴随着市场化改革方向的逐步明确，以及相应政策法律环境的不断完善，也逐步发展壮大。一方面，国有企业在“有进有退”和“抓大放小”的方针指引下，收缩了战线，从一些竞争性领域退出，进一步集中到关系国家安全和国民经济命脉的重要行业和关键领域；另一方面，非公企业逐步进入这些竞争性领域，并不断发展壮大。

从工业管理体制来看，也是一个从计划经济管理方式逐步向市场经济管理方式转变的过程。从党的十一届三中全会至党的十四大，工业管理体制改革主要是政府逐步减少指令性计划，加强指导性计划管理手段，由经济组织逐步替代行政机构承担对经济活动主体的管理职能。党的十四届三中全会之后，政企分开不断走向深入，国家管理工业经济的政府部门逐步减少，有的被撤销，有的从政府序列变成行业协会，政府不再承担直接管理企业的职能。伴随着自治区国资委的成立，政资分开逐步推进，为加快工业发展注入了竞争性动力。同时，宁夏工业改革走了一条“先试点后推广”的渐进式道路。工业改革所采取的各项措施，

都在较小范围内先行试点，在取得经验的基础上加以推广，遵循了局部试点—应用推广—制度或政策形成并深入贯彻的路径。这种改革路径一定程度上防止了改革的失误。

（四）全方位扩大开放，积极主动融入国际国内产业体系

改革开放以来，伴随着经济全球化和新科技革命的兴起，以新能源、新材料、先进装备制造、生物技术、节能环保、信息技术等新兴产业为标志的新一轮科技革命、技术创新和国际产业调整，为宁夏更好地利用外资、技术、资源、管理等生产要素和全球市场提供了契机。同时，国家西部大开发战略向纵深推进，沿黄经济区和“呼包银经济区”“宁东、鄂尔多斯、榆林能源化工金三角”的开发建设、陕甘宁革命老区振兴规划的深入实施、建设内陆开放型经济区特别是面向阿拉伯国家的开放战略，为宁夏加快转变发展方式、构建现代产业体系、实现资源优势向经济优势转化带来了新机遇。自治区党委、政府紧抓对外开放的大形势，积极主动扩大对外开放，由最初的内引外联、横向联合，到引进外资、技术和管理经验，再到实施“引进来”“走出去”战略，对外开放的范围越来越大，层次越来越高，形成了多渠道、多层次、多形式的对外开放格局。宁夏的改革开放一直是外资积极参与、彼此受益的过程。吸收外资给宁夏提供了必要的资金、先进的技术、宝贵的管理经验、众多的国际化人才。尤其是引进了国电、中电投等国家五大发电集团以及中色、中冶、中粮、中航、锦江等一批国内外知名的大企业集团，与外资外企逐步形成了优势互补、互惠互利、长期合作、共同发展的局面；而且推动了宁夏经济发展方式的转变和现代工业体系的建设，加快了科技创新，延伸了产业链，提高了产品附加值，对宁夏工业改革发展起了重要的推动作用。

（五）大力推进科技创新，不断提高企业的竞争优势

改革开放以来，宁夏在推进工业改革发展进程中，坚持把创新放在

首位，不断加大研发投入，不断引进和培育科技人才，不断创新体制机制，切实把握市场机遇和技术先机，进行大胆创新，走出了一条创新发展之路。正是把创新放在了首位，宁夏几家龙头企业把最新技术和管理方式融合到企业发展之中，通过不懈的技术创新，让企业更具核心竞争力。小巨人机床有限公司被誉为中国第一座智能网络化机床制造工厂，始终把创新放在企业发展的首位，通过技术创新，不断改进机床设计，使企业打入了中高端机床市场，使创新成为企业发展的动力。近年来，公司每年研发投入达到销售收入的5%,研发人员占职工总数的10%，远远高于其他企业。经过13年的发展，产品从最初的4个品种发展到现在的40多个品种，从19台发展到3600台年产能力。截至目前，共向全国2500余家用户提供了16000多台数控产品，公司用户遍及汽车、航空、航天、电子、信息产业、模具、纺织、通用机械等各个领域。中色东方集聚了国内大部分钽、铌、铍冶炼和加工专家，依托人才优势，实现了跨越式发展，近5年，共获得国家二等奖1项、省部级科技进步奖24项，有国家级新产品3项，授权专利47项，形成了钽、铌及铍合金三大类型35个系列产品体系，产品在全球都具有较高的知名度。实践证明，创新是工业发展的不竭动力。只有不断创新，才能在新技术、新产品不断升级的浪潮中，保持生命力，在激烈的市场竞争中把握先机、赢得主动。

（六）坚持科学发展，大力推进发展方式转变

工业化是一个大规模开发和高效率利用自然资源和人力资源的过程，同时工业化会对环境造成严重影响，工业生产活动会导致突出的资源和环境问题。作为一个不发达地区，宁夏面临的一切重大和长远的经济社会问题的解决，都高度依赖于重化工业的发展，而重化工业在本质上必须依赖资源的大规模开发利用。如何实现工业化与资源环境之间的良性关系始终是宁夏工业面临的一个重要问题。随着工业化的快速推

进，过去的发展模式越来越难以持续，转变经济发展方式成为迫在眉睫的紧迫问题。

改革开放以来，面对资源短缺和环境脆弱的双重制约，历届自治区党委、政府都高度重视工业化与资源环境问题的解决，坚持不以牺牲环境为代价换取经济的快速发展，把发展的重点放在转变经济增长方式上，追求经济发展质量与效益，走可持续发展之路。从工业技术的发展方向上向高效利用资源和优化环境转变，从体制和机制上激励节约资源和优化环境的工业技术进步，加快形成激励节约资源和优化环境的工业技术创新的体制机制，着力解决工业化造成的资源和环境问题。特别是近年来，宁夏以发展循环经济作为解决工业化与资源环境矛盾的有效途径，坚持走企业发展与保护环境并重的可持续发展之路，实现了资源节约、环境治理和经济效益的良性互动。通过发展循环经济，不仅解决了废气、废渣、废水对环境的污染，而且提高了产品附加值，增强了企业获利能力和抗风险能力。正是坚持走可持续发展之路，通过发展循环经济、延长产业链，既实现了当前的经营目标，确保了市场地位，又使企业在竞争领域和扩展经营环境中保持优势，稳健成长。实践证明，走可持续发展之路，调整产业结构，朝着环境友好、能源节约、资源综合利用、清洁生产的方向发展，才能使工业发展之路越走越宽，才能实现经济、社会、资源和环境协调发展。

（七）坚持解放思想，大力发展非公有制经济

改革开放以来，自治区党委、政府坚持解放思想，不断深化对发展非公有制经济的认识，重视并支持和引导非公有制经济发展，非公有制经济取得了长足的发展，非公有制经济从无到有，从小到大，已成为社会主义市场经济的重要组成部分，成为发展社会生产力和完善社会主义市场经济体制的重要力量。如今，非公有制经济 GDP 已占宁夏 GDP 的半壁江山。2014 年，宁夏非公有制企业 62986 户，占宁夏企业的 49%，

20世纪90年代吴忠化肥厂

涉及工业生产、商贸流通、建筑农牧、生活服务等各行各业。非公有制经济对宁夏经济增长贡献率达53.8%。非公有制经济实现税收收入242.48亿元，占宁夏税收总额的70%。923家规模以上非公工业企业实现增加值283.4亿元，占全部规模以上工业增加值的41.2%。工业领域中小企业4450户，占全部企业的96.70%；从业人员13.5万人，占工业企业从业人数的73%。非公有制骨干企业竞争力不断增强，宝塔石化、天元锰业、宝丰能源等3家企业入围2014年中国民营企业500强，71家非公有制企业入围宁夏百强企业，支撑带动作用进一步凸显。非公有制经济产业集群效应初显，有力促进了就业。宁夏已形成了以宝塔石化、宝丰能源等为代表的能源化工产业集群，以中银、嘉源、荣昌三大集团为龙头的羊绒产业集群，以大河数控、新瑞长城、巨能机器人等为代表的机械装备产业集群，以伊品、启元、多维等为主的生物发酵产业集群，以隆基宁光、力成电器、卧龙变压器为代表的电气工业产业集群，以厚生记、塞外香为代表的清真食品产业集群，以宁夏红、百瑞源为代表的枸杞深加工产业集群等，初步显现了良好的产业集群效应。非公有制经济在迅速发展的同时，创造了大量的就业岗位，解决了大批城镇居民和下岗职工的就业、再就业问题，吸纳了大量农村富余劳动力和大中专高校毕业生。2014年，民营企业与个体工商户从业人员已经达到90.1万人。尤其是开展全民创业活动以来，建成各类创业园区和小微孵化基地218个，培养小老板3.2万个、小企业1.5万个，创造新岗位 18 万个，国有企业下岗人员 65%在民营企业中实现了就业。2014 年以来，在严峻复杂的经济形势下，宁夏民营经济总体上呈现出稳中向好、好中有进的发展态势。在产业集群、促进就业、技术创新乃至国企改革方面，都有突出表现。非公有制经济积极参与国有集体企业资产重组，通过兼并联合、参股嫁接、租赁合作等方式催生了一批产权清晰的非公有制企业，与国有企业改革形成了良性互动。实践表明，非公有制经济已成为宁夏经济社会发展中一个不可或缺的重要组成部分。大力发展非公有制经济，对于激发社会活力，实现大众创业具有重要意义，对于增加财政收入和吸纳社会就业，具有十分重要的作用。

四、对策建议

改革开放 38 年来，宁夏工业改革和发展既取得了巨大成就，也付出了相当大的代价，在发展中还面临着诸多问题。其一，工业结构不尽合理。“两高一资”特征明显，形成了重工业占绝对优势的工业结构，工业发展过分依赖资源消耗和环境支撑，造成环境污染严重，节能减排和环境保护压力大，工业发展方式转变的任务十分艰巨。其二，工业经济整体竞争力不强。从总体看，宁夏工业产业层次低，企业自主创新能力弱，产业链条短，附加值和关联度低，配套能力差，核心竞争力不强，提升工业核心竞争力任重道远。其三，企业发展资金短缺，融资困难。其四，如何实现国有资产保值增值是一个长期问题。

“十三五”时期，是宁夏全面建成小康社会的决胜阶段，也是深化改革、推进新型工业化、加快转变发展方式的攻坚时期。2015 年 10 月，党的十八届五中全会作出了《中共中央关于国民经济和社会发展第十三个五年规划的建议》，提出要坚持“创新、协调、绿色、开放、共享”发展理念，构建产业新体系，实施工业强基工程、支持战略性新兴产业发展、实施智能制造工程、加快发展现代服务业等。12 月，自治区党委十一届七次全委会审议通过了《中共宁夏回族自治区委员会关于制定国民经济和社会发展第十三个五年规划的建议》。全会指出，创新是引领发展的第一动力。要坚持把产业转型升级作为主攻方向，以科技创新引领全面创新，以结构调整带动经济转型，推动大众创业、万众创新，全力打造宁夏经济升级版。要突出企业创新主体地位和主导作用，突出重点产业，加大创新投入力度，创新人才发展机制，提高科技和人才支撑力。要加快产业转型升级，实施工业强基工程，集中力量培育和发展煤化工、新能源、现代纺织等优势产业，打造千亿产业、千亿园区、千亿企业，推动工业价值链由中低端向中高端迈进。这为在新的历史起点上推进宁夏工业改革与发展指明了方向，提出了要求。在新的历史起点上，要按照党的十八届五中全会和自治区党委十一届七次全会的要求，牢固树立并切实贯彻创新、协调、绿色、开放、共享的发展理念，培育发展新动力，拓展发展新空间，加快构建产业新体系，推动产业迈向中高端水平，着力打造宁夏产业升级版。

（一）坚持创新发展，着力打造宁夏工业经济升级版

创新是发展的第一驱动力。抓创新就是抓发展，谋创新就是谋未来。解决宁夏工业发展的深层次矛盾和问题，根本出路在于转变发展方式，关键在于实施创新驱动发展战略。要下好创新这步先手棋，激发调动全社会创新创业活力，加快形成以创新为主要引领和支撑的经济体系，不断提升宁夏工业在全球价值链中的地位。

1. 加快实施创新驱动战略，发挥创新对工业发展的关键作用

（1）推进科技创新。科技创新是提高社会生产力和综合国力的战略支撑，谁牵住了科技创新这个牛鼻子，谁走好了科技创新这步先手棋，谁就能占领先机、赢得优势。要以科技创新构筑发展新优势、新动力，建立健全科技创新体系，建设科技创新平台，加快技术创新成果转化利用，不断提升宁夏工业技术创新能力和效益。

一要构建科技创新体系。要加强产学研、技术、市场与资本相结合，逐步形成门类齐全、开放协作、与宁夏产业发展相配套、效益良好的科技创新服务体系。要建设社会化、网络化的科技中介服务体系，鼓励引导科技中介服务机构面向企业，为自主创新和成果转化提供专业化服务，促进企业之间、企业与高等院校和科研院所之间的信息传递、知识流动、技术转移。

二要推进关键技术创新。要围绕"五优一新"等产业集群及战略性新兴产业，重点开展专业化的科技研发、技术推广、现代工业设计和节能服务，集中力量解决一批制约产业发展的关键技术、共性技术难题，大幅提高科技资源利用效率和科技服务水平。

三要加快培育创新人才。要扩大科技领域对外开放，深化与区内外高校和科研单位的产学研合作，积极推动建立产业技术创新战略联盟。要加强科技人才特别是创新型科技人才队伍建设，大力引进和培育创新型人才，建立有效的人才激励机制，消除人才流动的体制性障碍，加快培养一批懂经营、懂管理，有创新精神，能适应国际竞争的复合型人才，为增强科技创新能力提供人力资源支撑。

四要加快科技资源共享平台建设。要加强大型科学仪器、科技信息网络、科技文献、自然科技资源、科学数据五大科技资源平台建设与共享，实现科技资源跨部门、跨行业、跨地区协作共享，全面提高科技资源的使用效益。要将科技创新项目优先列入新技术推广、新产品试制等计划，支持鼓励企业推广和应用新技术、新工艺、新设备、新材料，加快技术研发成果转化利用和产业化进程。要定期对在科技创新、名牌创造方面贡献突出的企业及有功人员给予奖励，特别要对"宁夏名牌产品"和"宁夏驰名商标"给予重奖。

（2）推进体制机制创新。要着力破除制约创新驱动发展的体制机制障碍，完善政策和法律法规，创造有利于激发创新活动的体制环境。要加快形成有利于创新发展的市场环境、产权制度、投融资体制、分配制度、用人机制，培育公平、开放、透明的创新环境；不断创新和完善宏观调控方式，形成各类创新主体有序协同、创新要素高效配置、创新源泉竞相涌流的生动局面，让创新在全社会蔚然成风。

（3）推进企业管理创新。企业持续发展之基、市场制胜之道在于创新。各类企业都要把创新牢牢抓住，不断增加创新研发投入，加强创新平台建设，培养创新人才队伍，促进创新链、产业链、市场需求有机衔接，争当创新驱动发展先行军。大中型企业是推动全方位创新的骨干力量，要积极组织和引导其开展前沿先导技术研发和重大战略产品开发，增强内生创新活力和集聚创新资源能力，促进生产模式和组织方式变革，让更多有生命力的前沿技术和新兴产业集群蓬勃发展。小微企业是各类创新“开花结果”的绝好土壤，政府要降低创业门槛，打开发展空间，发挥其在产业创新链和转型升级中的“种子”作用。

（4）推进品牌创新。品牌是企业发展的灵魂，是一种战略性资产和核心竞争力的重要源泉。品牌就是质量，就是效益，就是竞争力，就是生命力。要把品牌建设作为提升企业“软实力”的根本，树立品牌意识，突出品牌建设，强化品牌营销，使企业在激烈的市场竞争中占有一席之地。树立品牌意识，是保持战略领先的关键。打造自主品牌，是企业经营战略中的重要环节。要多渠道营销品牌，充分发挥品牌在占领市场中的渗透作用，让宁夏品牌成为在国内外市场竞争中的靓丽名片。

2. 推进工业化信息化深度融合，着力提升宁夏工业竞争力

加快工业转型升级是新型工业化道路的根本要求，是宁夏加快转变经济发展方式的关键所在，也是化资源优势为经济优势的必由之路。

“两化”融合是当代新技术革命和经济结构调整的深刻反映。推进产业转型升级，要在“两化”融合上下功夫。要充分发挥信息化在转型升级中的支撑和牵引作用，加快推动工业向数字化、网络化、智能化、服

务化转变，促进工业化、信息化融合发展。提升工业现代化水平。要加快先进信息技术改造传统产业步伐，开展工业互联网创新试点行动，引导一批重点工业企业以互联网为主要媒介，以新一代信息化技术为手段，逐步实现柔性化、定制化生产。要重点支持新能源、装备制造、仪器仪表等领域的信息化建设和应用软件产品的开发利用，以信息化促进工业转型升级。规模以上企业要全部实现计算机辅助设计、集成制造和数字化管理。要大力发展软件产业，依托宁夏（中卫）中关村科技产业园和银川 IBI 育成中心等，引进奇虎 360、阿里巴巴等大数据中心项目，发展物联网、云计算等，加快建设西部云计算及电子信息产业基地。要借助移动互联网、云计算、大数据、物联网为代表的新一代信息技术，大力发展电子商务、互联网金融、远程技术支持等服务业新业态，使之成为工业发展的新增长点。

要以提高核心竞争力为目标推进产业结构转型升级。不仅要推动产业间升级，而且要推动产业内升级，即通过工艺升级、价值链升级、产品质量升级等，形成“精致制造”的工业素质，不断沿着形成更具竞争力的产业或者产业环节推进工业化。要大力推进产业链延伸和产业配套工程，提高工业附加值。整合产业链上下游产品和企业，促进产业合作配套，提高工业附加值，促进产业升级转型。

（二）坚持协调发展，不断优化工业产业布局

协调是持续健康发展的内在要求。坚持协调发展，就要从各地资源禀赋和区位优势出发，不断优化工业产业布局。

1. 以《宁夏空间发展战略规划》为蓝图，优化工业产业布局

要依托各地资源禀赋和区位优势，构建以沿黄经济区为核心，各类工业园区为支撑，重点突出、特色鲜明、各地工业协调发展的区域产业总体格局。银川市要以宁东能源化工基地和银川经济技术开发区为依托，重点发展能源化工、石油天然气化工、装备制造、新型纺织、清真

食品及穆斯林用品、新材料等“一强五优”主导产业，积极发展羊绒产业、信息产业以及生产性服务业等特色产业，着力提升工业经济实力，充分发挥首府和区域中心城市的经济辐射和带动作用。石嘴山市要紧紧围绕新材料、装备制造、能源化工三大主导产业，大力发展光伏新材料、新能源、生物质能、专用（特种）汽车等新兴产业，改造提升煤炭、电力、冶金、钢铁、煤机制造等传统产业，提高技术装备水平，扩大生产规模，建成西北重要的先进装备制造基地；做强做大钽铌铍、镁合金、多晶硅等新材料产业，延伸产业链，提高附加值，建成全球重要的新材料研发生产基地；加快发展氯碱化工、精细化工、生物化工等特色产业，建设成为全国重要的特色能源化工基地。吴忠市要围绕“两城五园”进行产业优化布局，太阳山新型能源化工城和青铜峡现代铝业新城重点发展新能源、煤化工、铝材和镁合金产业，利通特色装备制造园重点发展专用汽车，金积工业园区、同心羊绒工业园区、盐池工业园区、红寺堡工业园区、青铜峡嘉宝工业园区重点发展清真食品穆斯林用品、乳品加工、羊绒、生物制药、葡萄酿酒等特色农产品加工业。中卫市要重点发展造纸、冶金、化工、建材、机械装备制造、农副产品加工等六大优势产业，积极培育区域性龙头骨干企业，加大自主创新能力，巩固枸杞制品、数控机床、造纸等产业在全国的优势地位。固原市要大力发展马铃薯、草畜产品加工、回药种植与加工等特色产业，推动马铃薯企业的整合重组，加快马铃薯淀粉及其衍生产品的研究与开发，建成全国马铃薯生产研发基地。积极发展煤炭、电力等能源产业，为地区工业发展提供能源保障。

2. 提高工业园区和产业基地建设水平，增强产业聚集效应

要按照“特色鲜明，政策优惠，功能完善，信息共享”的原则，高标准、高起点、高水平建设“六大十特”工业园区和慈善产业园，带动工业园区做专做特、做新做优、做大做强，使工业园区成为全区工业经

济发展的主要载体和重要支撑。要加大园区基础设施和公共服务平台建设支持力度，以加快建设国家级能源化工基地、国家级葡萄酒产业基地、西部云计算及电子信息产业基地、国家级清真食品和穆斯林用品产业基地、生态纺织基地和临空临港产业基地为目标，着力打造一批产值过千亿的产业集群和产业园区，促进主导产业高端化、特色产业品牌化、新兴产业规模化，不断增强产业聚集效应，尽快形成一批主业突出、行业领先、核心竞争力强的产业“旗舰”。

3. 推进工业产业结构调整，大力发展“五优一新”产业

要按照基地化、大型化、规模化、一体化、多联产的发展模式，充分利用各工业基地和园区的资源优势和已经形成的煤化工、新材料、装备制造、农副产品加工等优势产业集群和高新技术产业等“五优一新”产业基础，推动优势特色产业集群深入发展。按照上下游一体化要求，鼓励支持各类企业发展与之关系紧密的配套产业，构建以大企业为龙头、中小企业分工协作的产业集群。重点扶持一大批“专、精、特、新”的中小企业发展配套产业和产品，延长产业链和产品链，提高产品的科技含量和附加值，提高“五优一新”产业的核心竞争力。

（三）坚持绿色发展，大力推进工业发展方式转变

绿色是永续发展的必要条件和人民对美好生活追求的重要体现。绿色发展是科技革命和产业变革的方向，是引领经济新常态的必然选择。宁夏正处于工业化的加速阶段，宁夏的基本区情决定了我们再不能沿袭高污染、高能耗的工业发展模式，必须从黑色发展模式转向绿色发展模式，要让美丽与发展同行，主动适应经济发展新常态，科学把握新常态带来的经济运行的新特征、新规律、新要求，加速向绿色工业转型，发展低碳经济，使用绿色能源，推动绿色消费，实现绿色发展，努力走出一条体现宁夏特点的生产、生活、生态共赢的绿色发展之路。

1. 大力发展循环经济

要按照“减量化，再利用，资源化”原则，构建以高新技术产业为主体，以工业共生和物质循环为特征的区域产业体系，充分发挥产业集聚和链条效应，不断延长产业链，实现资源的有效利用。要推动传统制造业绿色改造，构建清洁低碳、安全高效的现代能源体系，加快推动生产方式绿色化、低碳化。要大力发展节能环保、新能源等绿色产业，以推广绿色产品拉动绿色消费需求。要全面实施循环经济，提高矿产资源回采率，大力推进低品位矿、共伴生矿、尾矿、废石的综合利用。积极发展再生资源产业，合理布局再生资源回收网点，继续以工业企业为重点推行和实施清洁生产，对排污不达标企业实施强制清洁生产审核，有效提高工业“三废”综合利用率。在资源开发、生产消费、废物利用等环节，形成全社会资源循环利用体系。提高新建燃煤电厂大气主要污染物排放标准，强制实施减排工程，加快推行绿色电力调度制度，减少大气污染。积极支持工业固体废物综合利用产业发展，建成一批现代化固废综合渣场和综合利用项目，实现分类堆存、科学处置和综合利用。实施循环发展引领计划，推行企业循环式生产、产业循环式组合、园区循环化改造，加快建立循环型工业体系，推进生产系统和生活系统的循环链接，建设覆盖全社会的资源循环利用体系，减少单位产出物质消耗，大幅度提高资源产出率。

2. 扎实推进节能降耗

要大力推进节能降耗工程，为做大工业提供环境空间。要抓好重点行业和企业的节能减排降耗，支持企业加大节能减排技术改造和创新投入，大力发展资源节约型和环境友好型产业，努力促进工业清洁发展、节约发展、安全发展和可持续发展。提高资源能源综合利用率，抓好工业节能、节水、节地、节材。加强工业“三废”综合利用和重点工业污染源治理，深入推进工业企业节能减排。要加强节能技术改造，支持电解铝、铁合金、电石、水泥、焦炭、化肥等高耗能行业实施节能技术改造。要开展技术管理对标，组织重点用能企业面向国内外开展技术、能效与管理对标，制定企业对标指南，建立企业能效标杆，全面推动规模以上企业加快技术升级。对标杆企业和示范企业，在技术改造资金安排上予以倾斜。要强化节能目标双控，以自治区下达的能耗总量、万元GDP能耗及万元工业增加值能耗为红线，尽快建立能耗倒逼机制。对于未完成年度节能目标和进度任务的企业，要对其实施强制能源审计，并取消其享受各类财政扶持资金和优惠政策的资格。

3. 加大淘汰落后产能力度

要借国家治理产能过剩的东风，逐步淘汰装备水平低、能耗高、污染重的行业落后产能，提高产业准入门槛。要在全区传统工业领域内，从各企业规模、空间布局、产品结构和各产业的配套、合作、联动上想办法，加快煤炭、电力、冶金、有色、化工行业的升级转型，在淘汰落后产能的过程中优化产业、企业结构，降低企业生产成本，提升宁夏工业整体竞争力。要加强对淘汰落后产能工作的监督检查力度，确保淘汰落后产能任务完成。

4. 强化绿色发展的制度保障

要大胆探索建立符合实际的自然资源产权制度、自然资源有偿使用制度和生态补偿制度，推动环境污染第三方治理，在重污染行业扩大试点范围，探索“谁污染、谁付费、第三方治理、政府监管”的治污新模式。要加强环境执法和监管，对损害环境行为实行“零容忍”。

（四）坚持开放发展，积极参与国际国内产业分工与合作

开放是繁荣发展的必由之路。在新的历史起点上，宁夏要统筹国际国内两个大局，牢固树立并切实贯彻开放发展理念，坚定不移地走开放发展之路，实行更加积极主动的开放战略，着力解决发展内外联动问题，用好国内国际两个市场两种资源，以对外开放的高度自信和高度自

觉，以开阔的胸襟和广阔的视野在世界舞台上谋篇布局，在更大范围、更宽领域、更深层次上全面提高开放型经济水平，为经济发展注入新动力、增添新活力、拓展新空间。

1. 把大踏步“走出去”与全方位“引进来”相结合

要按照“优势互补，互惠互利，长期合作，共同发展”的原则，大踏步走出去，全方位请进来，全面扩大对外开放，促进人才、资本、技术、品牌等生产要素向宁夏聚集，不断提高宁夏工业化水平。

（1）要大踏步“走出去”。要依托中阿博览会平台，以中东地区的发展需求为导向，充分挖掘“一带一路”沿线国家和地区与宁夏在产业基础、资源禀赋、市场容量等方面的互补优势，筛选走出去的重点产业，将与宁夏产业契合度高、合作愿望强烈、投资环境良好的国家和地区作为重点市场，建成国际化的产业集群和特色产业链条，推动与阿拉伯国家之间全方位、多层次、宽领域的经济技术合作。

（2）要全方位“引进来”。要抢抓多区域合作的新机遇，加强宁蒙陕甘毗邻地区、宁东、鄂尔多斯、榆林能源化工“金三角”地区、陕甘宁、呼包银重点经济区在能源化工、节能减排、环境保护、生态平衡等多领域合作共建。通过区域分工协作的有效互动，促进产业对接和结构升级。要紧抓中西部地区产业升级和东、中部地区产业转移的机遇，巩固扩大与港澳台及国内外大企业集团的互利合作，积极承接东部、中部地区产业转移。要创新外商投资管理体制。改革外商投资审批和产业指导的管理方式，向准入前国民待遇加负面清单的管理模式转变，加快推进投资便利化进程，通过资本对接、股权转让、技术引进、市场共享等方式，主动与国际化大企业“结缘攀亲”，实现“借智”转型和“借力”升级。要统一内外资法律法规，营造规范的制度环境和稳定的市场环境。继续发挥开发区的开放引领和带动作用，推动开发区转型升级和创新发展，使之成为培育吸引外资新优势的排头兵和推进改革创新的示范区。

2. 以高水平开放推动高难度改革，不断增强工业企业发展动力活力

当前，我国经济发展步入新常态，改革进入深水区，有许多难啃的硬骨头，一方面，不少改革任务最重的领域基本上都面临新的开放要求；另一方面，最迫切开放的领域也正是需要加大改革力度的领域。宁夏要一方面借助更深层次的开放，破除国内垄断、市场分割、过度保护等改革“痼疾”，理顺政府和市场关系，激发市场主体活力；另一方面要通过与开放型经济相关的体制机制改革，进一步简政放权、优化职能，促进资本、技术、人才等生产要素顺畅流动、高效配置，在更深层次上提高开放型经济水平。

3. 加强物流基础设施建设，加快发展现代工业物流服务业

要加快物流通道建设。要加快公路、铁路、航空交通基础设施建设，构建畅通便捷的立体交通运输网络，缩短区域间的时空距离，提高物流效率。

要加大物流节点建设。加快宁夏国际空港、银川陆港、惠农陆港建设，扩充“三大口岸”功能，加大现有商业、运输、联运、物资、仓储等物流资源整合力度，加强区内外物流联系，增强远程物流组织能力，促进物流上下衔接、相互配套。

要培育壮大生产性物流企业。实施大企业带动战略，围绕制造业发展，鼓励制造企业主辅分离，外包非核心业务，推动制造业与物流业等服务业融合发展。加快组建、培育一批专业化水平高、市场集中度高的大型骨干物流企业（集团）。积极引进国内外大型物流企业进驻宁夏，推动物流企业跨区域、跨行业联合协作，提高物流一体化和综合服务水平。

要完善物流信息平台、存储配送平台等设施建设。围绕发展口岸物流和保税物流，加快形成覆盖全区、辐射周边、通江达海、连接国际的现代物流网络体系，将宁夏建成新亚欧大陆桥重要的物流枢纽、西部重要的国际化物流中枢和清真食品、穆斯林用品物流分拨中心。

（五）坚持共享发展，扎实推进大众创业、万众创新

党的十八届五中全会提出："坚持共享发展，必须坚持发展为了人民、发展依靠人民、发展成果由人民共享，作出更有效的制度安排，使全体人民在共建共享发展中有更多获得感，增强发展动力，增进人民团结，朝着共同富裕方向稳步前进。"坚持共享发展，必须创新制度安排，扎实推进大众创业、万众创新，在全社会营造人人参与、人人尽力、人人享有的良好环境，以共享引领共建、以共建推动共享，厚植发展优势，凝聚发展合力，提升发展境界。

1. 加快企业股份制改造的步伐

积极推进产权制度改革，推进企业产权多元化，鼓励和引导民营企业通过参股、控股、资产收购等多种方式参与国有企业改制重组，改变"一股独大"的状况。要推动建立和完善现代企业制度。以健全完善董事会、建立长效激励机制为重点，理顺出资人、董事会、监事会、经理层的关系，逐步形成各负其责、协调运转、相互制约的工作机制。要强化对国有资产的监管。积极探索建立科学、合理的国有企业经营评价体系，完善企业经营者薪酬考核办法，深入研究并试行股权、期权激励方式，使企业经营者的长期利益与企业发展紧密结合。要加强反腐倡廉建设，确保国有资产的保值增值。要保护职工群众的合法权益，确保职工群众享有改革发展的成果。

2. 大力发展非公有制经济

要围绕非公有制经济在发展中存在的投资环境欠佳、政策扶持力度不足，中小微企业融资贷款难度较大，企业缺乏创新能力，转型升级缓慢，企业管理制度落后、人才观念淡薄等问题，大力促进非公有制经济发展。

一是改善投资环境，加大政策扶持力度。认真清理不利于民营经济发展的政策法规，消除民营经济发展的实质性障碍。完善产权保护制

度，积极发展混合所有制经济，鼓励和支持民间资本参与国有企业改组改造，积极引导民间资本进入新能源、环保产业、生物制药、电子信息等新兴产业。

二是完善金融服务，拓宽融资渠道。鼓励银行简化贷款程序，支持商业银行对民营企业的信贷服务。建立完善民营金融机构体系，发展民营企业资本市场，扩大民间融资。发展创业投资基金，设立多种形式的产业投资基金和高新技术风险投资创业基金，充分吸收民间资本，增强民营经济的资本实力。建立民营经济信用等级制度，设立更多政府信用担保机构，给予民营经济信用担保。

三是鼓励创新，培育骨干企业，引领民营经济转型升级。鼓励科研单位、高等院校、大企业与民营企业结成产学研一体化组织，发挥各自优势，为民营企业转型升级、科研成果转化提供技术支持。鼓励企业突出主业和特色，加大技改力度，积极开展新产品、新技术研发应用，增强核心竞争力。启动非公有制“强优企业”培育认定工作，筛选 100 家非公有制骨干企业作为重点培育对象，通过目标达成奖励等措施，引导企业加快技术进步、品牌提升、管理创新，向规模化、集团化方向发展。

四是建立现代企业管理制度，转变用人观念。鼓励引导民营企业家不断提高自身文化素质和管理水平，增加社会责任感，实行科学管理，建立现代企业管理制度，避免传统的家族式管理经营体制。重视人力资源管理，转变用人观念。真正树立人力资源是企业第一资源的观念。实现从利用人到尊重人、成就人的转变，在企业发展的同时实现员工的自我发展。

3. 大力发展中小企业

要鼓励中小企业技术改造和科技创新，支持其采用新技术、新工艺、新设备、新材料进行技术改造，研发新产品，推进节能减排。要积极扶持“专、精、特、新”中小企业加快成长，鼓励中小企业围绕大型企业上下游产业链，与区内大型企业开展多种形式的经济技术合作，着力壮大企业规模，加快提升产业层次，形成大中小配套、多极化支撑的工业发展格局。要加快中小企业服务体系建设，建立和完善全区中小企业服务平台网络建设，形成信息共享、资源统筹服务平台，为区域和行业提供信息查询、技术创新、质量检测、法规标准、管理咨询、创业辅导、市场开拓、人员培训、设备共享等服务。要拓宽中小企业融资渠道，创新金融产品，支持、规范发展小额贷款公司，扶持中小企业上市融资，加快中小企业信用担保机构的发展。鼓励建立小企业创业基地和中小企业创业孵化基地。助推中小企业转型发展。加强“专、精、特、新”中小企业的跟踪指导和服务，搭建科研机构和中小企业技术需求对接平台，加强管理模式创新培训，鼓励企业突出主业和特色，加大技改力度，开展新产品、新技术研发应用，增强核心竞争力。

4. 坚持工业反哺农业

坚持共享发展，就要顺应宁夏经济社会发展的新特征新要求，把工业反哺农业、城市支持农村作为一项长期坚持的方针，不断加大工业对农业的支持力度，加快推进城乡一体化进程，使全区各族人民都能共享工业改革发展的成果。

专 题 篇

宁夏国有企业改革与发展

1978年12月，党的十一届三中全会拉开了中国改革开放的序幕。38年来，各个领域发生了翻天覆地的变化，工业经济作为整个经济改革的重点领域，更是站在了改革的最前沿。国有企业作为工业经济的重中之重，作为国民经济的重要支柱，在改革开放的潮流中发挥了中流砥柱的作用。改革开放38年来，宁夏的国有企业坚持和完善以公有制为主体、多种所有制经济共同发展的经济制度，坚持社会主义市场经济改革方向，以增强企业活力和强化监督相结合，积极稳妥推进国有企业改革，不断完善现代企业制度，完善国有资产管理体制，逐步形成了更加符合我国基本经济制度和社会主义市场经济发展要求的国有企业发展之路。

一、改革发展历程

改革开放38年来，宁夏国有企业改革大体经历了五个阶段。

（一）简政放权、扩权让利阶段（1978年12月—1984年10月）

早在十一届三中全会之前，国有企业改革就已经开始了。党的十一届三中全会后，自治区从实际出发，以搞活企业为中心，在企业中实行利润留成、包干试点、简政放权等。

针对长期存在的政企不分、条块分割，国家对企业统得过多、管得过死，排斥市场，忽视价值规律，企业缺乏自主权，职工吃企业“大锅饭”，企业吃国家“大锅饭”等一系列问题，1978年4月20日，《中共中央关于加快工业发展若干问题的决定（草案）》提出，“企业是生产单位，必须以生产为中心”，要强化生产指挥过程的责任制，以建立和保持正常的企业生产秩序。1979 年，国务院下发了《关于扩大国营工业企业经营管理自主权的若干规定》等一系列文件，自治区开始了以扩大企业自主权为出发点的改革试点工作。改革首先从财权制度改革入手，国家对企业实行利润分成，打破了原来的国家对企业统收统支的制度。1979 年 4 月，国家经济委员会在全国选择了 8 家国有大中型工业企业进行给予企业利润留成的扩权试点。10 月，经国家经委和财政部批准，宁夏选择了银川橡胶厂、西北轴承厂、煤炭机械厂等 8 户国有大中型企业先行开展了扩大企业自主权的试点，主要是将以往按工资总额提取企业基金改为按比例实行技术利润留成及增长利润留成的办法，增加了企业生产的发展基金。1980 年 10 月，在大河机床厂、银川毛纺厂等企业进行了“独立核算，国家征税，自负盈亏”的试点，扩大了企业在计划、销售方面的自主权，允许企业按市场需要自主安排生产计划和承接加工订货。从此，生产资料开始进入市场。1981 年 5 月 20 日，国务院 10 个部委发出联合通知，在“计划、利润留成、利润留成资金使用、产品销售、新产品、扩大出口和外汇分成、价格、以税代利试点和有关税收、银行贷款、机构和人事劳动、减轻企业额外负担、民主管理”等 12 个方面扩大企业自主权，宁夏开始在全部工业企业中推行经济责任制。吴忠县工业局进行了利润包干、超额分成的试点，在各小化肥厂和部分小型国营企业实行了盈亏包干、减亏超盈分成、超亏不补的试点，在 20 个国营建筑业恢复按工程预算成本的 2.5%提取法定利润，还在有还款能力的工业企业中推行了改财政拨款为银行贷款。10 月，自治区批准大河机床厂、银川毛纺厂等企业进行独立核算、国家征收、自负盈亏的试点。至 1982 年，全区工业企业普遍实行了盈亏包干、超利润分成、减亏分成或留用，自治区工业生产开始回升。

1983 年，自治区在 557 户地方国营盈利企业中推行了“以税代利，税利并存”的第一步利改税，即以 1982 年企业决算数为测算依据并考虑新增因素，由企业按核定的所得税率、上缴利润比例向国家上缴税利，把国家同企业的分配关系用税收形式固定下来，保证了国家财政收入的稳定增长，同时提高了企业留利水平。这一年，实行利改税的国营企业上缴国家的税利占利润总额的 65%（其中税后上缴利润占利润总额的 14%），企业留利为 35%，增强了企业发展的后劲。1984 年，银川市作为全国综合改革试点城市，首先以搞活国有工业企业为目标推进城市经济体制改革。到 1984 年年底，全区 80%以上的企业分别建立了“承包、扭亏增盈、全额计件、超定额计件”等不同形式的经济责任制。

（二）推行经营承包制阶段（1984 年 10 月—1992 年 10 月）

1984 年 10 月，党的十二届三中全会通过了《中共中央关于经济体制改革的决定》，明确提出了“要使企业成为相对独立的经济实体，成为自主经营、自负盈亏的社会主义的商品生产者和经营者，成为具有一定权利义务的法人”。此后，随着进一步扩大企业自主权、实行承包经营责任制以及转换企业经营机制等一系列政策措施的出台，宁夏企业的改革步入了一个新的时期。

实行第二步利改税。1984 年 8 月，自治区召开第二步利改税工作会议。从 1984 年 10 月开始，自治区在工业、交通、物资和城市公用等 238 个国营企业中实行了第二步利改税，即以 1983 年利润总数为基数，加减价格调整等因素，合理调整产品税率，增设资源税、增值税和几种地方税，对国营企业征收所得税和调节税，对小型企业征收八级累进税，在确保企业合理留利的前提下，确定对 23 户大中型企业开征调节税，还对微利企业核定了减征所得税率。通过第二步利改税，基本上确立了国家同企业的适当分配关系，并通过税收杠杆缓解了因产品价格不合理、资源条件和技术装备程度不同所产生的苦乐不均的矛盾，在国家拿大头的同时，企业留利有所增加，调动了企业和职工的积极性。

推行承包经营责任制。1984年，银川火柴厂和宁夏标准件厂率先进行了承包经营试点。1985年，青铜峡磷肥厂等7个工业企业实行了上缴利润递增包干。至1986年年底，全区实行承包经营责任制的大中型工业企业4个（占大中型企业总数的14%），小型工业企业10个（占小型工业企业总数的5.5%），取得了较好的经营效果。青铜峡市实行上缴利润递增包干的7户工业企业，1986年上缴利税总额、企业留利、全年人均收入分别比承包前的1984年提高93%、99%和30%。承包经营的推行，进一步明确了国家同企业的责、权、利关系，促进了企业内部的配套改革，调动了经营者和劳动者的积极性。

建立和完善企业内部经营机制。针对当时进一步改善企业素质，增强企业活力，提高经济效益的迫切需要，自治区对企业内部管理体制也进行了一系列改革，新的经营机制开始建立。1984年，自治区在整顿验收合格的企业中，选择了银川橡胶厂、石嘴山钢铁厂等5家企业实行厂长（经理）负责制的小范围试点。1986年在全区普遍推开。实行厂长（经理）负责制的企业，绝大多数同时实行了厂长（经理）任期目标责任制和任期终结审计制。当年，银川市开始推行厂长（经理）负责制和生产任务目标责任制，规定了厂长（经理）在任期内完成目标责任，个人收入可高于职工平均收入的1~3倍，贡献突出的可高出3~5倍，任期届满，完成目标的可晋升一级工资，有突出贡献的可再晋升一级工资等。1988年，宁夏开始对大中型企业进行第一轮承包，参加承包的国有企业有50户，占国有大中型企业的69%。这一时期，企业承包的形式主要有“双包一挂”“上缴利润”“递增包干”“上缴利润包干”“超收分成”“微利企业上缴利润定额包干”“亏损企业减亏（补贴）包干”等。1990年，自治区在全区范围内推行第二轮承包，在承包中坚持“包死基数，确保上交，超收多留，欠收自补”的原则，规范和完善了承包形式，调整了国家、企业、职工三者的利益，企业的经济效益明显提高。1992年，自治区又在扩大企业自主权、积极推行企业内部各项改革的基础上，确定了90户工商企业（其中工业企业49户）进行转换经营机制的试点工作，开始使企业逐步向自主经营、自负盈亏、自我发展、自我约束的商品生产者和经营者的方向转变。同时，企业内部的各项改革也取得了进展。企业在内部管理体制上全面推行了厂长（经理）负责制，绝大多数企业实行了厂长（经理）任期目标责任制和任期终结审计制；推行了人事劳动制度改革，企业公开招聘中层以上干部，竞争上岗，择优使用，职工实行双向选择，择优上岗，企业进人全部实行劳动合同制；进行分配制度改革。通过实行浮动工资制、计件工资制、计分计奖制和超基数联销计奖等办法，使职工个人收入多少同劳动贡献大小、企业经营好坏挂起钩来，初步克服了平均主义现象，调动了职工的积极性，增强了企业的自身发展能力。

（三）建立现代企业制度与企业脱困阶段（1992年10月—2002年11月）

1992年，党的十四大宣布，我国“经济体制改革的目标，是建立和完善社会主义市场经济体制”，这一战略的提出为改革指明了前进的方向。1993年，党的十四届三中全会通过的《中共中央关于建立社会主义市场经济体制若干问题的决定》，提出了国企改革的方向是建立“产权清晰，权责明确，政企分开，管理科学”的现代企业制度。12月，《中华人民共和国公司法》颁布。1994年，国务院确定了百家企业进行现代企业制度的试点，宁夏西北轴承厂被列为国务院百家试点企业之一。随后，宁夏40户国有企业成为自治区建立现代企业制度的试点企业。

1996年，国有企业亏损面较大，亏损额持续攀升。为了进一步推动企业扭亏为盈，根据国务院批转国家经贸委等部门《关于建立企业扭亏增盈工作目标责任制的通知》精神，自治区政府决定在全区范围内实行扭亏为盈生产目标责任制，以“提高产品销售率、提高资金运营效益、提高产品质量、降低成本”为主要目标推进企业扭亏增盈。据此，自治区党委、政府提出，宁夏国有企业改革重点是大力推动存量资产的流动和重组，实施大公司、大集团战略，大力推进企业走集团化、规模化、集约化的路子，探索和建立国有资产监管和运营体系。在继续完成第一批 11 户企业试点的基础上，抓好第二批 28 户企业试点，并着手确定第三批试点企业，在增资减债、形成多元投资主体方面加大力度，建立企业内部治理结构，加大现代企业制度实践探索的步伐。进一步放开放活小型企业，贯彻《公司法》，落实好自治区政府《关于加快小型企业改革与发展的若干政策措施》，以产权制度改革为突破口，通过股份合作、兼并、租赁、出售等多种形式，加大企业股份制改造力度。同时，以投融资改革为重点，推进宏观管理体制改革。通过组建资产经营公司、国有控股公司、向大企业或大企业集团授权等，多途径构建国有资产营运主体。

按照自治区党委、政府的部署，各地区、各部门采取统筹规划，分类指导，因企制宜，积极进行股份制和股份合作制改造。以公司制为主要形式的股份制企业发展迅速，至 1997 年年底，全区登记注册的股份制企业已有 2959 户，其中股份有限公司 11 户。广夏实业、西北轴承、民族化工、新华百货、恒力钢铁、美利纸业、吴忠仪表等 7 户企业改制上市，共募集资金 15.4 亿元。

西北轴承有限公司

同时按照“抓大放小”的精神，1996 年以后，自治区政府先后出台了《关于加快小型企业改革与发展的若干政策措施》和《关于进一步放开搞活中小企业的政策规定》，使以产权制度改革为重点，以股份制和股份合作制为主要形式的中小型企业改革取得很大进展。至1997年年底，全区1177户独立核算中小型企业中，已采取各类形式改革的有774户，占65.8%。其中涉及产权制度改革的560户，占47.6%。通过该改革，促进中小型企业的资产流动和重组，盘活存量资产10多亿元，新增股本金超过2亿元。

但是由于长期以来受计划经济体制的约束，宁夏的国有企业与全国的很多国企一样，市场适应性差，经济效益低，大多数企业一度陷入严重经营困难的境地。从1998年到2000年，按照中央的要求，自治区提出了集中精力、利用三年时间完成国有大中型企业“改革脱困”目标，彻底放开小型企业的政策措施。1998年，全区债转股企业4户，包括太西集团、青铜峡水泥厂、大古铁路等。1999年7月21日，自治区人民政府通过的《关于加快我区国有企业改革与脱困若干问题的暂行规定》，提出要进一步拓宽企业改革与脱困思路，各大银行大力支持国有企业盘活存量资产，积极做好债转股工作，对特别困难的改制企业减免土地出让金，大幅度减少企业改制中的有关收费，加快分离企业办社会职能的步伐。2000年，自治区全力抓好扭亏增盈工作。一是着力做好优势骨干企业的挖潜提质增效，特别是抓好农垦、大元、恒力、煤机、中策、西轴等亏损大户的扭亏增盈。二是通过兼并破产，消灭一些亏损源。三是通过债转股，切实降低企业负债。四是通过股份制合作制改造、产权出售等方式，使一批国有企业退出国有或国有控股行列。随着一系列措施的实施，宁夏国企改革和发展的状况发生了显著变化：到2000年年底，全区国有大中型企业改制面达到86.6%，其中上市公司10家，共向社会募集资金37.16亿元；全区505户国有中小企业改制面达到90.5%，其中实行产权制度改革占到了88%。企业脱困方面，自治区列入国家脱困计划的36家国有大中型企业有28家脱困，脱困面为

77.8%。自治区85户国有大中型企业中有66户脱困，亏损面降到22.4%，如期实现了国企“三年脱困”目标。

随着经济体制的建立，企业体制改革和对外开放步伐的加快，特别是党的十五大后，宁夏积极实行“抓大放小”改革思路，国有企业本着“有所为，有所不为”的方针，进行了战略重组，使其改制、改组及改造取得实质性进展，组建了宁夏石化集团、西北轴承集团、宁夏恒力钢铁集团、宁夏圣雪绒国际企业集团、民族化工集团、赛马水泥集团、鑫汇纸业集团、吴忠仪表集团、美利纸业集团、西吉傻傻集团等一批集团化企业，企业的实力和竞争力都得到了加强和提升。

2001年12月，我国正式加入世界贸易组织，标志着我国开始全方位融入全球化的世界市场经济体系。为了切实提高宁夏企业的竞争实力，自治区政府批转了自治区经贸委《关于深化工业改革强化企业管理提高经济效益的若干意见的通知》，提出要进一步建立健全法人治理结构，放开搞活中小企业，深化国有企业内部人事、劳动、分配制度改革等措施促进企业改革向纵深方向发展，增强企业的竞争力。

（四）深化国有资产管理体制改革阶段（2002年11月—2012年11月）

2002年11月，党的十六大明确提出了走新型工业化道路，深化国有资产管理体制改革等主要任务。会议提出，要制定法律法规，建立中央政府和地方政府分别代表国家履行出资人职责，享有所有者权益、权利、义务和责任相统一，管资产和管人、管事相结合的国有资产管理体制。同月，以深化国有煤炭企业改革为始发点，成立宁夏煤业集团有限责任公司，由宁夏亘元集团有限责任公司、太西有限责任公司、灵州集团有限责任公司、宁煤有限责任公司合并重组的国有独资公司，是集生产经营和资本运营为一体，自主经营、自负盈亏、自我约束、自我发展的法人实体。

根据中央的统一部署，2002年12月，自治区党委成立了宁夏回族自治区国有大型企业工作委员会。2004 年 1 月，更名为宁夏回族自治区国有资产管理委员会。国资委成立后，狠抓国有资产的监督管理工作，国有企业经济效益明显提升。2005 年以后，按照自治区党委、政府做强做大骨干企业要求，充分利用宁夏资源和产业优势，积极创造条件，主动内联外引，全面推进地方企业与中央企业重组合作，宁夏煤业集团公司、宁夏东方有色金属集团公司、青铜峡铝业集团公司、宁夏发电集团公司等 19 户地方企业与神华集团公司、中国有色矿业集团公司、中国电力投资集团公司等 27 户中央企业实施了重组，直接引进资金 1700 亿元左右。这些重组企业依托央企雄厚实力和有效管理，迅速壮大了整体实力，大大增强了核心竞争力。2006 年，围绕企业改革、产权管理、考核分配、财务监督以及党风廉政建设等工作，自治区制定出台了 20 多项配套措施和管理办法，使国有企业资产监管工作依法开展、有章可循。经过几年努力，自治区政府初步规范了企业国有产权转让、资产损失核销、资产处置、对外投资以及委托理财等行为，建立起了监管国有企业的财务快报体系。开始全面推行经营业绩考核责任书制度，建立起了经营业绩考核目标完成情况动态监测体系和预警机制，向受监管国有企业派出了监事会，初步规范了负责人薪酬制度，规范了企业负责人分配办法，建立了国有企业资产统计体系和绩效评价体系。通过转让股权、盘活破产企业有效资产等方式，对 15 户国有企业的产权权属进行了划转、界定；完成了 32 户企业资产损失核销和资产处置工作，及时纠正了国有企业改制和国有产权交易中的不规范做法，有效地防止了国有资产流失。

2007 年，党的十七大提出，深化国有企业公司制股份制改革，健全现代企业制度，优化国有经济布局和结构，增强国有经济活力、控制力、影响力；深化垄断行业改革，引入竞争机制，加强政府监管和社会监督；加快建设国有资本经营预算制度；完善各类国有资产管理体制和制度。党的十七大后，依据《企业国有资产法》《企业国有资产监督管理暂行条例》等法律法规，自治区政府先后制定了各类规范性文件40多个，涉及财务监督、产权管理、业绩考核、薪酬管理、投资管理、监事会监督等各个方面，既规范了国资监管行为，堵塞了监管漏洞，也规范了企业决策和经营管理行为，防止了国有资产损失和流失。制定了《关于规范自治区国有企业工资管理的通知》，按照“管总额、管人均、管增幅、管差距”的原则认真核定企业工资总额，控制了人工成本的过快增长。制定了《关于自治区国有企业试行年金制度的通知》《关于自治区国有企业试行公车改革的通知》，对企业领导人员职务消费等行为进行规范。制定了《关于加强企业财务管理和严格审计工作的通知》《自治区国有企业选聘财务审计、资产评估机构有关事项的通知》，面向社会公开选聘审计机构，统一对企业年度财务决算进行审计，使审计结果更加真实。开展了全区国有企业“小金库”专项治理，进一步堵塞了资金管理漏洞，规范了企业财务管理；监督企业认真整改年度财务审计中发现的问题，及时制定防控措施，提高了防范财务风险能力。制定了《关于规范企业国有产权变动有关事宜的通知》《关于加强企业担保管理的通知》《关于规范自治区国有企业对外捐赠的通知》，规范了企业产权变动、对外担保、对外捐赠行为。公开选聘评估和拍卖机构，提高国有资产处置的公开度和透明度。完成了企业国有产权交易机构与全区公共资源交易服务中心的对接，规范了国有产权交易行为。完成了上市公司股权分置改革，优化了资本结构。开展了企业清理整合工作，压缩管理层级，降低运营成本。制定了《关于改进和加强企业监事会工作的通知》《关于改进和加强企业监事会工作的补充通知》，对监事会职责、权利、任务、方法、考核等作出明确规定。按照“准确性、时效性、超前性、可行性”的要求，认真开展财务检查和对董事、高管人员履职行为监督工作，提高了监督检查的时效性和有效性。

按照自治区党委的安排部署，自治区国资委积极推进宁夏国有企业改革重组，力求在更大范围内实现资源优化配置和投资主体多元化，做大做强优势国有企业。经过近3年的努力，通过地方企业与中央企业重组，引进战略投资51亿元；区内国企与区内国企重组、联合及国有产权转让，涉及国有资产总额300亿元。共完成区内煤业集团公司、美利纸业集团公司、商业集团公司、西北奔牛集团公司与中央企业神华集团公司、中冶科工集团公司、中盐总公司、天地科技股份公司的重组和联合；完成区内发电集团与吴仪股份、电投集团与西洋恒力、综合投资公司与银川橡胶厂等企业之间的重组；完成长城机床厂与江苏新瑞机械公司、宁光电表厂与抚顺隆基磁电设备公司等国有产权转让；促成宁夏建材集团公司与中国中材集团重组；推进发电集团公司与中国华电集团公司重组。

2008年之后，以体制和机制创新为目标，按照增强国有经济控制力的要求，进一步深化国有企业改革，积极推进国有经济结构和布局的战略性调整，加快股份制改造和现代企业制度的建设步伐，转换经营机制，促进企业改革重组，推进地方企业与中央企业的战略性合作，促使国有资产向优势行业、优势产业、优势企业、优势产品集中，提高企业效益和竞争力。对尚未改制的各类国有中小企业，继续通过产权转让、股份合作制、股份制等多种形式放开搞活，将其彻底推向市场，使其成为自主经营、自负盈亏的市场主体。对那些资不抵债、搞活无望的国有特困企业，积极稳妥地实施关闭破产，减少亏损，尽快盘活存量资产。依据《关于企业破产工作中几个问题的通知》《关于规范自治区属国有企业破产职工安置等有关事项的通知》《关于自治区属企业破产中依法妥善安置职工有关问题的通知》等一系列配套政策，对太西集团有限公司二矿、宁夏吴忠仪表集团公司、宁夏物资产业（集团）公司等342户资源枯竭、资不抵债、搞活无望的企业实施了关闭破产。通过关闭破产，一批亏损严重的特困企业有序退出了市场，调整优化了全区国有经济结构。完善国有企业经营业绩考核制度，做好企业国有资本收益上缴监管工作，强化国有资产保值增值责任。探索外派监事会工作制度。进一步完善国有出资人财务监管制度，强化对企业的审计监督，加强高风险投资项目管理。探索会计、审计、统计相衔接的出资人财务监管机制。进一步完善国有企业法人治理结构，探索股权分制改革完成后上市公司国有股权管理的有效途径。防止国有资产流失，保证国有资产保值增值。

2011 年，推进国有经济战略性调整，切实把国有资本投资重点放在关系国民经济命脉的重要行业和关键领域。健全宁夏国有资本有进有退、合理流动机制，进一步完善国有企业改革重组等相关政策措施；按照建立现代企业制度的要求，以产权制度为重点，采取多种形式，大力推进国有企业改革；加大企业兼并重组力度，培育和发展一批大型企业或企业集团，推动其规范改制并上市融资，通过资本运作实现规模经济、多元化经营和低成本扩张；加强国有资本经营预算管理，进一步完善国有资产监管体制，推动国有企业做大做强。

（五）全面深化改革阶段（2012 年 11 月至今）

吴忠仪表有限责任公司

2012 年，党的十八大提出："要毫不动摇地坚持巩固和发展公有制经济，推行公有制多种实现形式，深化国有企业改革，完善各类国有资产管理体制，推动国有资本更多投向关系国家安全和国民经济命脉的重要行业和关键领域，不断增强国有经济活力、控制力、影响力。"十八届三中全会通过的《中共中央关于全面深化改革若干重大问题的决定》指出："公有制为主体、多种所有制经济共同发展的基本经济制度，是中国特色社会主义制度的重要支柱，也是社会主义市场经济体制的根基。"坚持公有制为主体、多种所有制经济共同发展的社会主义初级阶段基本经济制度，既不搞私有化，也不搞单一公有制，这是我们党从长期社会主义经济建设和改革开放实践中总结得出的重要理论成果。面对发展环境复杂多变和宏观经济下行压力加大等不利因素，宁夏国有企业改革继续深化。在做好宁夏建筑机械厂等 10 户企业破产扫尾工作的同时，集中力量组织实施了宁夏物资运输公司等 10 户企业破产。还组织实施了中国铝业集团公司重组宁夏发电集团公司工作。银广夏重整工作不仅使其摆脱了退市和破产的命运，还成为了全区上市公司中盈利最多的一家。按照调整经济结构、转变发展方式的要求，指导、督促企业编制修订了发展战略和规划。国有资产监管更加规范，业务考核、财务监督、资产处置、监事会监督等都日益规范化。

2014 年，自治区党委、政府出台了《关于改进和加强自治区属企业国有资产监督管理的实施意见》，进一步创新和完善国资监管。对自治区属国有企业资源、资产、资本进行整合，根据行业分类和功能定位，组建了若干国有资本投资公司，与宁夏国有资本运营集团公司形成以资本为纽带的母子公司管理体制，逐步实现管资产向管资本转变。强化财务监督，面向社会公开选聘审计机构对企业进行审计。6 月 27 日，宁夏成功首发 20 亿元企业债券，主要用于宁夏担保、宁夏建工、宁夏房地产等企业结构调整和流动资金补充，宁东铁路股份公司重组银广夏预案获深交所认可。修订了《关于加强自治区属国有企业董事会建设的通知》，制定了《自治区属国有企业外部董事管理办法（试行）》和《自治区属国有企业外部董事考核评价与薪酬管理暂行办法》，面向社会遴选了91名专业知识丰富的人员建立自治区属国有企业外部董事人才库，并根据企业需求聘任16名人员为宁夏建工集团等11户区属国有企业外部董事，进一步完善了公司法人治理结构。为了贯彻落实依法治国、依法治区精神，适应国企改革发展需要，启动了国资监管的立法工作，自治区先后出台了《关于进一步加强地方国有资产监管工作的若干意见》，围绕深化国企改革各项目标任务，强化顶层设计，全力推进国企改革。审定出台了《关于深化自治区属国有企业改革的实施意见》，明确了自治区属国有企业深化改革的“任务书”“路线图”“时间表”。根据行业分布、战略方向、主营业务、经营方式、市场趋向、责任贡献等不同情况，将自治区属国有企业分为公益类、营利类和功能类三类。2015年，为了进一步提高国有资本证券化率，继续推进《宁夏回族自治区企业国有资产监督管理条例》立法工作。

2015年8月24日，中共中央、国务院印发了《关于深化国有企业改革的指导意见》。该文件在深入总结国有企业改革发展历史经验的基础上，根据党的十八大和十八届三中、四中全会的部署要求，全面提出了深化国有企业改革的指导思想、基本原则、目标任务和重要举措，是新时期深化国有企业改革的纲领性文件，在国有企业改革发展史上具有重要里程碑意义。9月24日，国务院又印发了《关于国有企业发展混合所有制经济的意见》，明确了国有企业发展混合所有制经济的总体要求、核心思路、配套措施，并提出了组织实施的工作要求。10月，《中共中央关于制定国民经济和社会发展第十三个五年规划的建议》提出，要深化国有企业改革，增强国有经济活力、控制力、影响力、抗风险能力。分类推进国有企业改革，完善现代企业制度。完善各类国有资产管理体制，以管资本为主加强国有资产监管，防止国有资产流失。健全国有资本合理流动机制，推进国有资本布局战略性调整，引导国有资本更多投向关系国家安全、国民经济命脉的重要行业和关键领域，坚定不移把国有企业做强做优做大，更好服务于国家战略目标。根据中央最新的目标要求，宁夏将继续深入推进国有企业改革，使国有企业改革各项政策落到实处。

二、主要成就

国有企业控制着国民经济的命脉，在国民经济的关键行业和重要部门中处于支配地位，对整个国民经济的发展起着决定性作用。改革开放38年来，宁夏国有企业为宁夏经济社会发展做出了巨大贡献，是拉动全区经济跨越发展的主导力量和最大支撑。

（一）国有企业规模和实力大大增强

经过三十几年的发展，截至2014年11月，由自治区国资委监管资产的36户企业实现营业收入769.51亿元，比2002年的130亿元增加近6倍；缴纳税费76.99亿元，比2002年的7亿元增加10倍多；完成固定资产投资291.25亿元，比2003年的25.44亿元增加10倍多；资产总额4809.77亿元，比2002年的322亿元增加14倍多；净资产1040.72亿元，比2002年的98亿元增加10倍多。

（二）国有企业体制机制进一步完善

改革开放38年来，宁夏坚持将深化改革作为加快企业发展的根本动力，以市场化改革为方向，以产权制度改革为核心，通过破产、改制、重组等多种形式，转换了企业管理体制和经营机制，优化了国有经济布局和结构，增强了国有经济的活力。企业关闭破产稳步实施，减少了国有资产流失，优化了经济结构；规范化改制加快推进，转化了管理体制和经营机制，放开搞活了一批中小型企业；战略重组成效显著，依托央企的重组企业迅速壮大了整体实力，增强了核心竞争力；厅局企业脱钩改革积极推进，进一步理顺企业国有资产管理体制，优化了资源配置；企业办社会职能顺利移交，有效减轻了企业负担，为进一步加快发展创造了条件；建立健全董事会制度，公司治理结构不断完善。

（三）国有企业全球化进展逐步加快

改革开放 38 年来，宁夏国有企业从小到大、由弱变强、从区内走出区外、从国内走向国际，走向全球化的步伐不断加快。从国际化行业分布情况来看，金属制品、机械和工业设备的国际化程度相对高。2007 年，宁夏青铜峡铝业集团进入中国 500 强企业，迈开了宁夏国际化发展的第一步。近年来，世界 500 强企业、中国 500 强企业借助宁夏招商引资这个重要平台签约落户宁夏众多重大项目，为宁夏地方经济的跨越式发展起到强推作用。

（四）国有企业培育和造就了一批人才

人力资源作为第一资源，是企业其他资源的基础，人才是企业核心竞争力之一。随着改革的逐步深入，宁夏国有企业不断为优秀人才脱颖而出创造条件，为人才的成长搭建舞台。宁夏国有企业还把人才的培训工作提升到科学的人本管理的高度和人力资源再造的高度，坚持理论学习与技能培训相结合、学习培训与实践锻炼相结合，调动员工积极性的同时，提升员工工作技能。通过开展“313 人才工程”“专业技术人才知识更新工程”“基层之光”人才培养计划，实施优势产业“人才高地”和区域特色人才项目建设等一系列人才培养工程，培育了一批科技创新团队和本土人才，这为宁夏国企改革与发展提供了智力支持和人才支撑。

三、经验启示

改革开放 38 年来，宁夏国有企业改革发展历经坎坷，取得的成绩确实令人振奋，这是国有企业体制机制变革激发出企业活力的因素，也是国有企业广大干部职工艰苦努力的结果。目前，宁夏经济处于相对快速的发展期，在内外部环境变化较大的情况下，宁夏的国有企业能不能持续稳定发展，能不能在未来更高层次、更加激烈的竞争中赢得主动，这对国有企业是一次考验。前车之鉴，后事之师，回顾总结这些经验启示，对今后的发展有一定的参考价值和指导意义。

（一）深化改革，创新体制机制，是国有企业生存和发展的动力

国有企业大多数情况下相对独立，受地方影响有限，所以，宁夏的改革多为遵循式的，自身创新元素很少，但国有企业的体制机制创新贯穿国有企业改革的全过程，成为深化改革的重要载体，发挥了不可替代的作用。党的十一届三中全会后，全民所有制企业开始了以转换企业生产经营机制为主要内容的渐进探索。党的十四大后，国有企业则以内部创新为主，着手制度创新。党的十六大后，国有企业改革规范化，体制机制改革也日见成效。党的十八大以后，则以规范经营决策、资产保值增值、公平参与竞争、提高企业效率、增强企业活力、承担社会责任为重点，进一步深化国有企业改革。以法治化、制度化、规范化为主要改革方向，确保了国有企业持续发展、强劲发展。

（二）扩大对外开放，加强战略重组，是国有企业发展壮大的重要途径

国有企业的整合，是一种大趋势。要想在未来更高层次、更为激烈的国际竞争中赢得优势，必须依靠具有国际竞争力的大公司、大企业集团。自治区国资委成立后，积极推进宁夏国有企业改革重组，力求在更大范围内实现资源优化配置和投资主体多元化，做大做强优势国有企业。特别是近年来，自治区党委、政府大力实施“引进来”和“走出去”战略，助推国有企业做大做强。

自治区党委、政府深入推进“项目对接、拓展市场和对外宣传”三

神华宁夏煤业集团有限公司与中国石油宁夏销售公司签约

大战略，重点吸引跨国公司特别是世界500强、中国500强企业到宁夏设立地区总部、研发中心、采购中心、先进生产制造基地等。围绕宁东（太阳山）能源化工基地、“五优一新”产业和黄河金岸建设，宁夏先后引进美国杜邦集团先锋种子公司、中粮集团、神华集团、德国舍弗勒公司等世界500强企业以及北京新华联控股有限公司、上海绿地集团、中材集团、京能集团、华润集团、万达集团等中国500强企业。实践证明，“引进来”与“走出去”不仅能激发企业潜能，更能助推企业做大做强，是宁夏国有企业改革的一条必经之路。

（三）创新科技，培养人才队伍，是国有企业改革发展的两个重要支撑点

科技是第一生产力，人才是核心竞争力。国有企业的发展关键靠科技、靠人才。改革开放后，尤其是进入21世纪以来，宁夏把打造研发销售能力强、产品科技含量高、市场前景好、发展潜力大作为企业做大做强的目标。宁夏的国有企业通过科技创新实现存量优化，全面提升产业结构及层次，努力推动经济转型发展、科学发展。加大科技人才引进和培育力度，拓宽人才培养渠道，积极引进海内外优秀人才，完善人才激励保障政策，使宁夏成为吸引国内外投资者的一片热土。企业还不断引进和吸收国内外先进技术，巩固具有自主知识产权的核心技术，把握企业发展方向，积极开发特、专、精、优产品，切实提升企业的自主创

新能力和核心竞争力，努力把企业做大、做强、做优、做久。

（四）依托宁夏资源优势，培育特色产业，是国有企业在宁夏腾飞的突破口

宁夏已经发现的矿产有50余种，以非金属矿为主，主要有煤炭、石膏、石油、天然气、陶土、石英砂岩、重晶石、白云石、硅石等。煤炭查明储量高达300多亿吨，预测储量2000多亿吨，分别居全国第6位和第5位。煤种齐全，全国10大煤种宁夏有9种，其中，优质无烟煤——太西煤，具有“三低六高”（低灰分、低硫、低磷，原煤发热量高、比电阻率高、精煤回收率高、块煤率高、化学活性高、机械强度高）的特点，畅销亚欧美10多个国家，成为宁夏出口拳头产品。依托矿产、煤业、天然气等，神华宁夏煤业集团、宁夏东方有色金属集团公司、宁夏长宁天然气公司等成为宁夏国有企业的支柱。实践证明，依托资源优势，培育特色产业，才能把产业做大做强，才能在激烈的竞争中立于不败之地。

四、对策建议

深化国有企业改革，是促进我国经济社会发展的必然要求，也是全国人民的热切期盼。国有企业属于全民所有，是推进国家现代化、保障人民共同利益的重要力量，是党和国家事业发展的重要物质基础和政治基础。国有企业对宁夏的贡献是毋庸置疑的，但是我们也要清醒地看到，宁夏的国有企业改革还存在不容忽视的问题，如产业结构不合理，同质化现象较为严重；企业管理欠规范、水平低下；经济运行质量和效益不高，技术创新能力不强；改革过程中造成的国有资产流失时有发生；员工主体地位下降、工作积极性主动性不高，可持续发展动力不足等。在发展过程中，还不同程度地存在对大气、水源和土地的污染，对生态环境的破坏严重。鉴于此，我们必须认真贯彻落实党中央、国务院

战略决策，按照“四个全面”战略布局的要求，以经济建设为中心，坚持问题导向，坚持“创新、协调、绿色、开放、共享”发展理念，把加强顶层设计与激发基层创新探索结合起来，把产业发展与生态保护统一起来，切实破除体制机制障碍，坚定不移地做强做优做大国有企业，不断增强国有经济活力、控制力、影响力、抗风险能力，主动适应和引领经济发展新常态，为促进经济社会持续健康发展、实现中华民族伟大复兴中国梦做出积极贡献。

（一）以五大发展理念为指导，全面深化改革，进一步推进体制机制创新

深化改革是企业发展的内在动力。经过 38 年的改革实践，国有企业的管理体制、经营机制、企业面貌都发生了深刻变化。一些企业实现了公司制改革，适应市场经济发展的激励约束机制逐步建立，创新能力和市场竞争力显著提高。但也要看到，市场化导向的企业改革还在进行时，现代企业制度还很不完善，束缚企业发展的顽疾还很多。在新常态下，企业要发扬“敢为天下先，爱拼才会赢”的闯劲，勇闯企业改革深水区，打好深化企业改革攻坚战。一是进一步完善现代企业制度，健全公司法人治理结构，厘清股东会、董事会、监事会、经理层的职责权限，形成股东会、董事会、监事会、经理层各负其责、运转协调、有效制衡的机制。二是进一步发展混合所有制经济，积极吸收社会资本参与国有产权多元化改革，提高国有资本的效率，拓宽企业投资渠道，降低融资成本。三是进一步深化企业内部“三项制度”改革，做到管理人员能上能下、员工能进能出、收入能增能减。建立健全职业经理人制度，更好发挥企业家作用。四是进一步强化依法治企、依法经营，公平参与竞争，积极维护市场秩序，妥善处理企业在市场经营中遇到的法律纠纷。

（二）大力实施“引进来”和“走出去”战略，主动融入“一带一路”建设

“一带一路”建设对我国现代化建设具有深远意义，宁夏是“一带一路”战略支点之一，“一带一路”基础建设规模巨大，交通运输、能源、通信等担负着开路先锋的重任。宁夏能源资源丰富，铁路、民航交通便利，在今后的经济发展规划中，要制定国有企业具体规划，率先做好一两个项目，使“一带一路”战略构想落到实处。在配套设施建设上，也要优先考虑依托“一带一路”，推进项目合作，实现互联互通、互利互惠。实施“走出去”是企业发展的必然战略选择。但宁夏企业走出去起步较晚、基数较小，目前尚处于初级阶段。随着新常态下我国经济的稳健发展和“一带一路”战略的实施，宁夏企业融入国际经济体系的步伐将进一步加快。广大企业要充分利用国际经济结构深刻调整和世界经济温和复苏的历史性机遇，加快推进国际化经营，增强在全球范围内配置和重组资源的能力，做到走得出、站得稳、有实效。一是进一步发挥低成本的竞争优势，合理选择投资方式，在全球范围内统筹布局生产和营销力量。二是进一步提高跨境设厂的成功率，尤其是设厂完成后实现企业业绩持续向好的成功率。三是进一步掌握国际通行的游戏规则和所在国的法律法规及政治、经济、社会、文化背景，警惕和防范运营中的各种风险，积极履行社会责任，不断提高宁夏企业的国际地位和形象。

（三）推动企业重组兼并，打造宁夏工业航空母舰

大企业、企业集团之间的“强强联合”，特别是组建跨地区、跨行业、跨所有制和跨国经营的大公司和大企业集团，可以实现优势互补，优化资源配置，降低生产成本，提高劳动生产率，促进研究和开发，达到扩大市场占有额、获取更大经济效益的目的。同时，还能提高企业的国际竞争力，促进地区国有企业的发展。推动宁夏国企与省外、国外企业强强联合，第一，要制定政策，加强指导，使联合工作有法可依、有

规可依。制定优惠政策鼓励“强强联合”，并尽早制订“强强联合”的有关实施细则，真正使联合效益凸显。第二，加强研究，做好引导工作。尽快出台明晰且便于操作的产业政策和区域政策，对国有产权和国有资源在产业间和区域中进行调整和优化配置作出合理安排。第三，进一步改进金融、财税、国有资产管理体制，形成与产业结构调整、“强强联合”相适应的机制，使大中型国有企业与国家财税、金融部门建立起一种新型关系，促进“强强联合”。第四，加大宣传力度，提高思想认识，努力做到依托优势，顾全大局。

（四）推进依法治企，实现国有资产保值增值

在改革改组过程中，国有资产流失是一个比较严重的问题。为此，我们要进一步加强法律法规建设，确保国有资产保值增值。一是增强依法治企的使命意识，进一步强化责任担当。国有企业作为我国经济的重要支柱，是全面建成小康社会的重要力量，应当在落实依法治国中起带头示范作用，自觉依法经营，树立良好的社会形象。二是以建立完备制度为基础，依法界定国资委与所出资企业的权责边界。制度是带有全局性的，是管根本的。作为出资人，以管资本为主加强国资监管，最根本就是要坚持依法监管、依法治企。三是以完善公司治理为核心，依法推动企业有序有效运营。公司治理的核心是建立健全法人治理结构，要规范董事会建设，强化董事会决策机制；建立健全决策监控系统，实现出资人全过程、全覆盖监管；提高企业治理透明度，树立国有企业的良好社会形象；要有序开展企业领导人员市场化选聘工作。四是以总法律顾问为抓手，推进依法治企工作落地。要做到制度到位、待遇到位、职责到位、管理到位，构建起以总法律顾问制度为核心的企业依法治理制度体系。

（五）塑造现代企业家，弘扬创新理念和创业精神，激发国有企业活力

就国有企业来讲，最缺乏同时又是最需要的就是创新精神，没有创新，企业就没有竞争优势，最终只会被淘汰。企业要避免淘汰死亡，必须创新转型。而一旦创新成功，企业就会发展壮大。推进创新驱动，一要营造“创新搞活，转型发展”的大环境，做大做强做活实体经济；二要引进和培育“宽容失败，鼓励冒险，兼容并包，宽松创业”的创新创业文化，让创业创新的活力在国有企业中竞相迸发；三要推动合作创新和发展平台经济，构建创新联盟，走出创新“自闭症”，把国有企业与其他经济实体同等对待，依靠实力见证输赢，而不是政府扶持勉强生存；四要实现技术创新与金融创新“双轮”驱动，让创新的理念融入生产、经营、销售等各个环节中。

（六）以人为本，强化职工主体地位，保障职工权益

国有企业改革过程中，一些改革措施挫伤了职工的积极性，如改革用工制度实行劳动合同制，破除终身制；改革社会保险制度，失业、医疗、养老等均由职工按比例缴纳；改革工资制度，按照管理等级拉大工资差距；等等。这些措施从长期来看，有益于国有企业发展，但短期内却没有充分体现出员工是企业的主人。人是生产的主体，没有人的主动性积极性创造性，企业生产就无从谈起。党的十八届三中全会通过的《中共中央关于全面深化改革若干重大问题的决定》明确指出：“国有企业属于全民所有，是推进国家现代化、保障人民共同利益的重要力量。”“创新劳动关系协调机制，畅通职工表达合理诉求渠道”，使职工和企业管理者尤其是企业管理者，树立现代国有企业之现代劳动关系的意识。逐步推广在混合所有制经济中实行职工持股，激励职工的生产积极性。只有职工充分享受到改革的成果，才能真正实现解放生产力、发展生产力的改革目的。一是落实民主管理的保障机制，加强职工代表大

会制度建设；二是充分发挥企业工会组织的作用，维护职工合法权益；三是规范政府行为，维护职工利益；四是采取各种保障措施，促进下岗职工再就业；五是依法规范劳动关系，及时为职工接续养老、失业、医疗等各项社会保险关系，确保职工人心安定。

国企改革关乎国家未来，任重而道远。中共中央、国务院印发的《关于深化国有企业改革的指导意见》是认识新常态、适应新常态、引领新常态的阶段性成果。国有企业从诞生的那一天起，就肩负着伟大的历史使命。现在，改革进入深水区和攻坚期，国有企业作为中国经济的主导力量，其作用只能增强，不能削弱。唯有如此，才能在推动我国经济保持中高速增长和迈向中高端水平、完善和发展中国特色社会主义制度、实现中华民族伟大复兴中国梦的进程中，充分发挥国有企业肩负的重大历史使命和责任。

宁东能源化工基地的建设与发展

世纪之交，党中央、国务院做出了实施西部大开发的战略决策，为宁夏的工业化建设提供了历史机遇。自治区党委、政府抢抓机遇、科学决策，站在国家能源安全和加快宁夏工业化进程的高度，做出了开发建设宁东能源化工基地的重大战略决策，并举全区之力进行开发建设。宁东能源化工基地（以下简称宁东基地）是依托宁东煤田建立的以煤炭、电力、煤化工和新材料产业为主导的区域性大型工业化基地，是国家能源发展战略的重要组成部分，是宁夏的“一号工程”，承担着宁夏新型工业化的重要历史使命。宁东基地的开发建设，对宁夏实现跨越式发展，全面小康社会建设具有十分重大的意义。

一、改革发展历程

（一）宁东基地开发建设的战略优势及重要意义

宁东基地建设顺应国家能源发展中长期战略和能源安全的战略需要。能源问题是国际性的重大问题、焦点问题，很大程度上影响着世界政治经济形势。世界能源的主体是石油，工业化国家均以油气燃料为主。我国的石油储备形势十分严峻，按照国际能源机构有关统计，中国石油剩余探明储量目前仅 34 亿吨，为世界剩余探明储量的 1/10。20 世纪 80 年代以来，我国石油开发后备资源不足的问题日益严重，资源品位下降，陆上主力油田大部分产量逐年递减，采油成本逐年上升。从 1993 年开始，我国由石油净出口国转变为石油净进口国。尤其是 2002 年以来，中国石油供需缺口急剧扩大，石油进口迅猛增加，石油对外依存度不断攀升。中国经济的迅速发展对能源的需求也是迅速增长的，但这个快速增长的需求靠不稳定的世界石油市场来供应是无法满足的。

我国能源资源的基本国情是“缺油、少气、富煤”。煤炭一直是我国的主要能源，资源丰富，探明储量达 1 万亿吨左右。煤炭占国内能源比重 70%左右。21 世纪，中国能源发展规划是“以煤炭为主体，以节能为原则”，把节能放在首位，坚持煤为主体、电为中心、油气和新能源全面发展、高度重视能源安全、加快石油的战略储备。同时，将煤化工列入了我国中长期能源发展战略重点。煤化工前景看好，必然导致煤化工产业兴起。宁东基地的开发建设正是顺应了这一发展趋势和战略要求。

宁东地区的资源禀赋和优势组合，决定了其必然成为国家重要的能源化工基地之一。宁东基地有“煤炭、土地、交通、水”四大自然资源优势，具备开发建设大型能源化工基地的优越条件。

煤炭资源优势。宁夏是我国煤炭富集地区之一。全区含煤地层分布面积达 1.7 万平方公里，煤炭预测储量 2027 亿吨，居全国第 5 位；已探明储量 316.5 亿吨，居全国第 6 位；未利用的保有储量为 259 亿吨，居全国第 5 位。资源分布相对集中，主要在贺兰山北段、宁东、宁南和香山四个煤田区。宁东基地是宁夏煤炭的主要分布地区，是国家批准规划建设的全国 13 个大型煤炭生产基地之一。宁东煤炭远景储量 1394 亿吨，已探明储量 273 亿多吨，占全区探明储量的 87%，煤种为不黏结煤和长焰煤，具有低灰、低硫、低燃点、高发热量、易开采等特性，是优质的气化用煤和动力用煤。宁东基地同时蕴含丰富的光能、风能资源，为能源化工行业的发展提供了得天独厚的资源优势。

土地资源优势。宁东地区位于毛乌素沙地西南外缘，属于荒漠、半荒漠地带，地形平缓、开阔，现有荒地、沙质地、裸土地等未利用土地总面积约 2913 平方公里，占整个土地类型的 82%。其中荒地面积 2691

平方公里，呈大片分布。区域范围内人口稀少，人口密度低于 15 人/平方公里。宁东地区具有建设不占用耕地、搬迁人口少、土地开发成本低、对环境影响较小等特点，适宜建设大型能源化工基地。

交通资源优势。宁东基地具有良好的交通运输条件。宁东距宁夏首府银川市约 40 公里，距河东机场约 20 公里。青银高速、古青高速、银西高速、盐中高速、307 国道、211 国道、狼南公路、鸳冯公路横贯基地。包（头）兰（州）电气化铁路位于宁东基地以西 70 公里处，宝（鸡）中（卫）电气化铁路在宁东基地以南通过，太中银铁路、太中银铁路银川联络线、大古铁路专用线与基地内的厂矿铁路相连。公路、铁路、空运，形成了四通八达的交通运输网络，保障了原料和产品的便捷运输。

水资源优势。水源是发展电力、煤化工的重要条件。宁东基地中心区距黄河仅为 35 公里左右，由黄河取水输水路程短，且引水高程只有 200 米左右，有充分的水源保障，能够满足宁东基地及工业项目用水需求。这是规划建设宁东能源重化工基地的突出优势。

这四方面优势的良好组合，促使宁东成为建设能源化工基地的理想区域，这在全国是不多有的，也决定了宁东基地必将成为国家重要能源化工基地之一。

宁东基地开发建设是宁夏新型工业化提速的必然选择。宁夏属欠发达地区。2000 年 GDP 在全国排名倒数第三，工业化水平低。加快宁夏工业化进程，迅速提高全区工业化水平和增加经济总量，是宁夏发展的必由之路。而宁夏原有工业比较分散，不能形成合力和联动效应，缺乏整体竞争力。通过开发建设宁东基地，优化结构和布局，引导主导产业向宁东、向沿黄城市带集中，更好地发挥产业集聚效应和城市的配套服务功能，进一步带动农业和第三产业发展。依托资源开发，引进国内外大企业、集团和资金，形成具有优势的主导产业和骨干企业群，实现资源优势向经济优势转化，提高经济社会发展水平。而且，建设大型能源化工基地将带动一大批相应产业的发展，以此解决就业和人口转移的问题。宁东需增加产业工人21.4万人，带动相关产业增加就业60万人，可大量吸纳农业和山区人口向城市和宁东地区集中，从而推进全区城市化进程，提高全区的城市化水平。宁东基地的开发建设是加快宁夏新型工业化进程的战略性工程。

（二）宁东基地开发建设的决策期（2000年2月至2003年6月）

宁东基地的开发建设就是充分利用宁东区域内的资源综合优势，经过10~15年的建设，构筑以煤炭、电力、煤化工产业为核心的，以石油天然气化工、氯碱化工、有色金属冶炼、机械、建材、轻工等相关产业为补充的工业共生网络，实现经济效益、社会效益、生态效益三者高度统一的国家级能源化工生态工业区。

2000年，根据宁东煤、水、土地等资源组合优势突出的特点，宁夏回族自治区计委（现发展和改革委员会）向党委、政府呈送了《宁夏沿黄（河）地带国家级大型能源重化工基地的建设构想》，提出了大规模开发宁东煤田的建议。自治区党政主要领导高度重视并纳入决策程序。2001年，自治区发展和改革委员会开始着手能源重化工基地规划与建设的各项前期工作，组织有关部门的专家和工程技术人员进行多次实地勘查和分析研究。2002年4月，编制完成了《宁夏河东重化工基地总体规划》和《宁夏河东重化工基地选址报告书》。2003年6月9日，自治区党委书记陈建国、自治区主席马启智等领导考察宁东基地时指出，宁东基地建设是关系宁夏发展大局的第一号工程，要举全区之力，加快宁东能源重化工基地建设。6月23日，自治区第11次政府常务会议讨论并原则通过了《宁东能源重化工基地总体规划与建设纲要》，标志着自治区正式决定开展宁东能源重化工基地的规划与建设。

根据《宁东能源重化工基地总体规划与建设纲要》，宁东基地规划建设范围：位于宁夏中东部、银川市东南部，与滨河新区相接。东起鸳鸯湖、马家滩、萌城矿区的深部边界，西至白芨滩国家自然保护区东界，南起韦州矿区和萌城矿区南端的宁夏与甘肃省界，北至宁夏与内蒙古省界，南北长约127公里，东西宽16~41公里，范围覆盖灵武市、盐池县、同心县、红寺堡区等4个县（市、区），规划区总面积约3484平方公里，核心区处于灵武境内。宁东基地规划建设分为远景规划区和规划区两部分。规划区面积645平方公里，主要包括鸳鸯湖、灵武、横城、马家滩、积水井、萌城、韦州等七大矿区和石沟驿井田以及煤化工项目区和八大电厂组成的火电群。规划建设煤化工、临河、灵州、太阳山四大综合项目区以及后备工业发展用地。规划到2020年基地建设成为以煤炭、电力、煤化工三大产业为支撑的全国重要的千万千瓦级火电基地、煤化工基地和煤炭基地。

（三）宁东基地开发建设的良好起步期（2003年7月至2010年12月）

宁东基地的规划与建设的发展目标和主要任务分两个阶段安排。第一阶段（一期）为2003—2010年。主要是全面探寻宁东基地建设发展路径，确定发展的总体思路，形成完整的规划体系；明确规划与建设的各种基础条件；建设和启动一批关键性基础设施和主导产业项目；同时起步资源综合利用、环境生态保护、城镇建设项目，争取把宁东基地列入国家循环经济试点园区。到第一阶段末，宁东基地框架和高效的管理体制、运行机制基本形成，对全区经济社会发展产生显著贡献。

2003年8月，为适应基地建设的需要，自治区党委、政府下发了《关于成立宁东能源重化工基地建设协调小组的通知》，正式成立了高层次的宁东能源重化工基地建设协调领导小组，自治区党委副书记韩茂华任协调小组组长，自治区党委常委、银川市委书记王正伟和自治区副主席项宗西为副组长。自治区有关厅局、银川市、自治区有关企业的负责人为协调小组成员。协调领导小组的主要职责是负责宁东能源重化工基地建设中重大问题的协调工作。

宁东基地建设需要巨额投资，为了便于开展对外招商引资，搭建自治区与区内合作的平台，2003 年上半年，自治区将宁夏煤业、太西、亘元、灵州 4 家公司合并，组建成立新的宁夏煤业集团。下半年，新组建了宁夏发电有限责任公司。同时，自治区加强了与区外的合作和招商引资工作，并取得显著成效。2003 年 6 月，自治区人民政府与中国华电集团签署了在宁东合作建设两个千万千瓦级电力基地的协议；宁夏煤业集团与华电集团在银川举行了合作开发宁东煤田的签字仪式。7 月，自治区人民政府与国电集团签订了合作意向书，宁夏支持国电控股建设石嘴山电厂技改工程、大武口电厂扩建工程和宁东电力基地建设等项目。8 月，宁夏与山东两省区政府签订了宁夏向山东送电协议书，确定灵武电厂、水利电厂等为送出电源点，拟以 500 千伏直流电向山东送电。9 月，自治区人民政府与山东鲁能集团签订了关于合作开发建设煤、化、电一体化项目框架协议，鲁能集团作为建设主体，实施控股。另外，宁夏先后与北京国电、山东国电、北京大唐发电等区外大公司，签订了合作建设宁东基地的协议书。在此后的开发建设中，宁东基地党工委、管委会继续积极开展“走出去，请进来”招商引资活动，为宁东基地的开发建设注入了强大的资金来源，大大促进了宁东基地跨越式发展的步伐。12 月 26 日，宁东马莲台电厂（2×33 万千瓦）、宁东基地供水工程项目奠基仪式隆重举行，标志着宁东基地开发建设正式拉开帷幕。2004 年，宁东基地的煤炭、电源点、煤化工、供水、电网、铁路、公路等项目陆续开始规划、建设。9 月，灵武电厂、宁煤集团 25 万吨甲醇、宝塔石化 60 万吨甲醇、煤化工项目区基础设施开工建设。2005 年 3 月，为进一步加快建设，宁夏回族自治区决定成立宁东能源化工基地建设领导小组。自治区主席马启智任组长，韩茂华、王正伟、项宗西、崔波、齐同生等任副组长，有关部门、企业负责人为成员。领导小组办公室设在自治区政府办公厅。原宁东能源化工基地建设协调小组办公室改设为银川市宁东能源化工基地党工委管委会。6月，按照自治区党委、政府的要求，新组建的自治区宁东能源化工基地建设领导小组办公室（简称宁东办）与自治区发改委合署办公，重点开展规划和项目建设两大工作任务，组织力量修编纲要和编制专项规划，加快重大项目前期工作，推进项目建设进度。2006年5月，由宁夏林业勘查设计院编制的《宁东能源化工基地生态建设专项规划》通过自治区发改委组织的专家评审，标志着宁东能源化工基地的大规模生态建设已进入实质性阶段。6月，自治区政府批准实施《宁东能源化工基地规划与建设纲要》（以下简称《纲要》）和《宁东能源化工基地工业产业发展暂行规定》，掀起了宁东基地大规模开发建设的热潮。2007年3月18日，国家《西部大开发“十一五”规划》将宁东基地列入其中，规划中提出：利用宁东地区水、煤、电、石油、天然气资源丰富的优势，加快建设国家重要的能源工业开发接续基地和重要能源化工产品加工基地。4月13日，时任中共中央总书记胡锦涛同志在视察宁东基地时做出了“又好又快建设宁东能源化工基地，实现资源优势向经济优势的转化”的重要指示。11月，国家有关部委联合下发文件，将宁东基地正式确定为国家第二批循环经济试点园区，宁东基地的开发建设迈上了新的台阶。从2007年开始，宁东基地组织实施以“抓开工，促进度，保投产”为主线的宁东建设第一个大会战。当年，大会战就完成了投资155亿元，是宁东开发建设前四年投资总和的117.42%。

2008年8月15日，温家宝在视察宁东基地时指出：把宁东基地建设成为贯彻科学发展观要求的全国一流经济开发区。9月，国务院下发《关于进一步促进宁夏经济社会发展的若干意见》（国发〔2008〕29号），指出：将宁东基地建设成为国家重要的大型煤炭基地、煤化工产业基地、“西电东送”火电基地和循环经济示范区。宁东基地越来越受到国家有关部门的高度重视，国家发改委、科技部、国土资源部等派员调查了解情况，解决宁东开发建设中的的问题。12月15日，国家发改委、能源局和自治区政府联合举行了“宁东大型煤电化基地”开工仪式暨国家重点开发区揭牌仪式。这是我国能源建设史上一次性开工规模最大的煤电化项目群启动仪式。红柳煤矿、麦垛山煤矿、石槽村煤矿、灵武电厂二期、水洞沟电厂、鸳鸯湖电厂、宁东至山东±660千伏直流输电工程和聚甲醛项目8个项目同时开工建设，总投资规模约500亿元，标志着宁夏“一号工程”——宁东能源化工基地在国家鼎力支持下掀开了大规模开发建设的新篇章。2009年2月，国家发展改革委正式批复《宁东能源化工基地开发总体规划》，确定将宁东基地建成全国一流的能源化工基地，全国循环经济与资源综合高效利用示范区，带动宁夏跨越式发展与实现全面小康社会目标的重点开发区。在《总体规划》的指导下，宁东基地又先后完成了主导产业、基础设施、社会事业、循环经济、工业园区等五大类30多个规划，并得到有效实施。2010年2月25日，李克强视察宁东基地时提出构建宁夏宁东、内蒙古鄂尔多斯、陕西榆林能源化工“金三角”的战略构想。11月，国家能源局会同国家有关部委提出《蒙陕宁“金三角”能源综合开发指导意见》报国务院审定，这标志着宁东基地进入国家战略。

宁东基地经过“十一五”期间的快速发展，开发建设取得了阶段性成效，重点项目加快推进，基础设施同步配套，生态环境协调发展，基地建设初具规模，基本完成了探索期建设任务。

一是煤炭产业稳步发展。重点开工建设羊场湾煤矿、梅花井煤矿、清水营煤矿、枣泉煤矿、红柳煤矿、麦垛山煤矿和石槽村煤矿，同时完成灵新煤矿、瓷窑堡技改井和灵武矿区小井煤矿、石沟驿煤矿的技术改造及改扩建工程。其中神华宁煤枣泉煤矿（东井）于2007年正式投产运行。

二是电力产业全面提速。灵武电厂一期、马莲台电厂、灵州电厂等大型电厂并网发电。宁东至山东±600千伏直流输电工程、灵武电厂二期工程、鸳鸯湖电厂一期工程、水洞沟电厂一期工程、宁东矸石电厂、宁东热电厂、临河动力站加紧建设。

三是煤化工产业全力推进。国内首批煤基二甲醚出炉，神华宁煤25万吨活性炭项目一期开工，神华宁煤52万吨/年煤基烯烃项目、6万吨/年聚甲醛项目、50万吨/年甲醇制烯烃、煤变油前期工作，宁夏捷美丰友化工尿素项目，盛大宁东化工公司二甲醚项目，宁夏宝塔石化集团电石项目、半焦、醋酸乙烯项目，宁夏宝丰集团焦化二期、苯加氢和合成氨、尿素项目等全力推进，国电英力特能源化工集团120万吨/年煤基多联产项目正式开工建设（项目包括50万吨/年甲醇，10万吨/年CO提纯制醋酸，6000吨/年氢气提纯制1,4-丁二醇）。

四是宝丰能源循环经济工业基地初具规模。该基地兴建于宁东能源化工基地临河综合工业园A区和B区，一期项目（包括配套工程）含有煤矿、洗煤、焦化、甲醇、化产回收、余热发电、铁路综合物流等，从2006年3月开工建设，于2009年12月全部投产。其中220万吨焦化项目和20万吨焦炉尾气制甲醇项目均平稳运行。

五是其他产业进展加快。中电投宁夏能源铝业集团电解铝一期、二期和宁夏科进石膏建材有限公司100万吨/年水泥粉磨站建成投产，20万吨/年脱硫石膏项目、银川大重化工机械设备制造公司压力容器项目等进展顺利。

六是基础设施建设有序推进。全面开展煤化工和临河综合工业园区基础设施建设工作。已建成比较完善的连接全国各大城市与港口的对外公路交通网络（盐中高速公路盐池至马儿庄段顺利通车，机场高速公路扩建工程、盐中高速太阳山镇连接线扩建工程、国道307线古窑子至灵武段改建工程、国道211线白土岗石沟驿改建工程等完成建设）。银川至宁东铁路专用线前期工作加快推进，2005年年底开工建设的太中（银）铁路银川联络线从宁东能源化工基地北部地区经过，太中（银）铁路正线从宁东能源化工基地南部地区通过。规划核心区内已建成大古铁路，各工业园区铁路专用线通过大古铁路支线与国铁包兰线和太中银线连通，大古铁路运输能力1000万吨/年。“十一五”期间，宁东能源化工基地的运输能力提高到2600万吨/年以上。宁东水务公司建设的鸭子荡水库一期已于2005年6月投入使用，年供水能力1.597亿立方米（日供水40万方）。

加快发展的宁东能源化工基地

截至2010年，宁东基地完成固定资产投资182亿元；完成工业总产值158.94亿元，同比增长92.1%；实现工业增加值57.07亿元，同比增长41.3%；实现地方各项收入6亿元，同比增长46.1%。煤炭产能达到约5530万吨/年，火电装机容量524万千瓦/年，煤化工产成品600万吨/年（其中煤制烯烃50万吨/年、煤制二甲醚83万吨/年、煤制化肥70万吨/年、甲醇125万吨、焦炭220万吨/年、煤制天然气10亿立方米/年），新材料257吨/年。

（三）宁东基地建设的全面发展期（2011年至今）

宁东基地的规划与建设第二阶段（二期）为2011—2020年。主要是进一步扩大主导产业规模，提高技术装备水平；不断调整产业结构，延长产业链；加大节能降耗力度，提高产品的技术含量和附加值；资源综合利用与环境生态保护建设达到国内领先水平；经济建设与社会事业协调发展。规划总体目标：到 2020 年，煤炭生产能力达到 1.3 亿吨，成为全国重要的大型煤炭基地。火电装机容量达到 2000 万千瓦左右，其中外送电 1000 万千瓦，风电、太阳能发电等装机 260 万千瓦以上，成为全国重要的煤电基地、西电东送北通道的重要送端电源和新能源基地。煤化工产成品生产能力达到 2000 万吨以上，建设煤制甲醇、二甲醚、烯烃、煤制油、合成氨（尿素）、煤制天然气、焦炭等主要项目及下游深加工产品，成为全国重要的煤化工产业基地。构建若干条完整的循环经济产业链，建成一批提高资源利用率和“三废”综合利用工程，努力把宁东建设成为资源节约型、环境友好型、经济运行高效良好的区域性循环经济园区。到 2020 年，规划工业项目固定资产投资总规模达到 5000 亿元，直接和间接实现增加值 1500 亿元，新增地方财政收入 200 亿元。促进宁东和沿黄城市带新增就业岗位 40 万个，吸纳南部山区、中部干旱带人口转移定居 50 万人，促进全区城镇化率达到 60%以上。

2011 年，自治区党委、政府对宁东基地的管理体制进行了重新调整，整合原自治区宁东办和银川市宁东管委会，设立中共宁夏回族自治区宁东能源化工基地工作委员会和自治区宁东能源化工基地管理委员会（以下简称党工委、管委会），作为党委、政府的派出机构，由自治区党委常委、政府常务副主席担任一把手，厅级领导担任党工委常务副书记、管委会副主任。赋予了宁东基地地级市一级经济管理权和社会事务管理权，授权享有部分自治区级经济管理权限，对宁东基地实行统一领导、统一规划、统筹建设、协调管理。

2011 年 3 月 29 日，宁东基地第一批重点项目开工。5 月 18 日，神华宁煤集团在宁东能源化工基地举行聚丙烯产品铁路外运首发仪式，这标志着历时 4 年多开发建设的世界最大的煤基烯烃项目一期顺利投产。神华宁煤集团总投资 195 亿元的煤基烯烃项目是世界上第一个以煤为原料生产聚丙烯的大型煤化工项目。9 月 25 日，神华宁煤集团 6 万吨/年煤基聚甲醛项目试车成功，产出合格聚甲醛产品。

同年3月16日，国电英力特能源化工集团宁东年产45万吨醋酸乙烯、10万吨聚乙烯醇项目，年产75万吨电石、23万吨乙炔项目开工建设。6月26日，国电英力特宁东工业园20万吨1,4-丁二醇、9.2万吨聚四氰呋喃和30万吨醋酸三大项目同时开工建设。至此，国电英力特宁东工业园一期煤化工项目已全部开工建设。

同年，宁夏宝丰能源集团拉开了宝丰能源循环经济工业基地二期建设的序幕。项目包括：焦化废气回收综合利用制烯烃项目，焦化二期项目设计规模200万吨/年，苯加氢项目设计规模10万吨/年，焦油加工项目设计规模30万吨/年，随着二期项目的陆续建设和投产，宝丰能源集团将形成完整的、新型的、示范型煤化工循环经济产业链。

2012年9月，国务院批复宁夏内陆开放型经济试验区，提出依托宁东基地建设国家大型综合能源化工生产基地、综合生产加工区和储备区，为宁东基地的进一步发展奠定了基础。

2013年3月，自治区党委书记李建华同志在对宁东基地开发建设进行深入细致调研的基础上，提出了“要将宁东基地建成国际先进水平的能源化工基地”的战略构想，为宁东基地开发建设提出了更新、更高的要求。9月28日，世界上单体投资最多、装置规模最大、具有自主知识产权、投资达550亿元的神华宁煤集团年产400万吨煤炭间接液化（煤制油）项目开工建设，推动宁东基地煤化工行业跨入了新层次，为宁东基地可持续发展奠定了坚实基础。

2015年11月，自治区政府与国家能源局签署《合作备忘录》，加快建设宁夏国家新能源综合示范区，这标志着双方共同建设宁夏国家新能源综合示范区迈出了坚实的一步。

“十二五”期间，宁东基地在一期建设的基础上，稳步推进二期项目，显示出更加蓬勃发展的势头。第一，煤炭产业获得有序发展。先后建成了羊肠湾、梅花井和清水营等一批现代化大型矿井，麦垛山煤矿首采工作进入联合试运行阶段，石槽村等煤矿正在建设中。

第二，基地的电力发展步伐也在加快。建成了灵武、水洞沟和鸳鸯湖等一批高参数、大容量坑口电厂以及太阳山、麻黄山风电等8个新能源项目,宁东至浙江特高压直流输电工程换流站主控楼主体封顶，线路工程已完成80%。

第三，基地的煤化工产业初具规模。神华宁煤集团宁东能源基地一期规划的甲醇、二甲醚、烯烃、聚甲醛等项目运行良好；宝丰集团焦化二期、宝塔集团醋酸乙烯多联产乙炔化工等项目建成投产；神华宁煤集团50万吨/年甲醇制芳烃、宝丰集团60万吨/年MTO（甲醇制烯烃）项目顺利达产；宁夏捷美丰友40万吨/年合成氨、70万吨/年尿素、20万吨/年甲醇项目进入设备安装阶段；国电中石化120万吨/年煤基多联产、庆华集团110万吨/年焦化二期和30万吨/年甲醇制芳烃、宝塔集团120万吨PTA等项目加快建设。

神华宁东煤化工基地夜景

第四，循环经济园初具规模。神华宁煤煤化工公司煤炭—甲醇—烯烃，国电中石化宁夏能化公司煤炭—电石—乙炔—醋酸乙烯和煤炭—甲醇—BDO，宁夏宝丰能源集团和宁夏庆华集团煤炭—焦化—甲醇—烯烃，宁夏捷美丰友公司煤炭—合成氨—甲醇—尿素—MTO，宁夏宝塔集团煤炭—电石—乙炔—醋酸乙烯—PVC和煤炭—甲醇—甲醇汽油—MTO，中电投宁夏青铜峡能源铝业集团煤炭—电力—电解铝—铝镁合金等七个循环经济园中园已初具规模。

第五，基础设施建设继续进行。宁东供水二期、银青高速公路辅道拓宽工程等重大项目顺利实施；宁东新城建设稳步推进，加快实施企业总部大楼、公租房、商贸综合体及一批市政基础设施等项目；特色园区建设加快推进。

宁东基地开发建设12年来，情系历届中央领导的关怀，本届中央领导习近平、李克强、张德江、刘云山等，往届中央领导胡锦涛、吴邦国、温家宝、贾庆林、李长春等先后到宁东基地视察指导。中央首长对宁东开发建设寄予厚望，做出了一系列重要指示，为宁东基地建设和发展指明了方向。

二、重要成就

12年艰苦奋斗、12年春华秋实，以神华宁煤、宝丰能源、宝塔石化及电源点建设等为标志，宁东基地开发建设取得了辉煌成就。这块昔日荒凉的土地变得生机勃勃，焕发出工业经济发展的强劲动力，已成为宁夏工业经济的主战场和再造一个宁夏经济总量的“发动机”，在国家能源化工产业发展领域的作用越来越突出、影响也越来越大。

（一）经济实力显著增强

经过12年的开发建设，宁东基地经济发展走在了全区前列。截至2014年年底，宁东基地累计完成固定资产投资3110亿元，其中，2014年完成固定资产投资520.6亿元，增长13.2%，占全自治区的16.3%；工业总产值达到770亿元，同比增长18.4%；实现工业增加值286.1亿元，增长16%，占全自治区规模以上工业增加值的30%，地方财政收入29.4亿元，增长15.3%，其中管委会本级一般预算收入10.38亿元，增长15.3%。已成为宁夏经济发展的重要支撑，对全区经济跨越式发展的拉动作用日益显现。

（二）主导产业快速发展

建成投产了一批煤炭、电力和煤化工项目，煤炭、电力、煤化工三大主导产业初具规模，煤气化、煤液化、煤焦化、乙炔化工四大产业链基本形成。截至2014年年底，煤炭产能达到7720万吨、火电装机容量达到891万千瓦、新能源装机容量达到307万千瓦、外送电规模400万千瓦，煤化工产能达到1357万吨，其中烯烃产能达到160万吨，成为全国最大的煤基烯烃生产基地。以煤炭开发利用为主的能源化工产业增加值占到全区规模以上工业增加值的60%。煤炭、电力、煤化工主导产业中，煤化工行业增加值比重达到33%，首次超过煤炭行业，产业优化升级成效显著。

（三）重大项目加快推进

宁东基地在开发建设的过程中创造了多个世界第一，提升了宁东基地的发展水平和影响力。2007年，世界第一个以煤为原料生产聚丙烯的大型煤化工项目在宁东落地；近年来，先后建成了世界首个100万千瓦超超临界空冷电站，世界首个±660千伏直流输电工程，世界首套MTP装置和GSP气化炉，世界首个52万吨煤基烯烃项目，亚洲最大装置规模的6万吨煤制聚甲醛项目，国内最大的太阳能热气流发电站等。开工建设了全球单套装置规模最大的400万吨煤炭间接液化项目、宁东至浙江±800千伏特高压直流输电工程、50万吨甲醇制烯烃、60万吨MTO、120万吨PTA、100万吨煤化工副产深加工系统等一批重大项目。宁东基地发展后劲进一步增强，在国家能源战略布局中的地位日益凸显。

（四）对外开放成效显著

围绕丙烯、乙烯和C4三大下游高端产业集群，紧盯国际国内化工龙头，广泛开展经济技术合作洽谈，截至2014年，累计招商引资到位资金817.12亿元。深入开展国际合作，引进美国GPE公司，与北京金沙江公司合作建设煤制气蓝气示范工程；引进德国欧德油储公司与宁夏瑞索物流公司合作建设60万立方米液体化工品仓储物流项目；协调神华集团授权宁煤集团直接与沙比克公司洽谈建设烯烃及下游高端产品项目；与航天集团和美国空气化工公司等企业达成公用工程一体化项目气化岛、空分岛合作协议。不断拓展国内合作空间，神华、中石化、国电、华电、中电投、华能、京能、宝丰、宝塔、庆华、青岛鼎诺、浙江正泰、上海中崇等大型企业集团进入宁东基地，实施了一批重大资源开发和产业链项目。

（五）生态环境持续改善

在开发建设过程中，宁东基地始终坚持环保第一、发展第二的原则，环境保护、生态建设、循环经济三管齐下，稳步推进。制定实施了具有国际先进水平的循环经济发展规划和指标体系，形成了多个循环经济产业链，实现了能源梯级利用、水资源循环利用、废物交换利用、土地节约集约利用。在全国率先开展了生态企业创建工作，建立和完善相关指标体系和考核办法，出台补助标准，完成了第一批生态企业验收，启动了第二批生态企业创建工作。率先在全国开展了工业园区企业环境保护后评估工作。高起点、高标准实施宁东环保行动计划，安排建设73项重点工程，总投资58亿元；建立了全面量化控制体系，建成了324个污染源监测点，实现了24小时连续动态监控和在线监控设施第三方专业化运营管理；

宁东开展生态恢复治理

制定了严于国家的新建燃煤电厂大气主要污染物排放的地方标准，现役火电机组全面进行了提标改造，达到国家特别排放限值指标；建成了一批污水处理和固废综合利用项目（建成临河污水处理厂和核心区污水集送再利用一期工程，开工建设园区污水处理厂、南湖矿井水中水厂等工程），整合规划了4个现代化工业固废综合渣场，其中一号综合渣场已建成投运，库容10386.44万立方米，可使用25年以上；引进了12家资源利用企业，实施了高盐水、矿井水“零排放”试点工程，“三废”治理和综合利用成效显著。工业废水回用率达到80%、矿井水利用率达到60%，工业固废处理能力达到1000万吨以上，工业固废综合利用率达到66%，宁东基地被国家发改委、财政部授予资源综合利用“双百基地”和“2015循环化改造示范试点园区”的殊荣。绿化种植面积达到19.6万亩，生态环境不断优化。

（六）民生保障能力不断增强

宁东基地着力实施民生计划，创新社会管理，推动社会事业快速发展。宁东核心区顺利完成了学校、医院等社会事业机构交付地方管理的工作，理顺了管理体制。教育教学队伍得到加强，促进了地方教育事业的发展；医疗资源得到了充分利用，医院不仅服务于矿区企业，也更好地服务于当地群众。原宁煤集团大批的文化体育设施交付地方政府，提高了当地文化设施水平，促进和丰富了群众的文化生活。核心区文化事业得到长足发展。加强了生活服务区和公共服务区基础设施建设。截至2014年，建成2638套安居房和公租房，开工建设了5821套棚户区改造住房等，修建市政道路28公里，实施了社区网格化管理和社区服务进企活动，开展了危化企业安全生产标准化创建工作，未发生重特大安全生产事故。6000多名农民已全部市民化，城镇居民人均可支配收入达到24320元，高于全区1035元。宁东基地群众广泛就业，创造就业岗位约4.2万个，产业工人达到3.2万人。每年的民生实事全部落实完成，有效提升了群众的生活质量和幸福指数。

（七）基础设施逐步完善

发展环境明显优化，服务保障能力日益提升：宁东基地内外通道已建成投运，公路里程已达1831公里，铁路里程375公里，四通八达的交通运输网络已经形成；电网网架基本形成；物流服务体系正在加紧建设。两大供水工程总库容可达11000万立方米。日供水能力已达60万吨，二期供水工程开工。宁东新城和一批基本公共服务配套设施陆续建成，有力促进了产城融合发展，承载大项目、好项目的能力越来越强。

（八）管理体制机制不断创新

为了促进宁东基地经济社会又好又快发展，自治区党委、政府在宁东建立了特殊的管理体制机制，并不断进行改革创新。2003年8月，自治区成立宁东基地建设协调领导小组时，规格就很高，由自治区党委副书记担任组长，其他副省级领导担任副组长，厅级领导担任办公室主任。从2005年3月份至今，由自治区主席担任领导小组组长，自治区政府常务副主席和其他副省级领导担任副组长。2011年，自治区党委、政府创新宁东基地管理体制机制，设立了自治区宁东基地党工委、管委会。按照改革、创新、精简、高效的原则，党工委和管委会实行一个机构两块牌子的管理体制，综合设置内设机构。同时，设立中共宁夏回族自治区宁东能源化工基地纪律检查工作委员会。这样的管理体制机制，运转高效，解决问题快，协调力度大，对企业的帮助和扶持也最大，能够充分保证宁东基地战略目标的实现和各项重点工作的完成。

三、基本经验

在党中央、国务院的关心、支持和自治区党委、政府的坚强领导下，经过全区上下共同努力，宁东基地——一个现代化的能源化工基地已初具规模。12年来，宁东基地党工委、管委会深入贯彻落实科学发展观，紧紧围绕建设国家重要的大型煤炭生产基地、“西电东送”火电基地、煤化工产业基地和循环经济示范区及自治区城乡一体化发展先行区的战略目标，按照稳增长、促改革、调结构、惠民生的总体要求，以“三重一改”、宁东大会战和“转作风，抓发展”活动为工作抓手，大力实施“项目带动，环保优先，科技创新，循环发展，高端集群，开放合作”战略，坚定不移地走绿色低碳和跨越式发展相结合道路，切实加快宁东基地的开发建设。

（一）党委、政府科学决策、主导推动，确保开发建设快速高效运行

自治区党委、政府根据国家全面建成小康社会、实施西部大开发和能源发展战略要求，在深刻分析国际、国内和宁夏经济社会发展形势，深入贯彻落实党的十六大精神的基础上，审时度势，做出了建设宁东基地的重大战略决策，并将其确定为自治区经济社会发展的“一号工程”。为更快、更好地开发建设宁东基地，自治区举全区之力开发建设。第一，组织宁东大会战。项目是保增长的“稳定器”、促转型的“调节阀”。宁东基地发挥重大项目资源集约度高、产业带动力强、财税贡献率大的优势，把土地、资金、人才等生产要素集聚到重大项目上，精心组织实施宁东基地建设大会战，加快建设一批煤化工、电力、煤炭、新能源、新材料、装备制造、现代物流等重大产业项目，以重大项目建设的突破性成效，带动区域经济快速发展。从 2007 年组织实施第一个大会战开始，宁东基地便步入了发展的快车道。实践证明，开展大会战是加快宁东基地开发建设进程的有效手段，是宁东基地年年超额完成投资任务的主要措施和重要保证。第二，加大财税政策支持力度。一是加大公共财政投入力度。自治区财政根据财力增长每年安排一定规模的宁东基地专项建设资金，用于宁东基地公共基础设施和生态保护建设。同时，将自治区安排的工业园区建设、技术改造、节能降耗、预算内统筹等资金每年按一定比例向宁东基地倾斜。二是实行税收优惠政策。自

2008年1月1日起，企业从事国家重点扶持的公共基础设施项目投资经营所得，免征或减征企业所得税。企业购置用于环境保护、节能节水、安全生产等专用设备的投资额，可按一定比例实行税额抵免。凡进入宁东基地从事第三产业的企业，对其依法缴纳的房产税、土地使用税等地方税收可实行优惠。企业治理污染所需设施投资的40%可从企业当年新增企业所得税中抵免。宁东基地新建企业允许实行固定资产加速折旧，按照现行的企业会议制度规定，报财政部门和相关部门备案。第三，出台扶持政策。自治区为促进工业经济转型升级和增长，出台了各项扶持政策，有效扭转了企业生产经营困境，优化了存量，做大了增量。第四，研究并提出国有荒地工业项目用地出让价调整最低标准，最大限度地降低开发企业的投资成本。

（二）科学规划布局，高水平开发建设，努力打造一流的国家级能源化工基地

在宁东基地建设中，宁东党工委、管委会不做“卖炭翁”，而是坚持高起点规划、高水平建设、高技术应用，努力打造一流的国家级能源化工基地。首先，高起点规划。科学的开发规划，是实现宁东资源优势向经济优势转化以及宁东能源化工基地长远和健康发展的关键，自治区党委、政府以科学发展观为指导，把宁东放在国家级开发区的层面来谋划，聘请国内乃至世界一流专家，进一步修订和完善《宁东能源化工基地开发总体规划》以及相关专题规划，用科学的规划来指导宁东基地的快速和可持续发展。其次，实行科学布局。引黄灌区绿洲平原是宁东能源化工基地建设的重要依托，宁东能源化工基地的开发建设，按照功能定位互补、空间布局科学、整体协调发展的原则，实行工业产业向园区集聚，人口向沿黄城市带集聚的布局模式，充分发挥首府银川及其他沿黄城市的作用，统筹协调经济与社会发展及城乡的一体化发展，充分依托区位优势，促进了宁东基地的快速建设和健康发展。再次，坚持技术

的高起点。宁东基地开发建设的根本，在于技术的高起点。在煤、电、化工及新材料产业项目建设中，坚持大型化和现代化，采用先进技术、先进设备和先进工艺。煤矿开采全部采用国内领先的年产120万吨以上的高产、高效大型机械化综采设备，发电项目全部采用洁净煤先进技术和超临界空冷机组，煤化工项目全部采用世界水平的先进装备和生产工艺。最后，坚持高水平建设。宁东基地的建设坚持走特色产业化发展道路，注重形成产业特色和优势。通过综合分析区域资源赋存、现有基础和国内外市场前景及比较优势，重点发展煤化工产业，切实高水平建设好八大矿区、九大电厂以及新材料产业基地。

（三）深化改革，不断增强经济发展的动力和活力

宁东基地认真落实中央和自治区部署要求，持续推进各项改革，进一步释放活力，向改革要红利。一是创新宁东基地管理体制机制，引导宁东基地科学、有序地开发建设。二是深化行政审批制度改革，简化审批程序，减少审批环节，将174项行政审批事项压缩为79项，审批事项精简率达到54.6%，办结时限压缩50%以上，对审批事项实行“一站式”服务和全程代办服务机制。三是推动工业节约用水机制改革，出台了工业用水超定额累计加价制度。四是推动资源有偿使用制度改革，联合国土厅等厅局，研究提出了关于自治区资委会决策配置给企业煤炭资源的处理意见。五是创新实施了干部人事制度改革，打破身份限制，实行全员岗位竞聘，一批年富力强的干部脱颖而出，逐步建立了人员能进能出、能上能下的用人机制，充分调动干部干事创业的积极性和创造性。六是全面推进“法治宁东”建设，制订《宁东能源化工基地管理条例（草案）》和《宁东基地环境保护条例》，确保在环境保护、安全生产、资源管理、社会管理等领域依法行政、依法履职、依法办事。

（四）坚持可持续发展，推进生态建设良性发展

宁东基地开发建设始终坚持以科学发展观为指导，将环境保护作为

可持续发展的重要基石，在加快发展中保护环境，在保护环境中实现又好又快发展。一是加大环保工作力度。按照“开发与保护并举”的原则，以建设生态文明新宁东为目标，调动企业和社会力量，克服困难，因地制宜，在搞好厂矿区绿化的同时，重点在产业发展区及交通主干道植树种草，生态环境得到改善。与此同时，抓好宁东地区环境整治，依法制止乱采乱挖现象，有效开展资源整合，加大环保监管力度，把好环保关口，努力实现宁东基地人与自然的和谐发展。二是大力发展循环经济。宁东基地作为国家循环经济示范区，坚持走循环经济发展道路，高起点、高标准修编完成《宁东基地循环经济发展规划》，从源头上和生产过程中控制污染物排放，做到清洁生产和达标排放。构架宁东基地大循环、园区之间中循环、企业内部小循环的循环经济发展模式，拓宽生态工业链条，实现资源的“减量化，再利用，再循环”，走出了一条科技含量高、资源消耗低、环境污染少、经济效益好的可持续发展的新路子。同时，加快宁东循环经济示范区建设，目前，神华宁煤、宝丰、庆华、中电投等企业循环经济示范园区正在加紧建设。三是狠抓节能减排。宁东管委会严把项目入园关，严格贯彻执行节能减排目标责任制和“一票否决”制，坚决禁止高耗能和产能过剩项目进入园区。千方百计降能耗，建立节能节水、环境保护全面量化控制体系，加大废水回收和综合利用，加大工业固废处置和综合利用，加快生态企业创建。

（五）坚持扩大开放，不断优化发展环境

宁东基地的开发建设需要大量财力、物力、人力的投入，自治区党委、政府立足实际，坚持对外开放，不断优化发展环境，搭建经济合作平台，着力推进宁东基地的开发建设。首先，大力开展招商引资。一是积极拓展国内外合作空间。先后引入神华、华电、国电、鲁能、中建、庆华、阳光、华能、中电投、三一重工、中国国际能源集团、沙比克、欧德油储等大企业集团进入宁东，为宁东基地开发建设注入了强大的实力和后劲，带来了先进的管理和技术，大大推进了宁东基地的开发进程。二是与国家开发银行宁夏分行、交通银行宁夏分行签署金融合作备忘录，确保“十二五”期间，两大银行加大对煤炭、电力、新能源、化工等领域的投融资，为宁东基地营造良好投资环境和金融环境。三是全面落实招商引资优惠政策。对进入宁东基地的企业，按照《宁夏回族自治区招商引资的若干政策规定》（宁政发〔2004〕61 号）给予政策优惠。鼓励国内外投资者以参股、产权置换和收购等方式进行投资创业。其次，提高基础设施的保障能力。全力完善宁东地区交通运输网络，构建适度超前、功能完善、协调配套、高效可靠的现代化大通道、大网络。鼓励国内外具有先进技术水平的专业化企业进入宁东能源化工基地，投资建设公用设施，努力提高宁东基地基础设施的保障能力。提高综合配套服务功能。对宁东镇区进行总体规划，提高其综合服务能力。综合服务区的核心区按照行政管理、社会服务、商贸流通三大职能，建成“一横一纵，四团三心，绿廊渗透，渐进发展”的整体城市结构；构建商务金融、会议展览、餐饮酒店、科技研发、文化教育、体育娱乐、商业休闲、生活居住八大功能区。并最终形成服务核心区、远景拓展区、生态居住区、新能源公园四个城市功能组团。另外，积极发展电子商务、电信、物流、房地产及社区服务等现代服务业，形成广覆盖、多层次、多功能、高效便捷、服务优良、门类齐全的社会化服务体系，为宁东能源化工基地建设提供良好的配套服务，确保宁东基地的快速、健康和可持续发展。再次，着力打造“两优”发展环境。环境是生产力，也是竞争力。宁东基地一手抓“硬环境”，一手抓“软环境”，坚持不懈地打造“在西部最优、比东部更优”的良好发展环境。宁东管委会制定了宁东基地政务服务中心设立方案和服务指南，依据相关政策和法规，梳理各类审批事项 279 项，明确审批流程和职责分工，加快组建政务服务大厅，实施集中办理、一站式服务。

（六）推进科技创新，积极拓展产学研合作平台

为了确保宁东基地开发建设顺利进行，宁东管委会积极引进国内尖端人才和先进技术，集中力量研究开发煤气化多联产等关键技术，加快消化、吸收和科技创新步伐，力争形成一批自主技术，从而占领技术领域的制高点，以科技创新促进宁东基地的快速和可持续发展。首先，加大科技创新投入。出台《宁东能源化工基地科技项目管理办法》，安排专项资金2400万元，鼓励企业和国内科研院所联合攻关一批制约发展的关键共性技术，撬动企业科技经费投入9363万元。与北京化工大学、南开大学和宁夏大学等高校开展科技技术合作，共建新材料开发研究中心、循环经济技术推广中心、宁夏能源化工重点实验室等。加快宁东科技园、中试基地和清洁能源循环再利用工程技术研究中心等建设，搭建科技创新平台，建成了大功率等离子点火中试平台、浆态床加氢中试装置。其次，加大人才引进和培养。宁东基地积极搭建产学研科技合作和交流平台。启动了煤化工产业人才高地建设，建立了清华大学研究生院（宁东）研究生就业实践基地和北京化工大学（宁东）人才培养基地。引进专家48人，其中，院士4人，日本专家6人。

（七）保障和改善民生，推动产城乡一体化发展

让群众享受发展的成果是宁东基地开发建设的最终目标。宁东管委会在推进产业升级、项目建设、节能环保同时，始终把社会事业、民生保障摆在重要位置，制定实施了宁东基地产城乡一体化发展实施方案，统筹抓好创业就业、教育医疗、社会保障、扶贫开发等各项事业，促进产业、城市、民生互动发展。一是大力推进创业带就业。宁东管委会加强就业指导和服务，整体规划宁东创业园，建成了上沟湾服务区商业一条街；成立了宁东镇灵锐实业公司，组织居民承接社会服务项目。二是抓好社会保障工作。对农民变市民后近6000人医保、4000人社保个人缴费进行普补。对特困户、残疾人等弱势群体发放临时性补助270万

元。三是加快宁东新城建设，“高配”各类亲民基础设施。宁东管委会着力提升宁东新城综合服务功能，建成企业总部大楼等一批地标性建筑和宁东公安分局，宁

宁东城市规划效果图

东公共卫生中心，新灵幼儿园，以及宁东一、二、三、四小学运动场、综合楼、教学楼、餐厅、宿舍等一批公共服务项目。四是开工建设各类保障性住房。2013 年，管委会启动保障性住房工程，“一揽子”解决居民住房难题。截至 2014 年年底，共开工建设各类保障性住房 8473 套，总面积 66.77 万平方米，累计完成投资 11.5 亿元，实现了居民保障性住房全覆盖。五是加强和创新社会管理，实施社区网格化管理，开展社区服务进企业，全程代理政府为企业落实各项社会服务。六是着力打造平安宁东，加快危化企业安全生产标准化创建工作，深入开展重点行业、重点企业、重点环节、重大节会安全生产专项整治行动，投资建设集预警、接警、报警、应急处置为一体的监测监控平台，连接各企业视频图像监控和数据监测近万个，将重点行业、重点领域的安全隐患尽收“眼底”。

（八）强化作风建设，努力推动目标任务落实

宁东管委会抓宁东基地建设时，各级领导干部主动作为，靠前指挥，靠前协调，千方百计为企业排忧解难，努力推动目标任务落实。深入开展“转作风抓发展”活动，狠抓作风建设，不断深化机关效能建设，加大治庸治懒力度，严格落实工作责任制和领导干部问责制，彻底改变机关作风。完善宁东大会战协调运行机制，及时梳理和汇总企业项

目建设和生产经营中存在的突出问题和困难，建立台账和销账制度，限期解决。强化企业帮扶工作，落实领导包抓、部门包干制度，定期深入企业帮助解决问题。出台支持企业发展的政策，不折不扣、原原本本地让各项惠企政策，真正落实到每一家企业，让符合条件的企业可以充分享受政策的阳光。配套建设舒适、功能齐全的生活区，解决企业员工和群众住房、医疗、子女入学、社会保障转承接续、继续教育培训等问题，为企业和群众创造良好的生产生活环境，为跨越发展提供高素质的人力资源。严格落实党要管党、从严治党要求，加强学习型、服务型、创新型党组织建设。严格按制度办事，建立完善了重大事项决策、主要领导“五不直接分管”、财务管理等20多项制度，做到用制度管人、管钱、管事。加强政府资金管理，严把审查关口，有效防止了超概算、超中标价、擅自更改建设内容、提高建设标准等现象发生。

四、对策建议

经过12年的开发建设，宁东基地在推动发展上取得了显著成绩，但也存在一些不容忽视的问题。一是产业配套能力不强。以初级产品为主，产业链延伸不够，产业结构急需优化。二是自主创新能力较弱。宁东基地项目技术基本处于引进和消化吸收阶段，原创技术和高端技术人才缺乏。三是生态环保压力日趋加大。园区内工业“三废”处理难度日益增加，生态环境保护亟待加强。四是新上项

滨河新区规划格局内的宁东能源化工基地

目多属于资金密集型产业，项目建设需要对外融资，再加上不断收紧的信贷政策，使多数企业融资难度增大，融资成本增加，企业负担加重。

面向未来，做大总量与提升质量是宁东基地肩负的“双重任务”。奋进中的宁东基地将破除发展难题，厚植发展优势，牢固树立十八届五中全会提出的创新、协调、绿色、开放、共享五大发展理念，在“十三五”期间，以自治区十一届七次全会精神为引领，加快实施以宁东基地为核心的宁东新区建设，着力打造“资金密集型、技术密集型、能源密集型、长产业链、高附加值、循环发展”为特征的国家现代能源化工基地。主动适应新常态，抢抓国家“一带一路”、西部大开发和自治区建设内陆开放型经济试验区、银川综合保税区、中阿博览会等政策叠加机遇，主动融入国家能源产业的战略布局，以全球视野、战略眼光、全局意识，瞄准更高的目标，明确更高的定位，树立更大的抱负，担当更大的作为。

（一）加快产业优化升级，提高经济发展质量和效益，最大限度地发挥资源转化效益

加快产业优化升级，提高经济发展质量和效益，是新常态下经济发展的客观要求。宁东基地应强化政策扶持，按照规模化、大型化、一体化、基地化的发展模式，在稳步推进煤炭和电力产业发展基础上，重点发展现代煤化工产业。“十三五”期间，煤化工产业要实现五类模式升级示范（分别是煤制超清洁油品、低阶煤的分级分质利用、煤制天然气、煤炭与石油的综合利用与煤制重要化学品），延伸生态纺织等下游产业，依托综合保税区等服务平台，推进产业间接续互补、融合发展，构建全产业系统，到 2020 年煤化工产业经济比重力争达到 75%以上，成为宁夏新的增长极。基地积极推进企业间、行业间、产业间共生耦合，实现水资源循环利用、废物交换利用、土地集约利用，形成以“资金密集型、技术密集型、能源密集型、长产业链、高附加值、循环发

展”为特征的国家现代能源化工基地。

（二）大力实施创新驱动战略，推动科技创新与产业发展深度融合

科技和人才是事关宁东基地未来发展的战略问题。必须培育创新主体，集聚优秀人才，抢占能源金三角未来发展制高点，推动宁东发展向创新驱动、内生增长方向转变。一是加快科技创新。始终围绕重大煤化工项目和重点工程，在煤气化工艺技术、煤化工催化剂研发、副产品深加工利用、“三废”治理等领域开展联合攻关。搭建科技创新平台，吸引和集聚科技创新资源，建立产业创新联盟，提高科技研发能力。深化科技体制改革，建立政府引导、企业为主体的科技投入稳定增长机制，有效增强科技实力和支撑能力。二是加强对外交流合作。建立实施有效的合作机制，鼓励企业和科研部门与国内外著名企业、研究机构及高校的协作、联合和技术交流，引进一批新技术、新工艺和新产品转化应用，探索购进技术和服务外包的生产经营模式。三是高度重视专业人才培养和引进，为宁东发展提供人才保障。首先，全面推进煤化工产业人才高地建设，构建煤化工产业人力资源支撑服务体系。其次，建立企业吸引人才和留住人才的灵活机制。四是加快“智慧宁东”建设，建成安全应急监测平台、政务公开和民生服务平台、交通设施和公安消防智能化平台等，启动建设国土资源信息化平台，实现信息互联互通、高效管理。

（三）坚持发展与环保双轮驱动，推进生态环境与经济社会协调发展

宁东基地要全面落实自治区建设“美丽宁夏”的总要求，强化安全环保，促进产业绿色发展、低碳发展和循环发展，逐步建成生态工业园区和国家级循环经济示范区。首先，要严格落实国家生态环境保护和节能减排工作的相关要求，加强清洁生产和污染控制。其次，要积极研发“三废”处理和节能节水技术，开展高效合理的零排放或者近零排放技术以及节能节水技术开发和应用研究，提升行业节能、节水和环保水平。再次，要统筹考虑资源环境承载力，新上项目产品必须对标国际、

国内产品单耗先进水平，加大对现存项目进行技改，降低能耗。提高新建燃煤电厂大气主要污染物排放标准，强制实施减排工程，加快推行绿色电力调度制度，减少大气污染。最后，大力发展循环经济，加快推进宁东基地的循环化改造，加快生态企业建设，实现企业间小循环、园区间中循环、基地大循环，高标准建设国家循环经济示范区。

（四）加强对外开放，推进战略合并，促进经济技术合作交流

宁东基地目前煤化工产能折合石油当量不足3000万吨，距离国家级能源化工基地的规模尚有距离，急需引进石油化工企业，解决规模及产业配套问题。可以利用宁东基地本身的转化优势及宁夏的区位优势，将宁夏建设成为全国石油加工转化和储运中心。这样不仅可以采用管道运输降低成本、缩短运输半径，还有助于宁东基地煤化工和石油化工的融合发展，打通石油化工产业链，配套发展下游产业，实现降本增效。做好招大引强的文章，把“招商引资”与“招才引智”结合起来，紧盯国际国内化工龙头企业，组建专业招商队伍，筛选重点项目，强化跟踪对接，不断扩大经济技术合作成果。加强国际合作交流，与大型跨国企业开展“个性化”“量身定做”式合作，着力引进产业龙头项目和关键配套项目。加强国内合作交流，积极承接长三角、珠三角等地区产业转移，发展化纤纺织、发展聚酯和塑料加工等产业。积极开展产业链招商、定向招商，围绕现有企业基础化工原料，延伸发展下游产业高端产品，推动各园区特色化、差异化和集约化发展，形成一园一产、多园互补发展格局。加强中介招商，完善招商奖励政策，利用国际咨询机构、行业协会等中介单位和个人，不断促进项目落地。

（五）创新投融资体制，为宁东发展提供资金保障

千方百计拓宽投融资渠道。抓项目更要抓融资，要力促政府导向性投入稳步增长，企业主体性投入持续增长，社会广泛性投入大幅增长。一是全力争取国家投资。紧盯国家政策走向，围绕能源化工“金三角”

等规划，在延伸煤化工产业链上做文章，精心谋划一批煤化工下游产业项目，力争拿出几个百亿元的项目列入国家“十三五”规划，争取更多的国家投资。二是建立宁东发展基金，有效解决宁东企业新上项目融资难的问题。力争国家将宁东基地纳入煤炭工业可持续发展政策措施试点范围，同意宁东基地征收煤炭可持续发展基金，建立矿区环境综合治理保证金制度。基金和保证金将主要用于单个企业难以解决的宁东控制区生态环境治理，支持重点接替产业发展，解决采煤引起的其他社会问题等。做大做强做实宁东开发投资公司，切实做好宁东企业的财政融资工作，推动企业健康发展。三是大力激活民间投资。资金问题必须靠市场，要通过私募债券、融资租赁、土地储备融资、挂牌上市、风险投资等方式破解困局。要制定鼓励民营资本进入基础设施领域的具体办法，特别是要通过政府购买服务等方式，引导民营企业进入市政、交通等公共建设领域。四是着力拓宽企业融资渠道。吸引国有大型企业来宁实施战略重组，支持城市基础设施和保障房项目发行特殊债券，鼓励企业通过上市融资等方式发展壮大，确保项目有资金、投资有渠道、发展有后劲。

回首过去，宁东基础建设取得巨大成就；展望未来，宁东基地建设将在党的十八大和十八届三中、四中、五中全会精神的指引下特别是在创新、协调、绿色、开发、共享发展理念的支持下，加快能源化工产业国际化发展，为建设开放富裕和谐美丽宁夏、与全国同步进入全面小康社会贡献力量，为国家现代能源化工产业发展发挥更大作用。

宁夏轻纺工业改革与发展

改革开放以来，自治区党委、政府，始终坚持工业强区战略，加大对包括轻纺工业在内的整个工业领域发展形势的研判、引导与扶持，加大中观调控力度。轻纺工业随着经济环境的变化和经济周期的波动，演绎了从曾经辉煌到步入低谷到再度崛起的一个曲折发展历程，但总体呈现健康运行的良好势头。

一、改革发展历程

宁夏的工业化历程在与全国同步中节奏稍微慢了一些，宁夏轻纺工业发展历程在宁夏的工业化过程中又多了几分曲折与波澜。在38年的改革发展中经历了四个阶段，伴随这四个阶段的成长，以羊绒产业异军突起为特征的现代纺织业与区域比较优势突出的清真食品和穆斯林用品产业两大主导产业同样有着波澜起伏的特殊经历。

（一）轻纺工业改革发展各阶段回顾

自1978年以来，宁夏轻纺工业经历了起伏跌宕的发展历程，从曾经的辉煌到曾经的困境，经过艰难的浴火重生，最终进入良好的发展阶段。

1. 创造“辉煌”与快速发展阶段（1978—1990年）

党的十一届三中全会以后，全党全国的工作重心转向经济建设，全国上下各个领域在释放生产力的改革大潮中，创造着各自的辉煌业绩。工业经济作为国民经济的主体，率先迈出改革步伐。1978年4月，《中共中央关于加快工业发展若干问题的决定（草案）》（简称《工业三十

1978年宁夏轻工研究所研制的当时各项指标先进的洗衣机

条》）提出，国营工业企业要实行党委领导下的厂长分工负责制和总工程师、总会计师的负责制，建立党委领导下的职工代表大会或职工大会制；1979年9月，国务院《关于扩大国营工业企业经营管理自主权的若干规定》《关于国营企业实行利润留成的决定》等改革开放政策的密集出台，把工业改革推到了前沿。伴随着本阶段的改革大潮，宁夏的轻纺工业从此也进入了一个新的发展时期。1979年12月，自治区二轻工业局成立，工作职能倾向于对地方轻纺工业的管理与调控。1983年1月，自治区党委、政府决定，撤销自治区轻工业局、自治区二轻工业局，成立自治区轻纺工业厅。同时恢复自治区手工业联社与轻纺工业厅合署办公。下辖：宁夏轻工业职工中等专业学校、宁夏轻工业设计研究所、宁夏甜菜糖业研究所和26个直管企业。

在20世纪80年代初到90年代中期的10多年时间，宁夏轻纺工业在国有经济渐进改革中不断激发生机与活力，创造了史上“曾经的辉煌”，形成了投资、生产、销售的良性循环。在短缺经济时代，填补了人民生活许多空白，比如曾经热销的宁夏本地生产的“双凤”牌等品牌洗衣机，在业界提高了宁夏的知名度。“六五”到“七五”时期是宁夏建区以来轻纺工业发展的较好时期，国家对工业领域的投资力度随着工作重心转移加大，“六五”时期，用于轻纺工业投资总共15.38亿元，轻、重工业投资比例为1:5.5。继银川第二毛纺织厂、银川毛条厂1981

年建成投产后，银川涤纶厂、银川针织厂、平罗糖厂、青铜峡糖厂也相继于1984—1989年建成。一些企业先后进行了扩建改造，引进一批先进设备，生产能力、产品质量及盈利水平不断提高。各市县轻纺工业企业也迅速发展起来，出现了一批像吴忠造纸厂、吴忠市塑料编织袋厂、石嘴山市瓷器厂、贺兰县造纸厂、中卫造纸厂等发展快、效益好的企业。

这一时期，由于国营工业企业经营管理自主权的扩大，企业经营的好坏直接同企业生产的发展和职工的物质利益挂钩，极大地调动了企业和职工的积极性。各企业大力推进技术进步，积极调整产业结构，开发新产品，扩大经济联合与技术协作，注重企业管理水平的提高。支撑宁夏轻纺工业的银川毛纺厂、银川二毛厂、银川棉纺厂、灵武绒线厂，以及平罗糖厂、青铜峡糖厂等一批自治区直接管理的国有企业，产销两旺，就业队伍庞大。

当时的主导产业是毛纺织和制糖，造纸、棉纺织、化纤、食品、饮料酒、陶瓷、塑料、毛皮皮革、服装鞋帽、家具、五金、洗涤用品等产业也有了一定规模，洗衣机、自行车、化妆品、搪瓷制品等也有生产。自治区重点产品提花毛毯获得了国家质量银质奖，绒线企业盈利水平位居全区工业之首。1980年轻纺工业总产值3.75亿元，占全区工业的26.96%，至1985年轻纺工业总产值为7.27亿元，占全区工业的29.93%，到1990年全区轻纺工业总产值达到17.96亿元，占全区工业的27.74%。初步形成了门类较为齐全的产业体系，形成了轻纺工业占全区工业经济较大比重的格局，轻纺工业成为宁夏工业的支柱产业。

2. 步入低谷与面对挑战阶段（1991—2000年）

经过改革开放初期的“井喷”式发展，进入20世纪90年代之后，宁夏轻纺工业危机渐现端倪。伴随着改革开放的脚步，并行于国有企业的改制处于攻坚克难时期和民营经济的培育处于初创阶段，宁夏轻纺工业遭遇前所未有的困难局面。这种困难局面有宁夏自身的特殊情况，也有全国工业企业均处于改革阵痛期的共性。

宁夏轻纺工业受短缺经济逐渐淡出的经济背景的全国形势影响，在计划经济向市场经济转轨的进程中最先受到市场大潮冲击。特别是东部发达地区乡镇企业与民营经济的快速发展，带给地处西部欠发达地区的企业前所未有的压力和挑战。原有产业结构、产品结构、所有制结构以及经营管理方法都暴露出明显的不适应。1995 年全区轻纺工业总产值达到 36.14 亿元，2000 年达到 68.37 亿元，“八五”到“九五”10 年间平均每年递增 14.3%，但增速明显低于“六五”到“七五”10 年间年均 20%以上的增速。

机制不活、负担过重的轻纺工业渐行渐难。市场竞争日趋激烈，国有纺织企业普遍装备落后、销售不畅、债台高筑，面临压锭、停产甚至破产的困境，市县一些国有、集体轻工企业也大都处于停产或半停产状态，设备落后、产品低端、竞争力匮乏，大批职工下岗。自 1995 年起，先后有 14 家区属骨干企业实施了破产或被兼并。曾作为支柱产业的宁夏轻纺工业转为困难亏损行业，年度亏损高达 2 亿多元，几乎全线崩溃，全系统陷入困境，被业界称之为“处于绝地而后生之黎明前最煎熬的时期”。

在低谷中徘徊的轻纺工业艰难支撑危局

3. 重振旗鼓到迅速崛起阶段（2001—2010 年）

1997 年亚洲金融危机的爆发，暴露了中国经济发展中的诸多软肋，特别是国有企业改革提到了重要的议事日程。党中央审时度势，突出发展中的重点战略，1999 年 9 月，十五届四中全会专门针对国企改革出台《中共中央关于国有企业改革和发展若干重大问题的决定》。宁夏党委、政府立足本区工业发展实际，在党中央召开十五届四中全会前，于 1999 年 3 月出台了《宁夏回族自治区党委人民政府关于进一步加快工业改革与发展的意见》，以指导处于艰难运行的宁夏工业经济。宁夏轻纺工业遵循《意见》要求，以改革为突破口，加快实施国有企业的重组、兼并和股份制改造。2000 年 9 月，自治区政府批准将原轻纺工业厅变更为轻纺总会的"三定方案"，明确了职能配置、内设机构和人员编制，经自治区人民政府授权负责全自治区轻纺行业管理。主要职责是"负责拟定行业规划、组织研究行业法规和规章、制度、标准，实施行业管理；推动轻纺行业结构调整，指导所属企事业单位的改革"。自治区工业合作联社仍与轻纺总会合署办公，一个机构两块牌子。下辖宁夏轻工职工中等专业学校、宁夏轻工业设计研究院和直管企业 15 个。

根据自治区党委、政府的总体部署，轻纺行业的管理者和生产者，团结一心知难而进、上下合力负重拼搏，着手理思路、抓优势、求发展，进行了涉及产业结构、产品结构、所有制结构、企业结构等方方面面的重大结构调整和改革。按照"坚持保留原有生产基础上实现重组，为企业职工重新上岗就业创造机会，通过企业转制实现新的发展"三大原则，2000 年前后，先后完成了银川毛纺厂、二毛厂、绒线厂等企业存量资产的并购重组，90%的原国有困难纺织企业在纺织行业内实现了重组。同时整合系统内优质资产，形成了新的有竞争力的区直属企业群体，保留了多年培养的技术骨干，为轻纺工业的未来发展储备了人才。市县企业也陆续完成改制，所有制结构逐步向适应生产力发展要求的方向转变。通过实施破产兼并，一批劣势企业退出，使全行业得以轻装上阵，再图发展。各类企业改组改制后形成了体制上的优势，非公有制经济进入行业的速度 、数量及范围不断扩大。

2002年是宁夏轻纺工业再度崛起的重要转折点。7月，自治区党委和政府做出了大力发展轻纺工业和劳动密集型产业的重要决策，时任自治区党委书记的陈建国同志指出："我区发展轻工业有一定的基础和良好的条件，应该抓住机遇，加快发展，这对地方经济（特别是县域经济）发展，促进就业都有重大意义。要紧紧抓住大力提升工业发展水平和加快县域经济发展的机遇，进一步发挥比较优势，切实采取各种有效措施，调动一切积极因素，加快发展轻纺工业。"11月，党的十六大提出了全面建设小康社会的宏伟目标，在这一历史进程中会随之带来城乡居民收入的增加，使以轻纺产品为主的消费品有更为广阔的市场空间，为轻纺工业带来了难得的发展机遇。十六大提出的"坚持以信息化带动工业化，以工业化促进信息化，走出一条科技含量高、经济效益好、资源消耗低、环境污染少、人力资源优势得到充分发挥的新型工业化路子"，也为宁夏轻纺工业发展指明了方向。

2003年2月，自治区党委、政府按照十六大关于新型工业化的总体要求，召开了"全区加快轻纺工业发展工作会议"，研究制定了支持轻纺工业发展的系列政策措施，形成宁夏轻纺工业发展的多方共识。2004年，邀请国内资深专家为宁夏轻纺工业把脉问诊，充分论证宁夏轻纺工业的现状、优劣势、机遇挑战，制定了《奔向2010年的宁夏轻纺工业发展规划》，明确了坚持"有所为有所不为"和"干在今日赢在未来"发展思路，实施重点突破和项目带动战略，并以"1250工程"（即抓好12个重点行业，50户骨干企业）为抓手，通过扶持优势特色产业带动全行业发展，促进资源合理配置，夯实轻纺工业的发展基础。2005年，自治区设立了轻纺工业发展专项资金，出台了《轻纺工业发展专项资金管理办法》，通过积极的财政政策落实党委、政府大力支持轻纺工业加快发展的战略意图。2006年，《宁夏造纸工业发展规划》《宁夏羊绒产业发展规划》《宁夏发酵制品业发展规划》相继完成。2010年，《宁夏轻纺工业“十二五”规划》《宁夏玉米加工业发展规划》完成，总体战略与具体措施有机结合，轻纺工业及其重点行业在宁夏经济格局中的发展方向、目标和措施更加明晰。一系列规划成为“十一五”时期宁夏轻纺工业的发展蓝图和行动纲领，“十一五”期间宁夏轻纺工业的快速健康发展的不俗业绩，也证实了这些规划的科学性和前瞻性。

为顺应市场经济的发展，这一阶段宁夏轻纺工业在以往各种创新举措的基础上，通过产业政策的调整落实和产业集聚平台的谋划，推进全行业加快结构调整、技术改造、产业整合和产品创新。2007 年，《关于淘汰关闭落后造纸生产能力的实施意见》《关于加快羊绒产业发展的意见》相继出台，淘汰关闭 55 家造纸生产线（企业），年节煤 3 万吨，减少 COD 排放量超过 1.6 万吨，解决了长期困扰造纸工业可持续发展的废水治理问题；以龙头骨干企业为主体，以资产、资源、品牌、技术和市场为纽带，灵武羊绒三大集团陆续成立。2009 年，根据《中共中央国务院关于深入实施西部大开发战略的若干意见》《国务院关于中西部地区承接产业转移的指导意见》《国务院关于进一步促进宁夏经济社会发展的若干意见》，为提高宁夏轻纺工业比重，优化工业结构，有效降低地方经济对能源的依赖程度，推动宁夏经济结构战略性调整，自治区党委、政府决定建设承接东部生态纺织产业转移的示范区，并将示范区列为“二号工程”。而清真产业和羊绒产业发展专项资金设立以及《清真产业发展专项资金管理办法》《羊绒产业发展专项资金管理办法》出台，突显了两大主导产业在宁夏轻纺工业中的地位和作用。

这一阶段的体制机制创新举措也为宁夏轻纺工业集聚了改革发展合力。2007 年 9 月，自治区党委、政府批准自治区轻纺总会更名为宁夏回族自治区轻纺工业局，成为当时全国唯一一家省级正厅级轻纺工业管理机构，被业界称为“全国第一局”。机构更名及其职能的强化，是自治区党委、政府为强化产业发展壮大，提高行业管理能力，当机立断进行的管理改革，为正在崛起的宁夏轻纺工业注入了管理与服务的新动能。改革后的管理机构行使轻纺工业规划、指导、协调、服务职责，更加注重轻纺工业发展战略的研究与制定。根据国家宏观经济发展方向、产业政策导向，确定宁夏轻纺主导产业在经济一体化格局中的战略定位和发展方向，从而科学、有效地引领行业发展。2008 年，中国轻工业联合会、中国纺织工业联合会、中国食品工业协会《关于贯彻落实〈国务院关于进一步促进宁夏经济社会发展的若干意见〉的意见》出台，构建了支持宁夏轻纺工业发展的省部级联动机制，拓展了闽宁、粤宁等地轻纺产业对接合作；组建了宁夏羊绒拍卖交易市场，探索采用国际通行模式提升企业资源掌控能力；举办宁夏国际羊绒博览会和羊绒节暨中国西部服装服饰艺术节，搭建了宁夏羊绒及服装产业开展国际国内合作、承接产业转移的交流平台，有效推动了羊绒及服装产业的提档升级。

这一阶段全区轻纺工业盈利能力显著提高，自我发展能力不断增强，表现在以下三个方面的显著变化：在发展理念上，坚持顺应市场需求，在结构调整中注重发挥比较优势；在战略上，坚持规划先行，加强产业研究，从行政管理走向战略管理；在发展方式上，从粗放分散的数量型向规模集聚的优势型转变，形成现代产业集群和布局合理的工业园区。“十一五”期间，全区规模以上轻纺工业年均增长 22.78%。

4. 乘势而上与优化发展阶段（2011 年至今）

“十二五”时期是我国全面建设小康社会的关键时期，是深化改革开放、加快转变经济发展方式的攻坚时期。随着国家扩大内需战略的继续实施、西部大开发新十年战略的启动和国内外产业分工与产业转移进程的加快，宁夏轻纺工业迎来了实现跨越发展、再铸辉煌业绩的战略机遇期。

《宁夏轻纺工业“十二五”规划》提出通过实施“绿色食品工程、环境和谐工程、就业支撑工程、提高国际竞争力工程、培育战略新兴产业工程”等五大战略工程，建立十大措施保障与政策支撑体系，结合资源优势和市场需求，继续巩固提升清真食品、羊绒、发酵制品、造纸四大支柱产业，加快培育新型纺织、电池新光源、葡萄酒三个新兴产业，实现“把握战略机遇期，未来五年再造一个宁夏新轻纺”的战略目标。

2011 年 5 月，自治区《关于进一步加快清真食品和穆斯林用品产业发展意见》出台，奠定了清真食品和穆斯林用品产业作为宁夏内陆开放型经济发展中富有生机和活力的先导性产业的重要地位。11 月，《宁夏银川承接产业转移（生态纺织）示范区实施方案》正式获批，示范区以宁夏生态纺织产业示范园为核心产业园区，以宁东能源化工基地和灵武羊绒产业园为配套产业园区，以银川市城区为现代服务业集聚区，形成特色鲜明、重点突出、分工合作、协同发展的产业承接新格局。标志着宁夏纺织工业将从单一的羊绒纺织向以彩色聚酯纤维及下游产业为主，毛纺织、高档棉纺织、服装、家纺、产业用纺织品、纺织机械多元发展的现代新型纺织产业迈进。

2012 年 9 月，国务院批复的《宁夏内陆开放型经济试验区规划》，使宁夏成为全国第一个全省域内陆开放型经济试验区，明确了建设“国家重要的清真食品和穆斯林用品产业集聚区”的战略定位，明确了宁夏新时期开放型经济的格局与愿景，标志着加快清真食品和穆斯林用品产业发展已经从区域战略上升为国家战略。壮大清真食品和穆斯林用品、羊绒和新型纺织两大产业，成为这一阶段宁夏轻纺工业改革发展的重中之重。为进一步促进两大产业集聚发展，充分发挥其在宁夏内陆开放型经济试验区建设中的先导作用， 2012 年第 18 次自治区主席办公会议专题研究并原则同意自治区轻纺工业局提出的在吴忠创建国家级清真产业园区；在生态纺织产业示范区框架下布局建设 “宁夏生态纺织产业示范区灵武园区”，形成 “一园两区”的建设方案，并将此作为大力发展优势特色产业、加快调整工业结构、推动产业转型升级的重要举措。

2013年，自治区人民政府与中国轻工业联合会签署《加快宁夏清真产业发展战略合作框架协议》，主管部门组织编制的《宁夏生态纺织产业示范园区总体规划（贺兰园区）》《宁夏生态纺织产业示范园灵武园区控制性详细规划》《中国（吴忠）清真产业园区发展规划》相继完成，成为园区发展的指导纲领。同年，轻纺工业产业结构调整和优化升级方案纳入自治区产业结构调整和优化升级1+3方案，进一步明确要加快推进清真食品和穆斯林用品产业向标准化、规模化、集群化、国际化发展，加快推进羊绒和新型纺织产业向多元化、高端化、品牌化、国际化发展。当年自治区清真产业和羊绒产业发展资金增加到1.5亿元。

2014年7月，自治区党委、政府决定撤销宁夏轻纺工业局，调整转变其职能，以《宁夏回族自治区人民政府职能转变和机构改革方案》（宁党发〔2014〕16号）明确撤销轻纺工业局、经济和信息化委员会中小企业处。辅以经信委主要职责内设机构和人员编制规定（宁政办发〔2014〕155号）和非公有制经济服务局主要职责内设机构和人员编制规定（宁政办发〔2014〕137号），将自治区经信委承担的促进中小企业和非公有制发展职责划入自治区非公经济服务局，将原自治区轻纺工业局的职责划入自治区经信委。新阶段的机构改革，旨在形成对工业的统一管理格局，避免职能交叉，更好发挥政府对比较优势产业的因势利导，更好地推进全区工业结构的调整优化。年末《宁夏清真产业中长期规划》发布。规划明确到2020年，宁夏将建设成为中国清真产业的研发设计、生产加工、检测认证、交流展示和经贸物流中心，成为具有全球影响力的清真产业集聚区与产品集散地。自治区政府还出台了《关于促进中国（吴忠）清真产业园发展的意见》，进一步推动清真产业园的建设与企业集聚。

2015年1月，《宁夏纺织工业中长期规划》发布，到2020年，宁夏纺织工业将构建起符合新型工业化道路要求、工业化与信息化融合、制造业与生产性服务业协同发展的现代纺织产业体系，把宁夏建设成为国际高端天然纤维产品研发和制造中心、中国西部地区新型纺织工业示范基地和全球穆斯林服装服饰供应链中心。

（二）两大主导产业发展脉络

1. 以羊绒产业异军突起为主要特征的现代纺织业发展历程

宁夏纺织业的发展经历了曲折艰难的历程，但始终坚持培育比较优势、壮大主导产业。目前已形成羊绒一马当先，棉纺紧随其后，毛纺织、服装及产业用纺织品等门类不断延伸和扩展的格局，初步建成了以科技和品牌为引领，以民族服饰创意文化为特色的现代纺织产业体系。其中的羊绒产业作为宁夏纺织业的“塞上骄子”，正处于良好发展时期。回顾宁夏羊绒产业的发展路径，也有一段值得回望的历程。

（1）产业蓄势起步阶段（1980—2002 年）

改革开放初期，在放开搞活政策感召下，有着传统经商精神的宁夏民间商人，开始走南闯北，从事货物易地贩运，赚取差价的经商活动。不少人选择经营羊绒，贩运宁夏和周边地区特产羊毛、羊绒，集中销售到一些大的销售商和具备加工能力的企业集团。20 世纪 90 年代，宁夏同心、灵武涝河桥、平罗宝丰和城关等地形成了几个比较集中的羊绒流通集散地，山羊绒原绒年交易量在 3000 吨左右，占全国的 30%。进入 21 世纪，全区已形成了人数过万的羊绒原料收购队伍，逐步建立起辐射国内新疆、内蒙古、甘肃、青海等 11 个省区，远至蒙古、中亚等国的收购网络，成为全国羊绒流通集散的重要基地之一。

这一时期，宁夏羊绒加工从无毛绒分梳起步，深加工也初现端倪。1980 年，银川毛纺织厂购置 A186 盖板梳棉机、改造罗拉梳毛机加平辊的山羊绒初梳机开始试制无毛绒，1982 年开始羊绒分梳生产，当年生产无毛绒 3.1 吨，在自治区首次分梳无毛绒成功。20 世纪 90 年代，以贩运羊绒为主业的宁夏商人完成原始积累，“第一桶金”的获得，让他们不甘心在收集原绒和交易到大销售商或加工厂之间有限的差价，开始思考产业链的利润差距，他们中的有些人开始从事无毛绒的加工生产，当时规模较大的无毛绒分梳企业有马斯特、嘉源、中银（原称海圣）、宏达、盛源等企业。1987年，银川第三毛纺织厂建成一条山羊绒分梳、纺织、织衫生产线。1988年，宁夏夏城进出口公司成立后，陆续在银川、上海、深圳等地建立起了羊绒水洗、分梳及制成品相关配套企业，推出的“圣雪绒”牌羊绒衫深受市场欢迎。1996年，以夏城进出口公司为核心组建了宁夏圣雪绒国际企业集团有限公司，同年“圣雪绒”牌羊绒衫荣获第六届世界山羊大会金奖，这是中国羊绒制品行业首次获得此项殊荣。

这一时期，羊绒纺织业处于发展极度不平衡阶段。大多数企业以原料收购和原绒洗选、分梳为主，企业规模较小，工艺技术相对落后，产业链条短。2000年，全区共有羊绒分梳企业40多家，年分梳能力近2000吨，其中规模以上企业7家。当年生产无毛绒1000吨，实现销售收入4.12亿元。圣雪绒集团1996年起先后从瑞士、日本、德国、意大利等国引进纤维检验、染色及羊绒纺纱生产线，生产加工实力和市场占有率都处于国内前列，为宁夏羊绒产业向深加工转型提供了有益的借鉴。2000年7月，圣雪绒公司在深圳证券交易所挂牌上市。

（2）产业快速扩张阶段（2003—2012年）

2003年，在决定宁夏轻纺工业何去何从的战略抉择中，由于羊绒纺织业在原料集散、初加工规模、生产低成本、销售渠道、品牌信誉方面比较优势突出，被确定为自治区重点扶持发展的特色产业。

为推动羊绒产业集聚发展，自治区政府于2003年启动建设了灵武、同心两大羊绒产业园区，2006年举办首届中国宁夏羊绒国际博览会，2007年出台《关于加快羊绒产业发展的意见》，制定颁布了《宁夏分梳山羊绒》地方标准，2009年建立宁夏羊绒产业发展专项资金，2010年扶持组建了国家级羊绒及其制品检测重点实验室。灵武、同心把羊绒产业作为县域经济支柱产业，也先后制定实施了一系列优惠政策和措施，支持产业做大做强。经过十年发展，宁夏羊绒产业规模不断扩大，资源占有量、加工技术、产品质量和市场份额有了大幅度提升，已由最初的羊绒收购流通、分梳初加工、少量深加工，发展到利用先进装备精深加工羊绒制品，构建了从分梳、制条、纺纱到制衫、织造的完整产业链条，成为国内乃至国际重要的山羊绒原料集散地和羊绒制品加工基地。2007年，中银绒业股份公司借壳上市，2009年收购苏格兰拥有140多年历史、世界知名羊绒纱线生产商邓肯纱厂，国际并购成为企业获取先进技术、实施自主品牌全球化运营和提高国际影响力的捷径。至2012年，全区各类羊绒加工企业发展到90多家，10家企业进入中国纺织服装企业竞争力500强企业。实现工业总产值103亿元，利润11.42亿元，十年间分别增长8.6倍和17.9倍，精深加工比例由25%提高到40%以上。

这一阶段，宁夏羊绒纺织在国内优势地位日益巩固，集聚效应逐步显现。无毛绒和绒条产量约占全国的58%，羊绒纱线和面料产量约占全国的25%，羊绒衫产量约占全国的8%，其中无毛绒出口占到全国的30%，羊绒衫出口占到全国的13.7%。以灵武羊绒园区、同心羊绒园区为依托，以中银、嘉源、荣昌、德海、马斯特、生海、圣雪绒七大集

第四届中国宁夏羊绒博览会暨第三届中国西部（银川）服装服饰艺术节在银川市开幕，本届展会以“品质生活·生态经济”为主题

团为支撑，初步形成了特色明显、优势互补、布局合理的羊绒产业集群，灵武羊绒产业园区着力建设羊绒产品精深加工和出口创汇基地；同心羊绒产业园区着力建设全国羊绒流通基地。技术引进、自主研发同步发力，骨干企业先后引进先进的意大利、日本纺纱生产线，德国斯托尔先进电脑横机及日本和美国配色设备，瑞士先进染色设备。自主研发的一体式自动回收联合分梳机，使羊绒的提取率及品质得到极大提升，处于同行业国际领先水平。“中国灵武精品羊绒之都”“中国同心国际山羊绒集散城”的授牌凸显宁夏在国际羊绒界举足轻重。

（3）产业优化升级阶段（2013 年至今）

羊绒资源的稀缺性决定宁夏纺织未来发展会受到资源和市场的双重制约。必须加快推进产业优化升级，提升产业价值链高端环节控制力和影响力，并积极探索向羊毛加工、亚麻加工、化纤、服装制造、产业用纺织品等领域突破发展。

宁夏生态纺织产业示范园开工建设，标志着宁夏以羊绒为主的现代纺织产业全新发展阶段。宁夏纺织业引进了高质量棉纺、麻织品、高级纤维等现代纺织元素，构建起羊绒一马当先，棉纺、毛纺、亚麻、服装紧随其后，化纤蓄势待发的全新局面。中银绒业主导建设灵武园区一期，建设 20 梳 20 纺羊绒纱线、年产 500 万件羊绒衫、年产 210 万件羊绒服饰等重大项目，带动宁夏羊绒产业总量急速攀升，质量和效益同步提高。项目建成后，宁夏年产羊绒纱线将达到 2860 吨，占到世界的 40%，成为世界最大的羊绒纱生产基地；羊绒衫 1200 万件，出口量占全国的 30%~40%；年产羊绒面料 800 万米，将成为全国最大的精纺羊绒面料基地。与此同时，中国宁夏羊绒及其制品检验检测中心、宁夏羊绒科技服务中心等五大中心陆续建成并投入运营，使羊绒产业配套支撑服务体系更加完善，行业综合实力不断攀升。3 万锭精纺羊毛纱线和 3 万锭高支亚麻纱/1300 万码亚麻面料项目，迈进被称为“纤维皇后”的亚麻行业和市场份额更大的羊毛行业。贺兰园区如意科技时尚产业工业城建设30万吨如意纺高档纺纱、2万吨精梳纱线、1亿米高档面料、3000万件服装项目，总投资75亿元，用工7000人，达产后可实现产值113亿元。届时，宁夏的轻、重工业比重将由目前的15:85优化为30:70。2014年，羊绒产业之外的现代生态纺织业以30亿的增加值追赶羊绒产业50亿的增加值，现代新型生态纺织业，正在成为宁夏又一重要的经济增长极。

2. 以清真食品和穆斯林用品产业为比较优势的清真产业发展脉络

截至2015年年底，全区661.5万人，回族人口占36%，是全国最大的回族聚居区。而绝大多数回族的饮食习惯以清真食品为其首选，因此在宁夏发展清真产业具有得天独厚的比较优势。中国—阿拉伯国家博览会在宁夏的定期举办为宁夏清真产业发展开拓了全球市场，扩大了国际需求。在透视宁夏清真产业发展历程中可以发现有别于其他行业在成长中先发展后规范的过程，清真食品由于其饮食文化的传统性和标准的严格性呈现了边发展边规范，或者说边规范边发展的特殊历程。

（1）改革开放初期落实民族政策阶段（1978—1984年）

自1958年宁夏回族自治区成立，清真食品和穆斯林用品产业在宁夏的轻工产业就占有一席之地，只是相对小而散，低而粗，停留在一般意义上的商品供应层次。1978年党的十一届三中全会召开之后一段时间，清真食品仍然停留在党和政府的“民族工作”而不是“经济工作”的层面。主要表现为随着党的尊重少数民族风俗习惯政策的落实，清真食品的生产和管理也提到一定的议事日程。宁夏回族自治区在恢复原有正确政策的同时，进一步恢复和新建了大量清真食品的生产销售网点。1981年12月，自治区民委、计委、商业局草拟了《关于商业企业尊重少数民族风俗习惯的几项规定》，其中涉及清真食品生产销售的多项规定。1981—1984年，自治区从不发达地区发展资金、地方财政及自筹资金中共安排1500多万元，解决全区商业、供销清真网点和医药网点建设。这个时期的清真食品以满足本区广大穆斯林群众饮食需要为主，是计划经济体制的延续和有限放开阶段。

（2）规范有计划的商品经济阶段（1985—1994年）

1984年党的十二届三中全会召开之后，有计划的商品经济开始发展，个体、民营经济逐渐增多，在清真食品生产和销售的环节也有所反映。但这个阶段对清真食品生产和销售更多地是规范管理而不是放手发展。1985年，宁夏清真产业在党和国家民族政策的支持下，开始持续健康发展。特别是国家经济政策中关于支持民族用品和民族贸易相关产业减免税政策的长期有效，放水养鱼，有力地支持了清真产业的中小企业发展壮大。为了及时规范清真食品的生产经营活动，1986年4月，宁夏回族自治区民委、商业厅、供销社再次联合下发了《关于企业单位及个体户使用“清真”牌照有关事项的通知》，进一步明确了命名清真企业、网点应具备的条件。同时要求各地区认真检查整顿，纠正饮食服务行业出现的不尊重少数民族风俗习惯的问题。1988年6月，宁夏回族自治区人民政府又做出《关于尊重少数民族风俗习惯的规定》，其中对清真食品的生产经营又做出一些具体规定。1992年，《中共宁夏回族自治区党委、自治区人民政府关于进一步加强民族工作若干问题的决定》第二十五条指出：“尊重回族风俗习惯。要加强清真食品和饮食服务业的管理，充实回族职工队伍。工商行政管理等部门要切实管好清真网点，取缔假冒。机关、学校、厂矿企业要办好清真食堂，切实解决好回族职工的就餐问题。在城镇住房分配、市场网点和农村、农场住宅地规划等方面要照顾回汉民族的不同习惯。共用水源的，要注意回族用水习惯。同时要注意尊重散居少数民族的风俗习惯。”

经过十几年改革开放政策逐步推进和纵深发展，我国社会主义市场经济发展进程加快，宁夏地区工商业经济蓬勃发展，民族经济得到了长足发展，以清真食品为主的清真产业也开始加速壮大。清真产业不仅涌现了众多规模不一的餐饮业市场主体，也成长了众多加工销售业大型公司，市场经济作为法治经济体现在清真产业的发展当中，借助于民族区域自治法的颁布，清真食品乃至清真产业的法治化更加规范和有效。1989 年 12 月 11 日，银川市人民政府首先颁布了《银川市清真食品生产、销售管理暂行办法》，该办法的实施，积累了进一步完善依法管理清真产业的经验，1990 年年底，根据《银川市清真食品生产、销售管理暂行办法》实施中存在的问题与不足，经银川市人民政府与市人大常委会研究决定，以该法为基础制定清真食品管理的地方法规《银川市清真食品管理规定》，并经法定程序，于 1992 年 4 月由自治区六届人大第二十四次常委会正式批准实施。自治区其他市、县也相继制定了清真食品管理的相关规定。

（3）社会主义市场经济条件下发展壮大阶段（1995—2007 年）

1994 年 11 月，党的十四届三中全会召开，正式确立我国社会主义市场经济的改革方向，清真食品市场化进程加快。宁夏回族自治区于当年着手全区性清真食品管理的立法工作，于 1995 年 12 月，发布实施《宁夏回族自治区清真食品生产经营管理规定》，此规定运行了 7 年之后，被《宁夏回族自治区清真食品管理条例》所代替，2003 年 1 月 1 日起实施，为宁夏清真产业发展壮大保驾护航。

2005 年首届宁洽会（宁夏投资贸易洽谈会）的召开以及 2009 年首届宁夏回商大会的召开，更大程度地打开了宁夏开放的大门，也推出了宁夏主导产业清真食品和穆斯林用品亮相全国乃至全球。经过每年举办的宁洽会暨清真产品交易会，特别是宁洽会基础上的 3 届中阿经贸论坛和 2 届中阿博览会的举办，更是把清真产业推向了宁夏向西开放战略的前沿阵地。

（4）把握主动提挡换级阶段（2008 至今）

2008 年 1 月，经自治区政府批复成立宁夏清真食品国际贸易认证中心（后改名为宁夏清真食品国际认证中心）。9 月 11 日，由自治区主席王正伟揭牌成立并正式开展工作。中心于 2008 年 7 月便开始了清真食品认证标准的调研与起草工作。在自治区民委、自治区质量技术监督局、自治区进出口检验检疫局、自治区伊斯兰教协会以及各方专家和企业的多方努力下，经自治区人民政府批准，于 2009 年 2 月 17 日、25 日召开了《宁夏回族自治区清真食品认证通则》（DB64/T543-2009）地方标准专家审定会议和新闻发布会，并正式由自治区民委、质监局共同发布实施此标准。此标准在国内具有“行业第一”“地方第一”和“国家第一”的特点。《中国民族报》《宁夏日报》头版刊发了题为“全国首部清真食品地方标准出台”“宁夏在全国率先出台清真食品标准”的新闻稿，对清真食品认证通则的发布做了详细的报道。《宁夏回族自治区清真食品认证通则》成为宁夏清真食品国际认证中心从事认证工作的基础性法律文件，并开创了中国清真食品生产管理现代意义的标准化建设先河。

清真食品认证中心在宁夏的落户，是国家给宁夏先行先试的改革重任，也是国家给宁夏清真产业发展的绿色通行证，对宁夏清真产业的发展及其与拓展国际市场的对接和拓展具有法律意义上的特惠改革政策，为宁夏把握发展的主动权，提升发展的更高水平、更广范围提供了坚强保证。到目前为止，宁夏回族自治区已形成清真食品、穆斯林用品的良好基础，其中最具比较优势的是清真肉食品。为满足市场需求，清真食品、穆斯林用品加工企业已从传统的粗放型经营向新型工业化、规模化、产业化转变。

二、主要成就

宁夏轻纺工业立足资源优势，以做大做强特色优势产业为重点，积极推进结构调整与产业升级，历经 38 年的曲折发展，目前已形成以羊绒、造纸、乳制品、淀粉、发酵、酿酒、特色清真产业为主，30 多个行业并存的较完备的产业体系。取得了令人瞩目的可喜成就，奠定了宁夏轻纺工业可持续发展的基石。

（一）行业快速发展，地位日益增强

宁夏的轻纺工业从小到大，从弱到强，经历了独具特色的改革发展历程。1978 年总产值 34453 万元（重工业 104032 万元，轻工业与重工业比重为 1:3.02），到 2014 年，轻工业总值 6478676 万元（重工业为 31001542 万元，轻工业与重工业的比重为 1:4.79）。尽管轻、重工业的比重在向着重工业更加倾斜的方向攀升，但轻工业本身在 37 年的发展中扩张了 188 倍，取得了翻天覆地的变化。2003 年宁夏轻纺工业总产值突破 100 亿元大关，成为宁夏轻纺工业发展史上的里程碑。2007 年宁夏轻纺工业总产值突破 200 亿元大关，跃升为全区工业五大支柱产业之一，与能源、化工、装备制造、新材料工业一起共同贡献全区 80%的产值份额。

2014 年，全区轻纺工业完成工业增加值 139.4 亿元，增长 15.0%，系统内轻纺工业增长 18.8%，高于全区工业 10 多个百分点，其中，纺织行业实现快速增长，增速达到 27.3%，对工业经济整体平稳增长拉动有力。1978—2014 年，轻纺工业保持着年均 15.03%的高速增长。全行业共培育中国名牌 4 个、中国驰名商标 16 个、宁夏名牌产品 161 个、宁夏著名商标 105 个，进一步巩固了轻纺工业作为宁夏工业经济支柱产业的地位。为增强宁夏总体经济实力、吸纳社会劳动就业做出了特殊贡献。

（二）促进结构调整，主业渐次突出

过去宁夏轻纺行业分散、弱小、低水平，无市场竞争力。立足宁夏本地资源优势，顺应市场变化和产品成长与淘汰，通过几年的结构调整与转型升级、技术创新与改造、产业整合与产品换代，通过不断完善相关政策措施，宁夏轻纺工业脱颖而出，华丽转身。在高排放的造纸、皮革、酒精、味精、柠檬酸等行业，加强专项治理和环保核查，淘汰了环保难达标的落后生产能力。重点加快羊绒制品、清真食品、生物发酵、造纸、葡萄酒等优势特色产业，提升其对全行业的支撑作用。

产销两旺的宁夏提花毛毯

羊绒产业大力发展精深加工和高附加值产品，形成了由羊绒分梳、制条、纺纱、制衫、织造等生产环节构成的完整产业链。“世界羊绒看中国，精品羊绒在宁夏”蜚声海内外；清真食品发挥地域特色和空间优势，大力实施品牌战略，延长产业链，发展潜力逐步凸显，产值占全区食品工业的 83%，占全国清真食品的 14%。形成了以清真肉制品、乳制品、粮油、焙烤食品、休闲食品、方便食品、保健品、调味品为主要行业的企业集群，生物发酵产业不断扩大规模，提高资源综合利用水平，形成以味精、赖氨酸等氨基酸为主，以有机酸和酶制剂并进的产业格局，色氨酸、赖氨酸、谷氨酸分别居全国第 1、2、3 位。葡萄酒行业坚持工厂化与庄园酒生产同步发展，贺兰山东麓“小酒庄大产区”模式已经形成。这些主导产业对全区轻纺工业增加值和利润的贡献率分别达到 70%以上和 80%以上。

（三）加强技术创新，增强综合实力

全行业技术开发和技术改造投入力度进一步加大，技术创新能力不断增强。在改革创新、节能减排、资源综合利用等领域取得突破，促进了发展方式的转变，提高了行业发展的综合实力。骨干企业大力引进经营管理人才和高端技术人才，建设研发机构和配套体系。羊绒行业建成工程技术研究中心、羊绒研究院等 8 个研发中心，培育了宁夏羊绒产业技术创新战略联盟、产学研基地等 5 大公共服务平台，超临界萃取、速冻、真空升华冷冻干燥、微波膨化、膜技术、微机程控等技术在清真食品行业得到了广泛的应用。生物发酵行业建成国家氨基酸产学研合作示范基地，酿酒行业拥有国家第一个国家级企业技术中心。中银绒业的精纺纱线在国际市场供不应求，德泓公司生产的羊绒面料填补了国内空白，灵武羊绒产业园区于 2010 年成为宁夏首个国家级高新技术产业开发区。企业研发能力和科技成果转化率进一步提升，产业核心竞争力明显增强。技术创新推进了轻纺企业综合实力和市场竞争力全面提高，打造出了一批行业龙头企业。伊品集团入选中国发酵行业 10 强，中银绒业进入全国毛纺、毛针织企业 10 强。年销售收入双双突破 40 亿元。

（四）加快园区建设，打造产业集群

通过科学规划，合理布局，优化产业环境，提供共同服务等措施，宁夏轻纺工业大力建设工业园区，促进企业积极入园，提升产业协作效应，先后建成 16 个轻纺园区和产业园，成为宁夏轻纺工业发展及承接产业转移的重要载体。目前，灵武和同心羊绒园区已入驻规模以上羊绒企业 42 家，占全区规模以上羊绒企业的 84%，2012 年完成工业总产值 90.8 亿元，占全区羊绒工业总产值的 88%。灵武市在已有的羊绒产业园基础上，借助建设宁夏生态纺织示范园灵武园区的契机进一步发展羊绒高端产业、亚麻产业以及服装服饰产业；宁夏生态纺织示范园贺兰园区重点打造产业转移承接平台，加快推进高技术纺纱、色织和毛纺、服饰等产业发展；同心县、吴忠市利通区、中宁县等也都建立了各具特色的纺织产业集聚区。银川德胜清真食品产业园、中国吴忠清真产业园入驻企业产值占全区清真产业的30%以上。

（五）促进就业、服务“三农”作用显著

轻纺工业的快速发展创造了新的就业岗位，每亿元资产可吸纳就业222人，比全区工业的平均水平高出58人。全行业吸纳就业人数超过16万人。其中规模以上企业职工5万人，规模以下企业从业人员11万人，成为吸纳劳动力就业的重要民生产业。轻纺工业70%以上的行业、90%以上的产值涉及农副产品的深加工，农民直接受益。为实现农民增收、推动农业产业化、加快城镇化建设、改善和提高城乡人民生活水平、构建和谐社会做出了积极贡献。

三、经验启示

宁夏的轻纺工业与重工业的比重一直处于“以弱对强”的地位，直到2009年两者的比重还是16.38:83.62的较大反差中，但是宁夏的轻纺工业在有限的发展空间不断挖掘出无限的发展潜力，为宁夏的工业经济做出了特殊贡献，积累了宁夏自己的经验，为今后宁夏轻纺工业更好更快发展提供了可贵的启示。

（一）立足资源优势，重点发展壮大优势特色产业

宁夏的轻纺工业从起步、发展、衰退、再度崛起，都离不开自身资源优势的支撑，从起步阶段的皮革、羊毛加工，到发展相对辉煌阶段的毛毯、毛线与相关纺织品、制糖以及系列清真食品，经过凤凰涅槃式的浴火重生后再度崛起形成的羊绒产业、清真食品和穆斯林用品产业都是围绕宁夏本地和周边地区的物质资源和人文资源。这是经济发展的基础，也是轻纺工业降低成本、提高竞争力的比较优势。不管是从皮革资源优势向羊绒资源优势的转化，还是立足回族伊斯兰文化优势，打造清

真食品和穆斯林用品，甚至利用自然气候与地理优势，培育马铃薯、葡萄酒等特色优势产业，都在一定程度上立足了宁夏本身的资源优势，并不断地用足用活国家的各项优惠政策，重点发展壮大优势特色产业。

（二）善抓发展机遇，及时改造提升传统产业

灵武、同心羊绒产业园分别于 2003 年 4 月和 5 月的建立建设，2009 年 11 月宁夏生态纺织示范园的获批投产，宁夏投资贸易洽谈会的召开，中国（宁夏）回商大会的启动与连续 7 届召开，中阿经贸论坛连续 3 届的成功举办与 2 届中国—阿拉伯国家博览会的召开及其永久性会址在银川的落户，宁夏“内陆开放型经济试验区和银川综合保税区”“两区”的获批与投入运营等发展良好机遇与宁夏对良好发展环境的打造，都给宁夏轻纺工业提供了千载难逢的发展契机。特别是 2008 年，宁夏回族自治区成立 50 周年之际，国务院出台了《关于进一步促进宁夏经济社会发展的若干意见》，中央有关部委也积极支持宁夏轻纺工业发展，出台了专门的支持措施，助推了宁夏轻纺工业的大发展，促使了宁夏轻纺工业的转型升级。

（三）深化改革，扩大开放，“走出去”与“请进来”相结合

宁夏轻纺工业的发展过程，也是一个以改革为动力，以开放为通道（不仅仅是窗口）的曲折而逐步走向越来越宽广的发展之路的过程。培育和成长了数十家能“走出去”和“引进来”的大型企业集团。不管是宁夏清真产业还是羊绒产业，随着产业的发展壮大和转型升级，不断对接国内外先进技术，吸引高层次人才与管理，正在塑造着宁夏轻纺工业的国际品牌形象。

以羊绒产业为例，宁夏羊绒市场仅以 2%本地羊绒原料，却撑起了占全球 60%以上、全国 70%以上的羊绒集散地和加工基地，靠的就是深化改革、扩大开放的良好机制，不仅及时请进了羊绒原料，也请进了羊绒的加工技术和科学管理。业已成长为大型企业集团的宁夏中银绒业集

团是宁夏羊绒产业发展的缩影，也是宁夏轻纺工业从弱到强的典型案例。中银集团和宁夏的其他几家羊绒企业一样，最早也是以贩卖羊绒起家，经过初加工和深加工的必经阶段之后，在国家和自治区深化改革的政策指引下，经过 10 年的稳步发展，兼并、重组圣雪绒等中小企业后，成为国际市场最大的精品无毛绒、羊绒条供应商，出口量全国第一。2009 年，中银绒业半价收购了英国百年老店邓肯纱厂，完成了下游企业对上游企业的并购，获得了世界一流的技术、品牌和高端客户。成为中国纺织企业海外并购的范例，也成为宁夏轻纺工业“走出去”的先驱。

（四）推进科技创新，不断提高竞争力

在国家“两化”融合政策指引下，宁夏轻纺工业紧跟世界科技发展步伐，紧盯市场前沿和国际潮流，培育科技创新实力。到目前为止，全行业已有国家地方联合工程实验室 1 个，国家级实验室 1 个，国家认定中心含医药 4 个，自治区认定企业技术中心 22 个。

以体现宁夏轻纺工业中等偏上发展水平的汇川公司为例，可以窥见宁夏轻纺工业科技创新程度和产业竞争力。转型于兼并银川第二毛纺厂的宁夏汇川西服有限公司，自 1993 年 9 月成立以来，始终以品质追求为目标，以科技创新为动力，长年跟踪先进服装设计和工艺技术，在服装款式设计、工业制版、技术工艺、设备技术等方面不断创新，拥有 13 个外观设计专利权，逐步形成了高于国家标准的西服、衬衫、西裤工艺标准；拥有自主研发的计算机辅助设计系统（CAD）和计算机集成制造系统（CIMS）。通过自治区认定企业技术中心的平台，每年承担十多项技术攻关项目，形成稳定的产学研合作机制，提高了企业的市场快速反应能力。经过持续高效的技术创新，汇川公司已进入“国家 863 计划应用示范企业”行列，服装研究开发和创新能力处于全国同行业先进水平。

（五）重视人才利用，壮大人才团队

宁夏作为内陆小省区，本地人才的多样性和高端化都相对有限，然而，宁夏本着“小省区，要有大作为”的气魄，始终坚持培养、使用、吸引各类人才为宁夏经济发展服务。不仅保护和激发本地人才的积极性，也出台吸引宁夏以外的人才为宁夏建设服务，围绕主导产业，从本土人才着手，比如说，羊绒产业的发展就得益于一批草根羊绒贩运者奠定的市场基础，对这批人才的引导和利用，以及对后续人才的梯次培养，才使得宁夏羊绒产业异军突起，市场越做越大、产业越做越强。并在此基础上，吸引各方人才，不断实现人才本土化。制定了《宁夏生态纺织产业人才高地创建实施方案》，以自治区党委组织部、经信委、发改委等11部门联合下发（宁组通〔2014〕170号），组织召开了宁夏生态纺织产业人才高地创建启动大会，在生态园贺兰园区、灵武园区和利通纺织产业园分别创建“棉纺、化纤”人才高地、“羊绒、亚麻”人才高地和“特种纤维”人才高地。

（六）布局园区建设，提高产业集中度

宁夏的轻纺工业，经过多年历练，找到了一条独具特色的现代产业集群与工业园区建设相结合的路子。截至2014年年底，全区轻纺工业特色园区或园中园已达到17个，成为形成特色板块、承接产业转移的重要载体。特别是宁夏生态纺织产业示范园的开工建设，成为宁夏促进轻、重工业协调发展的“重头戏”和新的增长极。

在宁夏轻纺工业发展的关键时期，园区建设开启了新的发展阶段。2009年，自治区党委政府审时度势、高瞻远瞩，决定构建宁夏银川承接产业转移（生态纺织）示范园区。2011年9月21日，国家发展改革委正式批准《宁夏银川承接产业转移（生态纺织）示范区实施方案》，这是国家发改委在全国范围内批准建立的第一个纺织产业转移示范园区，该示范区还被初步纳入《国家西部大开发“十二五”发展规划》和

《呼包银榆重点经济区发展规划》。宁夏生态纺织产业示范园是示范区的核心产业园区，被宁夏自治区政府确定为“二号工程”。生态纺织园的布局，有效地提高了轻纺工业的产业集中度，为轻纺工业更加科学有效的发展提供了重要载体。

四、对策建议

尽管宁夏轻纺工业经历了从辉煌、衰退、再度崛起的发展之路，取得了不俗的业绩，但也存在一些不容忽视的不平衡问题。从地市的区域分布看，全区轻纺工业主要集中在银川、吴忠两市，截至 2014 年年底，两市规模以上轻纺工业增加值占全区的 90%， 石嘴山、固原、中卫轻纺工业发展相对滞后，大的工业项目少。从产业结构看，支撑自治区轻纺工业快速发展的主要是以羊绒业为主的现代纺织业和烟草制品，其中的羊绒制品属于稀缺资源支持下的奢侈消费品，消费市场有限，而烟草制品受世界禁烟趋势的约束，也难以长期维持，但此两项产业 69 家规模以上企业的工业增加值占全区轻纺工业的 78.4%，其他轻工行业 84 家规模以上轻工（不含食品）企业，仅占全区的 21.6%。清真产业和造纸行业，分别是朝阳产业散而低端和夕阳产业充满环保挑战。其中，造纸行业曾经是宁夏轻工行业的支柱产业，人均造纸产量曾位居全国第一，2011 年产量达到 72.3 万吨。但自 2012 年起，受原材料价格上涨、自身生产工艺落后，污染严重等诸多因素影响，全区造纸行业出现整体亏损，生产规模急剧下降，产量分别降至2012 年的 57.1 万吨和 2013 年的 21.5 万吨，年均降幅高达 45.3%。在两年激烈的行业重组中，自治区共关停近 50 家小造纸企业，淘汰造纸落后产能 40 万吨，改变了企业数量多、规模小、布局分散的局面。2014 年年底，全区造纸行业止跌回升，完成工业增加值 3 亿元，增长 1.7%，但距离重振造纸行业、实现产业转型升级还有很大差距。其他行业如皮革、木材加工、家具制造业等，企业户数少、规模小、竞争力弱，需要强力培育、龙头带动、创新发展。

党的十八届五中全会审议通过的《中共中央关于制定国民经济和社会发展第十三个五年规划的建议》明确提出了创新发展、协调发展、绿色发展、开放发展、共享发展五大发展理念。自治区第十一届七次全会借力五大发展理念，推动“四个宁夏”建设，为轻纺工业再铸辉煌提供了基本遵循。

（一）调整发展方式和产业、产品结构，走可持续发展之路

自2008年世界金融危机爆发以来，党和政府努力克服经济下行的压力，确保经济始终保持中高速增长、产业向中高端迈进。宁夏的轻纺工业必须积极主动顺应新常态的发展趋势，前瞻性调整发展方式和产业产品结构，保持可持续发展的良好态势。业界有道是：只有落后的企业，没有落后的行业。就是要直面转方式、调结构对企业的考验。

反观宁夏轻纺工业从20世纪80年代以投资热潮为特征的辉煌走向90年代以破产收购为落幕的低谷，固然与许多客观上的宏观经济环境有关系，但暴露的根本问题是，追随井喷的市场需求实现全行业一路飘红之后，由于资金积累和技术管理等方面的原因，未能及时转方式、调结构，造成了后来发展的被动局面。在我国经济进入新常态的发展条件下，必须尊重市场经济发展规律，不断调结构、转方式、惠民生、防风险，以可持续的改革举措促进创新发展、协调发展、绿色发展、开放发展和共享发展。

（二）抓龙头，带基地，推动轻纺工业集群发展

中小企业常常成为轻工产业发展的主力军，但大企业往往是轻工产业的生力军，不仅因为中小企业是轻工产业孕育发展的始端，在成长中“船小好调头”，而且因为做大做强的龙头企业经历一定的发展阶段之后，“船大抗风浪”。宁夏的轻工产业在改革开放之初，在全区范围内，在银川市的比重略微高了一点，基本上是遍地开花。经过社会主义市场

经济的大浪淘沙、优胜劣汰，银川市和吴忠市两地市的发展更为突出和领先。为了有力带动全区经济均衡发展，宁夏轻纺工业应该在保持经济规模效应的前提下，更多地拓展基地、更大地培育龙头，实现全区范围的集群发展。

“十二五”期间宁夏业已重点推进轻纺工业“四大三新”工程（即“羊绒、清真食品、生物发酵、造纸”四大主导产业，“葡萄酒、新型纺织、电池新光源”三大新型产业），需要在“十三五”科学规划和稳步推进中，更加注重科学盘点，准确研判，及时纠偏。在坚持总的发展方向不变的前提下，更加细化发展措施，方能抓住龙头、做大基地，形成产业集群，打造宁夏轻纺工业的航母。

宁夏轻纺工业的“龙头”老大羊绒产业，已经拥有全国60%、全球50%的原材料，以及国内外逐渐做大的市场。然而，在国际羊绒市场已进入产业集群发展的关键阶段，澳大利亚、蒙古国等产绒大国正在推进羊绒集群化发展，在经济全球化的时代，宁夏要保持和创新羊绒产业市场竞争力，必须高高昂起中国在全球羊绒界的巨龙之首，把宁夏的龙头企业打造成世界羊绒产业的航母，形成全球羊绒产业集聚中心，辐射宁夏周边地区、中国周边国家乃至全球范围。

宁夏清真食品和穆斯林用品因特殊的比较优势，在全国已占有先机，但是要进一步做大做强，还有很多的功课需要做细做实，还有许多的难题需要及时解答解决。宁夏的发酵制品行业在不被世人关注的情况下，也培育了自己独特的竞争力，但保持竞争优势，实现长期的可持续发展仍然需要改革创新。

至于宁夏轻纺工业第四大主导行业造纸，如何再现曾经的辉煌，实现转型升级后新的发展，必须坚持绿色发展观念，创新驱动、转型观念。且不说纸产品的外销，就是宁夏及其周边的市场需求，足以支撑宁夏造纸业的发展，只是造纸行业一方面要科学控制成本，确保销售价格等于或低于外地纸产品，而且要确保质量，不至于被市场抛弃，更重要的是造纸行业从传统上是高污染行业，在资源节约型和环境友好型的“两型社会”里，造纸行业要生存、要发展，就必须立足“两型社会”的要求，实现经济发展和环境保护双赢共存。

（三）突出人才要素，集天下英才发展宁夏轻纺产业

事业的发展离不开人才的支撑，企业的发展对人才的特殊要求更是离不开优秀企业家、优秀科研专家和优秀高技能队伍的协调配合、共同发力。在中国人口红利向人才红利转型的大背景下，宁夏以现代纺织业和清真产业为主导的轻纺工业发展，如果没有人才的支撑，就没有发展的前景。在宁夏这样一个内陆地区，不靠海、不沿边，改革开放以来基本处于欠发达状态，在网络经济高度发达的今天，只有从发挥后发优势转型为发挥先发优势才能实现跨越发展，人才是关键，特别是体制机制创新和科技创新协调推进下的“高精尖缺”人才更为难能可贵。宁夏轻纺工业发展不仅需要超前谋划的战略性人才，还需要科学经营的管理人才和攀登前沿的技术创新人才以及众多的高技能人才。

2014 年 12 月 ，自治区党委、政府以宁党发〔2014〕53 号文件出台的《自治区党委人民政府关于创新体制机制促进人才与经济社会协调发展的若干意见》，在以往人才发展政策的基础上，更加明确人才支撑产业和技术发展的战略目标，更加细化人才支撑宁夏产业发展的优惠措施，《意见》从宁夏发展战略的高度规范和规定了人才支持产业发展的各类可操作性鼓励人才发挥作用的政策，并责成相关单位出台 8 个人才利用子政策，作为“1+8”人才政策体系支撑宁夏产业发展。其中也有扶持轻纺工业发展的相关规定，轻纺工业制定了本行业的人才发展规划，在具体实施中轻纺工业管理部门需要进一步检查指导和督促落实，以达到集更多天下英才服务宁夏轻纺工业发展的目的。在科学技术日新月异、全球经济瞬息万变的当今时代，占领了人才高地，就占据了产业

发展的制高点。不管是工业化与信息化的高度融合，还是全球战略的分析研判，都需要高端人才为宁夏轻纺工业可持续发展掌舵护航。

（四）优化工业园区建设，提升发展实力

工业园区是企业集聚发展的有效平台，是工业现代化的有效形式。布局合理、运行高效的园区建设，有力地带动了工业的发展，提高了产业的集中度、延长了产业链。然而，工业园区的建设不是企业跑马圈地，也不是招商引资的“唐僧肉”，是经济可持续发展的大舞台，需要更进一步优化设施、优化结构，以期成为企业发展壮大的坚强后盾。目前宁夏以轻纺工业集群为主体的产业园区，其空间布局以银川为龙头，辐射全区其他四市，但除了吴忠市的基础比较好，可与银川市的生态园区形成区域集聚效应，石嘴山、中卫、固原的轻纺工业园区建设滞后，尚未形成国家生态示范园区的辐射效应，需要补其短腿、优化地区结构，形成整体推进、重点突出的发展态势。宁夏生态纺织示范园的获批、建设和运营，全面提升了宁夏轻纺工业园区建设的水平，也提高了轻纺工业的产业集中度。宁夏需要进一步优化轻、重工业的同时，更要优化轻纺工业内部结构，真正发挥园区集中优势产业打造行业航母的载体的独特作用。

（五）创新体制机制，突出特色优势，铸造宁夏的世界品牌

经多年探索与实践，宁夏的轻纺工业发展形成了基本的发展趋势：做大做强轻纺工业、做精做优特色产业。以大而强的整体实力带动精而优的特色发展，以精而优的特色优势促进大而强的快速成长。轻纺工业特色产业排头兵的羊绒产业及其产品，已经走出了从贴牌生产到自主品牌的成功打造，销路从宁夏境内和周边拓展到了国内外，然而宁夏的品牌，不管是圣雪绒等早期品牌还是灵州雪等新兴品牌，其知名度、美誉度和消费者的认可度尚不稳定、也不驰名，实事求是地讲，还未赶上内蒙古的“鄂尔多斯”羊绒衫的品牌。清真食品和穆斯林用品也处在同样

的发展阶段，品牌效应开始显现，但并不明显。宁夏要立足自身的独特比较优势，在轻纺工业领域打造清真、绿色、有机的主题品牌。

宁夏需要充分发挥比较优势作为贸易发展的基本动力，主推主导产业发展壮大，持久支撑宁夏工业经济科学发展。“世界羊绒看中国，精品羊绒在宁夏”的王牌地位要永驻宁夏，需要更高超的宁夏智慧。宁夏清真食品与穆斯林用品在中国有独一无二的人文优势，造就了清真产业金字招牌在宁夏的落户，是宁夏的资本对宁夏的考验。要有竞争精神和忧患意识，中国消费清真食品的少数民族多达10个，就是回族本身也是大分散、小聚居，遍布全国各地，甚至世界各地的穆斯林人群和地区，都有生产清真食品和穆斯林用品的优势。马铃薯、枸杞、葡萄酿酒等特色农副产品加工业都是宁夏越做越精的优势产业，需要进一步做大做强，以壮大宁夏轻纺工业的整体实力。

宁夏轻纺工业在全面推进的过程中主业更加突出、地位更加突显，发展历程的历史启示也越来越明晰可见。就目前两大优势特色产业羊绒与清真产业而言，羊绒的成效明显，已经步入快车道，而清真产业广而散、小而弱，两项产业对比，有许多不可比性，但也有许多值得借鉴的地方，其中最值得注意的就是当年羊绒发展的关键节点，成立的“全国第一局”对宁夏纺织产业特别是羊绒产业的助推作用不可低估。目前正在发展关键节点的清真产业，已经引起自治区党委、政府的高度重视，但多头管理、职能交叉、主责不清等方面的体制约束，致使清真产业在发展中难以形成主力牵引下必需的强大合力，而且面对清真食品认证的国际通行规则宁夏可否获得最终话语权和操作权，也是个严峻的挑战。充分发挥市场在资源配置中的决定性作用已经形成共识，更多的工作是简政放权的工作，如何更好发挥政府作用，却是对党和政府治理能力的现实且深远的考验。所以，借鉴当年羊绒行业发展关键时期，强化政府对比较优势产业的因势利导作用并因此创新体制机制就要提到议事日程，至少需要及时整合清真产业管理资源，明确其宏观管理的最有效部门，最大限度地发挥政府宏观指导、监督运行、优质服务等职能。

（六）扩大对内对外开放，借助中阿博览会平台，从“一带一路”走向世界

2015年10月，十八届五中全会审议通过的《中共中央关于制定国民经济和社会发展第十三个五年规划的建议》谋划了未来5年全面建成小康社会决胜阶段的宏伟蓝图，提出了创新发展、协调发展、绿色发展、开放发展、共享发展的新理念。宁夏的轻纺工业只有贯彻十八届五中全会精神，并结合党中央、国务院和自治区党委、政府关于开放型经济的专门部署，方能提升宁夏轻纺工业开放型经济新水平。2015年5月，中共中央出台《中共中央、国务院关于构建开放型经济新体制的若干意见》（中发〔2015〕13号），部署了新时期建设开放型经济的战略举措，宁夏回族自治区于2015年7月出台了《关于融入“一带一路”，加快开放宁夏建设的意见》（宁党发〔2015〕22号），安排部署了宁夏开放型经济建设的新任务、新使命。自改革开放38年以来，特别是2012年9月“宁夏回族自治区内陆型经济试验区”和“银川综合保税区”的获批至今，开放宁夏建设步入了一个崭新的阶段。宁夏回族自治区成功举办了3届中国—阿拉伯经贸论坛和两届中国—阿拉伯博览会，创造了骄人的辉煌成就，积累了丰富的宝贵经验，在国家实施“丝绸之路经济带和21世纪海上丝绸之路”新战略的关键时期，宁夏需要借助于中阿博览会的平台，着力打造“一带一路”重要战略支点。渐行渐强的宁夏轻纺工业必将迎来更大更多的发展机遇。

轻纺工业作为民本行业，在开放型经济新阶段，需要也能够紧紧抓住新一轮全球经济深度调整、我国经济加速转型的有利时机，宁夏的轻纺工业更是在有利时机和优惠政策的叠加效应中合力打造宁夏特色的经济航母。在内外开放的政策背景下，宁夏轻纺工业的发展不仅可以支撑

中阿合作国家的有效需求，而且升级换代的中高端产品，引领国内消费新潮流，成为从后发优势转为先发优势的真正意义的内陆开放型经济试验区。通过陆、网、空等多渠道打造“两区”建设高地、打磨中阿博览会平台、打通“一带一路”走廊，宁夏轻纺工业发展可以借势而发，插上腾飞的翅膀，成长为宁夏经济可持续发展的主力军和生力军。

宁夏装备制造业的改革与发展

装备制造业是为国民经济和国防建设提供生产技术装备的制造业，是制造业的核心组成部分，是国民经济发展特别是工业发展的基础，是产业转型升级的重要保障，也是衡量一个国家和地区经济综合实力的集中体现。宁夏装备制造业的发展主要依托于20世纪60年代沿海和内地搬迁来宁的国营企业，主要行业包括：煤矿机械、机床工具、电工电器、仪器仪表、新能源装备、工程机械、起重机械、铸造、机械基础件、工业机器人、化工装备、环保装备、3D打印等。打造具有国际、国内竞争力的装备制造业，是宁夏提升工业综合竞争力、调整产业结构、转变经济增长方式的必由之路。

一、改革发展历程

改革开放38年来，自治区党委、政府坚持改革开放，以产业政策为指导，以市场需求为导向，以培育特色优势产品为目标，不断淘汰落后生产能力，加大企业兼并重组力度，装备制造业企业装备和技术水平显著提高，规模不断扩大，竞争实力明显增强，发展了一批技术含量高和市场需求旺的产品，为宁夏工业结构调整和转型升级发挥了积极的作用。

（一）扩大企业经营自主权（1978—1984年）

党的十一届三中全会后，针对长期以来存在的政企不分、条块分割、企业缺乏自主权等一系列问题，我国对工业企业进行了改革。1978年4月20日发布的《中共中央关于加快工业发展若干问题的决定》明确了“企业是生产单位，必须以生产为中心”，强化了生产指挥过程的责任制。1979 年国务院下发了《关于扩大国营工业企业经营管理自主权的若干规定》等 5 个关于改革国营工业企业管理体制的文件。同年 10 月，经国家经委、国家财政部批准，宁夏首先确定在西北煤矿机械总厂、银川通用机械厂、银川电表厂等 3 户国营大中型企业，进行扩大企业自主权试点，主要是将以往按工资总额提取企业基金改为按比例实行基数利润留成及增长利润留成的办法，从而增加了企业生产发展基金。1980 年 10 月，自治区决定在中卫大河机床厂试行“独立核算、国家征税、自负盈亏”的办法，即在以税代利、自负盈亏的前提下，扩大企业在计划、销售方面的自主权，允许企业按市场需要自主安排生产计划和承接加工订货，从此之后生产资料开始进入市场。1981 年，宁夏装备制造业工业企业开始推行不同形式的经济责任制。1982 年工业管理体制改革因工业调整而暂缓，到 1983 年又随着工业生产走出低谷而再度掀起热潮。到 1984 年年底，宁夏 80%以上的装备制造业企业都建立了“承包、扭亏增盈、全额计件、超定额计件”等不同形式的经济责任制。

1984 年 10 月，党的十二届三中全会通过了《中共中央关于经济体制改革的决定》，提出了“要使企业成为相对独立的经济实体，成为自主经营、自负盈亏的社会主义的商品生产者和经营者，成为具有一定权利和义务的法人”，为宁夏装备制造业工业企业改革开放指明了方向。1984 年，自治区开展厂长（经理）负责制试点工作。随着企业领导体制的改革，厂长（经理）在企业经营管理中的中心作用得到加强，企业党政不分的状况开始改变，职工代表大会的民主管理作用得到发挥，企业普遍出现了指挥灵、决策快和效率高、效益优的好局面。按照“厂长（经理）负责制”赋予的权力，西北轴承厂率先实行了机构改革和中层领导班子的“组阁组合”，使全厂干部的精神面貌焕然一新。这项改革的统称是“实行内部经济责任制”。西北轴承厂从“划小核算单位”“倒逼降低成本”做起，实行层层考核评比，提高了干部职工的生产积极性。“企业工资与经济效益挂钩”（简称“工效挂钩”）对推动企业内部分配制度改革的深入发挥了决定性作用。1984年秋，西北轴承厂争取到了在宁夏第一家试行“工效挂钩”试点的机会。当时劳动人事厅的一名副厅长亲自带队，驻厂精心指导，各车间、科室昼夜加班加点测算指标。厂内责任状一签，可谓立竿见影，车间里到处乱扔的螺丝螺帽、刀头、导线不见了，劳动效率提高了，企业利润月月快速攀升，职工的工资奖金翻番了，“国家拿大头、企业拿中头、职工拿小头”的目标实现了。

（二）转换企业经营机制、推行经营承包责任制阶段（1985—1992年）

随着进一步扩大企业自主权、实行承包经营责任制、转换企业经营机制等一系列政策出台，装备制造业企业的改革步入了一个新的时期。进入“七五”计划时期以后，1986年2月24日—3月2日，自治区党委、政府召开了突出强调以改革创新精神把企业管理提高到新水平的自治区经济工作会议，之后又于5月19—25日召开自治区首次城市经济体制改革工作会议，把消化补充改革措施、发展横向经济联合摆到了突出地位。1987年8月10—14日，在强调大胆探索新路、加快改革步伐的自治区经济体制改革会议上，自治区人民政府同中卫大河机床厂、宁夏长城机床厂等企业签订了“两保一挂”（保上缴利润、保技术改革任务，实行工资总额同经济效益挂钩浮动）承包经营责任制合同，拉开了首轮企业承包经营的序幕，企业承包制的热潮在宁夏掀起。一年下来，承包企业效益大增，上缴国家的利润增加了，企业自由支配的资金丰厚了，经营者和职工的收入提高了，企业自主经营的权力更大了。

1988年，大中型装备制造业企业普遍进行了第一轮的承包。这一时期企业承包的形式主要有“两保一挂”“上缴利润”“递增包干”“上缴利润包干”“超收分成”“微利企业上缴利润定额包干”“亏损企业减亏（补贴）包干”等。1990年，宁夏在全区范围内推行第二轮承包，在这次包干中坚持“包死基数，确保上交，超收多留，欠收自补”的原则，在指标体系上力求经济效益、发展后劲、企业管理三大指标统筹兼顾，划清了企业承包经营责任制和经营者目标责任制及目标管理的关系，明确了企业领导体制中的根本制度以及加强职工民主管理、民主监督的办法，使第二轮承包达到了进展顺利、成效显著的预期目的，促进了国家、企业、职工三者的利益关系的合理调整，推动了企业组织机构的调整和经营机制的转换，增强了企业的生机活力和发展后劲，为经济和社会的发展做出了新贡献。

“七五”计划时期，在上规模、上档次、上水平的争先创优活动中，装备制造业企业生产经营水平有了新的提高。1987 年 2 月，西北煤矿机械一厂生产的煤友牌中心双链刮板输送机获 1986 年国家质量金奖，成为宁夏在国家优质产品评选中获得的第一枚金牌。

1991 年 4 月，自治区党委《关于制定国民经济和社会发展十年规划和“八五”计划的建议》提出：机械电子工业的发展重点是上质量、上品种、上水平。要加强对老企业的改组改造，增加名、优、新、特产品和机电仪一体化产品生产，提高产品质量和技术开发能力，扩大出口创汇。对生产轴承、机床、起重机、煤矿机械、仪器仪表、电工电器等拳头产品的骨干企业通过重点扶持和内部挖潜，较快地提高产品技术水平和经济效益。通过企业之间的联合、兼并、扩散，加强专业化生产和协作，逐步形成若干企业集群和企业集团。积极应用电子技术改造传统产业和现有企业，有重点、有步骤地促进高技术新兴产业的成长。完善和发展企业承包经营责任制，深化企业内部改革，发展企业集团，促进企业组织结构的调整，继续推进股份制试点和小型工商企业租赁制试点。

1992 年 11 月 10 日，自治区党委书记黄璜在自治区党委六届十次全体会议上的讲话中指出：贯彻落实国务院发布的《全民所有制工业企业转换经营机制条例》，围绕企业进入市场和充分发挥市场机制的作用，明确赋予企业 14 项经营自主权，使企业真正成为自主经营、自负盈亏、自我发展、自我约束的法人实体和市场竞争主体。根据自治区一系列政策的出台，推动了企业内部的各项改革。装备制造业企业在内部管理体制上普遍推行了厂长（经理）负责制；推行了人事劳动制度改革，企业公开招聘中层以上干部，竞争上岗，择优使用，职工实行双向选择，择优上岗，企业进人全部实行劳动合同制；进行分配制度改革，将职工的工资、奖金的分配与企业效益及个人贡献大小结合起来，实行了计件工资、岗位工资、浮动工资、档案工资与评分记奖、联产联销、联利记奖等分配形式，从而打破了长期以来企业在劳动分配上存在的平均主义，吃大锅饭现象。

（三）建立现代企业制度、增强企业活力阶段（1993—2001 年）

1993 年，党的十四届三中全会决议提出的“建立现代企业制度”，为国有企业深化改革又一次指明了方向，即通过国有资产管理体制和企业制度创新来寻求国有经济与市场经济体制融合的有效途径，指出国有企业改革的方向是建立现代企业制度。这一战略的提出将宁夏装备制造业企业的改革逐步由放开搞活转向建立现代企业制度。工业经济管理体制逐步摆脱了指令性计划和行政性管理，政府管理工业企业的行政主管部门进行重大改革。1995 年，自治区政府机构改革，自治区经济委员会调整为自治区经济贸易委员会，撤销了自治区轻纺工业厅，政府的行政管理逐渐从具体的工业经济管理中淡出，大多数（国有和集体）工业企业都不再有直接的行政隶属主管部门了。

1993 年 4 月 25 日，自治区党委书记黄璜在自治区党委第七次代表大会上的报告中指出：加快改革步伐，积极推进社会主义市场经济体制的建立。要下大力气抓好《宁夏回族自治区全民所有制工业企业转换经营机制实施办法》的贯彻落实。实行股份制，是从深层次上理顺企业的产权关系，转换企业经营机制的有效途径之一，要在试点的基础上积极推进。切实抓好西北煤机厂、西北轴承厂等重点企业的技术改造、技术引进和技术开发，推动企业上质量、上规模、上水平。

1994 年我国第一部《公司法》颁布后，国务院确定了百家企业进行现代企业制度的试点，宁夏西北轴承厂被列为百家试点企业之一。在国家有关部门和自治区的领导和支持下，1995 年 9 月西北轴承厂改制为国有独资的西轴集团股份有限公司。新组建的集团公司，一方面作为投资主体，将生产主体部分改制为股份有限公司，并按母子公司体制将子公司改建为多元股东持股的有限责任公司，另一方面集团公司剥离了原来“企业办社会”条件下的学校、医院等实体，使改制后的企业轻装上阵、应对挑战。新组建的集团公司还和不同地区、行业的另外 5 家股东发起，筹建了“西北轴承”上市公司，经批准后于 1996 年 4 月 19 日在深圳证券交易所挂牌上市。

“八五”计划期间，通过兼并、破产、联合、重组，使一部分举步维艰的装备制造业企业获得了新生。常年亏损的银川柴油机厂，1994 年划归西北轴承厂管理后，当年 11 月 8 日即组建了由江苏常州柴油机公司投资控股的常柴银川柴油机有限公司，很快扭亏为盈，并跻身自治区工业利税大户行列。长期亏损而陷入困境的宁夏长城机器制造厂，1994 年同投资 173 万美元的须崎公司合资，组建了国家控股的中日合资长城须崎机床铸造有限公司，1995 年就实现了利润超过建厂 28 年利润总和的好成绩。

1995 年 12 月 19 日，自治区党委七届四次全体会议审议通过的《关于制定全区国民经济和社会发展“九五”计划和 2010 年远景目标建议》指出，以建立现代企业制度为目标，深化国有企业改革。坚持“三改一加强”的方针，按照“抓大放小”的原则，分类指导，以点带面，加快建立现代企业制度步伐，除少数垄断性行业和基础性行业的企业改制成国有独资公司外，大部分企业改制为有限责任公司或股份有限公司。以优势产品及其生产经营企业为“龙头”，组建一批大公司或企业集团，形成规模优势，提高市场竞争力。积极推进产权制度改革，采取股份合作、兼并、联合、承包、租赁、出售等形式，放开搞活国有小型企业。1995年，自治区确定宁夏电机总厂进行建立现代企业制度的试点，逐步掀起了一个国企转型为公司制企业的热潮。

1997年4月4日，自治区人民政府批转自治区经贸委、财政厅、人民银行宁夏分行《关于认真抓好重点工业企业的意见》，集中自治区的财力、能源和运输等条件，重点扶持包括吴忠仪表厂、西北煤机一厂、常柴银川柴油机公司等5家装备制造企业在内的一批销售和利税大户，加快这些企业生产经营的发展，带动全区经济发展。各地区、各部门认真抓好所属的重点企业，加强企业领导班子建设和经营管理，及时帮助企业解决生产经营中的重大问题。自治区经贸委、财政、计委、银行、人劳、税务等综合部门做好企业的协调服务工作，及时为企业排忧解难，促进这些企业开足马力生产，发挥更大的经济效益。各重点企业开展“学邯钢，抓管理，降成本，增效益”的活动，加大企业“三改一加强”的力度，强化企业的成本管理、资金管理、质量管理和营销管理等，提高企业素质和管理水平，增强企业市场竞争能力。各装备制造企业积极开拓市场，扩大产品销售，增收节支，建立健全以增产增效目标为中心的各种经济目标责任制，充分调动企业干部、职工搞好生产经营的积极性，促进企业经济效益有较大的提高。

由于长期以来受计划经济体制的约束，宁夏的装备制造业企业与全国、全区的很多企业一样，市场的适应性较差，经济效益低下，大多企业一度陷于严重经营困难的境地，因此1998—2000年，按照中央的要求，自治区提出了集中精力，利用三年时间完成国有大中型企业“改革脱困”目标，彻底放开小型企业的政策措施。

1997年11月4—5日，自治区党委、政府在银川召开经济工作汇报会。会议提出：要认真贯彻落实党的十五大精神，加大调整力度，完善所有制结构；加快推进国有企业改革，调整优化经济结构，形成宁夏特色优势产业；加快扩大开放，开创全方位、多层次、宽领域的开放格局。

1997 年 12 月 26—28 日，自治区党委七届七次全体会议提出，要紧紧围绕实现经济体制和经济增长方式根本转变，以市场为导向，以科技为支撑，加大结构调整力度，加大改革开放力度，在国有企业的改革上、在发展非公有制经济上、在扩大对外开放上有新的突破。

1998 年 4 月 30 日，自治区党委、政府印发《关于加快企业改革与发展的决定》。该文件提出，要全面推进企业改革，加快经济发展步伐，到 2000 年全区国有大中型企业初步建立起现代企业制度。

2000 年 4 月，自治区人民政府下发《关于进一步做好当前经济工作的通知》，一是着力抓好优势骨干企业的挖潜提速增效，特别是抓好煤机、西轴等亏损大户的扭亏增盈工作。二是通过兼并、破产，消灭一批亏损源。三是通过债转股，切实降低企业负债，使一批困难企业摆脱困境。四是通过股份合作制改造或产权出售等方式，使一批国有企业退出国有及国有控股企业行列。五是抓好重点基建、技改项目的投产、达产达效工作，重点是小巨人机床等项目。2000 年 5 月，自治区机构改革，撤销自治区重工业厅，变更装备制造业的行业主管部门为自治区机械和电子行业管理办公室（自治区机械和电子行业管理办公室隶属自治区经贸委）。2001 年，原来隶属自治区重工业厅的 31 户企业下放地方管理。

随着一系列政策措施的实施，装备制造业企业改革和发展的状况发生了显著变化：到 2000 年年底，大中型企业改制面达到 80%以上；中小企业改制面达到 90%以上。如期实现了国企“三年脱困”目标。随着股份制企业上市发行股票、公司制企业股权多元化重组、引进国外区外投资合作的普遍运行，到 21 世纪初，装备制造业企业改革取得了很大成绩，其主要标志就是企业“自主经营，自负盈亏，自我发展，自我约束”的机制全面形成。对外开放步伐的加快，特别是十五大后，随着宁夏积极实施“抓大放小”战略的实施，针对企业改革中存在的一些问题，各级政府本着进一步建立健全法人治理结构、放开搞活中小企业及深化企业内部人事、劳动、分配制度改革的原则，对装备制造业企业进行改制、改组及改造，组建了西北轴承集团、吴忠仪表集团等集团化企业，企业的实力和竞争力都得到了加强和提升。同时，进一步放宽政策，通过兼并、股份合作制、出售等方式大力发展非公有制装备制造业企业，改善了宁夏装备制造业所有制结构，增强了企业活力和市场竞争力。

2001 年年底，宁夏装备制造业规模以上企业 36 户，实现工业总产值 22.6 亿元，比上年增长 6.4%；工业增加值 6.58 亿元，比上年增长 3%；实现利润 0.47 亿元，比上年扭亏增盈 1.11 亿元。

（四）深化改革与推进新型工业化阶段（2002—2011 年）

2002 年 11 月，党的十六大明确提出了走新型工业化道路、深化改革等主要任务。2003 年 2 月，自治区党委、政府召开全区加快工业化进程工作会议，部署加快工业化进程工作。会议讨论了《自治区党委人民政府关于加快工业化进程的若干意见》《关于培育和发展大企业大集团的意见》《关于进一步加快非公有制经济发展的意见》《关于推进我区工业化进程加强财源建设的奖励办法》等文件。会议提出，把以数控机床和智能化仪表等为主的机械加工基地作为加快推进工业化发展的重点。吴忠仪表集团等大型装备制造业企业力争到 2010 年销售达到或超过 10 亿元。

2004 年 6 月，自治区制定《宁夏机械制造业振兴战略研究和发展规划》，这对于加快宁夏机械制造业的发展、推进工业化进程和促进国民经济健康发展都具有重要的现实意义和深远的历史意义。2006—2008 年，自治区认真贯彻《国务院关于加快振兴装备制造业的若干意见》，把装备制造业作为“五优一新”产业之一，成立了自治区“五优一新”

产业集群建设领导小组，负责编制发展规划，协调相关政策落实，先后出台了《宁夏机械工业“十一五”发展规划》《自治区装备制造产业集群发展规划》《自治区关于加快新能源装备制造业发展的意见》和《自治区发展汽车产业的若干规定》等政策措施，明确了行业发展的指导思想和总体目标，确定了重点发展的领域和产品，规划了产业集群发展及专业化协作配套的重点，制定了主要措施和政策建议。

2008 年 6 月，自治区党委、政府召开全区装备制造业专业化协作配套座谈会，研究解决主机企业快速发展、配套企业加速集聚、产业集群加快形成、专业化分工协作迅速起步等影响和决定制造业发展的重大问题。会议提出，要提升装备制造业专业化协作配套水平，实现宁夏装备制造业的振兴。9 月，国务院《关于进一步促进宁夏经济社会发展的若干意见》中指出：积极发展装备制造业和高新技术产业。做优做强数控机床、自动化仪表、煤矿综采设备、大型铸件、精密轴承等先进装备制造业。12 月，全区工业经济工作会议要求，加快包括装备制造业在内的“五优一新”产业集群发展，抓好技术改造和产业升级，扎实推进工业园区建设；加快淘汰落后产能，全力推进节能减排，加快推动全区工业经济结构优化升级。

这一时期，宁夏装备制造业共完成技术改造投资 10.75 亿元，其中，2006 年完成 3.5 亿元，2007 完成 4.39 亿元，2008 年完成 2.86 亿元。自治区党委、政府还大力推动企业兼并重组，努力实现技术研发和专业制造企业的强强联合，做大做强装备制造业龙头企业，先后实现了北京天地科技股份有限公司以 52%的股权控股宁夏西北奔牛实业集团有限公司、投资 7000 万以协议收购方式并购了宁夏银起集团公司破产资产，成立“宁夏天地奔牛银起设备有限公司”；宁夏长城数控机床有限公司和江苏新瑞机械有限公司重组后设立宁夏新瑞长城机床有限公司等一系列企业重组。2008 年年末，规模以上装备制造企业 119 户，比

2003年增加92户；拥有资产132.5亿元，比2003年增加74.76亿元，占规模以上工业总资产的6.4%；完成工业增加值是2003年的3.8倍；实现利润7.5亿元，是2003年的86倍；实现利税总额10.5亿元，占规模以上工业利税总额的9.7%。

2010年11月，自治区制定的《关于加强宁夏装备制造业协作配套能力建设的意见》获准实施。在“十二五”期间，装备制造业重点发展煤矿机械、机床、风力发电装备、太阳能光伏发电设备、汽车、起重机、化工设备等主机产品。对属于国家重点鼓励类产业的机械零部件和工艺协作企业的所得税，科研机构、高校等服务于协作配套企业的技术转让以及与技术转让密不可分的技术服务、技术培训和技术承包的企业所得税进行减免。对装备制造业协作配套企业重大科技攻关项目和科技成果给予奖励和补助。

2010年11月22日，为了全面贯彻党的十七届五中全会精神，加快经济发展方式转变，推进经济结构调整，着力提高宁夏工业经济发展的稳定性、协调性、可持续性，确保工业经济健康发展，自治区人民政府制定《关于加快发展方式转变推进工业结构调整的意见》，力争通过2~5年的努力，实现经济发展方式转变和工业结构调整取得积极成效。先进装备制造业重点发展高档数控机床、精密仪器、机器人、风电设备、光伏材料加工设备、大型水轮机组及核电装置配套大型铸件、动车组牵引变压器和煤矿机械等高端装备制造业，促进银星能源、小巨人机床、共享集团、天地奔牛、卧龙变压器等一批龙头企业迅速成长，进一步提升配套水平，推动产业集聚。

2011年11月，自治区党委、政府印发《关于建设银川“人才特区”的若干意见》，力争用5年时间，在装备制造等10个重点产业，引进和培养10名左右掌握全国领先技术、引领产业发展的领军型人才，500名左右从事科技创新、成果转化的高层次创业型人才。对带项目、技术来银川进行创新创业的高层次人才，根据对其项目评定情况给予 50 万~500 万元人民币的经费补助。对承担重大科技项目的全国一流创新团队，最高可给予 1000 万元人民币的经费补助。

在自治区党委、政府的大力支持下，全区装备制造业保持快速增长，行业活力进一步增强，为全区工业结构调整和转型升级做出了积极贡献，基本完成了“十一五”确定的各项目标任务。2011 年，宁夏装备制造业全行业完成工业增加值 36 亿元，同比增长 12.9%，实现利润 8.2 亿元，同比下降 0.9%。规模以上企业 84 户，实现工业总产值 179.5 亿元，产值超过 1 亿元的企业有 37 家，超过 5 亿元的企业有 10 家，超过 10 亿元的企业有 2 家。

（五）全面深化改革、加快发展阶段（2012 年至今）

党的十八大以来，在自治区党委、政府的正确领导下，装备制造业坚持走新型工业化道路，积极实施大企业、大项目带动战略，加快推进企业自主创新步伐，着力促进经济发展方式转变和经济结构调整。

2012 年 11 月，党的十八届三中全会作出了《中共中央关于全面深化改革若干重大问题的决定》。12 月，自治区党委十一届三次全会提出了全面建设开放宁夏、富裕宁夏、和谐宁夏、美丽宁夏的目标。会议提出，要始终坚持狠抓第一要务不放松，坚持科学发展不动摇，坚持发展速度、质量和效益的有机统一，全力打造宁夏经济升级版。要突出重点、转型升级，做优做强工业，发展壮大装备制造等五大产业。

2013 年 4 月，自治区制定《宁夏回族自治区战略性新兴产业发展“十二五”规划》，实施战略性新兴产业培育发展计划，结合宁夏实际，瞄准未来产业发展的制高点，选择潜在市场大、带动能力强、吸收就业多、综合效益好的先进装备制造业作为宁夏的战略性新兴产业，集中力量，重点培育，成为引领宁夏工业经济抢占新一轮发展先机的重要支撑。依托宁夏发电集团、恩德风电设备制造有限公司、银星能源有限公司、宁夏运达有限公司等风电装备整机制造企业，大力发展风电装备整机制造，推动产品转型升级。依托西北轴承股份有限公司、共享铸造有限公司、小巨人机床有限公司、银星能源有限公司，逐渐完善风电装备配套产业链。重点发展自动化成套煤矿机械、智能化成套输变电设备、数控机床、智能仪器仪表、起重机械、关键零部件，完善核心整机制造和关键零部件生产体系，夯实产业基础。大幅提高中高端产品比重，进一步优化产品结构。提高区域内自主配套率，产业协作配套能力进一步提升。2015 年，行业集中度进一步提升，初步形成若干以骨干企业为龙头、中小企业配套的先进装备制造业产业集群；通过兼并重组和技术改造培育龙头企业，强化服务增值，快速提升先进装备制造业核心竞争力，将宁夏建设成为我国西部有特色的先进装备制造业的重要基地。支持企业加大技术改造力度，推进绿色制造技术，培育发展再制造产业，提升节能降耗水平。

2015 年 6 月，针对宁夏装备工业整体规模偏小、产业层次低、创新能力不足、技术力量薄弱、产品质量不稳定，以及制造成本偏高等突出问题，宁夏正式启动装备制造企业“对标升级”5 年行动计划，力争到 2020 年，全区装备制造业销售收入达到 426 亿元，年均增长 12%。根据《关于在全区工业企业中深入开展抓对标促升级的实施意见》，按照“国际先进，国内领先，国内先进，区内领先”的标准，选择 180 家装备制造企业开展对标升级活动，在对标专家的指导下，以国内外同领域先进企业为标杆，以智能制造为重点，从节能降耗、产品质量、成本管理、生产效率等方面入手，分析企业现状，对照先进标杆，查找企业急需解决的问题和制约因素，在此基础上确定企业对标内容，并制定出企业“对标升级”5 年行动规划，明确总体目标、发展方向、主要任务、对标升级技术路线图、改进方案和实施进度，培育一批装备制造智能化、技术高端化、产品优质化、管理数字化的现代企业。到“十三五”

末，“对标升级”达标企业超过100家，其中，10家企业主要标杆值达到国际先进水平，15家企业达到国内领先水平，20家企业达到国内先进水平，30家以上企业达到区内领先水平，形成对标企业梯度发展的态势，实现全区装备制造业经济总量大幅提升，企业管理水平和核心竞争力显著提高，带动全行业快速转型升级，步入良性发展的快车道。

2015年11月，党的十八届五中全会审议通过了《中共中央关于制定国民经济和社会发展第十三个五年规划的建议》，该文件提出，构建产业新体系。加快建设制造强国，实施《中国制造2025》。推进“一带一路”建设，推进同有关国家和地区多领域互利共赢的务实合作，推进国际产能和装备制造合作，打造陆海内外联动、东西双向开放的全面开放新格局。12月，自治区党委第十一届七次全会深入贯彻党的十八届五中全会精神，全面分析了当前及今后一个时期宁夏发展面临的形式，制定了《关于制定国民经济和社会发展第十三个五年规划的建议》，该文件指出，推进新型工业化。坚定不移实施工业强区战略，围绕产业链延伸、集群式发展，改造提升传统支柱产业，加快培育电子信息、先进装备制造业等战略性新兴产业，并向规模化迈进。这就为宁夏装备制造业在“十三五”期间的发展指明了方向。

二、主要成就

经过38年的发展，宁夏装备制造业取得了长足的进步，成为全区的特色优势产业之一。

（一）整体行业长足发展，规模效益不断增长

改革开放以来，宁夏装备制造业经济规模不断增长，主要产品产量逐步增加，产业聚集度不断提高。银川经济技术开发区、石嘴山市、吴忠市等区域初步形成了集聚发展的态势，聚集了一批优势企业和优势产品，形成了煤矿机械、机床工具、电工电器、仪器仪表、新能源装备、

起重机械、基础零部件、汽车和工业机器人等9大类主导产品，化工装备、工程机械、环保装备、农业机械和通用飞机正在起步，一批为主机配套的零部件实现了规范化生产，部分主机和零部件产品在国内外享有盛誉，煤炭机械、铁路牵引变压器、数控机床、大型铸钢件等在全国具有一定的竞争优势；专用设备制造在国内具有较强的竞争力。2014年装备制造企业共有300多家，其中规模以上企业142家，年产值在15亿元以上的企业有5家，年产值在1亿~10亿元的企业有41家，0.5亿~1亿元的企业18家。2014年全区装备制造业规模以上企业完成工业总产值230亿元，完成工业增加值42.3亿元，占宁夏工业比重为4.4%。新技术、新产品创新发展战略实施效果明显。装备制造业重点产品的生产规模不断扩大。

（二）重点企业改革改制成效显著，形成一批行业“旗舰”

宁夏重点企业通过资本运作、产业重组，推进优质生产要素向优势企业聚集，形成了天地奔牛等一批主业突出、行业领先、核心竞争力强的产业“旗舰”。宁夏天地奔牛实业集团有限公司、宁夏小巨人机床有限公司、西北轴承股份有限公司、宁夏共享集团有限公司、宁夏西北骏马煤矿电机制造有限公司等14户龙头企业发展迅猛，总产值占全区装备制造业比重达61.9%，焕发出创新发展的勃勃生机。形成了六大产业集群，包括以宁夏小巨人机床有限公司、宁夏中卫大河机床有限公司、宁夏新瑞长城机床有限公司为龙头的数控金属切削机床和数控金属成型产品为骨干，专业化协作配套企业为卫星的产业集群；以宁夏天地奔牛集团公司、宁夏西北煤矿机械制造有限公司、宁夏西北骏马电机制造有限公司为龙头，扶持和发展石嘴山凝力机械设备有限公司、西北奔牛链条有限公司等一批专业化协作配套企业，形成重型矿山机械产业集群；依托吴忠仪表股份有限公司在仪器仪表行业的优势，形成以工业自动化仪表为主导，电工电表、试验机等产品同时发展的仪器仪表产业集群；

卧龙电气银川变压器有限公司生产的京沪线VX型高速铁路牵引变压器

依托银川卧龙变压器有限公司、宁夏发电集团、宁夏力成电气集团有限公司、宁夏鑫瑞特电机制造有限公司等企业，形成以铁路牵引变压器、大型电力变压器、配电控制设备等为主导产品的电工电器产业集群；以西北轴承股份有限公司为龙头企业，带动富安捷铁路轴承（宁夏）有限公司、宁夏勤昌滚动轴承有限公司等生产企业和为轴承行业专业化协作配套企业及轴承销售企业，形成轴承产业集群；依托宁夏天地奔牛银起设备有限公司等7家起重机械设备生产企业和一些主要零配件生产企业，形成起重机械产业集群，为今后加快发展打下了坚实的基础。此外，以高档铸件为主体产品的宁夏共享集团有限公司连续十余年主要经营指标在中国铸锻行业排名第一，入选中国机械工业500强和500大，成为宁夏唯一双入企业，连续三年获得“中国机械工业企业核心竞争力100强”，被中国机械工业企业管理协会评选为首批“机械工业现代化管理企业”。

（三）主导产品科技含量高，行业占有率国内领先

经过多年发展，宁夏装备制造业培育出机床、仪器仪表、大型铸件、煤矿机械、起重机、电工电器、轴承等技术含量高，市场需求大，特色优势明显，竞争能力比较强的主导产品。机床行业：宁夏新瑞长城机床有限公司生产的全功能数控车床、柔性加工单元（FMC）和柔性加工系统（FMS）产品性能和质量达到国内先进水平；中卫大河机床有限

公司生产的数控珩磨机床，代表了国内先进水平；小巨人机床公司生产的N系列机床采用了电主轴技术、温度补偿技术和中空丝杠技术，制造技术达到国际先进水平。机床铸件企业普遍采用了在国际铸造行业中具有代表性的树脂砂铸造、电炉熔炼和铸造凝固计算机模型等先进技术。仪器仪表：吴忠仪表有限公司生产的工业自动化仪表产品品种覆盖率达85%，市场占有率达30%，位居全国同行业之首；自动化执行机构（调节阀）配用的智能定位器技术处于国内领先水平。吴忠市材料试验机有限公司和青山试验机有限公司生产的高温蠕变试验机等市场占有率也较高。轴承：西北轴承股份有限公司生产的石油机械轴承、冶金机械轴承、工程机械轴承、矿山机械轴承、重载汽车轴承以及富安捷铁路轴承有限公司生产的铁路货车轴承技术在国内领先，数控机床轴承所有参数均达到国际标准，有些标准还有重大突破，超出了国际标准。为石油机械主机配套的轴承国内市场占有率达到70%。煤矿机械：煤矿机械已形成以刮板输送机、转载机、破碎机、带式输送机、矿车、煤矿支护设备和矿用隔爆电动机等为主的产品结构体系。天地奔牛集团公司和西北煤矿机械有限公司生产研制出的煤矿刮板输送机、转载机、轮式破碎机、皮带输送机等在国内煤机装备同类型中规格型号最大、机构性能最先进，填补了我国煤矿高产高效工作面输送、顺槽转载、破碎、自移设备的空白，其市场占有率处于国内领先地位。宁夏西北骏马煤矿电机股份有限公司生产的矿用隔爆电动机在全国矿用隔爆电动机行业市场占有率排名第二。起重机械：宁夏天地奔牛银起设备有限公司

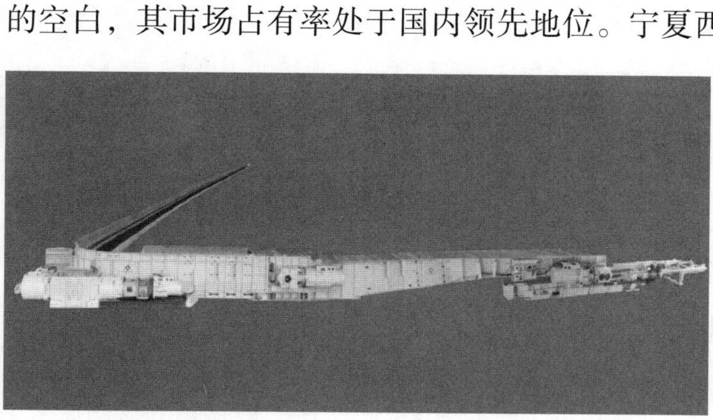

宁夏天地奔牛集团年产1200万吨综采成套装备

生产的“银起”牌起重机和“银鹰”牌减速器在用户中声誉良好，冶金桥式起重机具有较强的市场竞争优势。同时，公司还具有较强的减速器生产能力，占领一部分矿用、风力发电齿轮箱市场。电工电器：银川卧龙变压器有限公司生产的电气化铁路牵引变压器，国内市场占有率45%，是国内主要制造和供应商。YNA 联结平衡牵引变压器获国家重点新产品证书，被国家科技部认定为该产品技术依托单位。电气化铁路牵引变压器和 110 千伏电力变压器获宁夏回族自治区名牌产品；宁夏力成电气集团有限公司是生产高低压成套配电设备的企业，是国家重点高新技术企业，其生产的低压配电成套设备全部通过了中国质量认证 3C 认证，产品具有良好的发展前景。

（四）广泛运用信息技术，自主创新能力不断增强

实施工业化和信息化“两化”融合工程，推进信息技术在装备制造等优势特色产业的深化应用。按照“政府推进，企业主体，试点起步，行业突破”的原则，重点在制造自动化、管理信息化、产品数字化、系统集成化等四个领域培育一批信息化带动工业化示范企业。银星能源股份有限公司研究开发了以市场信息处理、生产计划制定等为主的生产经营管理系统；西北轴承股份有限公司自主开发了实用性很强的轴承设计系统，提高设计功效 10 倍以上；新瑞长城机床有限公司建立了数控机床加工工艺数据库，实现了数控机床和加工中心自动编程；宁夏小巨人机床公司实现了数字化管理和智能化生产，是中国首家智能网络化工厂；中卫大河机床有限公司引进了美国 EDS 软件，新产品的研制周期缩短30%，平均装配时间缩短了 80%~90%；长城须崎铸造公司在市场开发、生产管理过程中广泛应用计算机管理，实现中频电炉计算机控制，生产过程基本实现流水线生产。

（五）科技创新能力显著提升，重大科技成果转化成绩突出

重点加强研发创新和人才培养体系建设，宁夏装备制造业已由宁夏

制造向宁夏创造转变。截至 2014 年年底，宁夏装备制造业共有 5 个国家级认定的企业技术中心，18 个自治区级认定的企业技术中心，3 个国家人事部批准的企业博士后科研工作站，22 家高新技术企业。重型矿山机械、数控机床、智能调节阀的性能和质量在全国同行业中处于前列。大型水电、风力发电设备铸件、压缩机铸件、内燃机铸件的技术水平达到国际先进水平。大型水轮机叶片、铁路牵引变压器、重型刮板输送机、转载机、破碎机等煤矿综采设备的性能和部分关键技术达到国际先进水平。宁夏小巨人机床有限公司数控机床、日晶电子科技软轴硅拉晶炉达到了国际先进水平。宁夏天地奔牛集团研制的重型综采成套输送设备的主要技术达到国际领先水平，是国内煤矿机械装备技术的重大突破；宁夏共享集团有限公司“大型高端燃气轮机铸件研发及产业化”项目突破生产燃气轮机壳体铸件缩孔等世界性难题，成套的大型燃气轮机铸件国际国内市场占有率世界第一，多项技术处于世界先进水平，研发生产的燃气轮机铸件产品达 190 余种，销售收入近 10 亿元，被国家科技部授予“国家重点高新技术企业”称号。吴忠仪表有限责任公司被国家科技部批准为智能控制阀国际科技合作基地，该公司完成的“高端控制阀关键技术自主创新和产业化”项目，获得 2013 年度国家科学技术进步二等奖。宁夏机械研究所(有限责任公司)、宁夏维尔铸造有限责任公司研发的球墨铸铁叶轮铸件在 2012 年中国国际铸造博览会一鸣惊人，一举夺得了博览会“优质铸件金奖特别奖”，

宁夏小巨人机床公司拥有机床领域先进的生产线

打破了欧洲的垄断；申报的“高孔密度碳化硅陶瓷柴油机尾气过滤器的合作研发”“工程机械铝镁合金关键零部件合作研究”项目列入 2013 年国家国际科技合作专项计划，获得专项经费资助 713 万元。

三、经验启示

（一）中央政策倾斜和扶持是装备制造业发展的基础

宁夏装备制造业快速发展，是中央政府的政策倾斜和扶持的结果。“三线”建设开始后，宁夏得到国家投资的有力支持，每年基本建设投资均在 2 亿元以上，随着沿海地区企业和工程技术人员的内迁，较先进的工业技术、管理经验和人才进入宁夏，有力地促进了宁夏装备制造业的发展，经过大规模的“三线”建设，宁夏一直不能生产的大型机床、配套轴承、矿山机械及各种精密仪器仪表开始问世。

在新的历史起点上，全面建成小康社会，全面深化改革，推进开放、富裕、和谐、美丽宁夏建设，要借鉴当年抢抓“三线”建设历史机遇和实施的全国一盘棋、发挥社会主义制度优势集中力量办大事的成功经验，发挥政府在促进区域协调发展中不可或缺的作用，构建东西部地区的帮带协作机制。国家《中国制造 2025》、“互联网+”“一带一路”等国家战略的加速实施，宁夏“内陆开放型经济试验区”和“银川综合保税区”扎实推进，特别是党的十八届五中全会提出，“坚持创新发展”，“构建产业新体系，加快建设制造强国，实施《中国制造 2025》，实施工业强基工程，培育一批战略性产业，开展加快发展现代服务业行动”，都为宁夏全面深化改革开放提供了历史机遇，为宁夏在新常态下进一步加快自身发展提供了重要平台。全区上下一定要抢抓新机遇，以建设丝绸之路经济带战略支点和“两区”建设为引领，在更大范围、更高层次上优化生产力布局，统筹国际国内、区内区外两种资源、两种市场，激发全社会创造活力动力，全面深化改革，扎实推进宁夏装备制造业。

(二) 加快改革步伐是装备制造业增强活力的关键

由于历史的原因，宁夏装备制造业企业国有经济比重过大，国有企业普遍具有“大而全”“小而全”的特点，企业发展活力不足。一般来说，非公有制企业在运行机制上更加灵活。自治区党委、政府加快国有经济布局的战略性调整，使国有资本退出一般竞争性领域，向关键领域和重点行业集中，鼓励民间资本进入企业竞争性领域，以提高企业的经济效益。同时，加快体制改革步伐，使国有装备制造业企业能够突破部门、行业和所有制界限，通过市场机制进行资源配置及优势整合，培育核心竞争力，形成社会化大生产所要求的专业化协作和较强的成套设备供应能力，发展产业集群。经过 30 多年的改革，宁夏装备制造业企业产业集中度提高，市场竞争力不断增强。所以，宁夏装备制造业的产业组织结构调整与所有制结构调整是密切关联的，大型国有企业在集中精力做好主业的同时，通过推进产业链的外部化，可以提供产业组织结构调整与所有制结构调整的交叉点，吸引更多的资本进入装备制造业，形成公有制和多种所有制形式共同发展，大中小企业分工协作的格局，为装备制造业发展注入新的活力。大量的非公有制中小企业“扎堆”在核心大企业周围，发展零部件、元器件生产和采购基地，可以在充分竞争中提高配套零部件的技术水平，也有利于大企业改进产品质量，提高成套能力。需要重视的是，在调整所有制结构的同时，应该吸取西北轴承股份有限公司与德国 FAG 公司合资的经验教训，坚持市场经济条件下，企业的资产变动必须注重保护国有资产的保值增值，尊重市场经济规律，防止因为迫切需要引进的先进生产技术和资金，造成重大损失的情况发生。

(三) 完善企业治理模式和经营机制，建立现代企业制度是装备制造业发展的体制机制保证

改革开放以来，自治区党委、政府从放权让利、推行承包责任制，

到深化内部改革，转换经营机制，使企业成为市场经济条件下的真正市场主体，增强了装备制造业企业的生机和活力。按照现代企业制度的要求，鼓励优势企业通过改制更好地发展壮大，对劣势企业实行改组、兼并、拍卖、关闭，引导、鼓励、支持非公有制装备制造企业兼并、收购公有制企业，逐步建立起与市场经济体制相适应，与国际惯例相接轨的产权制度和企业经营管理机制，鼓励非公有制企业参股大中型国有和国有控股企业；采取市场化方式处置国有装备制造企业的不良资产；鼓励装备制造企业之间、相关企业之间、企业与科研院所之间的联合与重组，通过多种途径培育大型企业集团；帮助企业推进主辅分离改革，剥离办社会职能，努力减轻企业负担使宁夏装备制造业走出了改革开放初的困境。实践证明，凡是建立了完善的现代企业制度的企业，并在运作过程中执行现代企业制度的企业，都能够持续、稳定发展，增强了市场适应能力与核心竞争力。反之，不建立、不完善并执行现代企业制度的市场主体必然导致管理混乱、效益低下的局面，不可能在市场竞争中立足。

（四）遵循市场经济规律，吸引聚集人才是促进装备制造业发展的关键

装备制造业是关系国家经济和国防安全的行业，它代表了一个国家和地区的整体经济实力和竞争能力，也决定了国民经济现代化程度及运行质量。同时，装备制造业企业又是一个技术含量高、创新能力强、员工素质要求高的行业，员工作用的发挥直接关系到装备制造业企业自主创新能力和其在产业链条上价值的提升。员工不但要掌握各种专业与计算机、自动化、信息等有关的新知识、新技术，而且还要具有编程、监控、维护、维修、管理、处理突发故障的能力，而且很多技能和知识都是在多年的实践过程中积累和试验出来的。因此，如何激发知识型员工的创新意识，充分挖掘他们的潜力，是提升宁夏装备制造业核心竞争力的重要环节。在“三线”建设时期，由于东部大量的技术人才和管理人

才涌入宁夏，在一定程度上改变了宁夏人才缺乏的状况，成就了宁夏装备制造业企业的快速发展。在改革开放过程中，由于在市场经济环境下，利益驱动机制对人才配置发挥着主导作用，自治区党委和政府虽然制定了一些调动科技人员积极性的政策措施，但与全国其他省（区）相比，仍有一定差距。大批高素质的技术开发人才和经营管理人才纷纷流入东部沿海经济发达地区，而很难流入地处西北内陆的宁夏装备制造企业，加深了人才匮乏的局面，限制了宁夏装备制造业的自主创新能力的提高。因此，适应经济全球化和世界科技进步加快的新形势，实施人才强业战略，着力打造现代经营管理、专业技术、能工巧匠三支队伍，形成有利于人才培养、引进和合理流动的新机制是装备制造业发展的关键所在。

（五）掌握核心技术，建立自主技术创新体系是装备制造业发展的强大动力

企业创新能力的强弱关系到企业的竞争实力和长远发展。通过企业与高校、科研机构的相互促进和优势互补，激活企业的创新技能，使企业真正成为具有创新意识和创新能力、拥有自主知识产权的创新主体是装备制造业发展的强大动力。装备制造业对整个国民经济和国家安全具有战略意义，引进技术可以在短期内提高国民经济的装备水平，抓住市场先机，取得较好的经济效益。但关键技术、核心技术受制于人，会使利润流失，国防和国民经济安全不保。所以，必须处理好自主研发与引进的关系，加大对重大技术装备研制和国产化的扶持力度，以构筑较强的技术壁垒，使自己获得竞争优势，也有利于国家经济安全。

四、对策建议

宁夏装备制造业的发展虽然取得了很大成就，但也存在着一些不容忽视的问题。一是装备制造业经济总量少。2014 年，装备制造业仅占

全区工业增加值的4.4%，与发达的省区相比还存在较大的差距。产业集群不够明显，在13个分行业仅有7个行业形成了一定规模，但在全国范围内相比，不够大也不够强，年产值超过15亿元的企业（集团）只有5家。二是配套能力不足。目前宁夏尚未完全形成专业化分工、社会化配套的服务体系，原材料、市场和主要零部件配套三块在外的矛盾依然突出，严重地制约了行业快速发展。三是技术装备工艺水平低。除部分行业技术装备水平达到了国际国内先进水平外，大多数企业技术装备处于20世纪80—90年代水平，自动化水平低，制造水平和工艺技术发展相对缓慢。四是技术创新能力弱。引进人才困难，复合型人才少，工程师、设计师、高技能技工缺乏，特别是企业集成创新引进消化吸收再创新能力较弱，高技术含量、高附加值产品少，大多数产品处于产业链中低端。

（一）抢抓历史机遇，再创装备制造业发展新辉煌

随着我国经济发展进入新常态，主要依靠资源要素投入、规模扩张的粗放发展模式难以为继，调整结构、转型升级、提质增效刻不容缓。形成经济增长新动力，塑造竞争新优势，重点在制造业，难点在制造业，出路也在制造业。站在实施“十三五”规划的新的历史起点上，要认真学习、深入研究党的十八届五中全会关于“十三五”的重大战略部署，用中央精神谋划好宁夏“十三五”发展，找准宁夏装备制造业发展在《中国制造2025》中的正确定位，树立新理念，理清新思路，制定新举措，发挥社会主义制度在统筹规划协调发展方面的优越性，以建设丝绸之路经济带战略支点和“两区”建设为引领，统筹国际国内、区内区外两种资源、两种市场，激发全社会创造活力动力，实现全区装备制造业经济总量大幅提升，企业管理水平和核心竞争力显著提高，从而带动工业快速转型升级，引领宁夏工业经济抢占新一轮发展先机。

（二）加强政策扶持，形成加快发展装备制造业的社会合力

一是要对龙头企业重点扶持。通过增资扩股、兼并重组、技术改造、招商引资等手段，重点在煤矿机械、机床、仪器仪表、轴承、电工电器等行业，培育和发展具有代表性或销售收入在10亿元以上的大型企业集团。通过政府扶持、政策引导、产品扩散等方式，鼓励支持中小企业与骨干企业建立配套关系，发挥各自优势，形成一体化生产配套体系。

二是加强组织协调。建立自治区促进装备制造业发展的联席会议制度，负责装备制造业发展的组织协调工作，发挥产业政策的导向作用，促进产业协作与重组，及时协调解决装备制造业发展中的重大问题，选择和培育重点骨干企业，组织推进重大项目建设，发布需要配套的信息。自治区有关部门要结合工作实际，制定促进装备制造业产业集群发展的具体配套政策和措施，支持装备制造业发展。支持举办和参与装备制造业会展活动，让企业充分展示自己，宣传自己，推销自己。各媒体要大力宣传报道装备制造企业的发展情况，为振兴装备制造业营造良好的发展环境。

三是在资金上给予倾斜。争取国家、自治区财政对创新研发、技术改造、新产品开发、科技成果转化和协作配套等项目给予一定比例的补贴。各市县（区）人民政府要根据本地区装备制造业发展实际，安排一定的资金支持装备制造业发展。鼓励和支持有条件的装备制造业企业通过发行股票、债券等直接融资方式筹集资金。积极推动银企合作，促进金融机构对装备制造业企业的信贷支持。

四是在政府采购上优先安排。对政府出资建设的重要工程、办公用设备以及使用财政性资金采购的主要机械电子类产品，优先考虑区内生产产品或装备，并优先享受自治区有关专项资金补贴。鼓励在同等条件下，优先使用本地装备制造产品，自治区给予一定的资金补贴。区内企事业单位在基本建设、技术改造项目中，区内产品可以满足需要时，必

须首先采购本区机械电子类产品。

五是实行优惠税收政策。对企业进口关键零部件和国内不能生产的原材料，关税和进口环节增值税实行先征后返政策；落实出口退税政策，鼓励零部件企业扩大出口。在利用好国家增值税转型改革政策的同时，利用好民族区域自治政策，在一些地方税种上给予减免。对带动装备制造业发展有重大作用的企业、产品、技术及项目，给予放宽准入条件、发行债券、财政贴息、注入资本金、减免税收等支持。

（三）提高自主创新能力，全力推动装备制造业技术进步

积极推进技术创新。跟踪世界技术发展的新趋势，重点研究和推广装备制造业发展的关键技术、制造工艺和生产管理的信息化技术。推广现代集成制造，积极进行集成创新，采用计算机辅助设计、全数字化样机、数字化预装配和虚拟试验测试等技术，实现产品设计、工艺设计与数控加工之间的信息自动化传递和转换，实行跨地域、跨单位、跨专业的协同集成设计和制造。提高企业技术标准等级，完善地方标准体系，发挥标准化在促进装备制造业发展中的作用。

加快推进企业技术改造步伐。自治区工业发展扶持资金对企业产品结构调整、技术改造、新产品开发项目给予重点支持。允许企业加快研究开发设备折旧，鼓励企业引进国内外先进技术装备，促进企业技术装备更新换代。技改专项资金和中小企业专项基金要支持企业运用新技术改造提升传统产业，扶持中小企业建设信息化公共服务平台。大力提高宁夏企业的数控化水平，实现大部分零部件加工和主机装配实现柔性化生产，全面提高企业装备水平。主机生产企业要围绕提升规模、提高装备技术水平和研发能力，尽快规划和组织实施重点技术改造项目。配套企业要根据主机企业发展要求，结合配套的重点领域，新上一批提高配套能力的建设项目。

建设专业化生产中心。依托宁夏装备制造业具有比较优势的企业，

重点建设专业化生产中心，加快全区装备制造业产业配套体系的建设。组建机床、煤矿机械、起重机械等专业化协作配套中心，掌握行业主要零部件加工和需求信息，组织成套和批量供货，扩大区内加工生产能力，培育专业化生产基地，协调专业化协作配套过程中的问题，使专业化协作配套工作由过去各企业单独进行，向集聚、有序方向发展，组织区内同类配套产品统一订购。

（四）加大对外开放力度，充分利用国内外资金和技术

扩大对外开放，大力引进国际、国内资本和先进技术，用好国际国内两种资源、两个市场，促进装备制造业的快速发展。通过合资合作，培育具有综合实力的企业集团，鼓励国内外制造厂商及研发机构来宁投资办厂，建立研发机构。引进先进技术、设备和高端人才，提高产品的技术含量、附加值和成套水平，通过关键技术的引进、消化、吸收和再创新，加快形成一批具有自主知识产权的核心技术，提高宁夏装备制造业技术水平。同时积极鼓励有实力的装备制造企业走出去，加大与国内外专业研究机构和专业生产企业的合作力度，兼并重组区外企业和研发机构，开展对外投资和承包工程业务，有目的、有选择地引进消化吸收国内外先进技术、工艺及关键设备。对引进技术消化吸收再创新的企业，给予专项研发基金补助。加大产业招商引资力度，结合宁夏产业发展配套项目，重点瞄准国内一些大型企业进行招商，重点选择有一定产业配套基础、发展前景较好的项目进行招商，争取引进若干个国内外知名品牌生产项目。

（五）鼓励企业联合重组，培育装备制造业发展集群

鼓励企业围绕主业发展联合重组和改组改造。瞄准国内外同行业先进企业，实施赶超战略，培育主业突出、核心竞争力强、带动作用大的大企业大集团和自主创新能力、市场占有率在同行业领先的龙头企业。大力提升大企业大集团的装备成套生产能力。以推动并购重组为重点，

优化装备制造业的企业组织结构，形成具有国际、国内竞争力的大型企业集团是装备制造业振兴的重要标志。装备制造企业要以股权多元化为方向，鼓励装备制造企业之间、关联企业之间、企业与科研院所之间的联合重组，通过多种途径在煤矿机械、机床、仪器仪表、轴承等行业培育大型企业集团。对在重大技术装备制造领域具有关键作用的骨干企业要在保证国家控制能力和主导权的基础上，支持其进行跨行业、跨区域、跨所有制的重组。对重组企业发行股票、企业债券、公司债券、中长期票据、短期融资券以及申请贷款等予以支持。

（六）以加快信息技术发展为支撑，着力促进信息化和装备制造业的融合

在信息化时代，市场用户对大容量、高参数、自动化等装备的需求方兴未艾，当前装备制造企业要抓住有利时机，把握工业化与信息化发展的规律和趋势，利用信息技术改造提升传统装备制造业，不断用高新技术改造传统装备制造业，不断提高各类装备的数字化、智能化、信息化、柔性化、网络化水平，并把信息技术融入到研发设计、生产、流通、管理、人力资源开发各环节，着力推动装备制造业升级，促进装备制造业产品的升级换代，使产品和装备数字化、智能化。

（七）加大人才培养力度，为行业发展提供重要支持

知识型员工是装备制造业最具生产潜力的要素，是企业宝贵的资源。因此，企业需要建立内在激励和外在激励、长期激励和短期激励相结合的多元化激励体制，合理的激励形式既可以使知识型人才更加关注企业的长期发展前景和未来增值能力，也可以不断提高他们的创造热情和创新能力，从而使知识型员工的个人利益与企业目标紧密联系在一起。如此，才能吸引、留住和开发知识型员工的潜力和创造力，也才能提高企业的竞争力，从而壮大和振兴装备制造业企业。第一，根据知识型员工的特点设计合理、多样化的薪酬激励体制。采取职工持股、期

权、股权、提高薪酬、科研人员技术参与分配和加大攻关项目奖励等的政策措施，为优秀人才创造良好的工作环境和生活条件。加强对高级技术人才的引进，实行资金技术入股、提高薪酬等灵活政策措施，吸引国内外高水平专业技术人才投身宁夏装备制造业。第二，建立有利于知识型员工发展的激励机制。包括职业发展规划激励、建立培训激励。坚持学用相结合，鼓励企业设立研究生工作站，引导大学研究生到企业实践。支持院校加强机电一体化、机械制造等专业的学科建设，支持企业技术人员和大专院校毕业生继续再教育，举办设计师、工程师、工艺师培训，对高校、研究院所与企业开展的合作课题，自治区财政给予一定的补贴。加强与国内外先进制造企业、高等院校、科研院所合作力度，联合培育一批中青年科技人才、管理人才和高级技师、技工，加大相关投入，努力培养复合型、实用型人才。第三，建立良好的企业文化，使知识型员工在和谐、融洽、愉快的环境里发挥创造力，从而忠实于企业并长久地服务于企业。让员工充分了解企业的经营状况并参与决策，增强他们的参与感、认同感、责任感和成就感，把企业的发展目标当作自己的发展目标。

宁夏原材料工业的改革与发展

原材料工业也叫原料工业，是直接对采掘工业产品进行加工、生产的工业部门总称，属于重工业。原材料工业的发展规模与速度、产品特性与质量及分布特点等，在很大程度上影响整个工业部门特别是制造业的发展。

宁夏的工业结构是以能源、原材料工业等重工业为主。原材料工业不仅占有较大的比重，对全区工业乃至整个经济都具有较强的基础功能和带动作用，也是引领宁夏全面建成小康社会、实现“中国梦”的支柱性产业。宁夏原材料工业包括石油石化、化工、冶金、有色、建材、稀土六大行业，产品主要有电解铝、钢铁、铁合金、化肥、轮胎、电石、聚氯乙烯、水泥、钽铌铍、多晶硅、煤基甲醇和煤基烯烃等。

一、改革发展历程

党的十一届三中全会后，宁夏工业经济进入了新的发展时期，原材料工业亦立足本区资源优势，在原有基础上不断发展，进入了持续、稳定、快速发展的新阶段。

（一）初级发展阶段（1979—1984年）

1979年7月，为了增强全民所有制大中型企业活力，国务院陆续下达了《关于扩大国营工业企业经营管理自主权的若干规定》等5个相关文件。同年10月，宁夏首先在包括银川橡胶厂、青铜峡水泥厂、宁夏电力局（电网部分）等3家原材料企业的8个大中型企业中进行扩大企业自主权试点，将以往按工资总额提取企业基金，改变为按比例实行基数利润留成加增长利润留成。1980年，在以税代利、自负盈亏的前提下，自治区决定扩大企业在计划、销售方面的自主权，原材料企业逐步成为相对独立的社会主义商品生产者和经营者，生产能力大大提高，铝锭一级品率、轮胎外胎合格率、电解铝耗电、合成氨耗煤和电、发电厂自用电率等都已恢复到历史最好水平，有的已经赶上全国先进水平。

1983年，自治区进一步扩大原材料工业的生产领域，重点发展耗能工业、建材工业和化学工业，增加电石、铁合金、铝、水泥、化肥等产品的生产能力。同时，自治区根据中心城市按专业化协作原则改革企业管理体制精神，首批将24个自治区属企业下放给银川市管理，由银川市分别成立电子电器、建筑材料等4个专业公司，进一步加强宁夏原材料生产企业的行业管理。1984年1月，国务院山西能源规划办公室在提出的全国最大能源重化工基地发展规划中，将宁夏划入以山西为中心的能源重化工范围。宁夏以此为契机，充分发挥煤炭资源优势，贯彻以煤带电、以电促煤方针，促进全区原材料工业重点建设，至年底，原煤产量达到1070万吨，发电量达到23.5亿度，大武口电厂、宁夏化工厂、石嘴山三号井等国家或自治区的重点工程都超额完成了年进度计划。

（二）快速发展阶段（1985—1991年）

1984—1985年，在国务院发布《关于进一步扩大国营工业企业自主权的暂行规定》后，宁夏在国营原材料企业中推行承包经营责任制逐步走向规范，又先后在青铜峡磷肥厂等7家工业企业中实行上缴利润递增包干的经济责任制，取得了较好的效果。1984年，全国人大二次会议提出国营企业将逐步实行厂长（经理）负责制，原材料工业中的建筑业可首先进行全行业改革。1984年8月，自治区在银川橡胶厂、石嘴山钢铁厂等5户企业中实行试点。经过两年的试点，自治区在建筑业中实行厂长（经理）负责制，企业普遍出现了指挥灵、决策快和办事效率高、经济效益好的新局面。1985 年 5 月，自治区重点引进项目宁夏化工厂正式开工建设，至年底，宁夏建设了大武口电厂、太西洗煤厂、青铜峡铝厂扩建工程、宁夏水泥厂等一批国家及自治区重点工程，极大加快了宁夏原材料工业的发展步伐。

1986 年，自治区进一步扩大了在原材料企业中的企业自主权，逐步完善了经济承包责任制，试行厂长任期目标责任制及国营企业厂长离任审计制度。企业通过加强技术改造，铁合金、轮胎、电石、水泥等重要原材料产品产量大幅增长，其中化肥生产能力达到 13180 吨，水泥生产能力达到 46.7 万吨。1987 年 8 月，在强调大胆探索新路、加快改革步伐的全自治区经济体制改革会议上，自治区人民政府同 13 个企业签订了“两保一挂”（保上缴利润、保技术改造任务，实行工资总额同经济效益挂钩浮动）承包经营责任制合同，拉开了全自治区首轮企业承包经营的序幕。至 1989 年，宁夏先后发布了相关的 7 个文件，进一步完善了企业承包经营责任制，并围绕调整结构和提高效益，对原材料工业生产实行倾斜政策，在固定资产投资减少的情况下，依然保证大坝电厂、宁夏炼油厂等重点项目的建设。1987 年 9 月，开工于 1985 年 4 月的青铜峡铝厂扩建工程中的首批电解槽（20 台）建成投产；同年 11 月，始建于 1982 年 9 月的国家重点项目之一的大武口电厂，4 台 10 万千瓦机组全部建成并网发电；1988 年 7 月，始建于 1985 年 5 月的国家重点项目之一的年产 30 万吨合成氨等的宁夏化工厂，大型化肥装置竣工投产试生产；同年 9 月，始建于 1985 年 3 月的生产赛马牌著名品牌水泥的宁夏水泥厂在银川建成投产。这一时期，银川橡胶厂生产的

宁夏青铜峡铝厂

长城牌910×250三叉戟飞机无内胎航空轮胎和长城牌950×300民用航空无内胎轮胎等，先后获得或再次获得国家银奖，为宁夏原材料工业赢得了荣誉。

1990年3月，在总结首轮企业承包经验教训的基础上，经自治区人民政府批准，自治区体改委、自治区经委发出《关于完善企业承包经营责任制的意见》，从18个方面对新一轮承包的原则和方法做了明确规定。7月，由自治区体改委、自治区经委、自治区财政厅、自治区劳动人事厅、自治区税务局和自治区审计局等六部门负责人组成的自治区承包小组，做出了《全面推行新一轮企业承包经营责任制的若干意见》的具体部署，新一轮企业承包工作起步。同时，自治区人民政府分别批转了自治区体改委提出的《宁夏回族自治区一九八九年经济体制改革要点》《宁夏回族自治区一九九一年经济体制改革安排要点》，进一步在企业中贯彻实施《企业法》和《破产法》，逐步使企业的经营活动纳入法制轨道。由于原材料企业承担自治区计划任务比较大、对宁夏经济具有重大影响，同年，自治区人民政府又批转自治区经委《关于对部分骨干企业实行重点支持和政策倾斜的报告》，对宁夏钢铁厂、宁夏炼铁厂、银川橡胶厂、银川化肥厂、宁夏水泥厂、银川化工厂、石嘴山铁合金厂、吴忠化工厂、平罗县铁合金厂等符合国家产业政策的原材料企业，在生产所需的计划内外原材料、所需成品油及流动资金贷款等方面实行重点支持和政策倾斜，以保证这些企业生产经营活动正常进行，完成和超额完成生产计划，搞活经营、提高经济效益，促进全区工业稳定发展。同时，在“七五”计划时期的新形势下，原材料工业的横向联合也有了规模和水平方面的新发展。1988年2月，由自治区人民政府同中国有色金属工业总公司关于联合建设青铜峡铝厂二期扩建工程和大坝电厂一期工程的“铝电联营”协议，1988年4月由自治区人民政府同首都钢铁公司签订的联合经营改造石嘴山钢铁厂、双方将以“钟摆式”运营实现铁精矿粉和无烟末煤互供的经济合作等等。

1991 年 3 月，自治区人民政府下发《关于开展“质量、品种、效益年”活动的安排意见》，部署了围绕搞活大中型企业这个中心环节开展经济体制改革的任务。5 月，自治区党政领导机关召开了大中型企业厂长座谈会，6 月下发《关于进一步搞活企业的若干政策措施》后，自治区采取了一系列措施搞活大中型企业，原材料工业企业取得了较好的成绩。1991 年青铜峡铝厂、银川橡胶厂分别名列全国 500 家最大工业企业排名中的第 282 名、435 名；而在 1995 年 11 月《经济日报》公布的由国家经贸委、国家统计局运用新的综合体系排出的中国工业企业综合评价最优 500 家中，青铜峡铝厂、银川中策（长城）橡胶有限公司分别列第 26 位、27 位。

（三）建立现代企业制度与发展壮大阶段（1992—2001 年）

1992 年 10 月，党的十四大提出在我国建立和完善社会主义市场经济体制。1993 年 5 月，自治区召开了第七届人民代表大会，决定加快发展原材料工业和加工工业，建立起一批具有一定规模、高附加值工业。原材料工业要努力增加短线产品生产，大力发展深加工、形成加工系列，建成宁夏化工厂、天然气化肥工程和银川至靖边的输气管道，并进一步建设天然气化工基地；改造宁夏炼油厂，使其向燃料—化工型联合企业转变；建设青铜峡铝厂三期工程，改造石嘴山钢铁厂，扩建银川制钠厂和宁夏铁合金厂，增加生产能力；扩建宁夏水泥厂、青铜峡水泥厂和六盘山水泥厂，使水泥和其他建材产品产量有较大提高。至 1993 年年底，银川化肥厂、宁夏焦化厂、宁夏铁合金厂等一批重点原材料工业重点技术改造项目顺利完成，大大提升了原材料工业的整体实力。

1993 年 11 月，党的十四届三中全会的《中共中央关于建立社会主义市场经济体制若干问题的决定》提出在国有企业中建立现代企业制度。1994 年我国第一部《公司法》颁布。1995 年，宁夏在坚决贯彻执行中央决议的基础上，确定宁夏石嘴山钢铁厂、宁夏水泥厂、宁夏第二建筑工程公司等5户自治区直属企业和六盘山水泥厂、石嘴山铁合金厂、吴忠市化工厂等5户地市县属企业进行现代企业制度的试点。至1995年年底，其中6户企业已决定改制为国有独资集团公司，其生产主体部分改制为股份有限公司或有限责任公司，其余4户企业也决定改制为多元股东持股的股份有限公司。同年9月，新组建的西轴股份有限集团公司与不同地区、行业的5家股东，筹建了“西北轴承”上市公司，1996年，在深交所挂牌上市。

由于长期以来受计划经济体制的约束，宁夏的国有企业与全国的很多国企一样，市场的适应性非常差，经济效益低下，大多企业一度陷于严重经营困难的境地。1997年9月，党的十五大提出，用三年左右时间使大多数国有大中型企业初步建立起现代企业制度，使大多数国有大中型亏损企业基本摆脱困境。在1999年9月召开的中共十五届四中全会通过的《中共中央关于国有企业改革和发展若干重大问题的决定》后，宁夏原材料工业企业改革和发展的步伐加快。根据全国体改工作会议和自治区党委经济工作会议精神，1998—2000年，自治区提出了集中精力，利用三年时间完成国有大中型企业“改革脱困”目标，一方面继续以国有企业改革为重点，贯彻《公司法》，制定规划、分类指导，分期分批将大多数国有大中型企业改制为有限责任公司和股份有限公司，实施破产兼并及大公司、大集团战略，大力推进企业走集团化、规模化、集约化经营的路子，组建仪器仪表、石油化工、铁合金、有色金属等集团公司，发挥企业集团的辐射和带动作用。另一方面，为了进一步推动企业扭亏增盈工作，1999年，自治区人民政府根据《国务院批转国家经贸委等部门关于建立企业扭亏增盈工作目标责任制意见的通知》（国发〔1996〕30号）精神，颁发《自治区人民政府关于加快我区国有企业改革与脱困若干问题的暂行规定》，决定在全区范围内实行扭亏增盈工作目标责任制。按照“扶优扶强”的原则，集中自治区的财力、能源和运输等条件，重点扶持40户企业，其中原材料工业企业28户。同时，宁夏继续改善金融服务，积极做好企业债转股工作，促进国有原材料企业深化改革。1998年，宁夏恒力、美利纸业、吴忠仪表3家公司上市和民族化工配股共募集资金8.14亿元，全年共发行企业债券1.8亿元。1999年，大元炼油、东方钽业成功上市。到“九五”计划期末，宁夏以产权多元化为核心、以股份合作制为主要形式的国有企业改革全面展开，取得了大多数企业以公司制为主体的现代企业制度框架初步形成的预期目标。

1998年，自治区围绕发展壮大支柱产业，改造和提高一批有发展前景的传统产业，压缩和淘汰一批落后产业和产品，扶持培育一批高起点、高效益的优势产业和新兴产业，进一步提高工业经济的整体实力和增长质量，使企业尽快扭亏为盈，成功脱困。其中，石化企业充分发挥中策长城橡胶公司、宁夏炼油厂、宁夏化工厂等优势骨干企业的主导作用，采取有力措施，使一些特困企业成功脱困；冶金行业狠抓节能降耗，关闭淘汰一批耗能高、污染严重的小炉窑，组建行业集团，向规模化、多品种、高档次发展，提高产品附加值，增强市场竞争能力；建材工业抓住加快基础设施建设和住宅建设的机遇，积极进行结构调整，以水泥及其制品、建筑卫生陶瓷、墙体材料、石膏产品为重点，加

中策长城橡胶公司

快发展新型建筑材料。1998—2002 年，自治区人民政府数次颁发《自治区人民政府关于对高耗能工业继续实行优惠政策扶持的通知》，决定对生产碳化硅、金属钠、金属锰、金属镁、电解铝、氯碱、氯酸钾、氯酸硅铁、电石等优势骨干企业实行重点扶持、挂牌保护、减免相关费用，大力促进电力工业和原材料等高耗能工业共同发展等扶持政策，进一步加快原材料工业结构调整。在技改资金向优势企业和优势产品倾斜的政策下，宁夏化工厂二套化肥项目、宁夏炼油厂 60 万吨重油催裂化和 2 万吨氢氧化钾项目、青铜峡铝厂三期扩建、银川橡胶厂 30 万套全钢载重子午胎项目、恒力钢丝绳集团万吨柔性抽油杆、民化集团和大荣氰胺公司电石系列深度开发等一批高起点、高水平、高效益的项目相继建成投产。至此，宁夏原材料工业形成了多种所有制、多种经济成分、多元股权结构并存的良性发展态势，现代企业制度在国有及国有控股原材料企业中已基本确立。

这一期间，在国家有关部门的支持下，自治区着重抓了一批对宁夏经济发展和国计民生有重大影响的国家及自治区重点建设项目，取得了显著成绩。1997 年 6 月动工的利用陕甘宁气田天然气资源、引进国外成套二手合成氨设备和二手库存尿素设备的宁夏化工厂第二套大化肥生产装置工程，于 1999 年 9 月生产大颗粒尿素的合成氨系统和尿素系统全流程打通。1998 年 9 月，全国陆上最大整装气田的净化天然气从长庆气田引入宁夏，并在银川站一次点火成功，2001 年 12 月陕甘宁气田至银川输气管道工程正式通过国家验收并投入运营，为宁夏在发展天然气化工和民用天然气方面迈出了坚实步伐。1999 年 3 月动工的宁夏青铜峡铝厂三期扩建工程，于 2000 年 11 月试生产，2001 年 12 月全部竣工，使电解铝年产量达到 24 万吨规模，成为全国三大铝基地之一。由原银川橡胶厂改建的银川（长城）轮胎有限责任公司于 1999 年 9 月动工的 30 万套全钢载重子午胎项目，2001 年 9 月竣工投产，填补了西北、华北地区全钢载重子午胎生产的空白。创建于1965年年底的宁夏有色金属冶炼厂，在技术改造取得巨大成绩的基础上，1999年4月正式组建宁夏东方钽业股份有限公司，到“九五”计划期末实现了10年间钽、铌、铍主导产品的产量、销售额、利润额分别增长25倍、75倍和160倍的大幅度增长及国内市场占有量分别达70%~80%的业绩，特别是钽粉、钽丝的国际市场占有率分别达到15%和40%，跃居世界三强之一，2000年实现销售收入14亿元和实现工业增加值8亿元，成为宁夏出口创汇第一大户。

（四）深化国有资产管理体制改革与推进新型工业化阶段（2002—2011年）

2002年，按照党的十六大提出的全面建设小康社会的奋斗目标，宁夏提出“工业强区”的重大战略，决定从宁夏的实际出发，依托现有资源、产业基础和市场条件，选准突破口，在继续培育发展高新技术产业、加强企业环保改造和控制污染的同时，突出抓好传统产业升级、重大资源性项目开发，走一条适合宁夏发展的新型工业化之路：以宁夏有色金属冶炼厂为龙头，发展钽铌铍稀有金属材料及深加工产品，坚持年产10亿支片式钽电容器生产基地，全面提升自治区新材料产业的总量和规模；以银川橡胶厂为依托，大力发展橡胶制品工业，形成年产1000万套轮胎，其中全钢子午胎300万套、半钢子午胎500万套的能力，大幅度提高经济效益；以青铜峡铝厂为核心，改造扩大电解铝及铝制品生产能力，形成年产60万吨电解铝、数十万吨碳素制品的规模，使之成为我国最大的铝业基地之一；以华源冶金、惠治镁业等为骨干，加快发展金属镁、镁合金及高耗能产业，形成年产10万吨金属镁、45万吨铁合金能力；加快建设300万吨煤炭间接液化、83万吨煤基二甲醚、70万吨大颗粒尿素等一批重大项目，带动相关产业和自治区外向型经济发展。2003年，宁夏颁发了《自治区人民政府关于培育和发展大企业大集团的实施意见》，积极培育和发展大企业大集团，进一步推进自治区经济结构战略性调整，提升工业的整体发展水平和市场竞争实力。原材料工业作为宁夏工业的重头戏，重点培育青铜峡铝业集团、东方有色金属集团、宁夏大元炼油化工有限责任公司、银川佳通公司（原银川橡胶厂）、宁夏大坝电厂、宁夏恒力集团有限公司、中石油宁夏石化分公司、国电宁夏石嘴山发电有限责任公司、宁夏宁河民族化工股份有限公司、宁夏捷美丰友化工有限公司、宁夏大荣实业集团有限公司、宁夏英力特电力（集团）股份有限公司、宁夏发电集团公司等原材料工业企业。

为改善人民群众的生存环境，改善环境质量，提升原材料工业发展品质。2004—2005 年，宁夏根据环保法、节约能源法等法律和《国务院办公厅转发国家经贸委等五部门关于从严控制铁合金生产能力切实制止低水平重复建设意见的通知》、国家经贸委《淘汰落后生产能力、工艺和产品目录（第一批、第二批）》以及《工商领域制止重复建设目录（第一批）》等有关规定，开展电石、铁合金、焦炭等行业清理整顿工作，并对行业环境污染问题进行全面整治，促进了宁夏经济社会的可持续发展。2006 年年底，万元 GDP 综合能耗下降到 4.04 标准煤，下降 2.5%，主要污染物排放总量基本控制在国家下达的指标之内，二氧化硫排放得到控制，化学需氧量削减 2%。2007 年，为全面贯彻党的十六大和第六次全国环境保护大会精神，落实科学发展观，进一步加强环境保护工作，自治区人民政府决定授予中国石油天然气股份有限公司宁夏石化分公司、宁夏赛马实业股份有限公司、银川佳通轮胎有限公司、神华宁夏煤业集团有限责任公司太西洗煤厂、宁夏金昱元化工集团有限公司、中冶美利纸业集团有限公司、宁夏大荣实业集团有限公司 7 家企业为“宁夏回族自治区环境友好企业”。

随着《国务院关于进一步促进宁夏经济社会发展的若干意见》（国

发〔2008〕29 号）以及《工业和信息化部关于进一步促进宁夏工业和信息化发展的意见》（工信部规〔2008〕216 号）、工业和信息化部与自治区人民政府签订的《深入实施西部大开发，加快推进宁夏工业和信息化发展战略合作框架协议》、《中共中央国务院深入实施西部大开发战略的若干意见》（中发〔2010〕11 号）等一系列促进宁夏经济社会特别是工业经济发展的重大政策的实施，为宁夏的工业和信息化发展带来了更多的战略机遇和政策机遇。2008 年，自治区深入实施兴工强区战略，站在国家能源安全和宁夏发展全局的高度，加快结构调整和技术创新，大力推进优势资源的开放转换，高起点建设宁东（太阳山）能源化工基地，支持走精深型加工、集约化经营、跨越式发展的新型工业化路子。2010 年 10 月，党的十七届五中全会提出“加快建设资源节约型、环境友好型社会，提高生态文明水平”，进一步确定了走可持续发展之路；国家的“十二五”规划纲要明确了落实节约优先、大幅度提高能源资源利用效率、大力推进节能降耗的战略部署，为节能产业和节能技术的蓬勃发展创造了有利环境。为此，宁夏制定了《宁夏回族自治区节能降耗考核及奖惩（暂行）办法》《宁夏回族自治区节能减排“十二五”规划》等地方性法规。自治区把推进节能降耗作为贯彻落实科学发展观的具体行动，大力实施重点节能工程，积极推广节能新技术、新工艺，加快发展新能源产业，节能工作取得显著成效。2014 年，宁夏综合能源消费量 612.9 万吨标准煤，全区单位 GDP 能耗同比下降 5.1%，完成 5% 的年度节能目标。

（五）全面深化改革阶段（2012 年至今）

根据《国务院工业转型升级规划（2011—2015 年）》和《宁夏回族自治区国民经济和社会发展第十二个五年规划纲要》，按照“发挥比较优势、突出区域特色、适应发展趋势、兼顾现有基础”的原则，宁夏制定并实施《宁夏回族自治区工业发展和转型“十二五”规划》，进一步加快产业转型升级，培育发展战略性新兴产业、壮大做强优势特色产业、改造提升传统产业，为实现工业强区战略和全面建成小康社会奠定坚实基础。同时，宁夏颁发了《自治区人民政府关于印发宁夏回族自治区战略性新兴产业发展“十二五”规划的通知》，将新能源、新材料产业等新一代信息技术确定为“十二五”时期战略性新兴产业的重点产业。

2012年11月，党的十八大提出到2020年全面建成小康社会时，要达到工业化基本实现、信息化水平大幅提升的目标。为此，宁夏投资7000亿元实施“三个千亿”投资计划，在培育发展战略性新兴产业、改造提升传统产业、壮大做强优势特色产业上取得重要进展，努力走出一条精深加工、清洁生产、跨越发展的新型工业化路子。2013年11月，党的十八届三中全会审议通过了《中共中央关于全面深化改革若干重大问题的决定》，指出要全面深化经济体制改革，坚持和完善基本经济制度，加快完善现代市场体系、宏观调控体系、开放型经济体系，加快转变经济发展方式，加快建设创新型国家，推动经济更有效率、更加公平、更可持续发展。2014年，自治区政府先后出台了25条工业调控政策，为保障原材料工业经济平稳运行和转型升级发挥了重要作用。宁夏大地化工有限公司5.6万吨高强高模纤维（一期6000吨）、宁夏天元锰业有限公司2×4500t/d（一期）水泥熟料项目等项目投产；宁夏宝丰能源集团150万吨/年甲醇项目、宁夏捷美丰友化工有限公司年产40万吨合成氨和70万吨尿素联产20万吨甲醇项目、景津集团与天元锰业集团共同建设的60万吨电解金属锰一期30万吨项目等相继建成投产。

2015年，国务院先后印发了《中国制造2025》《关于积极推进“互联网+”行动的指导意见》《关于大力推进大众创业万众创新若干政策措施的意见》等文件，在经济发展新常态下，利用互联网等现代信息技术促进产业升级，实现经济平稳增长。宁夏围绕“互联网+”工业融合创新，指导原材料企业利用互联网等信息技术进行生产模式、商业模式等创新，推动“两化”深度融合。宁夏组织申报的共享集团股份有限公司铸造行业基于互联网的供应链协同创新应用项目被列为工信部2015年互联网与工业融合创新试点。这是宁夏企业第一次入围国家互联网和工业融合创新试点，标志着宁夏在推动“互联网+”工业方面取得了阶段性的成果。

同年10月，党的十八届五中全会通过了《中共中央关于制定国民经济和社会发展第十三个五年规划的建议》，在“四个全面”战略布局下，坚持“五位一体”的发展思路，全面推进和落实创新、协调、绿色、开放和共享五大发展理念，为“十三五”时期我国经济社会新发展格局指明方向、勾画蓝图，确保如期实现全面建成小康社会。宁夏进一步深化对区情的认识，坚定不移实施工业强区战略，围绕产业链延伸、集群式发展，做大做强原材料工业，提升宁夏工业发展的整体竞争力。

二、主要成就

改革开放以来，在自治区党委、政府的正确领导下，宁夏坚持走工业化道路，积极实施大企业、大项目带动战略，加快推进原材料工业企业自主创新步伐，使原材料工业得到了长足发展，取得了令人瞩目的成就。

（一）原材料工业快速发展壮大，在宁夏工业经济中的基础地位和主导作用日益增强

原材料工业的基础地位和主导作用日益增强。2014年，全区原材料工业规模以上工业企业422户，占全区规模以上企业1061户的39.7%；完成工业增加值559.8亿元（含煤炭），占全区工业增加值的58.6%。冶金行业规模以上企业户数118户，从业人数4万人左右，完成工业增加值96.5亿元，同比增长1%；全区有色金属行业规模以上企业户数24户，从业人数3.1万人，完成工业增加值53.1亿元，同比增长6.6%；化工行业规模以上企业户数142个，从业人数4.7万人，完成工业增加

值 160.5 亿元，同比增长 10.2%；建材行业规模以上企业 160 户，从业人数 1.8 万人，完成工业增加值 49.3 亿元，同比增长 10.7%。

主要原材料工业品的生产能力大幅提高。2014 年，全区钢铁行业现有炼铁产能 700 万吨，炼钢产能 780 万吨、轧钢能力 520 万吨。全区生铁产量 200 万吨、钢材产量 166 万吨；铁合金年生产能力约 350 万吨，全区铁合金产量 286 万吨；焦炭生产能力 1360 万吨，焦炭产量 780 万吨；全区金属锰产量 35 万吨；电解铝生产能力 155 万吨，铝板带箔等深加工产品生产能力 80 万吨，电解铝产量 138.97 万吨；全区镁锭生产能力 27.2 万吨，金属镁产量 9.3 万吨；钽粉 550 吨（其中电容器级钽粉 250 吨），钽丝 80 吨，钽铌制品 100 吨，干法氟化铝 17 万吨；农用化肥（折纯）产量 46.5 万吨。

（二）产业集中度大幅提高，具有宁夏特色的产业集群初具规模

产业聚集度不断提高。改革开放以来，宁夏通过对国有大型企业成功重组，使重要的原材料工业产业集中度大幅提高。青铜峡铝业集团与中电投重组扩建，实现煤电铝一体化经营，电解铝产能达到 85 万吨，单厂产能位居全国第一。整合重组后的中石油宁夏石化公司具备年产 170 多万吨化肥和 150 万吨原油加工能力，在全国化肥单厂生产能力排名第一。宁夏建材集团被中材集团兼并，实施对外扩张，水泥生产能力占全区的一半。宁夏国电英力特化工集团已收购上海氯碱化工持有宁夏西部聚氯乙烯有限公司的股权，进一步增强宁夏氯碱行业的市场竞争力和抵御风险的能力，目前国电英力特化工集团与宁夏金昱元化工集团已进入全国氯碱行业 50 强前 20 名。宁夏东方有色金属集团被中国有色矿业集团公司重组后成立中色（宁夏）东方集团有限公司，企业发展进入快车道，主导产品市场占有率逐年提高。

产业布局不断优化，具有宁夏特色的产业集群初具规模。

1. 宁夏能源产业集群

宁东煤—电产业集群：以神华宁煤集团、宁夏发电集团、华电宁夏灵武发电有限公司等为投资主体，集中建设一批现代化矿井和大型坑口电站，构建煤—电产业集群。

银北煤—电—高载能产业集群：以石嘴山河滨工业园、兰山工业园、平罗太沙工业园为主的铁合金、电石生产基地，已经显现出产业集群的规模效应。

太阳山煤—新材料产业集群：太阳山开发区已开发韦州矿区、线驮石矿区，为发展新材料产业集群提供煤炭资源保障，镁合金项目等初具规模。

风电产业集群：华电西吉月亮山风电场一、二期风电项目全部建成并网发电。2015 年，宁夏风电装机容量达到 600 万千瓦。

2. 宁夏煤化工产业集群

宁东煤化工产业集群：利用宁东煤炭资源等优势，稳步发展煤化工深加工产业，形成甲醇深加工、电石深加工、焦化、化肥、烯烃等 5 大产业链。

吴忠太阳山煤化工产业集群：利用宁东能源化工基地开发经验和太阳山煤炭等资源优势，大力发展煤化工产业链。

石嘴山煤化工产业集群：利用石嘴山煤化工产业基础和煤炭等资源优势，延长煤化工产业链条，形成电石深加工、PVC、焦化、甲醇深加工四大产业链。

中卫煤化工产业集群：以中卫工业园区、中宁工业园区、石空工业园区为平台，围绕已有的电石、化肥产业链，延伸化肥、热电联产、电石—PVC 及下游产品产业链，发展电石渣制水泥、电石炉尾气制合成氨、电石渣脱硫制高强度石膏等综合利用循环经济项目。

稀有金属钽

3. 稀有金属产业集群

以中色（宁夏）东方集团有限公司为主体，着力打造八个产业集群：一是钽铌金属及其合金产业，包括钽粉、钽丝、钽铌制品等。二是铍及铍合金材料产业，包括铍、铍铜、铍铝制品等。三是微合金钢炉料产业，包括钒铁、铌铁、钨铁、钒氮等。四是氟化盐产业，主要是干法氟化铝。五是钽、铌、铝电容器产业。六是钛及钛合金加工产业，包括钛管、钛棒、无缝管材、钛板等钛制品。七是金属及非金属靶材产业，包括钽、铌靶材等金属靶材和氧化铟锡等非金属靶材。八是粉体材料产业，包括刃料级碳化硅微粉、氢氧化亚镍、银浆等。

（三）自主创新能力和整体技术装备水平不断提高，市场竞争力显著增强

科技创新能力显著提升。宁夏围绕能源、煤化工、新材料和高新技术产业等“五优一新”产业集群，组织实施国家重大产业技术开发、产业技术升级和技术中心创新能力建设项目，产业技术成果转化项目和自治区重点技术创新项目、重点新产品试产项目。宝丰、庆华等企业建设的年产 200 万吨焦化及 20 万吨焦炉气制甲醇项目、宁夏英力特公司建成的国内工艺最先进且能耗最低的乙炔法 PVC 生产线及宁夏中色东方集团对铍材料生产线、ITO 耙材实验线、铍青铜板带材生产线改造等，对宁夏原材料工业产业发展起到巨大的推动作用。

技术创新体系初步建立。宁夏拥有国家级企业技术中心和国家钽铌特种金属材料工程技术研究中心，初步构建了企业技术中心、重点实验室和工程技术研究中心等技术创新体系，形成了以生产力促进机构、科技企业孵化器和中小企业担保机构为主的科技中介服务体系，在重点领域、重点行业均建立了以技术中心为核心的研发机构。目前，宁夏超高比容钽粉冶炼技术和细径钽丝制备技术达到国际先进水平；金属镁与电解铝装备水平、工艺技术国内先进；高比容钽粉、细直径钽丝、电解铝、子午线轮胎、红霉素、四环素原料药等成为全国产量较大、质量较好、竞争力较强的特色优势产品。

整体技术装备水平明显提高。国电投宁夏青铜峡能源铝业有限公司三期电解铝工程技术装备水平及主要技术指标达到国内同行业先进水平；宁夏金属镁生产管理及技术装备水平在全国同行业居先进水平，推广了先进的蓄热式还原炉（高温空气燃烧技术），焦炉（半焦）煤气、天然气等清洁能源替代原煤做炼镁能源，大幅降低了冶镁能源消耗。宁夏中卫市银河冶炼有限公司 45000 千伏·安大型铁合金矿热炉是目前国内最大硅铁矿热炉，硅铁冶炼电耗约为 7500（千瓦·时）/吨，大幅提高劳动效率，增强了经济效益；宁夏目前水泥产能中新型干法比例达 87%以上，高于全国平均水平 7 个百分点。

（四）发展方式不断转变，节能降耗和资源综合利用取得积极成效

节能减排技术取得积极进展。宁夏先后在原材料工业企业中实施了 100 多项国家和自治区重大节能项目，推广应用了矿热炉烟气余热回收利用技术、水泥窑纯低温余热发电技术等，年节约标准煤 150 多万吨。实施了高压电机系统节能改造、铁合金矿热炉节能改造、金属镁双预热蓄热式还原炉节能改造、电解铝能量系统优化改造等项目。积极拓宽“三废”利用领域，从粉煤灰、煤矸石、炉渣等传统废渣，扩展到利用工业废气、废水、废塑料等，资源综合利用产品由传统的建材产

品，扩展到利用共生、伴生矿产资源、废水（液）、废气、废渣及再生资源领域。

循环经济模式基本形成。按照国务院《关于加快发展循环经济的若干意见》等重大战略部署，宁夏坚持“高标准规划、高起点建设、高层次发展、高效益产出”的原则，先后在石化、冶金、建材、煤炭等重点原材料行业 18 户企业开展循环经济试点，建立了煤—电—电解铝（铁合金）、煤—电—电石—PVC—电石渣制水泥、热电—烧碱—电石—PVC 树脂—水泥联产、煤—甲醇—醋酸—聚甲醛—烯烃 、煤—电—电石—氯碱等多分支的化工系列和余热、余气发电等一批符合宁夏资源特点的循环经济发展模式。

（五）战略性新兴产业发展加快，建立比较优势突出的新材料工业体系

新材料产业。目前，宁夏的钽铌铍等稀有金属材料在国际上占有重要地位，钽铌产品在国内市场占有率达 70%以上，电容器级钽粉、钽丝世界市场占有率分别达 18%和 40%以上。高技术产品 ITO 粉 ITO 系列靶材、碳化硅微粉已打入国际市场；钽铌板、带、管、棒材，铌及铌合金系列产品也进入国际市场，铌粉、铌丝的研究与生产水平可望处于国际领先地位。其中，中色（宁夏）东方集团公司钽铌冶炼加工技术水平处于世界前三强，钽粉、钽丝产品的国际市场份额连续 5 年居世界第一、第二位。中电投青铜峡能源铝业公司的“QTX”牌 1020 铝锭在伦敦交易所注册，400kA、350kA 预焙槽电解技术达到了国内领先、国际先进水平。宁夏是国内外主要的金属镁及镁合金产地，已被国家确定为金属镁及镁合金材料产业化基地，产能和产量均排全国第三位，生产管理及技术装备水平在全国同行业中居先进水平。

光伏材料。宁夏形成了硅矿→工业硅→高纯硅→多晶硅→单晶硅→切片→电池→组件→跟踪装置→光伏电站完整的产业链，在全国有举足

轻重的地位。宁夏阳光硅业生产工艺采用改良“西门子法”，是目前国内生产工艺流程最完整的一条电子级多晶硅生产线。宁夏发电集团冶金物理法太阳能多晶硅生产技术具有完全的自主知识产权，总体工艺技术与国际同类型技术保持同等水平，具有较强的核心技术竞争力。

三、经验启示

改革开放以来，宁夏在加速工业化的道路上，迈出了坚实的步伐，取得了阶段性成就，其中的经验弥足珍贵。

（一）历史机遇和政策机遇是加快推进原材料工业产业化进程的关键

抢抓战略和政策机遇，形成发展合力。2000年，中央和国务院发布了《关于实施西部大开发若干政策措施的通知》，明确将实施重点支持西部大开发的各项政策措施。随后，《国务院关于进一步促进宁夏经济社会发展的若干意见》以及《工业和信息化部关于进一步促进宁夏工业和信息化发展的意见》、工业和信息化部与自治区人民政府签订的《深入实施西部大开发，加快推进宁夏工业和信息化发展战略合作框架协议》等一系列促进宁夏经济社会特别是工业经济发展的重大政策的实施，宁夏工业化发展带来了更多的战略机遇和政策机遇。自治区党委、政府抢抓机遇，提出“工业强区”发展战略，集中力量加快宁东等重要化工基地建设，吸引了神华、阳光、华电、庆华等大集团在宁夏的投资和企业联合重组，为宁夏原材料工业发展打开了新局面。

加强企业项目融资，破解资金难题。根据原材料工业特点，宁夏充分利用国家技术改造专项资金，把抓项目争资金作为推动企业加快发展，加大地方配套资金投入，着力向重点产品、重点企业和重点产业基地倾斜。鼓励外资投资大型原材料工业项目，积极争取神华集团、中石油、中电投、中化集团等中央企业扩大在宁夏的投资，建立外来资本顺畅流动和投资的渠道，支持和保护外来企业的利益。以资源和市场换资金、技术和扩大就业的思路，大力为民营资本进入原材料工业创造更好的条件，促进宁夏原材料工业的发展。

谋划原材料工业大项目，实现跨越发展。中央提出支持西部地区加快产业结构调整和升级的战略决策，并将此项工作作为又好又快发展工业的重要任务，支持宁夏建设宁东能源化工基地、石嘴山工业园区、中卫工业园区、固原盐化工扶贫循环经济示范工业园区，以及大型烯烃、煤制油、煤制化肥等国内外知名的重点项目，为宁夏原材料工业提供了难得的发展机遇。积极关注东部沿海地区产业转移最新动向，大力推进企业间的战略重组和联合，以调结构、延伸产业链、培育产业集群为目标，发挥工业行业职能优势，先后引进中铝集团、中粮酒业、浙江新安化工集团、巨科铝业、新疆广汇等国内大企业到宁夏合作发展，继续强力推进铝镁合金、化工、汽车等一批大项目开工建设，借助外力优化结构，提升实力。中石油、中国神华集团及我国五大电力集团均在宁夏有大型投资项目。

（二）立足宁夏资源优势、重点发展壮大优势特色产业是推进原材料工业产业化进程的根本

“五优一新”产业比重不断上升，成为新的支柱产业。目前，宁夏“五优一新”产业增加值占规模以上工业比重达到70%以上，形成了煤电铝、煤炭炼焦化工、电石PVC等一系列产业集群。其中，宁东能源化工基地已基本形成了以煤化工和煤—电—高载能为产业链及后盾的能源产业集群；钽铌铍钛及其合金、风电及其组件、光伏发电及组件等新兴产业初具规模；稀有金属、化学原料药等为主的特色产业迅速发展壮大。全区工业园区快速发展，石嘴山经济开发区、吴忠金积工业园等被认定为国家新型工业化产业示范基地。

煤化工产业化进程不断加快。煤化工产业是目前和将来最具优势的产业之一，在宁夏实施“兴工强区”战略和实现跨越式发展中有着举足

轻重的作用。宁夏按照基地化、大型化、规模化发展要求，兼顾煤电发展与煤化工发展的资源平衡，坚持依托骨干企业，起点高、技术新、规模大、污染轻、效益好、具有竞争力的原则，重点发展甲醇—二甲醚、烯烃、电石—PVC、煤制化肥、焦化5条产业链，建设宁东、太阳山、石嘴山、宁夏精细化工、中卫等5个煤化工基地和产业集群，并在此基础上把宁夏建设成为全国重要的、独具特色的煤化工产业基地。

清洁能源产业发展迅速。宁夏积极发展新能源，在光伏和风电领域吸引了中节能、京能、国电、大唐、华电、电能等众多企业前来投资，形成了一定的产业规模。目前，已投产的百万千瓦火电机组均是世界最先进的超超临界空冷发电机组，新能源总装机量达到861万千瓦，新能源发电已成为宁夏第二大主力电源。

（三）深化改革、延伸产业链、提高资源综合利用率是推进原材料工业产业化进程的着力点

近年来，宁夏原材料工业企业不断加大改革力度，利用优势能源，延伸产业链，重点推进以中电投宁夏能源铝业和宁夏锦宁铝镁新材料公司为龙头的铝及铝合金、铝材新材料工业园区建设，形成煤—电—铝—铝合金及铝材产业链及铝、铝合金、铝材产业集群。推进宁东太阳山工业园区镁产业集群建设，形成煤—焦—煤气—金属镁—镁合金—镁材—镁渣—水泥产品链。利用开发太阳能方面得天独厚的优越条件，大力推进多晶硅、单晶硅等太阳能光伏材料产业发展和太阳能电站建设，形成硅石—工业硅—高纯硅—多晶硅（单晶硅棒）—晶体加工—多晶硅电池（单晶硅电池）—电池组件—光伏发电系列产业产品链。依托宁夏恒力钢丝绳股份有限公司和宁夏电投钢铁有限公司的技术、装备优势，形成金属制品产业集群，加快发展高性能预应力钢丝、新型结构和特种钢丝绳、低松弛预应力钢绞线产品，继续保持国内领先水平，形成电炉钢—优质线材—优质钢丝、钢丝绳、钢绞线产品链。依托丰富的高碳太西煤

和石英砂等矿产资源，大力发展无烟煤（煤焦油）—活性炭—活性炭深加工产品和无烟煤—碳化硅—碳化硅制品等煤基炭材产品链。

2013年，宁夏通过了《宁夏回族自治区资源综合利用管理办法》，通过继续在原材料工业企业中实施一批重大循环经济项目，推广使用节能降耗新工艺、新技术、新设备、新产品，使重点用能企业产品单耗显著降低，主要设备能源利用效率不断提高，大宗高耗能产品能耗显著下降，火电供电煤耗由360克标煤/(千瓦·时）下降到337克标煤/(千瓦·时)，电解铝综合能耗由2010千克标煤/吨下降到1810千克标煤/吨，电石综合能耗由1400千克标煤/吨下降到1100千克标煤/吨。全区工业固体废弃物资源综合利用率达到63.12%，利用粉煤灰、炉渣等废弃物生产的新型墙材使用率占墙材总量的55%。余热废气综合利用成效明显，年均节约标准煤在150万吨以上。宁夏电解铝、铁合金、电石、合成氨等主要耗能产品单位能耗均低于全国平均水平。

（四）坚持创新发展、推进科技创新是推进原材料工业产业化进程的有效途径

大力发展“五优一新”产业。节约能源是我国经济社会可持续发展的一项长期重大战略选择，是转变发展方式、调整优化产业结构的重要举措。在原材料工业领域，自治区将发展壮大“五优一新”产业作为工业调整结构、提质增效的重要手段，产业集群效应逐渐显现，产业规模不断扩大，产业集中度明显提高，能源利用效率显著增强，单位工业增加值能耗逐年降低。全区300兆瓦以上火电机组占火电装机容量比例由2005年年末的78.7%上升到2010年的91.5%；电解铝行业大型预焙电解槽比例由60%上升到90%，建材行业新型干法水泥熟料比例由50%上升到90%。新能源、新材料等产业快速发展，到2010年年底，全区风电、光伏电站并网装机容量达到85万千瓦。三峡工程、高速铁路、载人航天等国家重大工程到处都有“宁夏创造”的身影。

技术创新推动原材料工业可持续发展。改革开放以来，宁夏原材料工业企业技术创新在国家深入实施西部大开发和“两区建设”政策的支持下，深入贯彻落实自治区党委、政府《关于加快推进科技创新的若干意见》精神，加快推动工业化和信息化融合发展，在技术创新能力提升、创新体系建设、信息化应用上实现了较大跨越，为全区工业经济跨越式发展提供了有力的技术支撑。高新技术产业产值占规模以上企业工业总产值的比重达 6.45%，高技术产品出口额占全部出口比重达到 15%。如神华宁夏煤业集团 50 万吨/年煤基烯烃项目是国家“十一五”重点建设工程和宁夏目前投资最大的工业项目，同时也是目前世界上最大的以煤为原料生产聚丙烯的项目。

目前，技术中心已成为宁夏技术创新体系的重要组成部分，对全区科研投入引领作用明显。截至 2014 年，宁夏拥有国家级企业技术中心 14 个，自治区级企业技术中心 58 个。国家级及自治区级企业技术中心所在企业实现研究与试验发展（以下简称“R&D”）经费支出 13.25 亿元，占全部规模以上工业企业 R&D 经费支出（18.65 亿元）的 71%。如依托中色（宁夏）东方集团有限公司的国家钽铌特种金属材料工程技术研究中心，在钽铌铍特种金属资源综合利用，特种金属材料及合金的冶金与加工，建立特种金属材料综合研发体系，集成成套规模化生产工艺和工程化体系等研究方面均取得骄人成绩。宁夏共享集团有限责任公司承担的技术中心创新能力建设项目被列入国家高技术产业发展项目计划及国家资金补助计划。2011 年，共享集团获国家补助资金支持，进一步推动企业技术中心建设，提高宁夏在大型水电、核电、风电铸件等方面的技术开发能力，达到国际先进水平。

（五）重视人才培养、着力发展龙头企业是推进原材料工业产业化进程的有力保障

培养和引进各种专业技术人才，提高研究开发水平。近年来，宁夏

各原材料企业加强产、学、研相结合的技术创新体系建设，鼓励和支持符合条件的企业申请设立或与高校、科研机构共建博士后工作站，建立以市场为导向、以企业为主体、产学研相结合的技术创新体系，逐步形成国家级、区级企业技术中心、重点（工程）实验室和工程（技术）研究中心三位一体的创新平台。通过项目引进与人才引进相结合，将发达地区已经形成的经济优势和技术优势向宁夏扩散，把国内经济活跃地区已经具有的高新技术能力向宁夏转移，特别是向其工业园区和基地转移，加快宁夏企业、行业技术升级改造。

组织实施一批重大技术创新项目，培育一批重点骨干企业。宁夏通过积极引进国内外战略投资者，承接和吸纳国内外高新技术产品制造和研发的转移，着力引导建设若干重大技术创新项目，带动产业链形成、优化产业结构、支撑产业规模扩张、增强产业发展后劲。按照市场化动作与政府推动、跨区域与区域内兼并相结合的原则，通过产业规划和政策引导，对区内原材料工业企业促进重组、并购、强强联合或建立战略联盟，实现资源合理配置，以中石油宁夏石化公司、中电投青铜峡铝业公司、国电英力特集团、神华宁煤煤化工公司、宁夏钢铁集团、宁夏建材集团等为骨干企业，在全区形成具有较强自主创新能力的大型原材料工业企业。以神华宁煤、宝丰、庆华、国电英力特化工等大企业集团为龙头，积极引进技术先进成熟的煤化工技术，拉长产业链，重点发展煤制甲醇、煤制烯烃及深加工、煤制天然气、煤制油、大型煤焦化和煤制化肥项目。

中电投青铜峡铝业公司

四、问题与对策建议

改革开放以来，宁夏原材料工业虽然取得了重大发展，经济总量迅速增加，但由于多年粗放式发展，积累了一些深层次的矛盾和问题：一是产业间关联度不高，产业链延伸度较低。行业发展存在短板，聚集集群效应不足，大部分企业间技术和产品关联度不高，缺乏配套协作关系，尚未形成良好的分工协作，产品竞争优势不强。企业普遍偏重于资源利用和产品初加工，产业链不长。二是技术水平整体偏低，自主创新能力较弱。企业缺乏具有自主知识产权和创新成果，产品缺乏技术创新和科技含量，附加值不高。企业创新体系不够健全，企业技术创新的投入不足。缺乏公共创新服务平台，共性技术突破较少。三是资源要素瓶颈凸显，产业发展受到制约。随着国家土地政策要求愈加严格，产业发展和用地之间的矛盾日益突出。受劳动力“结构性短缺”的影响，企业出现“招工难”问题，特别是专业技术人员十分紧缺。企业规模较小，达不到直接融资的准入门槛。四是产能过剩与成本上升并存，经济效益水平偏低。宁夏原材料工业对能源的依赖性很强，总体上粗放增长，投资拉动为主的特征较为明显，产能增长超过需求的增长，导致库存增加，价格波动频繁，经济效益水平偏低。

党的十八届五中全会指出要培育发展新动力，推动新技术、新产业、新业态蓬勃发展，深入实施创新驱动发展战略，支持新兴产业发展，支持传统产业升级。宁夏原材料工业要抢抓机遇，立足当下，放眼未来，全面提升发展的层次和水平。

（一）主动融入“一带一路”建设，打造宁夏原材料工业升级版

当前，阿拉伯国家已成为我国最大的原油供应地和重要贸易伙伴、主要工程承包目的地及海外投资市场。巩固发展中阿合作的良好势头，需要进一步发挥中阿博览会的重要作用。宁夏在“十三五”期间要主动

融入“丝绸之路经济带”和“21世纪海上丝绸之路”建设中，加快转变宁夏原材料工业经济发展方式、构建现代原材料工业体系、打造宁夏原材料工业升级版。

大力培育与原材料工业相关的国家重点（工程）实验室、工程（技术）研究中心、企业技术中心等各类科技创新平台，以提升企业在行业的影响力和知名度，提高企业自主创新能力、推动科技进步，确立在行业技术创新领域的龙头地位。建设产业化示范基地、科技转化服务示范基地和科技创新改革试验区。积极争取国家有关部委支持，成立中国—阿拉伯国家科技合作与技术转移促进会，加快建设中国—阿拉伯国家技术转移中心和分中心，实施中阿科技伙伴计划，加快建设宁夏国际科教城。搭建国内科研机构、大专院校、企业与丝路沿线及阿拉伯国家开展科技合作、成果展示、技术转移、技术贸易、科技培训、人才交流的国家级平台，共建共享中阿研究院、重点研究实验室、工程（技术）研究中心、信息交流平台、科技示范园区等。对设立国家重点（工程）实验室、国家工程 (技术) 研究中心的企业，建立政府补助长效机制。不断深化原材料工业领域合作，积极争取神华集团、中石油、中电投、中化集团等中央企业扩大在宁夏的投资，建立外来资本顺畅流动和投资的渠道，支持和保护外来企业的利益。充分运用宁夏内陆开放型经济先行区的政策优势，大力推进大数据、云计算等技术创新和应用，加大跨境电子商务金融支持、人才支撑、政务服务保障力度，努力把网上丝绸之路打造成中国向西开放的窗口、中阿商务应用的平台、区域信息汇集的中心，构建便捷、高效、顺畅的合作交流大通道，促进丝路沿线国家的互联互通、互惠互利、共同发展。

（二）加强行业管理，统筹协调形成政策合力，促进产业集群发展

宁夏在认真贯彻《关于进一步加强原材料工业管理工作的指导意见》（工信部〔2009〕294号）的基础上，应结合有关行业调整和振兴

规划的要求，加强对原材料工业的行业管理、政策引导和协调服务。建立和完善落后产能退出机制，严格实行节能减排、淘汰落后问责制，强化环保、能耗和供用电等制约手段，加快落后产能淘汰步伐。充分利用财税、投资、信贷、法规等手段，统筹做好各项政策措施衔接落实，及时开展实施效果评估工作，统筹协调形成政策合力。对产业集群龙头骨干企业转型升级、公共服务平台建设、智慧集群建设、集群企业或机构在产业链各环节的合作创新、产业集群发展规划制定等优先给予资金支持。符合条件的国家中小企业公共服务示范平台中的技术类服务平台，对其在合理数量范围内进口国内不能生产或者国内产品性能尚不能满足需要的科技开发用品，免征进口关税和进口环节增值税、消费税。落实支持原材料工业企业发展的金融政策，重点加强和改善产业集群中小企业金融服务。建立和完善原材料工业集群企业信用体系，推动信用信息共享。充分发挥行业协会行业自律、教育培训和品牌营销作用，开展行业标准制定、商业模式推介等示范活动。支持行业协会或联盟成员间实行集约化采购、共有品牌等多种合作共享模式，打造利益共同体。

建立和完善促进产业集群发展工作协调机制，切实加强对产业集群发展的管理、指导和服务。加大天热气、煤炭等资源勘探和开采力度，优先建设大型、特大型现代化工业企业，大力推进煤炭资源深度加工与转化，重点发展煤炭间接液化、煤基烯烃、煤制天然气、煤制化肥。把产业集群发展规划纳入本地区发展规划，与城乡规划、土地利用总体规划等有机衔接，重点推进宁东大型煤炭基地、煤化工产业基地、“西电东送”火电基地和循环经济示范区建设，形成具有较强竞争实力的大型原材料企业集团公司。提升产业集群发展能力、促进产业集群转型升级，进一步完善产业集群能源供应、给排水、排污综合治理等基础设施，推广节能减排共性技术，鼓励企业参与节能减排投融资、合同能源管理、开展清洁生产审核，推动建立集群内废旧物回收处理、再制造工程咨询等第三方环境治理方式，加强节能管理和“三废”有效治理，推动绿色低碳循环发展。重点发展火电，优化提升水电，加快发展风力发电、光伏发电和煤层气、沼气等其他新能源建设。建立产业集群国际合作交流机制，鼓励有条件的产业集群“走出去”，加强国际合作。加强产业集群内企业科技创新人才、高技能人才培养，为宁夏提高原材料工业经济竞争力提供强有力的人才保障。

（三）调结构，促转型，发展循环经济，实现原材料工业跨越发展

以调整原材料工业结构为主攻方向。按照市场化动作与政府推动、跨区域与区域内兼并相结合的原则，支持以资产为纽带，通过并购、联合、协议转让、控股参股等多种方式实施兼并重组。围绕发展壮大钢铁及其制品业，调整优化钢铁、铁合金、焦炭、碳基材料等产品结构，转变增长方式，培育形成具有宁夏地方特色的冶金工业。以中石油宁夏石化公司、中电投青铜峡铝业公司、国电英力特集团、神华宁煤煤化工公司、宁夏钢铁集团、宁夏建材集团等为骨干企业，在全区形成销售收入高并具有较强自主创新能力的大型原材料工业企业。

转型升级的重中之重是项目。抓好技术改造项目建设，加快改造提升煤炭、电力、冶金、石化、建材、轻纺等传统产业目标；以重点项目为抓手，着力抓好存量产业的产业链延伸，大力发展战略性新兴产业，重点抓煤化油化产业链、新材料产业链、电石乙炔产业链等产业链。续建、新建重点工业项目，对正在建设的项目，到一线跟踪服务，帮助协调解决困难，力促早日建成投产，早日发挥效益。对已经核准备案的原材料工业项目，专人专责服务，督促按计划实施。发挥宁夏电力优势和产业基础优势，依托中色（宁夏）东方集团、锦宁巨科、天元锰业等企业，发展碳基材料、铝镁合金、铍铝合金、锰合金、钛合金、光伏材料产业。

发展循环经济，实现资源综合利用。鼓励企业进行节能技术改造和

技术创新，加强先进节能环保、资源综合利用的新技术、新工艺、新设备的研发和推广应用，提高“三废”的达标排放率、回收率和资源的综合利用率。开发循环经济关键技术，建设高效循环产业链，开发资源综合利用技术，应用高新技术改造传统产业，形成煤炭、电力、化工、冶金、造纸和新材料行业生态产业链。在冶金和建材等行业推进企业节能和余热、余压、副产煤气的综合利用，提高矿产资源综合开发和回收利用率。开发工业废渣综合利用技术、无害化处理技术和成套装置，利用粉煤灰、煤矸石、电石渣、双氰胺渣、脱硫石膏等各种工业固体废弃物生产复合材料、轻质建材、水泥、工程结构制品等。

（四）加强技术创新和技术改造，提升创新能力，培育和发展新材料产业

加强技术创新和技术改造，加快培育和发展新材料产业，要以质量品种、节能降耗、综合利用、环境保护、安全生产为重点，加快推进原材料工业技术改造。制定和实施原材料工业技术改造专项，增加政府和企业投入，推进自主创新，促进产学研用相结合，大力开发影响行业技术进步的共性技术和关键技术，加快用高新技术和先进适用技术改造传统产业，积极推广节能、降耗、环保、安全生产新技术和新工艺，开发新材料，提高行业整体素质，改变原材料工业技术面貌。大力提升新型煤化工产品、铝镁合金、高浓度化肥、高附加值铁合金产品及深加工产品比重，进行产品的精深加工，形成从原料、初加工到精深加工的产品链，构筑符合市场经济规律、满足各个层次需求的产品结构。

提升创新能力，增强集群竞争优势。鼓励和支持产业集群与高校、科研机构建立产学研用协同创新网络，采取多种形式建立产业集群研发中心、设计中心和工程技术中心等。培育建设一批产业、产品协同研发平台，推动产业集群共性技术研发和推广应用，引导创新资源向集群集聚。鼓励和引导企业间联合组建产业联盟或研发联盟等新型合作模式，

强化产业链整合和供应链管理。引导企业采用国内外先进技术标准，推进可靠性管理体系建设，强化工艺、质量、节能、环保、卫生等标准化管理。推进产品国际标准认证，支持企业参与行业、国家和国际标准制订和修订。建立产业集群知识产权服务机制，保护技术创新成果及知识产权。鼓励建立产业集群知识产权联盟，解决共性问题，推动知识产权共享，增强中小企业的知识产权创造、运用、管理和保护能力。

依托政策和资源优势，大力培育和发展新材料产业。培育和发展一批新材料项目，争取进入国家重点产业振兴和技术改造项目中央预算内投资计划，获得专项资金支持。着重打通产业链薄弱环节，形成产业链整体发展能力，推动优势特色资源集聚化、规模化发展，优化产业布局和资源配置，形成产业特色鲜明、配套体系完善、规模效益显著的产业集群。依托中色（宁夏）东方集团有限公司的人才、技术优势，重点支持钽铌铍钛稀有金属新材料区域特色高技术产业链项目建设，进一步壮大产业规模，巩固我国在国际钽铌产业的优势和主导地位，使宁夏成为我国重要的钛及钛合金生产基地。加快镁产业的结构调整，做大做精金属镁生产，做优镁合金锭、镁屑、镁粒等初级产品，开发镁合金中下游产品，延长产业链。逐步提高镁合金变形材系列产品、镁合金压铸件系列产品比例。以中电投宁夏青铜峡能源铝业集团有限公司的博士后工作站为平台，加强电解铝关键技术研究，向大规格工业型材棒锭、板（扁）锭发展，重点发展大断面高档次铝板带材和铝合金管棒材生产，填补国内高精度铝板带管棒材的空白，提高铝型材的附加值。积极开展交通工具轻型化材料的研究和产业化，力争为国内轨道交通领域动车、高铁等建设提供产业配套。

（五）加强区域品牌建设，紧抓龙头企业，推动原材料工业的全要素创新和价值提升

积极培育和发展重大项目，加强区域品牌建设工作。重点实施宁夏

国电英力特能源化工集团股份有限公司

钽铌铍钛稀有金属新材料区域特色高技术产业链系列项目，开展细直径钽丝、极大规模集成电路用溅射靶材、200 吨一氧化铌、铌及铌基材料、铍铝合金、3 吨钛及钛合金、30 吨电子浆料、新型锂电子电池正极材料等高技术产业化示范工程项目建设，进一步做强做大钽铌铍等稀有金属材料；积极发展具有市场前景和资源优势的电子信息材料、新型储能材料等，重点发展铝合金、镁合金、钛合金等高强轻型合金材料。重点实施宁夏锦宁巨科新材料有限公司年产 40 万吨高精度铝板带箔、20 万吨铝杆项目，宁夏华镁特镁合金制造有限公司年产 80 万只镁合金车轮毂项目，宁夏华盈矿业有限公司 10 万吨镁合金、5 万吨预拉伸中厚板项目，太阳镁业年产 30 万吨镁合金项目，宁夏广银铝业有限公司高精度铝加工材用铸锭项目，大亚科技集团有限公司年产 20 万吨新型铝材等。组织实施神华宁煤煤制烯烃项目，宝塔石化 120 万吨/年 PTA 及配套原料，庆华集团年产 11.5 万吨芳烃项目，国电英力特年产 45 万吨醋酸乙烯、10 万吨聚乙烯醇，国电英力特宁东醋酸—酸酐—醋酸纤维多联产项目等。

提升龙头骨干企业带动作用，强化专业化协作和配套能力，推动要素创新和价值提升。发挥龙头骨干企业的示范带动效应，每个产业集群应明确 2~3 家龙头骨干企业，并对其重点扶持。鼓励龙头骨干企业将配套中小企业纳入共同的供应链管理、质量管理、标准管理、合作研发管理等，提升专业化协作和配套能力。支持龙头骨干企业建立开放性研发平台向中小配套企业开放，推动协同制造和协同创新。鼓励和引导中小企业与龙头骨干企业开展多种形式的经济技术合作，建立稳定的供应、生产、销售等协作、配套关系，提高专业化协作水平，完善产业链，打造创新链，提升价值链，推动中小企业“专精特新”发展，培育和发展一批成长性好的企业。

（六）加强信息化建设，促进“两化”融合，构筑原材料工业新格局

目前，企业资源计划（ERP）、制造执行系统（MES）等“两化”融合技术在国内原材料工业已得到广泛使用，大中型原材料企业数字化设计工具普及率、关键工艺流程数控化率分别达到70%和60%，“两化”融合开始由单项应用向综合集成提升、整合创新阶段迈进。宁夏要在自治区党委、政府的正确领导下，抢抓机遇，加快深入贯彻党的十八大关于信息化和工业化深度融合的战略部署，认真落实《信息化和工业化深度融合专项行动计划（2013—2018年》，大力推进新型工业化、信息化建设，大力发展石化化工、钢铁、有色金属、建材、黄金、稀土等原材料工业产业集群。

实施互联网+产业集群建设行动，建设“智慧集群”。选择一批管理规范、产业集聚度高、创新能力强、信息化基础好、引导带动作用大的典型重点产业集群，积极开展工业和信息化融合的试点和示范工作。重点推进原材料工业生产工艺流程信息技术改造，开发利用生产和工艺信息资源，研究和推广在线检测、集散控制技术，提升生产流程自动化和智能化水平，优化物料配置，节能降耗，提高生产精确度，实现精细生产；推广实时监测、故障诊断、预警和控制技术，提升环保和安全检测水平，实现清洁文明生产；推广企业资源计划和供应链管理系统，建立物流管理平台，使物料采购、产品销售、库存数据与财务数据紧密衔接，优化企业资源配置，提高企业效益。支持原材料龙头企业利用数字化、智能化的电子设备进行技术改造，增加产品的信息技术附加值，提

高产品设计、生产过程、营销管理等方面的网络化、智能化和数字化水平。建立信息联合发布制度，加强行业统计、市场行情、技术动态、产业预警等信息交流，为企业经营和行业管理提供有力支撑。加速推进企业管理信息化进程，推动企业管理观念和方式的变革，实现管理创新，提高企业素质和竞争力，将“两化”融合深刻植入企业，成为企业战略决策、行业创新发展的新常态。

宁夏非公有制工业企业的改革与发展

改革开放以来，自治区党委、政府贯彻落实党中央、国务院关于个体私营等非公有制经济的一系列文件精神，不断解放思想，逐步深化了对其性质、地位、作用的认识，采取鼓励、支持和引导非公有制工业企业发展的措施，保护非公有制工业企业的合法权益，充分发挥非公有制工业企业在促进经济增长、扩大就业和活跃市场等方面的作用，逐步形成了多种所有制共同发展的格局，增强了宁夏经济发展的活力。

一、改革发展历程

（一）允许和鼓励非公有制工业企业存在和发展阶段（1978—1991 年）

改革开放之初，在如何看待非公有制经济问题上，干部、群众认识上有分歧，焦点集中在非公有制经济是姓“社”还是姓“资”上。党的十一届三中全会提出“社员自留地、家庭副业和集市贸易是社会主义经济的必要补充部分，任何人不得乱加干涉”。党和国家对非公有制经济发展的政策开始转变。1979 年 4 月 9 日，国务院批转工商行政管理总局《关于全国工商行政管理局长会议的报告》，首次提出了恢复和发展个体经济。报告指出：“可以根据当地市场需要，在征得有关业务主管部门同意后，批准一些有正式户口的闲散劳动力从事修理、服务和手工业的个体劳动，但不准雇工。对他们要发给营业执照，会同街道和有关业务部门加强管理，并逐步引导他们走集体化的道路。”1979 年 10 月 30 日，自治区党委书记李学智在自治区党委扩大会上指出，要继续广开门路做好待业人员的安置工作。随着党和国家对个体私营经济政策的放开，宁夏一些城乡居民开始在大街小巷摆起小摊点，开起了小饭馆，创办家庭小作坊，出现了个体私营经济的萌芽。1979年年底，全区正式登记个体工商户114户，其中，手工业32户，其他为饮食业、服务业、商业等。1980年12月，自治区人民政府根据《国务院关于城镇非农业个体经济若干政策性规定》，颁发了《宁夏回族自治区城镇个体工商户管理暂行办法》，放宽了城镇个体工商户政策。1982年9月，党的十二大报告提出："在农村和城市，都要鼓励劳动者个体经济在国家规定的范围内和工商行政管理下适当发展，作为公有制经济的必要的、有益的补充。只有多种经济形式的合理配置和发展，才能繁荣城乡经济，方便人民生活。"12月，五届人大第五次会议通过的《中华人民共和国宪法》规定："在法律范围内的城乡劳动者个体经济，是社会主义经济的补充。国家保护个体经济的合法权利和利益。国家通过行政管理，指导、帮助和监督个体经济。"1983年7月，自治区党委书记李学智在自治区第五次党代会报告中指出，在充分发挥国营经济主导作用的同时，放手发展城乡集体所有制手工业、工业、建筑业、运输业以及商业、饮食服务业，放手发展农村社队企业，适当发展劳动者个体经济。对劳动群众集体所有制、合作经济和劳动者的个体经济，都要热情支持，积极帮助，使其健康发展。1984年4月，自治区人民政府根据国务院《关于农村个体工商业的若干规定》，批转了自治区工商局《关于农村个体工商业的若干规定的实施办法》，进一步放宽城乡个体工商户的登记管理。党的十二届三中全会做出推进城市经济体制改革的决定。1984年11月，自治区党委书记李学智在自治区党委五届三次全体（扩大）会议上的讲话中传达了党的十二届三中全会精神，指出："过去我们一些同志由于受'左'倾错误的影响，把社会主义的东西当成资本主义的东西，把正确的东西当成错误的东西，把那些僵化的模式、旧的观念奉为正宗，例如：认为社会主义就是‘一大二公’，发展个体经济就是复辟；……把发展多种经营、集市贸易当作资本主义尾巴；……我们要用《决定》（《中共中央关于经济体制改革的决定》）的思想和理论，破除各种老观念、老习惯、老框框，紧紧跟上改革步伐。”“我区集体、个体经济比例很小、更要放宽政策，放手发展。对小型国营企业可以承包、租赁给集体或个人经营”。

在自治区党委、政府的支持鼓励下，个体私营逐步发展起来，1984年9月底，全区个体工商户发展到20900多户，登记在册的私营企业达8家，从业人员有30000多人，其中三分之二是农民。12月，全区首届个体劳动者代表大会召开，选举产生了宁夏个体劳动者协会第一届委员会。

1987年1月，中共中央在《关于把农村改革引向深入的决定》中指出，“在社会主义社会的初级阶段，在商品经济的发展中，在一个较长时期内，个体经济和少量的私人企业的存在是不可避免的”。第一次正式提出对私营企业也应当采取“允许存在，加强管理，兴利抑弊，逐步引导的方针”。10月，党的十三大报告提出：“社会主义初级阶段的所有制结构应以公有制为主体。目前全民所有制以外的其他经济成分，不是发展得太多了，而是还很不够。对于城乡合作经济、集体经济和私营经济，都要继续鼓励它们发展”，“私营经济是存在雇佣劳动关系的经济成分。但在社会主义条件下，它必然同占优势的公有制经济相联系，并受公有制经济的巨大影响。实践证明，私营经济一定程度的发展，有利于促进生产，活跃市场，扩大就业，更好地满足人民多方面的生活需求，是公有制经济必要的和有益的补充。必须尽快制定有关私营经济的政策和法律，保护它们的合法权益，加强对它们的引导、监督和管理”。

1987年12月，自治区党委书记沈达人在自治区党委五届八次全体（扩大）会议结束时的讲话中指出，当前，我们有些同志在观察和处理问题时，仍有离开生产力标准去抽象地谈论“社会主义原则”的倾向。

比如，有的同志对改革开放疑虑重重，特别是对私营经济、个体经济、租赁经营、股票、债券等看不惯，想不通，总在姓“社”还是姓“资”上兜圈子……这都说明，进一步树立生产力标准的观念是一个十分重要的、亟待解决的问题。各级领导都要牢固树立社会主义社会的根本任务是发展生产力的观点，用生产力这个标准，去检验我们的思想、观点、政策、措施办法是否正确，衡量我们的工作是否有效。凡是有利于生产力发展的，我们就要大胆坚持；凡是不利于生产力发展的，我们就要大胆革除。1988 年 6 月，沈达人在自治区第六次党代表大会的报告中指出，以公有制为主体，发展多种经济成分，这是社会主义初级阶段的一项基本政策。在当前宁夏生产力水平低、经济比较落后的情况下，全民所有制以外的其他经济成分，不是发展得太多了，而是发展得很不够。对现有所有制结构必须不断进行调整，满腔热情地鼓励和支持城乡集体、合作、个体和私营等经济成分进一步发展。同年 6 月，国务院颁布了《中华人民共和国私营企业暂行条例》，私营企业的发展进入了规范化轨道。至 1989 年 1 月，全区注册登记私营企业 345 户，其中，工业 156 户。

这一时期，在自治区党委、政府的正确领导下，宁夏广大干部群众对非公有制经济的认识由排斥逐步转为认同，在农村，越来越多的农民经商或办企业，到商品经济的海洋里搏风击浪，一展身手；在城市，有越来越多的人开始自谋职业、自主创业。

（二）快速发展和成长壮大（1992—2001 年）

1992 年春，邓小平同志发表南方谈话，提出“三个有利于”的判断标准，为个体私营经济发展扫除了思想障碍，对非公有制经济此后的繁荣具有决定性意义。10 月，党的十四大报告中第一次明确提出我国经济体制改革的目标是建立社会主义市场经济体制，并提出了在所有制结构上，以公有制包括全民所有制和集体所有制经济为主体，个体经济、私营经济、外资经济为补充，多种经济成分长期共同发展的方针。11月，自治区党委书记黄璜在自治区党委六届十次全体会议上的讲话中指出：宁夏工业经济中，全民约占80%，集体约占16%，加在一起是96%，高于全国6个百分点，其中集体所有制低于全国20个百分点。集体所有制不发达，非公有制经济不兴旺，直接影响了全区经济的总体水平，也是宁夏经济发展缓慢的重要原因之一。我们一定要因势利导，进一步放宽政策，把放手发展多种经济成分，作为开辟新的经济增长源的重大举措来抓。允许党政机关、企事业单位的人员停薪留职从事个体经营；除了对国民经济发展具有全局性、先导性影响的基础行业外，其他的行业，集体、个体、私营都可兴办。

在党中央和自治区党委、政府的政策支持下，宁夏掀起了非公有制企业发展的第二次高潮，非公企业业主也从以社会边缘人士为主向社会精英为主转变。1994年1月，为了加快个体、私营经济的发展，自治区人民政府印发《关于加快发展个体私营经济的若干规定》，进一步放宽政策，加大扶持力度：在从业人员范围上，城乡居民及党政机关转变职能分离出来的人员和企事业单位富余人员、离退休和辞职人员，持本单位证明，均可申请利用业余时间从事个体经营和开办私营企业；企事业单位在职人员，可利用业余时间从事个体经营；专业技术人员可利用业余时间到个体工商户、私营企业兼职，从事技术开发、新产品研制、培训职工和咨询服务等国家政策允许的经营活动。凡申请从事个体经营者、私营企业者，可直接向生产经营所在地工商行政管理机关申请登记注册。在经营范围上，除国家法律、法规明令禁止个体工商户、私营企业生产经营的行业和商品外，其他行业和商品都允许经营。

根据自治区党委、政府的决策部署，各市县政府把个体、私营经济作为社会主义生产力的组成部分，作为社会主义统一市场的主体之一的大事来抓，列入议事日程，建立有政府主管领导同志负责的、各有关部门参加的领导小组，组织有关部门制定发展规划和发展的步骤、措施，检查各项政策的落实情况，协调解决发展中的问题，大力促进个体、私营经济的发展。11 月，全区发展私营经济现场会在中宁县召开。会议要求，要加大改革开放力度，为私营经济发展创造更好的环境；要切实加强对私营经济的管理服务；动员社会各方面力量发展私营经济；对个体私营经济要放水养鱼，先予后取，放宽政策。1995 年 12 月，为进一步清除思想上的障碍，自治区党委书记黄璜在自治区党委七届四次全体会议上的讲话中指出：大力发展民营经济。除了国家明令禁止的，可以“五不限”：不限速度、不限比例、不限规模、不限形式、不限籍贯。要在发展中规范、发展中提高、发展中完善、发展中依法加强管理。

1992—1995 年，全区私营企业有较快发展。1995 年，全区注册登记私营企业 2002 户，其中，工业 631 户。在南方谈话和十四大精神的指引下，自治区党委、政府大力推动个体私营经济发展，一批体制内的人士纷纷下海，自主创业，这不但开始从根本上扭转人们陈旧的择业观念，也从人才、资源等方面大大增强个体私营经济的实力。此外，在这个阶段，大批的乡镇企业实施改制，从集体所有制转变为私营经济，成为私营经济中的一支重要力量。

1996 年 4 月，全区私营经济工作暨新进表彰大会在银川召开。会议提出，发展个体私营经济，要在抓住机遇、实现发展上，在促进农村经济发展、增强农村经济实力、加快扶贫开发和奔小康建设方面，在发展集约型、效益型经济方面，在提高产品和服务质量、培养和树立社会主义职业道德水平上，在推动发展和依法管理上有新的或较大突破。

1997 年 7 月，全区民营经济工作会议在平罗县召开。会议提出，宁夏民营经济要实现新一轮大发展大提高。2000 年以前，全区民营经济发展速度要继续快于全国平均发展速度，快于全区国民经济发展速度。

1997 年 9 月，党的十五大报告指出：“公有制为主体、多种所有制经济共同发展，是社会主义初级阶段的一项基本经济制度”，“非公有制经济是我国社会主义市场经济的重要组成部分”。至此，非公有制经济从社会主义经济的“补充”上升为“重要组成部分”，从“体制外”进入“体制内”，大大提高了非公有制经济的地位，非公有制经济进入发展快车道。1997 年 12 月，自治区党委书记毛如柏在自治区党委七届七次全委（扩大）会议上的讲话中指出：宁夏公有制经济比重过大，其增加值占全区国内生产总值的 86%，产值占全部工业总产值的 80%以上。这种单一的公有制实现形式，不适应现阶段宁夏的生产力的实际水平，必须加快调整步伐，力争三年内有突破性进展。调整和优化所有制结构要着重从两个方面展开：一是积极探索公有制多样化的实现形式，二是加速发展非公有制经济。1998 年 4 月，毛如柏在自治区第八次党代会上的报告中指出：要在积极探索公有制多样化的实现形式、加快发展非公有制经济的同时，坚持以“三个有利于”为标准，从“放手、引导、服务”三个关键环节入手，大力发展非公有制经济，力争到 2002 年再上一个新台阶，在国民经济中的比重达到 30%以上，形成多种经济成分共同发展、相互促进的新格局。非公有制经济享有与公有制经济同样的铁路运输、电力供应、金融信贷、外贸进出口权等待遇。扶持那些有发展前景的非公有制企业走集团化道路。引导非公有制企业通过联合、参股、控股、收购、兼并等各种形式参与国有企业改制，吸收国有企业下岗职工。为非公有制企业提供政策咨询、项目申报、产品鉴定、信息统计、人才培训等方面服务，依法保护非公有制企业的合法权益。同时，教育非公有制企业和个体工商户遵纪守法，依法纳税。

1998 年 4 月，自治区党委、政府为了贯彻落实党的十五大精神，针对宁夏经济发展中长期积累的结构性矛盾和深层次问题突出，多数国有大中型企业亏损的局面，做出《关于加快企业改革与发展的决定》（宁党发〔1998〕19 号），明确提出了“大力发展非公有制经济”。要求“各地、各部门要解放思想，把加快发展非公有经济作为国民经济发展的重要组成部分和重要的经济增长点，搞好规划和布局。对非公有制经济，在项目审批、商业信贷、社会融资、申报自营进出口权、非配进出口配额等方面与公有制企业一视同仁，特别是在热点项目的布局上，要平等竞争，择优安排，支持非公有制经济企业发展外向型经济，重点培育非公有制科技企业和农业产业化龙头企业。鼓励非公有制经济参与国有经济的结构调整，放手让其参股、控股、兼并、收购国有企业。要强调服务协调，促进非公有制企业经营上规模、产品上档次、管理上水平。2002 年，全区非公有制经济占国内生产总值的比重达到 30%”。这个文件的重要性在于“鼓励”与“支持”非公有制经济参与国有企业改革的重要政策取向，为非公有制经济的发展奠定了重要基础。5 月，自治区人民政府连续发出三份重要文件：《关于重点培育优势骨干企业的政策措施》（宁政发〔1998〕26 号）、《关于进一步放开搞活中小企业的政策规定》（宁政发〔1998〕27 号）、《关于大力发展非公有制经济的政策规定》（宁政发〔1998〕28 号）。这几个重要文件对非公有制经济的发展从政策措施上又做出明确的规定，特别是确立了一批“自治区非公有制重点企业”作为扶持对象，对培育优势特色产业和龙头企业，起到了积极的推动作用。同时，确立了“培育优势骨干企业，坚持‘不分所有制，不分隶属关系，谁有优势就支持谁’的原则，实行动态管理”。在《关于大力发展非公有制经济的政策规定》中，提出“根据国家产业政策和我区经济社会发展战略，以市场为导向，进一步拓展非公有制经济的发展领域，凡是国家没有明令禁止的行业、商品，一律对非公有制经济成分放开”。这是对宁夏非公有制经济的行业准入政策的突破性优化，并且对建立非公有经济发展专项基金、提供优惠信贷、简化立项、审批申报程序、鼓励出口、改善服务等方面做出了明确规定，使宁夏非公有制经济发展进入一个新的态势。当年新增个体工商户 4623 户，私营企业1106家，分别比上年增长9.4%和30%。1999年2月，自治区党委、政府召开了全区非公有制经济大会。大会提出，进一步推动非公有制经济向更宽领域、更大规模、更高层次发展，大会对全区有突出贡献的61家私营企业进行了表彰，对13家重点私营企业实施挂牌保护。3月，自治区党委、政府又出台了《关于进一步加快工业改革与发展的意见》（宁党发〔1999〕18号），对“进一步放宽政策，大力发展非公有制经济”又强调提出两点措施：一是“非公有制经济已成为我区经济中最具有活力的增长点，要认真执行自治区党委、政府有关大力发展非公有制经济的政策规定，支持非公有制经济加快发展”，“1999年，全区工业总产值中非公有制工业力争达到40%以上”；二是“加快非公有制经济发展，必须拓宽融资渠道，切实解决融资难的问题”，并且决定“自治区财政每年安排1000万专项资金，用于上缴税金多、社会贡献大的非公有制优势骨干企业贷款贴息和担保”，“各市县区要在财政预算中列支非公有制经济专项扶持资金，安排比例不低于非公有制经济地方税收入库额5%”。这些政策措施，对非公有制经济的发展起到了非常积极的作用，对拓宽非公有制企业的融资渠道起到了“四两拨千斤”的作用。为进一步贯彻落实党的十五大精神，加快调整和完善所有制结构，从整体上促进宁夏经济持续快速健康发展，同年4月，自治区党委、政府出台了《关于加快发展非公有制经济若干问题的规定》，从拓宽非公有制经济生产经营领域和放宽准入条件支持非公有制经济成分参与国有企业改制改组、进一步加大政策扶持力度、多渠道解决非公有制经济的资金等方面做出了具体规定，文件出台后，自治区政府办公厅又专门下发了《关于督办落实全区非公有制经济大会精神的通知》，加强了政策落实和政策执行力。2001年，为进一步贯彻党中央关于实施西部大开发的重大决策，宁夏回族自治区人民政府办公厅转发了自治区工商行政管理局《关于发挥工商行政登记管理职能促进个体私营经济发展的意见》的通知，要求工商行政管理部门充分发挥的登记管理职能，放宽登记注册条件，支持个体私营经济拓展生产经营领域，积极参与国有企业、集体企业的资产重组，为深化企业改革服务，促进宁夏经济快速发展服务。

有党中央、国务院正确的方针政策指引，有自治区党委、政府以及地方各级党委和政府的大力支持，有以建设社会主义市场经济体制为目标进行各项制度、体制改革的大环境，宁夏的非公经济经济发展速度持续加快。随着“抓大放小”战略的实施，宁夏的工业所有制结构格局发生了新的变化，2000 年年底，409 户规模以上工业企业产值中，非公有制企业产值占 35.8%，非公有制企业的发展为自治区工业注入了活力。截至 2002 年，宁夏规模以上非公有制工业企业 185 家，占全区规模以上工业企业单位数的 47.44%；实现工业总产值 90.29 亿元，占全区规模以上工业企业总产值的 42.67%。

（三）转型升级新阶段（2002—2012 年）

2002 年 6 月，自治区党委书记陈建国在自治区第九次党代会上的报告中指出：公有制为主体、多种所有制经济共同发展，是我国社会主义初级阶段的一项基本经济制度，非公有制经济是社会主义市场经济的重要组成部分。要进一步放宽政策，取消对非公有制经济在经营范围、从业条件、资金融通、收费等方面的不合理规定，营造公平竞争的发展环境；帮助非公有制经济企业加快技术改造，加强企业管理，提高创新能力和市场开拓能力，使其尽快上规模、上档次、上水平；引导非公有制经济经营者爱国、敬业、守法，做到诚实劳动，合法经营，照章纳税，保障职工的合法利益，促进非公有制经济快速健康发展。同年 6 月，九届全国人大常委会第二十八次会议最终正式审议通过了《中小企业促进法》，并于 2003 年 1 月 1 日起正式施行。这项法律的出台，从资金支持、创业扶持、技术创新、市场开拓、社会服务等促进中小企业发展方面做出了规定。这无疑为以中小企业为主体的非公有制经济的发展和中国经济的腾飞提供了充足的燃料。

2002年11月，党的十六大提出，“必须毫不动摇地鼓励、支持和引导非公有制经济发展。个体、私营等各种形式的非公有制经济是社会主义市场经济的重要组成部分，对充分调动社会各方面的积极性、加快生产力发展具有重要作用”。“充分发挥个体、私营等非公有制经济在促进经济增长、扩大就业和活跃市场等方面的重要作用。放宽国内民间资本的市场准入领域，在投融资、税收、土地使用和对外贸易等方面采取措施，实现公平竞争。依法加强监督和管理，促进非公有制经济健康发展。完善保护私人财产的法律制度”。2003年4月，自治区党委、政府在中宁县召开全区非公有制经济观摩座谈会。会议提出，要切实把发展非公有制经济摆到更加突出的位置。在扩大规模、提高总量上，在调整优化结构、突出主业、培育核心竞争力上，在培植骨干企业、做大做强上，在推进技术进步、提升产业档次上下功夫，走产业化、集约化、现代化之路。各级党组织要严格遵循“坚持标准、保证质量、改善结构、慎重发展”的方针，在非公有制经济组织中做好发展党员的工作，充分发挥党组织的政治优势，从思想上政治上保证非公有制经济健康发展。

为了认真贯彻落实党的十六大精神，2003年6月，自治区人民政府印发了《关于进一步加快非公有制经济发展的意见》（宁政发〔2003〕62号），要求一手抓硬措施的扶持，一手抓软环境的建设，进一步加大对非公有制经济发展的扶持力度，加强对非公有制经济的综合协调和服务，保护非公有制经济的合法地位和权益，引导其依法经营、规范管理、提高素质、健康发展。同时提出，到2005年，非公有制经济总量占全区国内生产总值的比重达到40%以上，通过扶优扶强，培育20户年销售收入过亿元、上缴税金过1000万元，培育30户销售收入过5000万元、上缴税金过500万元的非公有制骨干企业；到2010年，非公有制经济总量占全区国内生产总值的比重达到50%以上，培育年销售收入过1000万元的非公有制企业500户，培育年销售收入过500万元的非公有制企业1000户。该文件的实施极大地促进了宁夏非公有制经济的发展。

2003年10月，十六届三中全会通过了《中共中央关于完善社会主义市场经济体制若干问题的决定》。该文件提出大力发展混合所有制经济，使股份制成为公有制的主要实现形式的观点；提出放宽非公有制经济市场准入，使其与其他企业享受同等待遇的观点和政策。标志着政府正式在现实层面上，承认了非公经济的市场主体地位。同年10月，中共宁夏回族自治区第九届委员会通过《中共宁夏回族自治区委员会关于完善我区社会主义市场经济体制的意见》。它提出，认真落实鼓励支持非公有制经济发展的各项政策，进一步放宽非公有制经济的市场准入条件和准入领域，除国家明令禁止或限制的领域外，法律法规未禁入的基础设施、公用事业及其他行业和领域一律向非公有资本开放。鼓励和支持非公有制企业参与国有、集体企业的改革、改组和改造。加快推进非公有制企业及其从业人员参加养老、失业、医疗、工伤、生育等社会保险步伐，维护非公有制企业和从业人员的合法权益。2004年12月，自治区党委书记陈建国在自治区党委九届九次全体会议结束时的讲话中指出：我们必须牢固树立“两个毫不动摇”的思想，进一步加大对非公有制企业的支持力度，积极引导非公有制企业提高经营管理水平和技术装备水平，培育和发展“品牌经济”，切实增强市场竞争力，充分发挥它们在县域经济中的生力军作用。各级政府要进一步转变职能，多服务、少指责，多帮忙、少添乱，多设路标、少设路障，不断优化发展环境，改善服务，推动非公有制经济健康发展。

2005年2月22日，国务院颁布《关于鼓励支持和引导个体私营等非公有制经济发展的若干意见》（以下简称“非公有制经济36条”），进一步细化了发展非公有制经济的具体政策措施，明确提出允许非公有资本进入垄断行业、公用事业和基础设施、社会事业、金融服务业、国防科技工业等所有法律法规未禁入的行业和领域。“非公有制经济36条”是新中国成立以来首部以促进非公有制经济发展为主题的中央政府文件，在非公有制经济发展史上具有里程碑意义，从政策层面上给非公有制企业极大的释放空间，促进非公有制企业发展的手段从分散的政策支持转向总体的政策制度保障。

2007年10月，党的十七大再次把发展非公有制经济提到了一个新的高度。报告要求“毫不动摇地鼓励、支持和引导非公有制经济发展，坚持平等保护物权，形成各种所有制经济平等竞争、相互促进新格局”。十七大首次提出了“两个平等”的思想，这是对非公有制经济理论的重大突破，也为非公有制经济的科学发展指明了方向。为了进一步打破行业垄断，降低市场准入门槛，引导民间资本投资，促进非公有制经济加快发展，在“非公有制经济36条”实施5年后，2010年5月13日，国务院出台《关于鼓励和引导民间投资健康发展的若干意见》（简称“新36条”），进一步拓宽民间投资的领域和范围，明确提出“鼓励和引导民间资本进入法律法规未明确禁止准入的行业和领域”。“新36条”放开垄断性管制行业的重大制度变革，为调动民间资本投资的积极性，促进非公有制经济发展产生了积极而深远的影响。2010年7月，自治区第十届人大常委会通过《宁夏回族自治区促进中小企业发展条例》，针对宁夏中小企业发展中存在的问题，《宁夏回族自治区促进中小企业发展条例》不仅规定了中小企业在创业阶段的扶持政策，其中涉及市场准入、土地规划、税费优惠等内容，还明确了对中小企业的资金扶持，主要包括设立自治区中小企业发展专项资金，创业投资引导基金，自治区、市、县三级政府担保体系建设，中小企业间会员制或互助式担保，民间资本融资等。此外，《宁夏回族自治区促进中小企业发展条例》还规定了中小企业的权益保护措施，对侵犯中小企业合法权益造成损害的，将依法承担赔偿责任；构成犯罪的，将依法追究刑事责任。12 月，自治区政府印发《关于采取优惠政策措施启动实施中小企业“百家成长千家培养”发展工程的意见》。对纳入“百家成长千家培养”工程的中小企业实行贷款逆向贴息优惠政策。

（四）全面平等发展阶段（2013 年至今）

2012 年 12 月，党的十八大报告指出，“要毫不动摇鼓励、支持、引导非公有制经济发展，保证各种所有制经济依法平等使用生产要素、公平参与市场竞争、同等受到法律保护”。为全面贯彻落实党的十八大精神，促进宁夏非公有制经济又好又快发展，2013 年 1 月 10 日，自治区党委、政府按照国务院关于鼓励和引导民间投资健康发展的要求，出台《关于加快发展非公有制经济的若干意见》，在放宽投资领域、放宽准入条件、创新金融服务、加大财政扶持、减轻税费负担、健全服务体系、加强组织领导等七个方面拿出了新举措，全面清理并废止一切限制民间投资的不合理政策、规章，除国家明令限制民间投资进入的行业外，其他一律放开，要求各级党委、政府要把发展非公有制经济摆在更加重要的位置，立足实际研究制定具体实施办法，确保中央和自治区各项扶持非公有制经济的政策措施落到实处。2013 年 2 月，自治区召开全区发展非公有制经济大会，自治区党委书记张毅指出，非公有制经济是社会主义市场经济的重要组成部分，是一个地方发展实力、活力、潜力的重要体现。在全面建成小康社会、改善民生、促进和谐和加快转变经济发展方式中发挥着重要作用，是强区经济、富民经济、活力经济。全区上下要统一思想，深化认识，切实增强加快非公有制经济发展的责任感和紧迫感，紧紧抓住国家深入实施西部大开发战略、东部产业加快向中西部转移，以及“两大战略”“两区”“黄河善谷”等历史机遇，掀起非公有制经济大发展、快发展的热潮。

为了加强对非公有制经济和中小企业发展的指导和服务工作，2013年11月，自治区在新一轮政府机构改革中整合了自治区经济和信息化委员会中小企业处和自治区农牧厅乡镇企业局的职能，组建了自治区非公有制经济服务局，属自治区经济和信息化委员会管理的副厅级行政机构。石嘴山、青铜峡等市县也相继成立了指导、服务非公有制经济发展的政府专门机构。自治区对非公有制经济发展的重视程度达到了一个新的高度。

2013年11月，党的十八届三中全会描绘了全面深化改革的新蓝图，《中共中央关于全面深化改革若干重要问题的决定》指出，建立公平开放透明的市场规则，实行统一的市场准入制度，在制定负面清单基础上，各类市场主体可依法平等进入清单之外领域。探索对外商投资实行准入前国民待遇加负面清单的管理模式。推进工商注册制度便利化。进一步简政放权，深化行政审批制度改革。商事登记改革极大地激发了社会投资热情。

2013年12月，自治区党委十一届三次全体会议通过《中共宁夏回族自治区委员会关于深化改革推动经济社会发展若干问题的决定》，该文件指出大力鼓励、支持和引导非公有制经济发展。坚决清理废除对非公有制经济各种形式的不合理规定，消除各种隐性壁垒，推进市场准入标准和优惠扶持政策公开透明，对各类投资主体同等对待。鼓励非公有资本进入法律法规未明确禁止准入的行业和领域，鼓励非公有制企业参与国有企业改制重组，鼓励非公有资本参股国有投资项目、控股混合所有制企业，鼓励非公有制企业进入供水、供气、污水处理、城市公交等特许经营领域，支持非公有制企业的产品和服务进入政府采购目录。出台为小微企业减轻税费负担和快捷注册的政策，加快建设一批中小微企业孵化基地，引导规模较大非公有制企业加强制度创新、管理创新，建立完善现代企业制度。非公有制企业全额投资或控股的建设项目，由其自主决定是否招投标。加大对非公有制经济组织人才的培养和培训。完善向非公有制企业下派党建指导员机制。2014年7月，为了深入贯彻落实中央和自治区关于促进非公有制经济发展的一系列政策措施，紧紧围绕自治区产业转型升级和结构调整总体战略，自治区人民政府办公厅转发了自治区经济和信息化委牵头制定的《加快非公经济发展行动计划（2014—2017年）》，该文件是《关于加快发展非公有制经济的若干意见》的“落地版”，是特定阶段破解非公经济突出问题的行动指南，对非公经济发展目标、主要任务、改革重点、政策保障进行了部署。从2014年起，实施“五项工程”（企业转型升级工程、创新能力提升工程、公共服务体系建设工程、人力资源保障工程和实施市场开拓工程）和“四项改革”（放宽市场准入、推进金融创新、减轻企业负担、优化发展环境）。同时，在支持人才引进和培育、加快资本市场建设、完善社会服务体系等方面也出台了相关政策，各类政策相得益彰，形成较为完善的政策保障体系，收到了显著成效。截至2015年6月末，宁夏登记注册的私营企业和个体工商户分别达8.27万户、29.18万户，较上年年末增长了31.4%和12.3%，呈现出井喷式增长势头。

2014中国（宁夏）非公有制经济发展论坛在银川召开

2014年9月，由民建中央、国家工业和信息化部、自治区人民政府共同主办的2014中国（宁夏）非公有制经济发展论坛在银川成功举办，本届论坛以“全面深化改革，激发非公经济活力，促进西部经济转型升级”为主题，邀请了国内多位著名经济学专家进行主题演讲，有

29个省市组团参加，吸引了全国近700名民营企业家来宁夏参加论坛、观摩考察。此次论坛共签订41个项目，计划总投资额达到409.4亿元。论坛的举办，对宁夏学习研究非公经济发展新观念、新趋势，探索启迪加快经济发展的思路和方法，进一步推动和激励经济社会快速发展，具有重要的现实意义。2015年6月，自治区人民政府制定《关于扶持小微企业健康发展的若干意见》，在自治区党委、政府2013年年初出台的《关于加快非公有制经济发展的若干意见》基础上，顺应新形势下国务院和自治区新的改革要求和小微企业诉求，对各项扶持小微企业发展政策措施进行了一定程度的整合、集中、衔接，力求放大政策的组合效应，可以说既有集成，又有创新，必将会对非公有制经济发展发挥重要作用。

2015年11月，党的十八届五中全会审议通过的《中共中央关于制定国民经济和社会发展第十三个五年规划的建议》提出，坚持公有制为主体、多种所有制经济共同发展。毫不动摇巩固和发展公有制经济，毫不动摇鼓励、支持、引导非公有制经济发展。推进产权保护法治化，依法保护各种所有制经济权益。《中共中央关于制定国民经济和社会发展第十三个五年规划的建议》对非公有制经济产权和权益的保护，使党和国家促进非公有制经济的发展进入了法治化的轨道，非公有制工业企业也将走上稳步、健康发展的轨道。

二、主要成就

（一）促进经济发展

广大非公有制经济人士运用自己拥有的资本、技术、劳动、信息、资源等生产要素，直接参与或服务于全区的经济建设，创造出一定的社会财富，成为推动宁夏回族自治区经济发展的一支重要力量。特别是20世纪90年代以来，宁夏非公有制经济在整个经济中的比重逐年上升，已经成为全区经济发展的一个新的重要的增长点。一些地方非公有制经济已占据了县域经济发展的主导地位。宁夏企业100强中，非公有制企业有74户，成为创造税收、促进发展、社会和谐的重要力量。宝塔石化、中银绒业、荣盛铁合金、宁夏红枸杞产业集团等一批非公有制工业企业成为宁夏特色优势产业的带头兵。特别值得一提的是，目前宁夏回族自治区相当一部分县、区私营企业等非公有制经济已占到当地经济总量的70%以上，已由“补充”变为主体。

（二）社会贡献日益突出

随着非公有制经济的迅猛发展和经济实力不断提升，在自治区党委、政府的引导下，广大民营企业、非公有制经济代表人士弘扬“致富思源，富而思进”的精神，自觉接受党的领导，履行义利兼顾、扶贫济困的社会责任，积极参与社会公益慈善事业，在提供就业、资助教育、抗灾救灾、扶贫帮困等方面发挥着日益重要的作用。在促进经济发展推动社会进步的同时，他们爱国、敬业、诚信、守法、贡献，致富思源、富而思进，做合格的中国特色社会主义事业的建设者，一大批优秀的民营企业和企业家受到国家和自治区的多次表彰。刘金虎、杨兴义、朱奕龙、张金山、孙琦超、孙占财、郑国祥等非公有制经济代表人士分别获得“全国五一劳动奖章”“全国民族团结先进个人”“优秀中国特色社会主义事业建设者”、自治区劳动模范等各类荣誉称号，有力地影响和带动了非公有制经济人士。宁夏红、宝塔石化、银帝集团等26家会员企业被自治区政府授予“百强纳税企业”的荣誉称号；陈庆成等6位民营企业家先后被评为“全国关爱员工优秀民营企业家”；万胜生物

宁夏非公有制企业家积极参加光彩事业

工程公司、浩海房地产等4家民营企业被评为“全国就业与社会保障先进民营企业”；红宝集团、宝塔石化被评为“思想政治工作先进单位”；宁夏红集团被评为“全国精神文明建设先进单位”。广大企业积极参与宁夏工商联与自治区劳动和社会保障厅、总工会等单位共同举办的宁夏民营企业招聘活动。

（三）促进对外贸易

随着外经贸体制改革的进一步深化和外贸经营权的进一步放开，宁夏努力降低门槛，促使更多的非公有制企业参与国际市场竞争，培育和壮大了外贸出口队伍。基本形成了不同所有制经济平等竞争、共同开拓国际市场的新格局，非公有制企业成为拉动全区外贸进出口增长的新动力。2006年，全区非公有制企业进出口6.62亿美元，比2005年增长71.9%，占全区进出口总额的46.1%，拉动全区外贸进出口增长28.7个百分点。其中，非公有制企业出口4.07亿美元，增长57.8%，进口2.55亿美元，增长100.5%。特别是全区私营企业出口2.75亿美元，增长86.4%。据海关统计，2007年宁夏非公有制企业进出口总额8.23亿美元，占宁夏进出口总额的51.98%。2014年，全区民营企业实现进出口总额42.1亿元，占全区进出口总额的77.2%，同比增长98.7%。外商投资企业实现进出口总额3.6亿美元，同比增长1.8%，占全区进出口总值的6.6%。

（四）推动科技进步

2014年，全区认定的53家高新技术企业中，非公有制企业45家，占84.9%；67个国家级、自治区级企业（集团）技术中心中，非公有制企业有55个，占82.1%。科技型中小企业154家，96%是非公有制企业。2011—2013年，全区共登记企业科技成果149件，其中非公有制企业成果数110项，占登记企业科技成果73.85%。非公有制企业积极落实自治区加快产业转型升级和结构调整政策，力促非公经济转型升级，向专业化、精细化、特色化、新颖化方向发展，2015 年，已有 172 家企业被认定首批自治区级“专精特新”中小企业，“专精特新”示范企业53家。卧龙电气银川变压器有限公司自主研发的“铁路用自耦牵引变压器”项目被列入国家火炬计划，打破国外长期垄断我国技术与制造领域局面；宁夏夏盛实业集团有限公司创研的自主品牌“夏盛酶”，首次运用在啤酒、饲料上，即以生态系统的酶系丰富著称，成为发酵行业“绿色、安全”的代名词，市场份额国内领先；银川泰丰生物科技有限公司旗下“百瑞源”商标为中国驰名商标，2011 年企业进军电子商务，已开设淘宝集市店、天猫旗舰店等共计 13 家店铺；宁夏维尔铸造有限公司重视企业技术创新，攻克了数十个设计和制造工艺方面技术难题，破解了铸造行业世界级技术难题，研发成功液力缓速器转子；宁夏成丰工贸有限公司利用专利生产低甲醛无铬毛皮产品，产业规模大，毛皮与羊绒结合，特色突出，产品出口欧洲。

宁夏维尔铸造有限公司车间

（五）非公有制工业企业规模总量持续扩张

2014 年，全区规模以上非公有制工业企业 1034 个，平均用工人数 203369 人，实收资本 627.22 亿元，工业总产值（当年价格）2060.22 亿元，出口交货值 76.80 亿元，分别占全区规模以上工业企业的 88.38%、54.97%和 92.91%，资产总计 3596.61 亿元，本年应上缴增值税 30.22 亿元，本年应付职工薪酬 102.68 亿元，利税总额 98.48 亿元。2015 年 11 月 18 日，全国工商联评选的“2014 中国民营企业 500 强”榜单发布，宁夏宝塔石化、天元锰业、宝丰能源 3 家民营企业上榜。非公有制工业

宁夏宝塔石化集团有限公司厂区

企业不断增多，实力不断增强。全区非公有制工业企业集团 61 户，比上年同期增长 27.08%，进一步增强了宁夏非公有制工业企业规模化、集约化经营和竞争实力。

三、经验启示

（一）解放思想、不断深化改革是非公有制经济发展的不竭动力

非公有制经济发展壮大的历程是对中国国情认识不断深化的过程。改革开放前，我国为了追求纯而又纯的社会主义，对个体私营经济采取排斥政策，尤其是“文化大革命”期间，对个体私营经济进行“围、追、堵、截”。结果，生产力发展严重受阻。十一届三中全会后，我们党重新恢复了马克思主义思想路线，实事求是，解放思想，冲破了长期存在的“左”的思想束缚，开始允许个体私营经济存在发展。1992 年，邓小平同志南方谈话掀起了思想大解放的浪潮，明确回答了多年来困扰和束缚人们思想的许多重大认识问题，非公有制经济获得迅猛发展。党的十二大和十三大分别确认了个体经济、私营经济是“公有制经济必要的和有益的补充”。党的十四大明确提出建立社会主义市场经济体制，在所有制结构上，强调“以公有制包括全民所有制和集体所有制经济为主体，个体经济、私营经济、外资经济为补充，多种经济成分长期共同

发展”。党的十五大把“公有制为主体、多种所有制经济共同发展”确立为我国基本经济制度，第一次明确提出“非公有制经济是社会主义市场经济的重要组成部分”。党的十六大提出“毫不动摇地巩固和发展公有制经济，毫不动摇地鼓励、支持和引导非公有制经济发展”。党的十七大强调要把“两个毫不动摇”作为长期坚持的方针，提出“平等保护物权，形成各种所有制经济平等竞争、相互促进新格局”。党的十八大进一步提出：“毫不动摇鼓励、支持、引导非公有制经济发展，保证各种所有制经济依法平等使用生产要素、公平参与市场竞争、同等受到法律保护。”从“有益补充”，到“共同发展”，再到“重要组成部分”，表明了党对非公有制经济地位认识的不断深化。党的十八届三中全会通过的《中共中央关于全面深化改革若干重大问题的决定》认真总结了改革开放以来的理论和实践，提出公有制经济和非公有制经济都是社会主义市场经济的重要组成部分，都是我国经济社会发展的重要基础，不仅再次重申了非公有制经济在社会主义市场经济中的地位，而且第一次将非公有制经济与公有制经济置于同等重要的地位，表明党对非公有制经济的认识达到一个新的高度。

改革开放三十五年来的历史进程充分证明：非公有制经济从无到有，再到发展壮大的过程，是解放思想的过程，非公有制经济的每一次大发展都起始于我们党对中国特色社会主义认识的飞跃。非公有制经济从“资本主义尾巴”到“必要的有益补充”，再到“重要组成部分”，从“两个毫不动摇”到“两个平等”，党和国家对非公有制经济发展理论政策的一次次飞跃，从根本上改变了非公有制经济的发展环境，极大地激发了人们自主创业的热情，使蕴藏在人民群众中的劳动、知识、技术、管理和资本的活力得以竞相迸发，大大推动了非公有制经济快速发展。我们的思想认识对非公有制经济发展至关重要，我们的思想越解放，就越能够推动非公有制经济的发展。

继续促进非公有制经济的发展，需要我们在坚持和发展中国特色社会主义的前提下，继续解放思想、实事求是、与时俱进，大力推进非公有制经济领域的理论创新、实践创新、制度创新。只有这样，才能在深层理论上解决人们的后顾之忧，进一步解放和发展非公有制生产力，更好地促进非公有制经济和整个国民经济的持续健康较快发展。

（二）非公有制经济是社会主义初级阶段的重要经济成分

改革开放以来，中国共产党对非公有制经济的定位经历了一个发展的过程。从历史看，无论是封建社会，还是资本主义社会，除了占统治地位的生产关系外，还同时存在着其他经济成分。社会主义市场经济条件下非公有制经济已不再具有传统资本主义的性质，私营企业主已经是社会主义事业的建设者，私营企业特别是大型私营企业所积累的财产已经具有很强的社会资本性质或广义社会化属性，私营企业主已经不再是传统意义上的资本家，而是与中国特色社会主义同发展、共命运的积极推动力量。事实一再证明，必须允许和鼓励多种经济形式共同存在、协调发展，才会促进社会的进步和生产力的发展。虽然国家允许各种生产要素参与分配，会产生收入不合理及贫富悬殊等现象，其中有些人可能或者已经转化为剥削者，但是公有制经济占据主导地位，国有经济控制着整个国民经济的命脉，并对全社会的发展发挥着指导作用。非公有制经济要接受国家的法律、行政以及税收、信贷、物价、工资等经济手段的制约、监督和引导。国家通过宏观调控的职能，可以调节其收入的分配和再分配。只要我们坚持社会主义方向，并且通过国家政权制定和执行相应的政策和措施，通过经济和法律手段对非公有制企业进行积极有效的指导、监督和管理，加强对非公有制企业业主阶层的团结、帮助、引导和教育工作，就能使这个阶层从总体上沿着建设中国特色的社会主义道路健康发展，成为社会主义建设的有生力量。

（三）党和政府对非公有制经济的扶持、指导是非公有制经济发展的保证

改革开放前，国家对私营经济采取了“利用、限制、改造”的政策，非公有制经济在中国基本绝迹。改革开放以来，非公有制经济之所以能够不断发展壮大，得益于自治区党委和政府贯彻落实党中央、国务院关于非公有制经济的各项方针政策，坚持把握非公有制经济发展规律、创新发展理念，转变发展方式，破解发展难题，引导非公有制经济立足宁夏资源优势和产业基础，按照党委、政府制定的经济发展规划，参与地方特色产业开发，投身基础设施和公共事业领域建设。

1994 年 1 月，为了加快个体、私营经济的发展，自治区人民政府印发《关于加快发展个体私营经济的若干规定》。1994 年、1996 年、1997 年，自治区连续三次召开全区民营经济工作会议，大力推动非公有制经济发展。1998 年 12 月，为了促进私营和个体经济健康发展，宁夏回族自治区人民政府制定了《宁夏回族自治区城镇私营企业个体工商户及其从业人员基本养老保险暂行办法》，以保障城镇私营企业、个体工商户从业人员年老时的基本生活，鼓励劳动者多渠道就业、维护社会稳定。1999 年，自治区出台了《关于加快发展非公有制经济若干问题的规定》，2003 年又出台了《关于进一步加快非公有制经济发展的意见》，2010 年颁布《促进中小企业发展条例》，2013 年出台《关于加快发展非公有制经济的若干意见》，在放宽投资领域、放宽准入条件、创新金融服务、加大财政扶持、减轻税费负担、健全服务体系等方面拿出了新举措。2014 年 7 月又制定了《加快非公经济发展行动计划（2014—2017 年)》，对非公经济发展目标、主要任务、改革重点、政策保障进行了部署。2014 年 11 月，党的十八届三中全会决定从多个层面提出鼓励、支持、引导非公有制经济发展，激发非公有制经济活力和创造力的改革举措。在功能定位上，明确公有制经济和非公有制经济都是社会主义市场

经济的重要组成部分，都是我国经济社会发展的重要基础；在产权保护上，明确提出公有制经济财产权不可侵犯，非公有制经济财产权同样不可侵犯；在政策待遇上，强调坚持权利平等、机会平等、规则平等，实行统一的市场准入制度；鼓励非公有制企业参与国有企业改革，鼓励发展非公有资本控股的混合所有制企业，鼓励有条件的私营企业建立现代企业制度。从改革开放38年来的历史可以看出，非公有制经济的健康发展离不开党和政府的鼓励支持，每一次政策的放宽都带来非公有制企业的大发展，每一次政策的徘徊都导致非公有制企业发展的停滞。党和政府对非公有制经济的扶持、指导为非公有制经济发展注入了强大动力，是非公有制经济发展的重要保证。

（四）发展非公有制经济是社会主义市场经济体制完善的重要内容和基础

改革开放38年来，我国社会主义市场经济体制已经初步建立，市场化程度大幅度提高，党和政府对市场规律的认识和驾驭能力不断提高，宏观调控体系更为健全，实践证明，市场经济就是充分竞争的经济。驱使竞争的动力是经济主体的自利行为，即通过降低成本、提高效率从而实现利润或效用的最大化。这无疑要求经济主体的分散化，也就是说市场经济内在要求多种经济成分共存，只有这样才能展开有效的市场竞争，实现资源的有效配置。虽然传统公有制经济中也存在着不同的企业，但从本质上讲，这些所谓的企业并不是根据市场而是根据计划来配置资源的，所以，这些企业被称为“车间”。因此，在原有公有制经济体系外，发展非公有制经济就成为社会主义市场经济体制完善的重要内容。从现实看，非公有制经济为改革开放以来中国经济社会发展做出了巨大贡献，承担着进一步促进经济社会快速发展的重担。党的十八届三中全会明确提出，要支持非公有制经济健康发展，这是因为非公有制经济与公有制经济一样，都是中国经济社会发展的重要基础。

（五）良好的发展环境是非公有制企业快发展大发展的保证

良好的环境是企业赖以生存、发展壮大的沃土，改革开放以来，特别是1992年以来，各级党委、政府树立抓发展就必须抓创新环境的意识，立足本地实际，采取了诸多有利于非公有制经济发展的措施和办法，打造良好投资经商环境、政策环境、市场竞争环境，解决企业注册难、融资难、负担重等问题，对非公有制企业的发展发挥了重要作用。实践证明，好的环境对外是竞争力，对内是亲和力；差的环境对外是排斥力，对内是破坏力，资金、技术、项目、人才可以引进，唯有发展环境只能自己创造。实现非公有制企业快发展大发展，必须创造有利于非公有制经济发展的良好环境。

四、对策建议

非公有制工业企业的发展虽然取得了显著的成效，但也存在着一些困难。一是从中央到地方政府都强调为非公有制经济发展创造平等的环境，但许多政策还停留在宏观层面上，缺乏具体的制度安排，各级地方政府制定出台的配套措施和实施细则往往滞后，在实际工作中存在贯彻落实不力问题。二是管理服务体制上，还存在多头管理、职能交叉等问题，导致行政审批程序多、审批效率不高，在一定程度上影响了非公有制企业的生产经营活动。三是非公有制工业企业产业层次和技术水平低。宁夏非公有制工业企业多是初加工的中低档产品，高附加值、高技术含量的产品少，市场竞争力弱，难以形成有区域特色的产业链和企业集群。四是现代企业制度尚未建立，内部管理不规范。多数非公有制工业企业是借助家族力量共同创业，依靠血缘关系维持经营。没有更好地利用社会资源和适应市场竞争的产权结构、治理结构和运行机制，很难拓展经营视野，形成发展战略，集聚要素资源，获得核心竞争能力。同时，家族化经营也在很大程度上阻碍了企业家和职业经理人队伍的形成和成长。五是人力资本投资不足在很大程度上影响了非公有制工业企业创新能力和发展能力的提升。

（一）优化非公有制经济发展环境

为了进一步贯彻十八届三中全会精神，激发非公有制经济活力，优化非公有制经济发展环境显得尤为重要，应当从以下几个方面入手为非公有制经济发展提供条件和空间：

首先，打造地方各级党委和政府服务到位、廉洁高效的政务环境。继续大力推进简政放权、放管结合，处理好政府与市场、政府与社会的关系，进一步梳理审批事项，制定时间表和路线图，明确和细化政策的标准，放宽和精简政策的条件，简化和优化政策享受的流程，制定明确具体的工作措施，确保打通政策落实的“最后一公里”，把能放的放下去，该放的放到位；加快推行权力清单、责任清单和负面清单制度，严禁行政机关法外设定权力，坚决消除权力设租寻租空间，减少政府对企业生产经营活动的直接干预，保证市场主体法无禁止皆可为。重点围绕解决互为前置、权责脱节和多头审批等问题，建立健全审批部门之间的协调机制，加强电子政务系统的整合，制定网上审批规范和流程，建立面对社会公众的统一网络审批平台，推行并联审批方式，探索建立“一站式办理、一次性告知、一条龙服务”的网上审批流程。

其次，建立非公有资本投资领域广阔、公平公正的市场环境。平等竞争是市场经济运行的基础，也是市场经济规律的客观要求。基础设施、公用事业、铁路运输、电力供应等领域，由于缺乏市场竞争机制和监督约束机制，国家对这些行业的投资一直存在着程度不同的高投资低回报、高成本低效率的问题，虽然国家已经明确提出允许非公有资本进入，但是非公有资本进入，仍然存在着“玻璃门”“弹簧门”“旋转门”现象，所以，要厘清市场与政府的边界，清除妨碍市场公平竞争的各种规定，最大限度地让资源、资金、劳动力等生产要素自由流动；切实消除市场壁垒，维护市场秩序，保护投资者利益，让包括外商在内的各类市场主体，做强做大有用武之地，发展经营无后顾之忧，逐步形成更加开放、更有效率、更富活力的开放型市场体系。

再次，创建严明规范、文明执法的法治环境。加快建设法治政府，依法履行宏观调控职能，解决对微观经济干预过多和监管不到位等问题，以法治手段保护非公有制企业合法权益、维护公平竞争的市场秩序，打造良好的营商环境、激发市场活力，为经济长期持续健康发展提供法治“护航”。各级政府要完善行政组织和行政程序法律制度，推进机构、职能、权限、程序、责任法定化，坚持法定职责必须为、法无授权不可为。政府工作人员要强化法律意识，树立敬畏法律、崇尚法治的信念，提高运用法治思维和法治方式深化改革、推动发展、化解矛盾、维护稳定能力，努力推动形成办事依法、遇事找法、解决问题用法、化解矛盾靠法的良好法治环境。切实让非公有制企业和非公有制经济人士的财产权、人身权受到严密保护，保证非公有制企业与国有企业在权利、机会、规则上的“三个平等”。

最后，减轻企业负担，营造支商助商的社会氛围。整顿企业开办时的环境影响、能源、安全、地震等多项评价收费和各种类型的检测费用，规范垄断行业行为。强化供电、供气、供水、公路、银行等垄断行业对小微企业的服务意识，进一步规范和降低服务价格和收费，加大对落实中小微企业税收优惠、财政奖励补贴政策的督查力度，全面建立涉企收费清单管理制度，定期晾晒各地非公经济发展情况，完善投诉办理和查访问责工作机制，严肃处理乱作为、不作为和侵害非公企业合法权益的违法违纪行为，切实维护非公企业合法权益。

（二）创新非公有制工业企业管理体制机制

一是引导非公有制工业企业建立现代企业制度。绝大多数的非公有制工业企业是家族式企业，企业制度还停留在传统模式阶段，主要表现在企业产权不明晰，法人治理结构不科学，管理制度不合理，这些问题严重制约企业长远发展。因此，要鼓励有条件的非公有制工业企业建立现代企业制度，构建与市场经济相适应的科学化、规范化的现代企业组织制度和管理制度，采用现代化、法制化、制度化的管理模式，建立现代企业的法人治理结构。进一步提升发展能力和水平，实现非公有制经济的持续健康发展。二是推动企业生产模式组织模式创新。新一代信息技术与制造技术深度融合为特征的智能制造模式，正在引发新一轮制造业变革。非公有制企业应紧跟时代发展的步伐，通过“互联网+”为自身快速发展插上翅膀，运用各种方式把众创、众包、众扶、众筹等带动起来，推动企业生产模式和组织方式变革，增强企业创新能力和创造活力。三是推动商业模式创新。商业模式成为决定产业竞争力的关键因素，成为战略性的竞争优势。阿里巴巴、京东的成功很大程度上得益于商业模式的创新。应顺应这种趋势，完善扶持政策，支持试点示范，引导民营企业加强新型商业模式的应用，特别是发挥电子商务在商业模式创新中的作用，打造一批网络零售平台、大宗商品电子商务交易平台、行业电子商务平台和综合性电子商务平台。四是大力实施品牌战略。应大力实施商标品牌战略带动工程，以名牌企业、名牌产品为依托，全面提高非公有制企业商标注册、培育、运用、保护和管理能力，丰富商标内涵，增强品牌竞争力，提升企业国内外知名度、综合实力和竞争力。

（三）加大人才培养力度

企业的竞争，最重要的是人才的竞争，人才是企业最活跃的生产要素。非公有制企业要谋求稳定而快速的发展，必须能够留住人才，吸引高素质人才。企业要实施企业内部的人力资本开发战略，建立一套自己的人才机制，吸引人，留住人，利用人。一是企业家的培养。各级政府可以通过在国内高水平高校定期开设培训班和建立海外培训基地等形式，形成针对非公有制企业家或高层管理人员的管理培训。同时还可以通过开设企业竞争力大讲堂，建立企业网络培训系统等方式，帮助非公有制企业家提高战略决策能力、经营管理能力和把握机遇规避风险的能力。非公有制企业家也要加强自身修养，胸怀国内外两个市场，适应现代市场经济全球化、信息化、知识化的新形势，加强现代企业管理意识，学习各项法律法规，掌握各项政治经济政策，提高企业经营管理水平。二是技术人才的培养。逐步建立企业为主、政府补助、个人适当承担的非公有制经济组织人才教育培训投入体系，依托区内外教学基地，整合现有培训资源，设立非公有制经济技术人才培训基地。政府每年拿出一定数量的培训资金，用于非公有制企业技术人员的培训。建立企业与高校之间人才需求信息平台，引导高校根据非公有制企业的需要设置专业，并积极开展定向培训，使高校的教学与企业的需求挂钩，培养出企业需要的各类人才。非公有制企业要加强专业技术人才的培训并经常化、制度化，保证技术人才队伍的稳定，同时还要通过多种方式吸纳社会专业人才，壮大技术管理人才队伍。三是职工队伍的培养。全社会都要积极支持、参与职业教育发展，树立正确的人才观、就业观，克服重普通教育、轻职业教育的观念，努力形成“崇尚一技之长，不唯学历凭能力”的社会共识。把发展现代职业教育纳入经济发展和产业发展规划，加强综合协调，加大对职业教育的投入和支持力度。要统筹规划，加快职业教育资源整合，要突出市场导向，紧盯市场办学，创新校企合作办学模式，引导支持社会力量兴办职业教育，为非公有制企业的经济发展方式转变和产业转型升级，培养一批实用型、技能型人才。

（四）强力推动非公有制工业企业科技创新

当前，我国已进入依靠科技创新实现更高水平发展的关键时期。要通过政策服务、重点扶持、典型引路等方式，积极引导非公有制企业加强原始性创新、集成创新、引进消化吸收创新，集中力量突破重点领域核心技术，增强企业核心竞争力，走出一条掌握更多核心技术、拥有更多自主知识产权、涌现更多知名品牌的发展之路，真正成为科技创新的生力军。一是引导非公有制工业企业加大研发投入力度。各级政府要落实好各项优惠政策，实行支持自主创新的财税、金融和政府采购等政策，完善自主创新的激励机制，适当加大无偿资助力度，加大对非公有制工业企业前期研发活动的支持，提高企业创新投入的积极性。支持企业建设技术中心、工程中心、研发中心，鼓励有条件的企业参与产业共性关键技术研发、国家和地方科技计划项目以及标准制定。二是加强创新平台建设。采取政府引导、市场化运作、开放服务的方式，围绕自治区重点产业，整合创新资源，鼓励非公有制工业企业与高等院校、科研院所建立长期合作关系，通过共建研发机构、联合或委托开发、技术成果转移、专业技术人才培养等多种形式，构建产、学、研相结合的技术创新体系。三是提高成果产业化水平。推进科技成果收益权和处置权改革，落实技术要素参与股权和收益分配政策，加强科研成果产业化示范基地和科技孵化器建设，设立科技成果转化风险补偿专项资金，增强成果产业化的动力和活力。四是开展科技创新服务。加强科技信息沟通，将一些产业转移中的新技术、新产品、新信息及时传达给非公有制工业企业，引导企业调整发展策略，减少创新盲目性，降低创新风险。

（五）拓宽非公有制工业企业融资服务渠道

一是加强对非公有制工业企业与银行业金融机构的项目对接指导，建立政银企交流合作机制，引导和鼓励银行业金融机构，特别是农村信用合作社、城市商业银行等地方金融机构加大对非公有制经济贷款的支持力度，切实提高对非公有制工业企业贷款的规模和比重，开发适应非公有制工业企业融资需求特点的金融产品，实施分类帮扶；允许具备条件的非公有有制资本依法发起设立中小型银行等金融机构；鼓励证券机构结合非公有制工业企业特点，提供资产证券化等金融工具，支持非公有制工业企业境内外上市、新三板和区域性股权交易市场挂牌，扩大直接融资规模。二是强化担保服务。鼓励担保机构提高对非公有制工业企业的担保业务规模，对有产品、有信用、有发展前景的非公有制工业企业要适当降低担保收费标准，不得强制搭售其他产品；银行业金融机构要积极探索运用符合非公有制工业企业特点的抵押担保方式，拓宽抵押范围，积极探索开展多种形式的贷款抵押方式。三是发展非公有制资本市场，扩大民间融资，引导社会资金投资非公有制工业企业，特别是中小微企业。充分吸收民间资本，发展创业投资基金，尽快设立多种形式的产业投资基金和高新技术风险投资创业基金，同时倡导民间融资阳光化、合法化，严厉打击非法集资融资。四是完善金融服务体系。鼓励国有商业银行增设为非公有制工业企业服务的专营机构、特色支行、特色柜台；推动股份制银行在非公有制经济相对活跃、金融需求旺盛的地区增设机构网点；支持鼓励地方性银行机构加快在县域设立分支机构；支持农村信用社完善网点；支持保险机构为非公有制工业企业提供农业、进出口信用、科技、国内贸易、贷款保险保证等创新保险产品。五是加强诚信体系建设。整合金融、税务、海关、工商、质监、环保、食品药品安全等信息资源力量，注重引入行业协会等社会力量开展第三方评估，打造非公有制企业诚信体系，建立健全失信主体惩戒机制，促进诚信经营，为企业融资奠定信用基础。

（六）切实加强对非公有制工业企业的鼓励、支持和引导

放手发展非公有制经济，并不等于放任自流，并不是不对非公有制经济进行监管。相反，由于市场经济固有的“失灵”现象，由于资本的天然逐利本性，非公有资本往往会不择手段地追逐利润、追逐金钱。因此，在放手发展非公有制工业企业的同时，我们必须更加重视对它们的引导。一是加强政治引导，促进非公有制经济人士在爱党爱国的旗帜下健康成长。加强非公有制工业企业党建工作，把广大非公有制经济人士最广泛最紧密地团结凝聚在党的周围，听党话，跟党走。通过实践教

育和理论教育、引导教育和自我教育相结合，促使非公有制经济人士不断提高政治把握能力，坚定中国特色社会主义道路自信、理论自信和制度自信，坚定不移地在党的领导下走中国特色社会主义道路，做合格的中国特色社会主义事业建设者。二是引导广大非公有制经济人士将公益当作一项事业，把共同富裕看作一种责任，继续发扬“致富思源、富而思进，扶危济困、共同致富，义利兼顾、德行并重，发展企业、回馈社会”的光彩精神，参与光彩事业“温暖工程”和社会慈善事业等，做到财富取之于社会、用之于社会，努力成为先富帮后富、实现共同富裕的积极参与者。 三是引导非公有经济人士围绕国家经济社会发展中的重大问题、难点问题和热点问题深入开展调查研究，积极建言献策，提出建设性意见建议，为政府部门制定有关经济社会发展的政策措施，提供决策参考。

宁夏工业和信息化的融合与发展

工业与信息化的融合是指电子信息技术广泛应用到工业生产的各个环节，使信息化成为工业企业生产、经营、管理的常规手段。“两化”融合意味着信息化进程和工业化进程不再相互独立进行，不再是单方的带动和促进关系，而是两者在技术、产品、管理等各个层面相互交融，彼此不可分割，并催生工业电子、工业软件、工业信息服务业等新产业。“两化”融合是工业化和信息化发展到一定阶段的必然产物。

一、改革发展历程

随着我国工业化的信息化程度不断提高，工业化与信息化的融合程度也在不断提升。宁夏工业化与信息化的逐步融合历经了如下两个阶段。

（一）“两化”建设的提出阶段（1995—2007 年）

我国从 1995 年就开始提出发展信息化，十四届五中全会通过的《中共中央关于制定国民经济和社会发展“九五”计划和 2010 年远景目标的建议》就提出了加快国民经济信息化的战略任务，以后的“十五”规划、“十一五”规划、“十二五”规划都对信息化进行了战略部署；1997 年以来国务院先后发布了四个国家信息化五年规划；1998 年，国家信息产业部成立，这标志着我国信息产业发展上了新台阶，也标志着我国更加重视信息产业发展和推进信息化进程；2000 年以来，为了解决工业化进程中的资源浪费、环境问题，我国提出利用信息技术的飞快发展，使信息化和工业化互相促进，走新型工业化发展道路，而这具体体现在党的十六大报告中："坚持以信息化带动工业化，以工业化促进信息化，走出一条科技含量高、经济效益好、资源消耗低、环境污染少、人力资源优势得到充分发挥的新型工业化路子"。

2006 年，中共中央办公厅、国务院办公厅印发《2006—2020 年国家信息化发展战略》，提出了我国信息化发展的九大战略重点； 2007 年 10 月，十七大报告正式将信息化列入"五化"，提出"两化"融合的概念，即信息化与工业化融合，走新型工业化的道路，"两化"融合作为新型工业化的核心内容，成为推动新型工业化发展的第一动力。宁夏"两化"融合的进程随着国家的总体部署稳步推进，这一阶段"两化"融合做了大量准备与铺垫工作。

（二）"两化"建设的融合阶段（2008 年至今）

2008 年，国务院机构改革组建工业和信息化部，负责推进信息化与工业化融合，宁夏回族自治区通过机构改革组建成立自治区经济和信息化委员会。2011 年，工信部印发了《关于加快推进信息化与工业化深度融合的若干意见》，明确了"十二五"期间国家推进"两化"深度融合的发展目标、主要任务以及政策措施；根据工业和信息化部 2011 年出台的全国"两化"融合发展水平评估测评，通过测算 31 个省份"两化"融合发展指数综合情况，将各省份"两化"融合发展水平分为四个梯队，宁夏位于第三梯队，发展总指数在 50~60 之间。宁夏"两化"融合发展总指数为 50.34，比 2010 年的 40.98 提高了 9.36 个点，居全国第 23 位。2012 年国务院制定出台了《工业转型升级规划 2011—2015 年》，把提高工业信息化水平作为工业转型升级的重点任务之一；2013 年工信部印发了《信息化和工业化深度融合专项行动计划（2013—2018 年）》，着力推动信息化和工业化深度融合。

2012 年以来，宁夏也在不断加大政策扶持和"两化"融合推进力度，开展工业企业"两化"融合整体性评估，并结合评估结果，制定出台了《关于推进全区信息化和工业化深度融合五年行动计划实施的意见》，对宁夏“两化”融合未来五年发展目标、行动计划和保障措施等方面提出了明确计划。通过“两化”融合评估，从“两化”融合阶段发展特征来看，宁夏工业企业“两化”融合总体水平仍处于从单项覆盖阶段，且正在向集成提升过渡的阶段。在评估的707家工业企业中，初步判定处于“两化”融合卓越水平（创新突破阶段）的企业为4家，部分开展和实现了跨企业的业务协同和模式创新，“两化”融合效益较为显著；处于“两化”融合高级水平（集成提升阶段）的企业为96家，单项应用较为成熟，并不同程度开展了关键业务系统间的集成；处于“两化”融合中级水平（单项覆盖阶段）的企业为277家，已经开展了若干单项业务应用，但综合集成基本尚未开展；处于“两化”融合初级水平（起步建设阶段）的企业为330家，重点关注“两化”融合基础设施和资源环境建设。从“两化”融合阶段发展特征来看，宁夏工业企业“两化”融合总体水平仍处于从单项覆盖阶段，正在向集成提升过渡的阶段。其中企业数字化研发设计工具使用率达到51%，企业关键工序数控化率达到23.5%，实现核心业务信息化全覆盖的企业比例达到26%（核心业务包括财务管理、销售管理、采购管理、生产管理、设备管理、人力资源管理、办公管理）。

按照企业所属行业统计企业“两化”融合发展阶段情况，如表1所示。

表1　按企业所属行业情况统计企业“两化”融合发展阶段情况

单位：家	电力	煤炭	冶金	石油化工	建材	装备	轻纺	食品	医药	其他
卓越水平	1	1	0	0	0	1	0	1	0	0
高级水平	12	1	6	8	13	20	13	19	4	0
中级水平	10	20	36	44	27	36	53	46	3	2
初级水平	2	28	67	67	30	31	57	46	0	2

基于本次评估的样本企业数据，行业“两化”融合总体水平从高到低依次为电力、医药、装备、食品、建材、轻纺、石油化工、煤炭、冶金，如表 2 所示。

表 2　宁夏各行业工业企业“两化”融合总体水平排序及描述

序号	行业	总体发展水平描述
1	电力	“两化”融合水平明显高于其他行业，1 家优秀企业处于创新突破阶段，48%的样本企业处于集成提升阶段，40%的样本企业处在单项覆盖阶段
2	医药	“两化”融合水平明显高于其他行业，超半数的样本企业处于集成提升阶段
3	装备	“两化”融合水平中等偏上，有 1 家企业处于创新突破阶段，22.7%的企业处于集成提升阶段，40.9%的样本企业处在单项覆盖阶段
4	食品	“两化”融合水平中等偏上，有 1 家企业处于创新突破阶段，17%的企业处于集成提升阶段，41.1%的样本企业处在单项覆盖阶段
5	建材	“两化”融合水平中等水平，18.6%的企业处于集成提升阶段，38.6%的样本企业处在单项覆盖阶段
6	轻纺	“两化”融合处于中等水平，企业间“两化”融合水平差异较大。10.6%的企业处于集成提升阶段，43.1%的样本企业处在单项覆盖阶段
7	石油化工	“两化”融合总体水平中等偏下，仅 6.7%的企业处于集成提升阶段，37%的样本企业处在单项覆盖阶段，56.3%的企业处于起步建设阶段，信息化手段尚未有效支撑企业核心业务
8	煤炭	“两化”融合总体水平较低，企业间“两化”融合水平严重不均衡。有 1 家企业处于创新突破阶段，仅 2%的企业处于集成提升阶段，40%的样本企业处在单项覆盖阶段，56%的企业处于起步建设阶段
9	冶金	“两化”融合总体水平较低，仅 5.5%的企业处于集成提升阶段，33%的样本企业处在单项覆盖阶段，61.5%的企业处于起步建设阶段，信息化手段尚未有效支撑企业核心业务

二、主要成就

近年来，自治区党委、政府高度重视“两化”融合工作，全区上下形成了通过推动“两化”深度融合来提升企业竞争力，推进工业结构调整和产业转型升级的共识，始终将“两化”融合作为全区工业转型升级、做大做强的关键抓手。在工信部的统一安排部署下，结合地区实际，不断探索、积极创新，通过政策引导、加强公共平台建设、推动典型示范和“两化”融合管理体系的贯标等方式来推动宁夏“两化”深度融合。

（一）促进经济快速发展

通过“两化”融合的不断推进，全区40%的规模以上企业和12%的小企业，把信息化融合到设计、生产、销售、品牌等各个环节，为企业赢得了效益，促进了全区经济快速发展。吴忠仪表资源计划系统（WRP）平台综合集成应用达到国内装备制造同行业先进水平，实现核心业务和关键流程的全覆盖，产品工艺设计效率提高30%，库存减少33%，每年新增产值约500万元，节约财务费用约530万元；宁煤集团通过信息化工程，在信息化只投入6亿的情况下实现增机不增人，每年节约工资性支出280多亿；共享集团通过公司的信息化建设，建成了数字化铸造企业，实现新产品开发周期缩短10%以上，铸钢件新产品焊补率下降了30%，铸铁件新产品废品率下降了60%，综合能耗下降了5%，公司产品市场覆盖亚洲、欧洲、美洲等十余个国家和地区，支撑了集团快速、跨越发展。

（二）推动产业转型升级

1. 煤炭行业

运用信息技术加快对现有煤矿、选煤厂的升级改造，加强采矿生产和选矿生产关键环节的信息化应用水平，加强矿井综合自动化建设，实现井下操作自动化。建设和完善煤炭行业井下瓦斯监测、生产管理、决策指挥等信息系统，提高安全生产水平。推动生产经营调度和管理信息化的深化应用，加强生产、财务、物资供应、运销等业务综合分析处理能力，提高决策信息化水平，促进煤电一体化产业链的优化发展。

2. 电力行业

重点围绕火电、风电和太阳能光伏发电等产业，构建和完善电力行业高速综合数据传输网络，普及厂（站）级生产过程自动化和生产调度、规划设计、电力营销等方面的信息化系统。大力推进电力行业生产自动化与管理信息化综合集成，不断深化发电、输电、变电、配电、用电和调度环节数据自动采集和智能分析，实现企业经营管理决策科学化，促进电力企业实现集团化运作、集约化经营和精细化管理。

行业“两化”融合有序展开

3. 化工行业

在煤化工、石油化工、氯碱化工、电石等领域，开展集散控制系统（DCS）建设和改造，提高生产过程自动化水平。以生产过程控制系统为基础，推广在线计量、在线监控和管理系统，实现生产过程中的安全监测和重大危险源监控，提高生产安全性。优化生产工艺和生产流程，推广应用能源集成优化系统。建立供应链信息化管理、客户资源管理系统，实现企业内部信息资源共享和系统整合，以及产业链上下游企业的业务协同，提高化工行业链整体竞争力。

4. 冶金及建材行业

推广计算机辅助生产工艺流程设计，提高产品的精深加工能力。重点推进信息技术与生产过程监控和管理融合，实现从生产计划到制造作业、质量控制跟踪全程、计划调度全过程数字化管理。通过制造执行系统（MES）与生产过程控制系统（PCS）、管理决策系统全面集成，提高生产过程的自动化水平。推进能源管理体系建设，加快重点耗能行业和主要设备、工艺流程的智能化改造，加强对各类资源开采、运输的实时监测、精确控制和集约利用，在重点地区建立工业主要污染物排放自动连续监测信息管理体系。

5. 装备制造行业

在煤矿机械、数控机床、电工电器、仪器仪表、风电设备、太阳能光伏发电设备、大型铸件、轨道交通变压器和智能电网设备等装备制造业，应用数字传感器、微处理器和数字通信接口等信息技术，提高产品的信息技术含量和附加值。在仪器仪表等多品种小批量行业推广现代生产管理系统，实现生产装备现代化、生产过程信息化、生产管理集约化。在重型机械等大型复杂单件行业实施制造执行管理系统，实现计划、调度、生产、物流等环节数据的无缝连接与信息共享，对整个生产过程进行动态优化管理。加快产品研发设计与制造工艺系统的综合集成，完善产业链协同设计体系，推广产品全生命周期数字化设计模式。促进传统装备制造行业从生产型制造向服务型制造转变。

6. 轻纺行业

以羊绒产业为重点，积极开发和推广适合轻纺行业特点的计算机辅助设计（CAD）、计算机辅助工艺设计（CAPP）、计算机辅助制造（CAM）、产品数据管理（PDM）等信息技术。重点提升轻纺行业专用装备的数字化控制水平，推广在线监控系统。支持重点企业完善研发设计、生产控制、供应链及客户关系等各个环节信息化应用集成，形成面向消费者个性化、大规模定制的新型业态。支持骨干企业开发和推广适合供应链上下游中小企业特点的电子商务平台，发展面向轻纺产业集群的中小企业、专业市场的公共信息服务平台。

7. 食品医药行业

在枸杞、清真牛羊肉、乳制品、马铃薯淀粉特色农产品深加工、建立生产过程状态监视、质量控制、快速检测系统，逐步完善产品质量和安全的全生命周期管理体系。强化食品药品安全管理，利用无线射频识别（RFID）、标码和物联网等技术，推行采购、生产、加工、流通的产业链全程质量安全追溯系统。大力推动医药产品创新，融合运用化学、生物信息、计算机辅助药物设计等技术对新产品进行分析筛选，促进自主知识产权新药的研发。推动食品行业电子商务平台建设，发展共享式采购、销售平台。

（三）改造提升传统产业

近年来，宁夏积极实施“三百工程”、其他规模以上企业协同提升行动、中小企业梯度推进行动等，通过“两化”融合水平的提升和带动作用，实现全区“两化”融合水平的全面提升，促进了传统产业的改造提升。

1.“三百”企业示范与升级行动

百家示范企业。重点培育宁夏宝丰能源集团有限公司等100家“两化”融合处于创新和集成提升阶段（评估为A级、B级）的企业，推动企业间业务协同、创新，实现由B级向A级水平的提升，并为同行业其他企业起到示范作用。主要措施：一是鼓励

装备制造业“两化”融合成效显著

企业在现有系统集成的基础上，实现多业务环节并行处理和过程优化，支持企业业务决策，提升企业风险管控和快速反应能力；二是推动开展企业间业务协同，推动产品全生命周期管理（PLM）、客户关系管理（CRM）、供应链管理（SCM）等系统的深化应用，有效实现产品协同创新和产业链协同，实现产业链上下游企业的信息共享；三是在每个行业遴选2~3家“两化”深度融合标杆企业予以重点支持，并优先申报国家专项和自治区“两化”融合专项。同时，标杆企业要充分发挥示范带动作用，每年要对同行业5家以上的企业无偿提供“两化”融合技术、实施方案等方面的指导，实现行业“两化”融合水平的整体提升。

百家升级企业。重点培育宁夏广银铝业有限公司等100家“两化”融合处于单项覆盖阶段（评估为C级）的企业，实现从单向覆盖阶段（C级）向集成提升阶段（B级）的提升。主要措施：一是进一步推进信息技术在企业产品研发、生产制造、生产管理、采购、销售、设备、能耗、环保、财务、人力资源和办公管理等关键业务环节的深化应用，不断增强产品综合设计优化能力，提高计算机辅助工艺过程优化水平，实现生产制造全过程的数字化和信息化；二是鼓励企业适应发展的需求，开展企业跨部门、跨业务环节的业务综合和集成。推广全面数字化产品数据管理（PDM），推进生产制造过程控制系统（PCS）、生产制造执行系统（MES）、企业经营管理系统（ERP）的集成应用，实现从单向覆盖阶段向集成提升阶段的全面提升。

百家启动企业。培育宁夏吉元冶金集团有限公司等100家“两化”融合处于起步建设阶段（评估为D级）的企业，实现从起步建设阶段（D级）向单项覆盖阶段（C级）提升。一是鼓励企业根据业务发展需要合理规划和增加自动化（数控）设备、信息化建设资金投入，制定企业级专项信息化规划，推进关键数字化设备设施实现网络化、智能化，加强企业信息资源整合和集中管理能力。二是鼓励企业开展部门级单一业务环节的信息化应用。开展产品设计数字化建模和仿真，普及生产制造关键工序数（自）控化率，逐步开展生产、采购、销售、财务等经营管理系统建设，实现从起步建设阶段向单项覆盖阶段提升。

2. 其他规模以上企业协同提升行动

对未列入“三百”工程的规模以上工业企业，由各市工信部门参照“三百”工程推进办法，分行业分阶段，负责本地区企业“两化”融合具体推进工作。主要措施：一是构建交流平台。组织“两化”融合服务机构和专家为企业提供信息化规划和业务咨询，解决企业发展瓶颈问题。二是加强培训。以行业典型案例为主要内容，开展企业“两化”融合培训，提高企业高层领导“两化”融合认知水平。三是积极引导和支持。组织企业参观“两化”融合标杆企业，引导企业两化融合发展重点，激发企业内在需求。重点支持一批企业开展“两化”融合项目建设，同时对“两化”融合项目进行跟踪管理，强化服务推动和资金支持。

3. 中小企业梯度推进行动

以中小企业“百家成长、千家培育”工程为抓手，自治区经信委重点支持“百家”成长企业利用信息技术对原有研发、生产、管理系统和企业间协作配套等方面不断提升，各市县工信部门和园区管委会对其他中小微企业进行推进，形成以“百家”成长企业为行业标杆，其他中小微企业梯度推进的发展态势。主要措施：一是鼓励区内通信企业加快全区产业园区通信网络的部署和优化，推进TD-LTE网络的应用，提高面向工业应用的网络服务能力。引导中小企业服务机构和信息化服务机构，建设和完善区域行业工业云和中阿电子商务等平台，为中小微企业提供适合自身发展的信息化解决方案和服务。二是鼓励中小微企业运用信息化服务平台和第三方服务，借助中阿工业品在线博览会等平台，获取技术、信息等方面支持，积极参与大企业生产协作配套，促进中小企业拓展市场、降低成本，实现快速健康发展。三是鼓励中小微企业内部推广应用计算机辅助设计、自动化设备、工业控制系统、精细化生产管理系统等信息化应用，提升信息化水平。

4. 重点行业智能化水平提升行动

一是自治区各级行业主管部门加快民爆、危化、农药等行业智能监测监管体系建设。建设覆盖各级民爆、危化主管部门和生产、使用企业的综合管理服务平台，实现民爆物品、危化品生产、流通、使用的动态信息全程监测，提高重点高危行业安全生产水平。建立农药生产企业和产品数据库，加强农药生产企业监管。搭建违法案件群众举报信息平台，完善农药打假机制。依托国家农药生产和产品监管系统，建立起农药生产企业和产品查询信息平台，提升监管能力。二是加快推进重点行业节能减排。结合宁夏电石、铁合金、水泥等重点用能行业，实施数字能源重点工程，大力推动企业建设能源管控中心，推广流程工业能源在线仿真系统等节能减排信息技术。在重点用能企业建立能耗在线监测平台，开展企业数字能源应用等级评价，提高能源资源利用效率推动行业绿色发展。

通过以上主要措施，在宁夏特色和优势传统产业中，约48%的规模以上企业、18%的中小企业实现了研发手段信息化，形成了产品模型、分析数据和工艺数据的集成与共享，大大缩短了产品研发周期和新产品开发速度，有效节约了研发经费，促进了企业产品设计方法和过程的创新。约42%的规模以上企业、10%的中小企业采用企业资源计划系统管理，优化了计划、采购、销售、财务等主要流程，提高了办公效率，实现了企业内外的业务协同，促进了生产制造过程、企业管理模式和方法的创新。目前，宁夏已具有一批在“两化”融合方面技术领先、经济效益好、具有示范带头作用的企业。

神华宁煤集团经过多年的建设、改造，神华宁煤集团公司信息网络已经初具规模，形成了较为完善的运营管理服务体系和一体化网络平台，目前跨地域的计算机城域网、专用通信网络、有线电视网络、同步光传输系统、视频会议系统等均已形成，这些系统的运行，尤其是视频会议系统、安全监测系统、井下人员定位系统和无线通信系统、生产调度系统在集团安全生产管理中发挥了很大的作用，缩短了集团安全生产指挥中心与各生产经营单位的距离，加快了信息传递的速度，为集团公司的生产经营和现代化管理奠定了坚实的基础。集团 10 年前 6 万职工，年产煤 1000 万吨，10 年后的今天，职工总量基本保持稳定，而年产煤达 8000 万吨。

吴忠仪表有限责任公司始建于通过自主开发和集成应用，已完成 26 个信息系统的开发、实施，构建了以 ERP 为中心的制造业企业信息系统泛化架构——泛 ERP 系统，实现了设计、管理、制造、销售和服务等公司业务环节的信息化管理和应用。自主开发的吴忠仪表资源计划系统（WRP）平台，综合集成应用达到了国内装备制造同行业先进水平，实现了核心业务和关键流程的全覆盖。

宁夏共享集团创新性地提出了全面数字化管理的理念 TDM（Total Digital Management）的概念，即以企业经营管理体系（一体化体系）为核心，以 ERP、PDM 为主要平台，以自编软件为补充，融合企业（共享集团）经营管理思想、方法，整合提升管理方式，形成企业（共享集团）独具特色的完整、高效、简洁的数字化管理系统。在生产自动化方面，强化提升数字化生产、检测装备、积极拓展数字化制造范围。

（四）加快产业支撑体系建设

近年来，宁夏突出平台建设，打造共性服务平台，为加快产业支撑体系建设提供保障。一是发挥宁夏电信、移动、联通等通信企业综合信息服务商的优势，建设宁夏沿黄经济区无线智慧城市信息平台。通过专项支持一点、企业自己承担一点、通信企业让利一点的方式，为 108 家百家成长企业配备了无线终端设备，扩大了企业获取信息服务的渠道。

二是政府引导，充分发挥区内软件集成企业的优势，作为行业信息化服务机构，为全区工业企业提供信息化咨询和技术服务，帮助企业制定信息化建设规划，协助提供设计研发、生产制造、管理运营、市场营销等适合企业自身特点的行业解决方案。三是以宁夏中小企业服务体系为依托，采用物联网、云计算等新一代信息通信技术，建设宁夏中小企业信息网等第三方公共信息服务平台，为中小企业提供政务信息、政策法规、融资贷款、供求信息、产品目录等共性服务。

（五）工业云推广应用

工业云建设是推进“两化”深度融合，加快新型工业化进程的重要举措，是激发中小企业创新活力和提升发展能力的有效方式，也是实现宁夏产业转型升级、促进工业化和信息化深度融合的重要手段。

1. 以中卫西部云基地为依托，加快工业云创新服务步伐

宁夏党委、政府把发展云计算作为民族地区转变发展方式、加快经济结构调整的战略选择，加快提升宁夏云计算产业发展的重要载体，积极与北京市合作，以中卫西部云基地为核心，采用“前店后厂”（即云商总部在北京，大型数据中心在宁夏中卫）的模式，建设国家战略安全数据中心和国家西部云产业基地，由此，宁夏以云基地为依托，加快工业云创新服务步伐。一是制定出台了《关于加快发展全区云计算产业的政策意见》，从土地、电力、税收、财政、金融和人才等几个方面明确云计算产业的政策支持。重点协调相关部门给予云计算产业综合电价每千瓦·时不高于0.36 元的优惠政策。二是积极推动西部云基地项目开工建设，目前，租用中国联通中卫分公司机房用于测试的小型云数据中心已建设投运，3 个点云数据中心机房已建成；首期 900 个机架、3.5 万台服务器计划 2015 年底投入运营。云创公司数据中心项目一期两栋 4.3 万平方米机房已建成，其中为奇虎 360 量身定制的机房一个模块完成设备安装，正在进行调测。三是加快数据中心等基础设施建设，推进服务器制

造、软件研发等上下游产业链延伸，争取宁夏成为国家战略数据安全储备基地。

2. 围绕项目建设，推动工业云创新服务试点工作

近年来，宁夏作为全国十六个工业云创新服务试点省市之一，始终坚持以“政府引导、企业主体，资源整合、协同推进”的原则，结合区情，鼓励支持服务特定领域、示范带动效应明显的工业云平台。积极扶持宁夏菲麦森流程控制技术有限公司工业云项目，2014 年自治区经信委专门安排 125 万元专项资金支持该平台建设，目前项目已建成，实现了基于云计算方式部署的研发、设计服务功能，2015 年年底，宁夏工业云项目能够覆盖企业 50 家，用户 2000 人的规模。

三、经验启示

（一）加强组织领导，健全“两化”融合工作体系

自治区经信委负责全区“两化”融合推进工作，建立协同推进机制，是推动“两化”融合工作的基础，自治区经信委专门成立了“两化”融合推进工作领导小组，组织制定发展规划和实施方案，建立部门间沟通、协同推进工作机制，定期研究推进工作中的重大问题。自治区经信委内建立起了由产业信息化处牵头，其他各业务处室协同推进的“两化”融合工作模式，做好“两化”融合的细化落实和检查督促工作；加强工作联系，落实好国家“两化”融合工作的相关政策，出台和落实本级配套措施；做好经验总结，发挥示范带动作用，将经验成效加以推广。各市、县（区）工信部门负责本地区“两化”融合具体推进工作，制定具体的工作计划和推进方案，加强与企业的联系、协调和沟通，及时解决遇到的困难和问题，积极开展示范经验推广、重点项目遴选和资金支持等工作。探索建立“两化”融合工作责任制和考核制度，建立相应考评机制。同时，要求开展“两化”融合工作的企业成立专门的两化

融合推动小组，由企业一把手负总责。通过这一系列制度的建设，形成了由工信部统一领导，自治区经信委具体业务指导，企业具体落实的“两化”融合工作体系。

（二）加大政策和资金支持力度，推进“两化”融合有序开展

2013年以来，自治区经信委开展“两化”融合“三百”企业示范与升级、管理体系的贯标达标、工业云创新服务平台、“两化”融合服务平台的建设等，并每年拿出2000万元用于推动企业“两化”融合，提升多行业、多企业的“两化”融合水平。同时，自治区经信委出台了《关于推进全区信息化和工业化深度融合五年行动计划实施意见》，推进“两化”融合工作的有关政策措施，不断优化宁夏工业的发展环境及发展基础。自治区财政设立信息化与工业化融合专项资金，同时自治区从新型工业化资金中安排不少于总额度的15%作为“两化”融合专项资金，专门用于支持“两化”融合项目。自治区发改委、科技厅、商务厅和轻纺工业局等部门，在安排资金时优先支持“两化”融合项目。各市、县（区）也按照自治区的做法，设立“两化”融合专项资金，用于支持本地区“两化”重点项目。形成以政府投入为引导、企业投入为主体、其他投入为补充的投融资机制。

枸杞酒业全自动生产线

（三）开展试点示范工作，加快“两化”融合步伐

一是2014年以来，宁夏积极开展“两化”融合贯标管理体系试点工作，先后向工信部成功争取宁夏13家企业为国家贯标试点企业，并

指导规范试点企业系统推进“两化”融合贯标工作。截至目前，宁夏共享集团股份有限公司已通过全国首批200家“两化”融合管理体系评定，其余试点企业正处于提交评定文件、体系分析等阶段。二是培养扶持一批试点示范企业，挖掘、宣传行业信息化成功案例，通过对神华宁煤集团、吴忠仪表、共享铸钢等企业现场观摩、典型案例和解决方案分析，为全区企业管理干部、技术人员提供直观典型，帮助企业实现从为什么要信息化到如何实现信息化思想观念转变。三是以规模以上企业和百家成长企业为重点，开展100家企业示范、100家企业升级、100家企业启动工程，企业上报的备案、核准、资金扶持等项目，必须有“两化”融合的内容，促使其同规划、同建设、同运营。四是有序推进国家“两化”融合试点项目实施。成功争取宁夏中色（宁夏）东方集团有限公司和银川隆基硅材料有限公司为“国家级‘两化’深度融合示范企业”。积极推荐协调工信部确定宁夏菲麦森流程控制技术有限公司的制造工业云项目为2013年国家“两化”融合重点支持项目，并给予150万元项目支持资金。

（四）健全人才培养体系，为“两化”深度融合提供人才保障

2011年，自治区经信委制定出台了《宁夏回族自治区信息产业人才发展中长期规划（2011—2020年)》，为加快全区信息产业的发展，建设强有力的人才队伍提供了保障。除此之外，宁夏还注重对信息化人才的引进和培训，一是依托中卫西部云基地项目，引进中金数据系统有限公司董事、副总裁黎江，腾讯数据中心顾问曲海峰，中国宽带资本基金董事长田溯宁等5名国内云计算方面一流的专家，成立了宁夏西部云基地科技有限公司，为推进宁夏信息产业发展特别是云基地项目前期规划、技术方案确定和招商引资等发挥重要作用，同时带动了宁夏云计算产业人才队伍建设加强企业“两化”融合人才的培训。二是多次举办全区“两化”融合专业技术人员研修班，邀请区内外“两化”融合方面的专

家进行专题讲座，并邀请区内吴忠仪表公司、共享集团有限公司等“两化”融合先进企业结合自身实际，开展经验交流分享，通过培训交流，为全区“两化”融合培养和造就了一批专业技术人才。

四、存在问题与对策建议

近年来，宁夏在“两化”融合工作中取得了一些成绩，但与国家对“两化”融合的要求和宁夏“两化”融合的实际需求相比，仍存在较大的差距，必须看到“两化”融合推进工作中还存在许多不足，总体上仍处于探索和起步阶段。存在的主要问题表现在：一是技术人员少，信息化专业人才匮乏。全区企业的信息技术人员占企业员工人数的比例较低，企业即便配备了信息化人才，大多数也是停留在简单操作、维护的水平，既懂信息化技术又懂业务流程和企业管理的复合型骨干人才比较稀缺，使得“两化”融合实施过程不顺畅，无法尽快建立企业有效的信息管理系统，导致一些企业信息化建设与企业的生产管理衔接不紧密甚至脱节，限制了企业“两化”融合发展的质量和速度。二是投入比较小，“两化”融合水平还比较低。相当一部分企业特别是中小企业，由于对信息化的重视程度不够，不愿在信息化上进行过多的投入，不同行业、不同规模的企业之间“两化”融合水平差异较大。按照企业“两化”融合由起步建设到提升创新四个发展阶段来衡量，宁夏目前除少数龙头企业达到了综合集成阶段外，大多数企业还处于“两化”融合的初级阶段，正处于起步建设或者是财务、办公自动化单项应用阶段，对产品研发设计、生产过程控制等提高企业技术进步和核心竞争力业务应用还没开展，对于更高层次上的整体集成应用、业务协同应用更显薄弱。三是综合集成程度低，大幅提升经营管理集约化水平是显著提高“两化”融合效益的重要方向。随着管理与控制集成的稳固和水平提高，产供销集成、财务与业务集成、决策支持等水平实现了显著提升，管理与控制集成是阶段性提升工业企业“两化”融合水平的关键，在管控集成基础上实现产供销集成、财务业务集成和智能决策支持等，才能够真正建立现代生产管理模式，推动企业高质、高效增长和转型、创新发展。四是企业在信息化环境下的产品全生命周期管控能力弱。工业长期处于价值链中低端，加快从传统生产制造环节向设计和销售两端延伸是制造业向高端发展的关键一环，也是从制造大国向强国转变的重要途径。信息技术在产品全生命周期链条上的深化应用是亟待进一步深化发展的方面。评估结果表明，制造企业在工艺设计、设计与制造集成等方面基础较为薄弱，亟待实现突破，并进一步提升企业产品设计、生产、销售、售后维护乃至回收处理全生命周期信息跟踪和反馈能力，实现企业产品竞争力向研发设计、维护保养等价值链高端跃升。目前国际国内已出现了在线运维、供应链金融服务、集成解决方案等较为典型的生产型制造向服务型制造转型模式，值得深入研究和大力推广。五是产品服务低，“两化”融合公共服务能力比较弱。由于宁夏软件与信息系统集成产业比较薄弱，大多数信息化服务机构创新能力比较低，一些软件、集成企业不熟悉工业企业的研发、生产、管理等方面的流程特点和需求，能够提供给企业“两化”融合的专业化技术产品比较少，各类信息化技术产品及数据难以兼容处理。另外，更缺乏较为成熟的应用服务模式，存在重推销通用化产品、轻个性化服务，信息化产品二次开发后续服务困难的现象，一定程度上影响了工业企业开展“两化”融合工作的信心和实施效果。

针对上述问题，宁夏“两化”融合发展要以推动全区“两化”深度融合为主线，以夯实产业基础，推动信息技术在重点行业和企业试点示范并组织实施、工业云建设和广泛应用、搭建软件服务企业和工业企业的合作平台，推进信息技术改造提升传统产业，促进战略性新兴产业发展。

（一）夯实产业基础，增强“两化”深度融合支撑服务能力

工业化与信息化融合发展，工业化是基础，信息化是引擎，“两

化”融合，要解决好夯实基础与创新动力的关系，为此，一要强化专业服务。在信息化咨询、“两化”融合规划、宽带网络普及提速、网络系统设计和集成应用等方面做好服务，为宁夏企业提供先进的、适合自身发展的信息化产品和服务，确保“两化”融合有序、有力、有效开展。二要建设完善公共信息服务平台，重点围绕能源电力、冶金化工、装备制造、原材料、消费品、现代物流等行业，采用物联网、云计算等新一代信息通信技术，建设完善面向全区企业服务的第三方公共信息服务平台，提高中小企业设计研发、生产制造、管理运营、市场营销环节信息化应用水平。

（二）以智能制造为主攻方向，加快推进“两化”深度融合

加快推进智能制造基础建设，以智能建设推进“两化”深度融合。一要加快发展智能制造装备和产品。大力推动高档数控机床、工业机器人、增材制造装备、高端传感器、智能仪表、自动控制系统的研发和生产，推动智能装备和产品研发、系统集成创新与产业化，为智能制造提供基础支撑。二要推进制造过程智能化。加快人机智能交互、工业机器人、智能物流管理、增材制造等技术和装备在生产过程中的应用，促进制造工艺的仿真优化、数字化控制、状态信息实时监测和自适应控制。

（三）优化发展环境，积极培育新业态、新模式

在“互联网+”时代，积极运用互联网，推动互联网和工业的融合创新。一要全力推进工业云建设。制定宁夏工业云推进计划，在重点行业为企业提供开放的协同服务，共享设计资源和软件，实现企业内部及企业间合作与协同共享。二要实施工业大数据工程。利用物联网、云计算、大数据等现代信息技术，全面、及时的收集，促进信息共享和数据开放。加强行业经济运行监测，利用数学模型进行科学分析。

（四）加强人才队伍建设和国际交流，搭建“两化”深度融合平台

一要加强“两化”融合人才建设及交流。依托全区信息化服务机

构、高校和“两化”融合示范企业培训资源，开展不同层次的业务技术培训，加快企业信息化专业和管理人才的培养，为“两化”融合提供人才支撑。二要建产学研协作平台，成立宁夏“两化”融合服务联盟，引导和推动企业与高校、科研院所等技术成果转移相结合，完善技术支撑服务，推动信息化领域新技术、新产品、新工艺的应用和产业化。

（五）推动工业领域众创众投等新型商业模式的应用

积极顺应网络时代推动大众创业、万众创新的形势，结合宁夏实际，积极推动工业领域众创众投等新型商业模式的应用，发展基于互联网的个性化定制、众包设计、云制造等新型制造模式，推动形成基于消费需求动态感知的研发、制造和产业组织方式，建立优势互补、合作共赢的开放型产业生态体系，推动有条件企业由生产型向服务型转变。促进“两化”融合，提高工业化与信息化的融合度，是工业发展的必然要求，也是信息技术运用的广阔平台，更是技术创新的重要使命。因此，“两化”融合任重而道远，但前景光明而灿烂。

（六）更加重视“两化”融合发展的高级阶段的IT治理

随着“两化”融合发展水平的提升，计算机、网络等信息设备水平并未见显著提升，而规划和组织水平却实现了显著增长。可见，信息设备已经不是当前影响“两化”融合水平提升的关键因素，而规划和组织等IT治理的重要性和必要性则日益凸显。此外，随着企业综合集成的不断深化，企业对IT治理的要求也愈加迫切。进入集成提升以上阶段并利用信息技术支撑企业战略转型和变革的企业中，重大信息化建设工作多由一把手亲自来抓，信息化部门主管具有较强的决策权和监督权，职能部门要用好这种特殊权力，为宁夏的“两化”融合做出历史性贡献。

地 方 篇

银川市工业经济改革与发展

改革开放以来，银川市工业开始步入良性发展轨道，初步形成了以煤炭、电力为基础产业，以石化、冶金、机械、轻纺、建材、医药为支柱行业的工业结构，呈现出了能源工业、传统和特色产业、高新技术产业共同快速发展的新格局。党的十八届五中全会审议通过了《中共中央关于制定国民经济和社会发展第十三个五年规划》，从全局和战略的高度提出了创新、协调、绿色、开放、共享发展理念。在新的历史起点上，银川市将贯彻五大发展理念，继续推进工业改革与发展，加快推进工业转型升级，不断提升工业的国际竞争力，实现银川市工业的跨越式发展。

一、改革发展历程

改革开放以来，银川市工业改革与发展经历了五个阶段。

（一）扩大工业企业经营管理自主权阶段（1978—1984 年）

党的十一届三中全会后，银川市工业发展进入新时期。1978 年 4 月，《中共中央关于加快工业发展若干问题的决定（草案）》（简称工业三十条）提出，企业是生产单位，必须以生产为中心，要强化生产指挥过程的责任制（党委领导下的厂长分工负责制，总工程师、总会计师责任制），以建立和保持正常的企业生产秩序。党的十一届三中全会后，国务院下发了《关于扩大国营工业企业经营管理自主权的若干规定》等一系列文件，开始了以扩大企业自主权为主的改革试点。根据中央精神，1979 年 8 月，银川橡胶厂、西北轴承厂等国有大中型企业进行扩大企业

原银川市涤纶厂生产车间

自主权的试点，主要是将以往按工资总额提取企业基金改为按比例实行基数利润留成及增长利润留成的办法，这标志着银川市工业企业改革拉开了序幕。

1981 年，在学习首钢经验“包、保、核”的基础上，银川市开始在工业企业中推行经济责任制。同年 10 月，批准大河机床厂、银川毛纺厂等企业进行独立核算、国家征税、自负盈亏的试点。全市工业企业由初期的铺摊子、求数量转到了上管理、上技术、上质量和提高经济效益的“三上一高”轨道上来，全市工业经济保持了较快的增长速度。

1982 年，自治区将轻纺厅、重工业厅等厅局所属的 24 个骨干企业下放银川市，改善了银川市属工业的结构，加强了银川市属工业经济的实力。同年，国家在银川开始筹建宁夏化工厂、宁夏水泥厂等大型重点项目；西北轴承厂开始搬入银川市，至 1992 年完成搬迁任务；宁夏第一家宁港合资企业——洲际皮业合资有限公司成立，生产二毛皮制品出口；第一家中外合资企业宁加公司在银川开业；银川电子仪器仪表工业公司与美籍华人王仁昱合资，中方出资 102 万元，美方出资 43 万元，主要生产农林气象仪器等。

至 1984 年年底，银川市共有工业企业 531 个，其中：中央及自治区属 80 个，市属 451 个。按经济类型及隶属关系分：全民所有制企业 182 户，其中中央所属企业 4 户，自治区属 71 户，市属 80 户，永宁县 14 户，贺兰县 13 户。集体企业 345 户，其中自治区属 5 户，市属 101 户，县属 23 户。

（二）推行经济承包责任制阶段（1984—1991 年）

1984 年 10 月，党的十二届三中全会通过的《中共中央关于经济体制改革的决定》明确提出：要使企业成为相对独立的经济实体，成为自主经营、自负盈亏的社会主义的商品生产者和经营者，成为具有一定权利和义务的法人。之后，国家相继出台了扩大企业自主权、实行承包经营责任制以及转换企业经营机制等一系列政策措施，工业改革步入新阶段。银川市根据中央、自治区的有关要求，坚持解放思想，抢抓机遇，推动国有企业改革，工业经济实力进一步增强，实现了稳步健康快速发展。

1986 年，根据自治区《进一步搞活国营企业的若干规定》的要求，银川市制定了《银川市工业企业承包经营实行办法》等 4 项规定，明确了工业企业实行承包经营责任制的相关办法，开始推行厂长负责制和任期目标责任制。1987 年，银川市首先在皮革厂试行承包经营责任制，当年产值超过 500 万元，利润超过 50 万元，企业生产经营大幅提升，提前两年完成了 1989 年的承包任务。该厂作为典型，得到了市政府的充分肯定，并予以推广。同年，银川市有 5 户县属企业、46 户乡属企业签订了租赁经营合同，实行租赁经营。1988 年，自治区开始对大中型企业进行第一轮承包，主要有“双包一挂”“上缴利润”“递增包干”“上缴利润包干”“超收分成”“微利企业上缴利润定额包干”“亏损企业减亏（补贴）包干”等承包形式。银川市参与第一轮承包经营的市县属企业共 135 家，推行承包责任制后的企业经营效益有所提高，但也出现了部分考核指标不完善，企业有拼设备、片面重产值等短期经营行为，或只奖不罚、重奖轻罚等不足。与此同时，企业间的重组工作、股份合作制企业的试点、企业的兼并联合也逐步开展起来。1987 年，银川市制定了《银川市集体企业股份制试行办法》。随后，在彩印厂进行了股份制试点工作，将企业资产根据不同来源划分为联社股、集体股、个人股，成立了董事会，确定了合股经营、民主管理、权益共享、亏损共担的原则。1988—1989 年，宁夏大河机床厂兼并了宁夏汽车配件厂，市开关厂兼并了电梯厂，车辆厂兼并了市铸造厂，制箱厂兼并了商业塑料包装厂。人事劳动制度改革也稳步推行。企业中层以上干部进行公开招聘，通过竞争上岗，择优使用；对企业职工实行双向选择，择优上岗，企业进人全部实行劳动合同制。

1989—1991年，银川市继续深化企业改革，通过治理整顿，改善宏观调控等，企业经营机制向具有法人地位的独立商品生产者地位转变。同时，进行分配制度改革，将职工工资、奖金的分配与企业效益及个人贡献大小结合起来，实行了计件工资、岗位工资、浮动工资、档案工资与评分记奖、联产联销、联利记奖等分配形式，从而打破了长期以来国有企业在劳动分配上存在的平均主义与吃大锅饭现象。

1991年，第二轮承包经营责任制在银川市及县属企业中全面展开，共有241户企业正式签订了承包合同。在承包中，坚持“包死基数，确保上交，超收多留，欠收自补”的原则，规范和完善了承包形式，调整了国家、企业和职工三者的利益关系，细化了奖金分配等指标，加强了终结审计和年度审计，加大了经济效益指标比重，健全了对承包企业的组织、民主、财务、审计监督体系，保证其合法经营。

（三）建立现代企业制度与企业改革脱困阶段（1992—2002年）

1992年年初，在邓小平视察南方谈话精神的推动下，银川市贯彻《全民所有制工业企业转换经营机制条例》，确定了37家工业企业进行转换经营机制的试点工作，使企业逐步向自主经营、自负盈亏、自我发展、自我约束的商品生产者和经营者的方向转变。

1992年10月，党的十四大确定了建立社会主义市场经济体制的改革目标。会后，银川市加快工业企业制度改革，加快企业间的联合、兼并、破产、拍卖、组建集团公司工作，大多数企业开始向公司制过渡。1993年，市电石厂由于负债多、经营困难被自治区经贸厅五矿进出口公司兼并。1995年，自治区组建了宁夏玻璃集团公司，市属企业组建了鑫星建材集团公司、服装集团公司。

1994年，国务院确定了百家企业进行现代企业制度的试点，银川市的西北轴承厂被列为试点企业之一。银川市也制定了《股份制改组实施意见》《股份合作制试点办法》《国有民营试点办法》。1994年，广夏（银川）实业有限公司股票成功发行上市，融资7000余万元，这是银川市第一家上市公司。1995年，广夏公司投资建设银川酒厂并对其控股，组建昊都酒业有限公司。

从1994年开始，银川市进行了第三轮承包。永宁县在承包中试行资产经营风险抵押承包责任制，全县28家企业实行了资产风险抵押，占全部企业的97%。风险抵押承包增加了经营者的压力和风险意识，企业也加强了内部管理，强化了制度建设。1995年，市政府制定了《市属企业实行资产经营风险抵押目标责任制方案》，全市216户企业签订了责任书，上缴风险抵押金211万元。同年，银川市在学习青岛等市资产经营的经验基础上撤销了8个工业公司，改造组建了轻重两个资产经营公司，授权对银川市部分国有资产进行经营活动，市经委被暂定为国有资产经营公司主管部门，资产经营业务对口市国资局。

从1998年至2000年，银川市按照自治区党委、政府提出的利用三年时间完成国有大中型企业“改革脱困”目标，并积极落实自治区出台的《关于重点培育优势骨干企业的政策措施》《关于进一步放开搞活中小企业的政策规定》《关于大力发展非公有制经济的政策规定》，进一步深化改革，积极实施“抓大放小”战略。本着“有所为，有所不为”方针，对国有企业进行了战略重组，其改制、改组及改造取得了实质性进展，非国有企业也得到了强劲发展，全区工业所有制结构发生了变化。至2000年，全市国有大中型企业初步建立起现代企业制度，多数国有大中型亏损企业基本走出困境，初步实现经济结构的战略性调整。

这一时期，银川市工业经济以市场为导向，依托已有基础和发展优势，逐步形成了化学工业、食品工业、机械工业、建材工业、轻纺工业等支柱行业；建成了一批销售收入上亿元，利税过千万元的优势骨干企业；培植了一批具有银川特色，发挥本地资源优势，实现规模经营，在国内外技术领先、知名度高，有较好市场发展前景的优势名牌产品；逐步呈现出以公有制为主体，包括了国有、集体、合营、中外合资、股份公司制、私营、民办等多种经济成分并存，互相促进共同发展的势头。

（四）大力推进新型工业化阶段（2002—2010 年）

2002 年 11 月，党的十六大提出，要走新型工业化道路。2003 年 2 月，自治区党委、政府召开加快工业化进程工作会议，讨论了《自治区党委人民政府关于加快工业化进程的若干意见》等文件，做出了加快工业化进程的战略决策。3 月，银川市委、政府传达了会议精神，确立了“兴工强市”方略，部署加快工业化进程工作。

这一时期，银川市工业发展最重要的举措就是实施宁东重化工基地建设。宁东基地是以煤、电、化工、石油为一体的大型区域工业园区，位于黄河东岸的宁东煤田，总面积 3500 平方公里。规划建设的宁东基地主要包括三个产业基地：一是两个千万千瓦的火电基地，二是以煤炭为原料的煤化工基地，三是煤炭基地。

2003 年，自治区党委、政府做出了开发建设宁东基地的重大战略决策，并将宁东基地建设确定为自治区的“一号工程”，宁东基地建设大会战由此拉开序幕。2005 年 3 月，自治区成立了宁东能源化工基地建设领导小组。2007 年 3 月，国家《西部大开发“十一五”规划》，将宁东基地列入其中，明确提出利用宁东地区水、煤、电、石油、天然气等资源丰富的优势，加快建设国家重要的能源工业开发接续基地和重要能源化工产品加工基地。4 月，胡锦涛总书记在视察宁东时做出“又好又快建设宁东能源化工基地，实现资源优势向经济优势的转化”的重要指示。9 月，自治区政府印发了《关于又快又好建设宁东能源化工基地的若干意见》。10 月，由国家发改委、中科院、煤炭工业规划设计研究院、国务院发展研究中心等部门的13名专家组成专家评审组审议通过了宁东基地开发总体规划。2008年8月，温家宝总理在视察时指出："高水平建设好宁东能源化工基地，是推动宁夏工业发展和产业结构调整的龙头，也是宁夏经济发展新的增长点"，"要把宁东建设成为贯彻科学发展观要求的全国一流经济开发区"。9月，国务院《关于进一步促进宁夏经济社会发展的若干意见》明确提出，将宁东基地列入国家重点开发区，高起点、高水平地把宁东建设成为国家重要的大型煤炭基地、煤化工业基地、"西电东送"火电基地和循环经济示范区。2009年2月，国家发改委正式批复《宁东能源化工基地开发总体规划》，确定将宁东基地建成全国一流的能源化工基地；建成全国循环经济与资源高效利用示范区；建成带动宁夏跨越式发展与实现全面小康社会目标的重点开发区，进一步明确了宁东的定位。8月，自治区政府做出《关于成立宁东能源化工基地专家咨询委员会的决定》，正式成立以国内煤炭、电力、煤化工等领域的专家为成员的宁东能源化工基地专家咨询委员会，自治区政府召开会议向中国工程院院士、中国水利水电科学研究院水资源所所长王浩等24位专家颁发了聘任证书。2010年12月，国务院《全国主体功能区规划》将宁夏沿黄经济区列入国家层面的重点开发区域，宁东基地作为沿黄经济区的重要组成部分，标志着宁东基地上升为国家战略。规划到2020年，宁东基地工业项目固定资产投资总规模达到5000亿元，实现工业增加值和拉动相关产业增加值1500亿元，新增地方财政收入近200亿元，产业工人达到10万人，带动沿黄城市带新增就业岗位30万个，煤炭生产能力达到1.3亿吨，火电装机容量达到1600万千瓦以上，煤化工产品生产能力达到2000万吨/年以上，宁东基地发电煤耗控制在300克/（千瓦·时）以内，单位工业增加值能耗达到国内同行业先进水平。2011年2月，成立了中共宁夏回族自治区宁东能源化工基地工作委员会和自治区宁东能源化工基地管理委员会，为自治区党委、政府的派出机构，赋予宁东基地管委会地级市一级经济管理权和社会事务管理权，授权其享有部分自治区级经济管理权限，对宁东能源化工基地实行统一领导、统一规划、统筹建设和协调管理；将宁东镇整建制移交宁东能源化工基地管委会代管，实行区镇一体化发展。12月，自治区党委、政府《关于进一步促进宁东能源化工基地又好又快发展的若干意见》提出：经过5年到10年的努力，将宁东基地建设成国内最先进的能源化工基地、全国循环经济示范区和宁夏城乡一体化发展先行区。

这一时期，银川市还大力发展新兴战略产业。2008年6月，银川市委、政府传达自治区装备制造业专业化协作配套座谈会精神，研究解决主体企业快速发展、配套企业加速集聚、产业集群加快形成、专业化分工协作迅速起步等影响和决定制造业发展的重大问题。2009年，银川市政府相继转发了自治区《关于加快发展新能源产业的若干意见》《关于促进工业结构优化升级的实施意见》《关于加快建设高新技术产业基地的意见》《自治区新能源产业发展规划》等文件，并就具体工作进行了部署。

这一时期，银川市委、政府在认真分析银川市资源禀赋及经济结构的基础上，深入实施旨在提升企业核心竞争力的“小巨人企业”培育工程和旨在加速产业集聚发展的“铸龙”工程，产业结构不断优化完善，工业园区（开发区）建设掀起高潮。

至2010年，初步形成以银川经济技术开发区为龙头的“四区四园两基地”（银川经济技术开发区、暖泉工业区、金凤工业集中区、灵武再生资源循环经济示范区、灵武羊绒工业园、银川望远工业园、银川德胜工业园、银川兴庆科技园、宁东能源化工基地、贺兰县全民创业基地）的联动大开发和大开放格局。工业经济发展从量的扩张向质的提高全面转变，质量效益稳步提高，可持续发展能力不断增强。银川市自治区级以上高新技术企业和企业技术中心分别达到44家和32家，“小巨人企

银川德胜工业园区

业”发展到100家，培育了一大批成长型、创新型、科技型、效益型、规模型的“小巨人企业”群体。以神华宁煤集团、宁夏发电集团、宝丰能源、宝塔石化集团、共享集团等为代表的一大批规模较大、效益明显的工业龙头骨干企业成为银川工业的中流砥柱；以中银绒业、昊王酒业、小巨人机床、中青迈铝业、伊品生物科技、宁电光伏材料等为代表的新兴企业发展迅猛、增势强劲。全市工业化程度和经济实力已达到较高水平，银川工业处于工业化中期向成熟期和发达期跨越的战略转型期。

（五）转型升级、创新驱动发展阶段（2011年至今）

这一阶段，银川市委、政府大力推动发展方式转变，坚持以改造提升传统产业、培育壮大优势特色产业为主攻方向，努力做强能源化工、机械装备制造、羊绒纺织业、生物发酵制药、清真食品穆斯林用品、光伏新材料等六大产业；发展壮大石油化工、特色农业、装备制造、新能源、新材料等五大产业；积极培育现代物流、金融、生物、信息及电子商务四大产业；限制淘汰电解铝、钢铁、水泥、铁合金、电石、焦炭、化肥等七大过剩落后产业。

一是大力推进“两化”融合步伐，以信息化带动工业化，以工业化促进信息化。2011年，银川市以《工业产业“十二五”规划》《关于进一步加快信息化和工业化融合发展的意见》等为指导，深入贯彻实施《关于支持工业企业技术创新的意见》、“125”（即一套体系两大平台五大工程）建设，加快推进信息化建设步伐，开展龙头企业信息化示范工程。银川市在“一强四优五新”企业中“两化”融合做得较好的企业中确定了宁夏共享集团有限公司等10家为“两化”融合示范企业，评选宁夏隆基硅等4家为“应用领域”信息化示范企业。2012年，银川市以“两化”融合指标考核体系为标准，对评选出的“两化”融合示范企业进行综合考评。银川市先后对中银绒业、伊品生物、赛马实业、紫金花纸业等10家龙头企业“两化”融合水平进行综合考评，并提出了改进建议，促进了工业化与信息化的深度融合。2013年，银川市完成了“两化”融合评估系统的157家企业的填报、汇总及上报工作，推进了“三个100的融合”（分行业、分阶段重点培育100家处于创新和集成提升阶段、100家处于单项覆盖阶段、100家处于起步建设阶段的企业），加快了“两化”融合进程。2014年，银川市启动了工业大数据建设，颁布了《银川市打造西部信息技术产业基地实施方案》，全力打造西部信息技术产业基地。

二是着力促进产业转型升级，推动工业产业由粗放向集约、由低端向高端、由资源依赖向创新驱动方向发展的态势。2011年，银川市制定了《银川市淘汰落后产能指导目录》并配合自治区完成了对宁夏乐福宁炼焦有限公司、宁夏开特利镁业有限公司等5户企业的淘汰落后产能检查验收工作。2012年，银川市整合提升经济技术开发区、望远、德胜等工业园区层次，加快宁夏生态纺织园、银川科技园基础设施建设，修订了工业园区考核制度，全力打造承接上下游产业、东部地区产业、资金、技术转移的平台。2013年11月，党的十八届三中全会提出，要加快转变经济发展方式，加快建设创新性国家，推动经济更有效率、更加公平、更可持续发展。12月，自治区党委十一届三次全会提出了全面建设开放宁夏、富裕宁夏、和谐宁夏、美丽宁夏的战略目标，并提出要突出重点、转型升级，做优做强工业的目标任务。之后，银川市出台了《工业转型升级实施方案》，进一步明晰了产业转型升级的整体思路和途径，加快了企业创新平台建设，引导企业抓住国家对产能过剩行业进行调整和增值税改革等机遇，培育和指导骨干企业建立企业技术中心，及时兑现落实企业创新平台建设扶持政策。2014 年，银川市进一步加快了企业技术中心建设，实施品牌带动战略，积极推进战略性新兴产业发展，应用高新技术改造提升传统产业，积极实施了 80 个重点技术改造项目，编制完成了《“十三五”期间银川战略性新兴产业发展的研究》，工业转型升级步伐进一步加快。

三是进一步扶持小微企业发展。小微企业是提供新增就业岗位的主要渠道，是企业家创业成长的主要平台，是科技创新的重要力量。支持小微企业健康发展，对于保持经济平稳较快发展具有重要战略意义。2011 年，银川市积极做好自治区中小企业“百家成长千家培育”工程。通过申报，全市有 63 户企业进入自治区“百家成长”工程，356 户企业进入“千家培育”工程。同时，银川市制定了中小企业“千家培育”工程实施意见。2012 年，银川市创建了中小微企业服务超市，并通过政府考核、企业管理的方式来运作，采用“服务券”的模式运营。银川市制定了《银川中小微工业企业服务券使用管理暂行办法》，对扶持对象和条件、超市服务内容、服务券申领、管理、补贴额度和结算方式、签约服务机构资格的申请、认定和管理等做出了明确规定，进一步提升了对小微企业的服务水平。2013 年，银川市将金融创新作为工作的重中之重，探索新的抵质押措施，以更好地为中小企业提供担保服务，稳步开展存货质押担保业务。同年，银川市与宁夏嘉信金融仓储有限公司签订了《存货质押监管合作协议》，积极探讨批发式担保业务的开展模式。2014 年，受国内外市场有效需求持续萎缩、企业资金链趋紧、劳动力成本上升等不利因素影响，银川市工业企业生产经营面临着严重困难。银川市通过举办“保增长、保降耗、促发展”银政企对接会，进一步发挥银川市中小企业信用担保中心平台作用，缓解中小企业融资难问题。

银川市还出台了推荐“名优特新”产品文件，帮助企业大力开拓市场，推动企业直购电，为企业节省成本2000余万元；认真落实“三减两提高”（减程序、减费用、减时限，提高服务质量、提高服务效率），为企业发展提供更加稳定宽松的环境。

四是提升企业技术创新能力。自2011年以来，银川市积极组织引导企业开展技术改造、创建技术及研发机构，鼓励企业争创驰名商标、国家名牌和国际知名品牌；集中力量扶持一批主业突出、行业优势明显、拥有自主知识产权和品牌的工业龙头企业，不断提高企业技术装备水平和科技创新能力。全市高新技术产品产值占工业总产值的比重大幅上升，企业产品科技含量和市场竞争力明显提高。至2014年，银川市有自治区级以上企业技术中心50家，其中国家级企业技术中心11家。银川科技大厦、中科院研发大楼投入运行，国家科技成果转化服务（银川）示范基地正式落户。数控机床、高性能子午胎、牵引式变压器、电容器等一批高新技术产品已形成一定规模。银川隆基硅材料有限公司入选第一批符合《光伏制造行业规范条件》企业，厚生记杞动力饮料通过中饮标（北京）安全饮品认证中心审核，同时配发研发和生产技术获得国家知识产权局的发明专利。全市共有103家企业的105个产品获得宁夏名牌产品，20家企业产品获得中国驰名商标。全市399家规模以上企业实现增加值485亿元，较上年增长11%；占自治区比例为49.4%，实现利润总额63.58亿元，当年新增规模以上工业企业79户，全部工业企业完成工业增加

银川开发区打造中国第一品牌工业蓝宝石生产基地

值562.64亿元，占全市GDP的9.3%。

二、主要成就

改革开放以来，银川市委、政府在不断深化市情认识的基础上，确立了"兴工强市"方略，坚持改革与发展主线，工业化进程不断加快，项目建设如火如荼，园区发展高潮迭起，工业发展精彩纷呈，亮点频现。

（一）坚持"兴工强市"方略，工业占比及产值不断提升

为顺应社会经济发展趋势和需求，充分发挥自身地理和资源优势，银川市委、政府确立了"兴工强市"的发展方略，将发展工业经济作为经济发展的主动力。通过狠抓工业产业结构优化调整、技术改造、技术创新和新产品开发，把"科技兴工"作为加快工业发展与增强工业后劲的主要手段；坚持改造提升传统产业、培育壮大支柱产业和积极发展新兴产业相结合；以推进企业技术进步为中心，努力调整产业结构，逐步改变过去弱质分散的落后面貌；园区建设深入推进，产业集聚效应凸显，"一强四优五新"产业格局趋于完善；内生动力不断增强，产业结构不断优化，形成了一个比较完整的工业体系，使全市由一个消费城市变成了一个现代化的工业城市。2014年，全市工业经济占三大产业的比例为4:54.5:41.5，比2000年提升了9.7个百分点。

三大产业结构演化

年份	三大产业结构比	年份	三大产业结构比
1949年	54.3:23.9:21.8	2010年	5.4:49.7:44.9
1978年	16:56.9:27.1	2011年	4.8:54.2:41.0
2000年	13.2:44.8:42.0	2012年	4.5:54.8:40.7
2005年	6.6:45.1:48.3	2013年	4.4:54.0:41.6
2008年	5.9:48.8:45.3	2014年	4.0:54.5:41.5
2009年	5.6:49.4:45.0		

2014年，全市完成规模以上工业总产值1807.13亿元；完成规模以上工业增加值471.7亿元，全市工业投资640亿元，规模以上工业企业达到399户。

主要年份规模以上工业企业增加值

（亿元）

年份	工业增加值	年份年	工业增加值
2000年	40.38	2009年	238.51
2003年	60.12	2010年	273.29
2004年	86.69	2011年	357.80
2005年	104.30	2012年	430.00
2006年	128.32	2013年	432.2
2007年	170.03	2014年	471.7
2008年	211.46		

（二）坚持科学发展，工业产业转型升级成效显著

改革开放以来，银川市在工业结构调整和转型升级方面取得重大成就。

一是培育形成了“一强四优五新”现代工业体系。经过几十年的发展，银川市基本形成了以能源化工产业、机械装备制造、羊绒制品及纺织、清真食品及穆斯林用品、发酵及生物制药、新能源、新材料、信息产业、葡萄酒产业及家具制造和装饰材料产业为主的“一强四优五新”现代工业体系。

“一强”产业，即能源化工产业，主要布局在宁东能源化工基地。随着煤焦化、煤基烯烃、煤基二甲醚、煤基甲醇等一批重点煤化工项目逐步建成达产，形成了煤炭开采、火力发电、煤化工、石油天然气化工等四大支柱产业，以及甲醇深加工、电石、焦化、化肥、烯烃等五大产业链。

“四优”产业，即机械装备制造、羊绒产业、清真食品和穆斯林用品产业、发酵及生物制药产业。

机械装备制造业，主要聚集在银川经济技术开发区。主要发展煤炭机械、煤化工机械、石油化工机械等专用设备制造以及数控机床、特种铸钢、汽车及零部件等通用装备制造，为周边能源基地和资源深加工基地提供装备配套。目前，已建成铸造、模具、精加工、热处理、钣焊件、锻造、液压等七个行业配套中心，形成机床、拖拉机、减速器、仪器仪表、电子电器等配套产品生产企业聚集发展。

羊绒产业，主要聚集在银川高新技术产业开发区（灵武羊绒工业园区），它是中国乃至世界重要的山羊绒集散地。羊绒及其制品加工基地山羊绒收购量全球第一，分梳山羊绒、羊绒条出口量全球第一，无毛绒产量占世界的40%左右。培育了以中银、嘉源、荣昌三大羊绒集团为龙头的羊绒企业40多家，形成了集羊绒收购、分梳、绒条、纺纱、制衫、面料为一体的完整产业链，产品出口亚洲、欧洲等国家。

清真食品和穆斯林用品产业，主要布局在贺兰县德胜工业园区。先后培育出了“伊味”“百瑞源”“厚生记”等一批知名的清真产品品牌。其中，“厚生记”和“百瑞源”已被国家评为全国著名商标。产品已出口至马来西亚、阿联酋等东南亚和中东国际市场，清真牛羊肉、清真调味品已出口约旦、马来西亚、利比亚、美国等国家和地区。

发酵及生物制药产业，主要布局在永宁望远工业园区。拥有发酵容积4.5万立方米，形成了人用与兽用抗生素、维生素系列以及红霉素衍生物等生物制药产业链。

“五新”产业，包括新能源装备制造业、葡萄酒酿造业、电子信息产业、家具制造及装饰材料产业、新材料产业。

新能源装备制造业，主要布局在银川经济技术开发区。以硅材料、硅片、太阳能电池与组件、集成系统与设备制造为重点，打造出了从硅料、太阳能电池组件到系统集成、电厂工程总承包的完整产业链。风电产业重点发展2.5MW以上风机的制造，光伏组件迈进英国等发达国家市场。

葡萄酒酿造业，南至永宁县闽宁镇、北至贺兰县洪广镇金山村、西至110国道西侧一公里、东至兴庆区月牙湖，形成“两区两带”布局。“两区”即永宁县玉泉营片区和金凤区广夏片区，“两带”即从西夏区银巴路到贺兰县金山村110国道两侧的西部黄金旅游带和金凤区艾依河阅海闸北段水上旅游带。现有种植面积达18.9万亩，建成葡萄酒加工企业32家（其中酒庄26座），年产葡萄酒8万吨，年总产值10亿元。先后引进法国路易威登酩悦轩尼诗集团和保乐立加集团两家国际知名企业，以及张裕、长城等国内知名葡萄酒企业，培育出了加贝兰、法赛特、银色高地、类人首等具有国内外影响力的品牌。宁夏贺兰晴雪酒庄研制出品的“加贝兰”葡萄酒获得葡萄酒界“奥斯卡”奖。

电子信息产业，建成了宁夏物联网研发与应用示范中心和物联网技术创新中心。依托IBI育成中心和银川科技园，以宁夏电通实业、宁夏希望信息产业等为龙头企业，以“两化”融合为抓手，银川市形成了应用软件研发与服务外包、网络传输服务、物联网竞相发展的格局。

家具制造及装饰材料产业，主要布局在德胜工业园区。培育出了以华泰家具、德鑫家具为代表的家具制造特色产业和以康华装饰、晶峰玻璃为代表的装饰材料产业，市场辐射到内蒙古、陕西、甘肃等毗邻地区。目前，全市共有家具装饰生产企业大约85家。

新材料产业，主要布局在银川经济技术开发区。以硅材料为主，规模迅速壮大，形成了“石英砂—多晶硅—单晶硅—硅电池片—太阳能电池”完整的产业链条。

2014年，全市规模以上工业“一强四优五新”产业企业共241户，占规模以上工业企业总户数的68.7%；全市“一强四优五新”产业中规模以上企业完成工业增加值 425.4 亿元，占全市规模以上工业增加值的 90.18%。在四优产业完成增加值方面：能源化工产业完成增加值 297.3 亿元，同比增长 7.6%；发酵及生物制药产业完成增加值 17.1 亿元，同比增长 3.8%；清真食品和穆斯林用品产业 14.8 亿元，同比增长 29.3%；羊绒制品及纺织产业完成工业增加值 41.5 亿元，同比增长 28.5%；机械装备及再制造业完成工业增加值 16.6 亿元，同比增长 8.6%。在五新产业完成增加值方面：新材料产业完成工业增加值 27.5 亿元，同比增长 8.6%；新能源产业完成工业增加值 3.3 亿元，同比增长 22.6%；葡萄酿酒产业完成工业增加值 1.3 亿元，同比增长 68.1%；家具及完成工业增加值 6.1 亿元，同比增长 20%。

二是工业产业集群式发展逐步成型。经过几十年的发展，银川市工业从小到大、由弱到强，由最初的散乱无序逐渐向集群式和集约式发展。目前，银川市已成为全国煤化工产业基地、“西电东送”火电基地、加工贸易梯度转移重点承接地、国家新型工业化产业示范基地等；形成了以能源化工、机械装备制造、羊绒、生物发酵、清真食品和穆斯林用品产业为主导，以新能源、装备制造业、电子信息、葡萄酒酿造、新材料等产业集群为依托的现代工业竞相发展的产业集群格局，工业经济的整体产业竞争力和辐射力不断提高。

2014 年，银川市共有各类工业园区（开发区）11 个（宁东能源化工基地、宁夏生态纺织产业示范园、银川经济技术开发区、银川高新技术产业开发区、银川科技园、德胜工业园区、望远工业园、灵武再生资源循环经济试验区、金凤区工业集中区、滨河新区工业区、暖泉工业园区），其中国家级园区 4 个，自治区级 2 个，市级 3 个。园区规划总面积 254.67 平方公里，已开发面积 124.13 平方公里。入园工业企业达到 848 家，其中规模以上工业企业 217 家，工业总产值突破 1000 亿元。基本形成了以国家级开发区为龙头、自治区级工业园区为支撑、市级特色工业集聚区为补充的园区发展体系和格局。工业经济发展从量的扩张向质的提高全面转变，质量效益稳步提高，成为推动跨越发展的新引擎。

2009—2014 年银川市主要开发区、工业园区工业总产值

（亿元）

年份 / 园区	2009 年	2010 年	2011 年	2012 年	2013 年	2014 年
	总产值	总产值	总产值	总产值	总产值	总产值
宁东能源化工基地	175.3	245.42	388.84	519.95	591	687.25
银川经济技术开发区	73.01	106.68	138.85	162.38	275	184.46
银川高新技术产业园区	55.03	66.53	81.67	91.1	120	151.7
德胜工业园区	36.11	56.66	70.81	93.07	109	116.14
望远工业园区	31.13	43.83	50.45	53.27	73	72.91

三是工业所有制结构更趋合理。改革开放以来，随着市场经济体制的建立和对外开放步伐的加快，银川市积极实施“抓大放小”战略，对国有企业进行了战略性重组，使其改制、改组及改造取得了实质性进展，积极鼓励、支持、引导非公有制企业的发展，全市工业结构格局发生了重大的质的变化，国有经济比重明显下降，非公有制经济比重上升。

（三）坚持技术进步引领产业前沿，创新能力不断增强

银川市委、政府高度重视企业技术进步，把技术进步作为调整产业结构、促进产业升级、推动经济发展的重要手段。特别是近年来，银川市积极组织引导企业开展技术改造、创建技术研发机构和争创自治区全国名牌名标，集中力量扶持了一批主业突出、行业优势明显、拥有自主知识产权和品牌的工业龙头企业，不断提高企业技术装备水平和科技创新能力。大力推进原始创新、集成创新和引进消化吸收再创新，支持企业真正成为技术创新的主体。着力推进一批重点企业研发机构、重点实

验室和试验基地、科技中介机构等创新载体建设，构筑多层次企业技术创新体系。整合了各类政府扶持资金，每年重点扶持一批技术创新及产业化项目。以产业振兴、工业结构调整和优化升级为契机，认真落实有关扶持政策，积极帮助企业搞好品牌或商标的培育、组织申报等基础工作，引导企业加快产业转型，培育自主品牌，全市高新技术产品产值占工业总产值的比重大幅上升，企业产品科技含量和市场竞争力明显提高。数控机床、高性能子午胎、动漫作品、数控机床、彩扩机、风机、单晶硅、电容器等一批高新技术产品已形成一定规模，部分产品居于国际和国内领先水平。

（四）坚持“两化”融合，工业企业信息化水平不断提高

近年来，银川市努力创新信息化推进机制，重点实施企业“两化”深度融合提升工程、行业“两化”深度融合推进工程、小微企业信息化普及工程、节能减排信息技术支撑工程四大工程，推动信息技术深度应用，加快发展支撑信息化发展的产品和技术，全面提高企业信息化水平。银川市制订并实施了信息化和工业化深度融合行动计划，围绕产品融合、技术融合、业务融合和产业衍生，大力推进信息技术在研发设计、经营管理、生产过程、外部关系管理等各个层面上的应用、渗透和融合。推进信息技术与传统产业、优势产业、新兴产业融合互动发展。加快工业装备智能化、成套化和机器人应用，提升制造业智能化水平，提高生产效率。

（五）坚持环境保护，扎实推进发展方式转变

银川市委、政府坚持以科学发展观为指导，大力发展资源节约型、环境友好型工业，推动了发展方式转变。市委、市政府制订出台了《中共银川市委银川市人民政府关于加强节能减排工作的若干意见》《关于切实加强节能降耗几项重点工作的通知》等十余份政策文件，围绕设计开发生态化、生产过程清洁化、资源利用高效化、环境影响最小化，大力推进工业节能降耗、减排治污、清洁生产，发展循环经济和再制造产

业。积极推广低碳技术，加快淘汰落后产能，构建资源节约、环境友好、本质安全型产业体系。从2013年起，对全市年综合能耗3000吨标准煤以上的工业企业开展能耗对标达标专项整治，建立电力需求侧管理监控系统，实现国家、自治区、银川市、工业园区和企业的五级在线监测、运行、分析、诊断和管理的信息化管理平台。进一步压缩铁合金、合成氨、水泥、活性炭、碳化硅、蓝炭等行业产能，逐步淘汰12500kVA以下铁合金矿热炉、1000t/d水泥熟料生产线、4000kVA以下碳化硅冶炼炉，单条4万吨/年以下草浆造纸生产线，5.5万吨/年以下木浆生产线，淘汰落后产能270多万吨，其中水泥170万吨，造纸7万吨，焦炭81万吨。取缔和关闭了“十五小”企业[①]、“新五小”企业[②]共60家，向国家和自治区申请淘汰落后财政奖励资金5000多万元；在工业节能技改项目建设、节能技术研发与示范推广、节能灯推广补贴等方面累计投入财政专项资金7.3亿元；在燃煤工业锅炉（窑炉）改造、余热余压利用等方面，共组织实施了重点节能技术改造项目累计130个，投资资金总计达122亿元；组织实施了“大功率直流高频太阳能路灯研制”攻关项目、“造纸工艺优化及节能减排示范”项目等20多个节能技术示范推广项目，在全市节能工作中起到了积极的示范和推进作用。

（六）加强人才队伍建设，企业人才素质不断提升

银川市高度重视工业企业人才队伍建设，不断提升企业人才队伍层次和水平。一是拓宽人才引进的力度和途径，引导各企业充分利用大中专院校定点培养、校企联合建立实习基地、到相关院校定向招聘以及参加各类招聘会等方式引进人才。二是出台各项扶持政策鼓励人才培育。银川市运用自治区出台的对企业引进本地应届大学生给予补助的政策，

①“十五小”企业：小造纸、小制革、小染料、小土炼焦、小土硫磺、小电镀、小漂染、小农药、小选金、小炼油、小炼铅锌、小石棉、小放射、小炼汞、小炼砷。

②“新五小”企业：单机容量在10万千瓦及以下的常规燃煤火电机组、小炼油厂、小水泥厂、小玻璃厂、小钢铁厂。

累计为100余户企业发放了补助资金4000余万元，极大地调动了企业引进高智人才的积极性，有力地加快了企业调整人才结构的步伐。市委组织部、市委党校与市工信局联合举办的“企业经营管理人才MBA核心课程培训班”，目前已举办了五期，培训企业管理人才1800多名，得到了全市各类企事业单位的广泛关注和热烈欢迎。区、市两级连续几年对高新技术企业和国家级、自治区级企业技术中心给予资金扶持，增强了企业创建、申报的积极性，在此过程中锻炼了一批技术骨干，形成了众多科技人才孵化器。

三、经验启示

改革开放以来，银川市在加速推进工业化的道路上，成就十分巨大，经验弥足珍贵。

（一）必须坚持解放思想，改革开放，不断激发工业发展的内在活力

解放思想是正确行动的先导。改革开放以来，银川市坚持以思想的大解放，推动工业的大发展。通过解放思想，不断深入推进改革，不断创新体制机制，实现了国有经济的战略性调整，使民营经济、中小企业蓬勃发展，形成了多种所有制经济竞相发展的格局，成为工业发展极具潜力的新的经济增长点，工业经济发展的内在活力与动力不断增强。通过解放思想，推动了国有企业的改制，实施兼并联合重组，引入战略投资者，优化资源配置，使一批大中型企业不断做强做大，成为行业领军。坚持实施开放先导战略，坚持对外开放与对内开放相结合，努力抢抓国际资本和东部产业转移的机遇，围绕重点产业、重点行业、重点项目加大招商引资力度，推动了结构调整和产业升级，壮大了优势产业，增强了工业经济实力。实践证明，解放思想、改革开放是推动工业经济发展的强大动力。在新的历史起点上，推动银川市工业经济又好又快发展，必须坚持以党的创新理论为指导，按照科学发展观的要求，进一步

解放思想，全面深化改革，扩大开放，为工业发展注入不竭动力。

（二）必须坚持工业优先发展战略，加快推进新型工业化进程

工业化是经济社会发展不可逾越的历史阶段，是现代经济发展最强大的推动力量。改革开放以来，特别是进入21世纪以来，银川市委、政府从实际出发，提出了“兴工强市”战略，走新型工业化道路，将工业化作为全市经济工作的“牛鼻子”来抓，围绕做大做强支柱产业和特色产业，大力推进产业结构战略性调整，深入实施“2258”工作思路、“小巨人企业”培育工程、“百家成长，千家培育”工程，着力发展“一强四优五新”产业格局，推动全市工业经济进入持续快速发展的新阶段，带动了全市经济社会发展。实践证明，“工业兴则银川兴，工业强则银川强”，工业经济的发展带动了银川市经济的快速腾飞。在新的历史起点上，加快银川市经济社会发展，必须坚持工业优先发展战略，把抓发展的主要精力向工业集中，保障发展的资源向工业汇集，促进发展的政策向工业倾斜，加快推进银川新型工业化进程，走集约化、内涵式的发展道路，实现可持续发展，用工业化来带动银川市的城市化和现代化。

（三）必须坚持抓好产业和企业的培育，夯实工业发展基础

产业和企业是工业发展的基础。改革开放以来，特别是近年来，银川市通过不断培育产业、壮大企业来推动工业经济发展，逐步形成了“一强四优五新”的产业布局，建成了9个工业园区，399家规模以上工业企业。银川市立足自身资源特色和优势，积极培育支柱主导产业，大力实施“百家成长、千家培育”工程，市场主体培育成效显著。实践证明，产业和企业的发展，是工业发展的基础。在新的历史起点上，推动银川市工业发展，必须进一步加大工业投入，不断做大做强产业和企业规模总量。

（四）必须坚持推进科技创新，不断提升工业经济竞争能力

科技进步与创新是推动工业发展、增强工业经济竞争力的重要途径。银川市委、政府高度重视科技创新对经济社会发展的巨大推动作用，提出“科技兴工”战略，作出增强自主创新能力的发展要求，充分发挥银川市科教资源优势，推动科技成果转化和产业化，积极推进企业技术改造，不断提升工业经济的核心竞争力。实践证明，创新尤其是科技创新是发展主题、发展潮流、发展趋势。一个国家走在世界发展前列，根本靠创新；一个城市的发展，也根本靠创新，创新发展居于发展全局的核心位置，科技创新是工业发展的第一动力。站在新的历史起点上，面对世界范围的新一轮科技革命和产业变革，解决银川市发展面临的矛盾关键在于创新。只有把创新发展放在发展全局的核心位置，才能紧扣世界创新发展脉搏，顺应世界创新发展大势，赶上世界创新发展脚步，从后发到先发、从跟跑到领跑，引领世界创新发展潮流。

（五）必须坚持开放发展，不断优化发展环境

环境也是生产力，是地方经济发展的软实力，它直接影响工业发展的快慢，影响企业和产业的竞争力。改革开放以来，银川市的工业发展，得益于发展环境的不断改善。银川市委、政府高度重视发展环境建设，把改善环境作为转变干部作风、服务经济发展的重要抓手，采取一系列举措大力推进。各地、各部门认真贯彻市委、市政府的决策部署，转变政府职能，推进行政审批制度改革，下放管理权限，着力营造工业经济发展的良好环境，为工业发展提供了有力的支撑与保障。实践证明，促进工业经济又好又快发展，必须在营造环境上下功夫，努力营造安全稳定的法制环境、高效快捷的政务环境、开明开放的政策环境、诚实守信的人文环境、共生融合的产业生态。在新的历史起点上，继续推进银川市工业化进程，要打造更加优越的发展环境，为工业的跨越发展提供支撑与保障。

四、对策建议

改革开放以来，银川市工业发展取得了令人瞩目的成就，但也存在一些亟待解决的问题。一是工业经济总量偏小，工业经济总体水平较低。二是产业结构不合理，优势特色产业规模小。三是企业内生发展动力不足，产品竞争力较弱。四是企业发展环境需要改善，制约企业发展的瓶颈仍然较多。五是企业人才素质较低，缺乏一支高素质的企业人才队伍。

2015 年 10 月，党的十八届五中全会提出，要坚持“创新、协调、绿色、开放、共享”发展理念，深入实施创新驱动发展战略，对工业发展提出了新要求。12 月，自治区党委十一届七次全会提出，要坚持创新驱动，坚持把产业转型升级作为主攻方向，以科技创新引领全面创新，以结构调整带动经济转型，推动大众创业、万众创新，全力打造宁夏经济升级版。贯彻党的十八届五中全会和自治区党委十一届七次全会精神，银川市必须坚持“创新、协调、绿色、开放、共享”发展理念，坚持解放思想，抓住机遇，坚持改革开放，坚持“兴工强市”战略，深入实施创新驱动战略，加速推进工业化步伐，开创工业跨越发展的新篇章。

（一）优化产业结构，着力打造银川市工业升级版

要以“创新、协调、绿色、开放、共享”发展理念，抢抓国家实施西部大开发和举办中阿博览会的机遇，以“两区”建设为抓手，统筹推进银川市工业化进程，着力打造银川市工业升级版。

一是大力发展“一强四优”优势特色产业。要积极创建新型工业化产业示范基地，搭建产业发展载体，加快提升产业发展水平和促进产业优化集聚。以延伸拉长能源化工产业链为突破口，推动传统煤化工向现代煤化工加快转变。以促进装备制造业向高端迈进为重点，为周边能源基地和资源深加工基地提供装备配套。以“三优一高”为抓手，打造优

质工艺、优秀设计、优秀品牌，把产业发展重点放在羊绒服装、饰品、精纺面料等高端产品的研发和生产上，着力打造羊绒高档终端消费品。以“规模化、规范化、高品质”为目标，启动质量和食品安全溯源工程，着力打造健康安全的清真食品和穆斯林用品金字招牌。以发展人用与兽用抗生素、维生素系列及红霉素衍生物为重点，延长生物制药产业链，提升发酵及生物制药产业发展水平。

二是做强做大战略新兴产业，提升战略性新兴产业核心竞争力。要培育壮大提升新能源和装备制造业水平，打造完整的太阳能光伏产业链和风力发电装备产业链，加快向产业链高端迈进步伐。要积极培育壮大新材料产业，打造交通工具轻型化材料基地。要以建设智慧城市为载体，以创建“西部云谷”为目标，鼓励企业进入云计算、物联网等新一代信息技术产业领域，大力扶持企业开展物联网技术研发和推广，积极发展软件业，推进电子信息产业实现超常规跨越发展。要努力做大葡萄酿酒和家具装饰产业，进一步整合资源，制定规范统一标准，全力打造地域品牌，提高全产业链配套协作能力。要提升生产性服务业发展水平。抢抓银川市被列为国家服务综合改革试点城市和电子商务示范城市的机遇，树立“金融强市”理念，加快推进空港、陆港、银川物流港和公铁联运物流中心建设，积极开展电子商务进社区，吸引更多金融机构进驻银川，推动综合交通与现代物流融合发展、制造业与物流业联动发展。

三是推进工业化与信息化深度融合。要把信息化作为调整经济结构、转变经济发展方式的突破口和重要手段。加强利用信息技术改造提升传统产业的力度，深化信息技术推广应用，全面提升经济社会各领域信息化水平。推进信息化与工业化深度融合，以“125”为抓手，充分发挥“两化”融合综合评价指标体系的评估和引导推动作用，推动现代信息技术在研发设计、生产工艺、加工制造、经营管理和市场营销等各个环节的应用、渗透和融合，建立一批“两化”融合试点和示范的行业龙头企业。

（二）深入实施创新驱动战略，着力增强企业自主创新能力

要把增强自主创新能力作为工业经济发展的战略基点和推进结构调整、转变经济发展方式的中心环节。坚持企业是技术创新和人才培养的主体，进一步强化企业技术创新平台建设，组织实施一批技术创新和新产品开发项目，不断增强企业核心竞争力。一是全力推进科研基地建设。全力建设银川科技园、高新技术开发区和科技创业孵化基地，高标准引进科研机构和科技服务平台，推动产学研合作模式向“用”上延伸，切实加快技术创新成果转化。二是打造一批高水平技术创新平台。以骨干企业为依托，高起点推进企业技术中心、行业技术中心和工业设计中心建设，着力提升企业、行业和区域技术创新能力。三是攻克一批关键技术，以企业为主体、市场为导向，集中力量，重点突破。四是培育一批新的工业经济增长点。围绕传统产业和战略性新兴产业的重点领域，突出抓好发展基础好、产业链条长、技术水平高的自主创新项目。五是建设一批高层次人才队伍。加强与高等院校、科研院所的合作，健全完善工业企业人才培养长效机制，推进企业创新团队建设。在优势骨干企业中，选拔支持一批科研水平高、成果突出的优秀专家和拔尖人才。推进订单式人才培养，完善校企合作共建机制，探索建立工科专业和企业实训基地建设。

（三）加快产业园区建设，力争在项目带动发展上实现新跨越

一是加快工业园区建设。要加快银川生态纺织园区建设。引导督促银川经济技术开发区、德胜工业园区和望远工业园区进一步整合资源，突出发展特色产业，使银川经济技术开发区国家新能源、装备制造产业示范基地示范引领作用更加突出，德胜工业园区和望远工业园区成为自治区清真食品和穆斯林用品以及发酵产业示范基地。要健全完善对工业园区的考核机制，以投资强度、产出效益这些关键指标逐步取代单纯的

GDP增长指标，坚持提速与提升并重，进一步优化园区产业布局，引导企业和优势特色产业向园区集中，向集群化发展。

二是着力推进重点项目建设。项目是产业发展的载体。无论是改造提升传统产业，还是发展战略性新兴产业，都必须落实到具体项目上。要按照“在建项目早投产，签约项目早开工，在谈项目早签约，包装策划项目早成型”的工作要求，全力打造项目承载平台，着力推进重点项目建设，加强招商引资，大力实施一批对当期有拉动、长远有支撑的大项目，努力保持一个较快的投资增速，切实增强工业发展后劲。要加强重大项目督促检查和协调服务，及时解决项目建设中遇到的各种问题。

三是加大招商引资力度。要围绕“一强四优五新”产业链条中的缺失环节，谋划一批关联度大、技术含量高的好项目，积极开展产业招商、驻点招商，用项目拉长产业链，提升产业完整度、关联度。

（四）采取有效措施，助推和扶持小微企业发展

一要以“百家成长，千家培育”工程为抓手，研究出台相关措施，从财税政策、融资扶持、高效优质服务等方面，促进小微企业尽快步入上升通道。二要依托银川市中小企业在线资信服务平台，创建银川小型微型企业服务超市，为小型微型企业提供政策法规、融资担保、技术创新、管理咨询、信息化等全方位的服务。三要着力加强缓解企业融资难问题的协调服务工作。继续扩大市中小企业信用担保中心资本金规模，积极拓展集合票据等新业务，不断扩大担保能力和提高业务水平。用足用好资金互助融通平台，切实解决短期资金筹措难、成本大的问题。积极拓展融资新渠道，支持鼓励企业上市融资和发行债券。

（五）全面落实节能降耗综合性工作方案，大力推动工业发展方式转变

转变发展方式是银川市工业发展的必由之路。节能降耗是调整经济结构、转变经济发展方式的立足点和重要抓手。要坚持依靠科技进步提

高资源集约化利用水平，进一步加强节能降耗预警调控，严格目标责任和管理，完善节能降耗工作长效机制，确保完成全年节能降耗目标任务。一是大力推进节能技术改造。加快燃煤工业锅炉 (窑炉) 改造工程。选择条件成熟的企业进行水煤浆锅炉技术的应用试点工作。在火力发电企业推广应用电站锅炉空气预热器柔性接触式密封技术。二是推进重点企业和重点领域节能。完善能耗分析预警及调控预案管理系统，对重点用能单位能源消耗数据实施在线监测试点工作。加强重点用能企业能源审计，对未完成年度节能任务的企业，强制进行能源审计。三是深化重点行业污染减排。进一步降低重点行业污染物排放强度。四是发展循环经济与清洁生产。推广应用循环经济关键链接技术，加快培育重点行业循环经济发展模式。加大清洁生产审核力度，组织开展清洁生产对标建设，全面提高清洁生产水平。

石嘴山市工业经济改革与发展

石嘴山市“因煤设市”，是国家“一五”“二五”和“三线”时期重点布局建设的以发展煤炭、电力、钢铁、煤炭机械、有色金属等产业为主的国家级老工业基地，为宁夏生产了第一锹煤、第一度电、第一炉钢、第一吨水泥。党的十一届三中全会以来，在历届市委、政府的坚强领导下，石嘴山市先后组织实施了工业强市、项目带动、经济转型等一系列发展战略，实现了经济体制由计划经济向市场经济的全面转轨，经济结构由以公有制经济为主体转向了多种经济成分共同发展的新阶段，经济发展方式由改革产权、激活存量、扩大增量为主的改革期步入了以优化结构、提质增效、统筹协调、集约发展为特征的快速发展期。回首石嘴山市改革开放的38年不平凡历程，工业经济的改革与发展不仅是石嘴山的发展之基、财力之源、经济之本，也是石嘴山市全面建设开放、富裕、和谐、美丽新型工业化城市的力量之源。

一、改革发展历程

改革开放以来，石嘴山市的工业经济主要经历了四个阶段。

（一）扩权放权和股份制改革的探索阶段（1978—1992年）

这一阶段，石嘴山市主要以搞活企业为中心，大力推进国有企业改革。按照1979年7月国务院颁布的《关于扩大国营工业企业经营管理自主权的若干规定》等文件精神，重点是给企业“松绑”放权。1979年，在全市开始实施企业扩权改革，建立经济责任制，在市生资公司等

4家企业进行了扩权试点。1980年，全市学习首钢经验，进行了企业内部经济责任制试点，到1983年全市工业企业普遍建立了年度经营目标责任制。1985年，开始推行厂长（经理）负责制，到1987年，有80%以上的市县所属企业实行了厂长（经理）负责制和厂长（经理）任期目标责任制。自1986年开始，进行了企业兼并重组、股份制试点，先后在市二轻局所属的电石厂等7家企业、大武口铁合金厂等4家企业试行了股份制，随后逐步在全市国有企业实行企业职工集资入股，企业承包人、法人和管理层持大股的股份制形式，先后有9家企业兼并了10户企业，同时，组建了全区第一个跨地区、跨所有制、跨行业、多层次的经济联合体——宁夏石嘴山陶瓷工业（集团）公司。1987年5月，市委、政府颁布了《关于城区体制改革的试行办法》，将小型集体工业企业、国有商业企业全部下放给三个城区管理，在三个城区建立了较为完善的相对独立的区级财政，实行“划分税种，定收定支，超收分成，结余留用，超支不补，自求平衡，一年一定”的新体制，同时，实行部分国有企业职工退休基金统筹。8月，全市推行了企业承包经营责任制，县区所属以上企业中，有282户实行了以承包为主要形式的经营责任制，占企业总数的81%，其中，市直企业实行公开招标竞争承包占82%。据统计，1988年，在企业实行承包的第一年，全市工业产值比1987年增长10.2%，地方财政收入增长22.4%，社会商品零售总额增长29%。到1991年，全市219户企业转入新一轮

20世纪60年代建设钢厂场景

承包，承包经营责任制的全面推行，有力地促进了企业内部劳动、人事、工资分配等方面的改革，使全民所有制企业开始向具有法人地位的独立的商品生产者和经营者转变。

20 世纪 50 年代修建电厂场景

1992 年，全面实行了以承包经营为主的厂长负责制，将计划经济时期管理企业的部分权力逐步下放给企业。同年 4 月，在市直属 15 户公交企业进行了转换经营机制改革试点，全市 27 家企业实行了工资总额和经济效益挂钩试点。市、县政府及其部门转换职能，对企业实行宏观管理，把企业的生产经营权还于企业，使企业真正成为自主经营、自负盈亏、自我约束、自我发展的经济主体和法人实体。

（二）建立现代企业制度的公司化改革阶段（1992—2000 年）

1992 年 10 月，党的十四大确定改革的目标是建立社会主义市场经济体制。1993 年 11 月，党的十四届三中全会做出《中共中央关于建立社会主义市场经济体制若干问题的决定》。石嘴山市贯彻党的十四大和十四届三中全会精神，落实加大改革调整力度，实行政企分开，把企业推向市场，重点在产权制度改革和分配制度改革上做文章，积极推进现代企业制度的建立。

1993—1995 年，随着国有企业改革的推进及集体经济和非公经济的迅速发展，市委、政府确定了“争取上大的，搞活现有的，积极发展个体私营的”改革思路，通过产权出让盘活了一批企业，配股增资改造了一批企业，“退二进三”转产了一批企业，依法破产淘汰了一批企业，

中部热电电石公司 2×30000kVA 密闭电石炉项目开工典礼

全市出现了跨隶属关系、跨所有制结构的石嘴山民族化工集团、宁夏恒力集团等新的工业企业，有力地促进了工业经济的快速增长。1996 年，非公有制经济形成了超常规发展的态势，迅速成长为石嘴山新的经济增长点，宁夏大荣化工冶金有限公司成长为自治区 21 家优势骨干企业之一，成为宁夏最大的吸引外资股份的民营企业，成为国家氰胺、钡盐、硫脲行业的龙头企业。同时，围绕企业内部劳动、人事、工资分配等方面的改革，石嘴山市在市直属的 15 户企业中进行了转换经营机制改革试点，全市有 27 户企业实行了工资总额和经济效益挂钩，改固定工资为浮动工资制，从根本上打破了长期存在的“铁饭碗”和“大锅饭”问题。由于坚持“抓大放小”，到 1996 年年底，全市有 9 户重点企业实施了科技项目 16 项，总投资达 2.4 亿元。石嘴山市出台了《中小企业股份合作制改革试行意见》，对 403 个乡镇以上企业采取改组、联合、兼并、股份合作制、租赁、承包经营、出售等形式，进行了改革和改组，东方钽业、民族化工、宁夏恒力 3 家公司分别在深圳交易所、上海交易所挂牌上市。

1997 年，市委、政府在整体推进国有企业转换经营机制的前提下，把建立现代企业制度改革和推行股份制、股份合作制为主要形式的企业产权制度改革作为全市城市经济工作的主要内容。石嘴山市委、政府印发了《石嘴山市中小企业股份制改革的若干问题规定》（石党发〔1997〕20 号），正式拉开了全市中小企业产权制度改革的帷幕，为推动全市工业企业优化资本结构和建立现代企业制度铺平了道路。到年底，全市105家企业，有33家完成了股份制改革，8家企业被兼并，2家企业被拍卖。通过产权制度改革，进一步明晰了企业产权关系，初步建立起了法人财产制度，公有资产的配置得到了调整和优化，实现了增资减债，减轻了企业负担，增强了职工主人翁责任感，在内部监管约束机制的作用下，企业经济保持了稳定发展的势头。与此同时，石嘴山市经国务院总理办公会议特批，被列入全国111个优化资本结构试点城市之一。

石嘴山市矿业集团

1998—2000年，针对市县所属企业经营机制不活，技术创新不强，债务和社会负担沉重，市场经营艰难，加上国际金融危机等问题影响，市委、政府在企业中组织实施了以民营化为目标的深化产权制度改革。这一阶段，按照中央《关于建立社会主义市场经济体制若干问题的决定》的要求，按照三个有利于和鼓励兼并、规范破产、下岗分流、减员增效、实施再就业以及确保三条保障线的改革精神，本着产权清晰、权责明确、政企分开、管理科学的原则，结合石嘴山市实际，在清产核资、明确企业法人财产权基础上，逐步建立了国有资产出资人制度，实施了以公司制为重点的产权制度改革，建立了现代企业制度的领导体制和组织框架，初步形成了企业法人治理结构。1999年，石嘴山市聘请经济学家钟朋荣组织完成了《石嘴山市工业经济结构调整研究报告》，提出了收缩改造、挖掘裂变和转移开拓战略，为推动石嘴山市经济确定了方向和步骤。到2000年年底，全市383家乡镇以上企业中，有369家企业进行了不同形式的改制，占96.3%。截至2000年，全市拥有工业企业3795家，其中，轻工业企业1984家、重工业企业1811家，钽

石嘴山市钢厂生产场景

粉、钽丝、密封钢丝绳、石灰氮、双氰胺等一批产品获得国家及自治区名牌产品称号，其中高比容钽粉、钽丝生产能力及产量居世界前3位，石灰氮、双氰胺产量居亚洲第一，硅铁、碳化硅、电石、金属镁4种产品产量均占宁夏全区产量的70%。全市全年工业经济增加值占全市全部国内生产总值的40%以上，工业企业税收占全市税收的70%以上，工业经济成为全市的重要支柱，并发展成为宁夏全区乃至西北都有一定影响的新兴工业城市。工业产业结构、所有制结构逐步适应石嘴山市的生产力发展水平，新的工业体系已基本建立，初步形成了以能源开发利用为主要特征的新材料、精细化工、电子信息、特色农副产品等六大工业产业体系。

（三）以产业转型发展为着力点的工业经济改革阶段（2001—2012年）

进入21世纪，随着国家投资方向的转移和产业政策的调整，石嘴山市作为宁夏的工业重地，一些历史遗留下来的体制性、机制性的矛盾和问题日益显现，重工业偏重、轻工业偏轻，高耗能产业居多，环保问题严重，已经成为制约全市经济快速发展的主要问题，产业转型迫在眉睫。

2001年，石嘴山市第七次党代会提出了实施“工业强市”战略，并做出《关于加快实施“工业强市”战略的决定》，要求牢牢抓住加入WTO和西部大开发的历史机遇，围绕推进工业化这个总体目标，以市场为导向，以项目为载体，以扩大总量、优化机构、提高效益、增加就业、提高人民生活水平为核心，用先进技术改造提升传统产业，积极发展新兴产业，发挥比较优势，形成特色支柱产业，从整体上搞活搞好全市工业经济，不断增强经济实力、增强财政实力、增强发展后劲。当年具有标志性的自治区“十五”计划重点项目，石嘴山市发电厂4×330MW扩建工程正式开工，标志着煤电转化和循环经济等一系列的产业转型的开始。

2002年，市委、政府提出了“一化促三化”的思路，即以加快工业化为核心，大力推进城镇化、信息化和农业产业化。通过大力实施高附加值、科技含量高、工艺水平先进和具有市场竞争力的优势新项目，使全市工业经济各项指标呈现出止跌回升的良好态势。2003年4月，市委七届六次全体（扩大）会议提出了经济社会超常规跨越式发展，2015年提前5年基本建成小康社会的目标，突出了“工业强市、开放兴市、合力建市”三个重点。按照“拉长产业链、提高集中度，管理上台阶，做强六大支柱产业，建好园区发展平台”的思路，通过加大结构调整力度，加快传统产业的改造提升和新兴产业的培育，扩张总量、提升质量，增加效益等手段，使工业经济摆脱了徘徊不前的局面，保持了稳步快速增长的良好势头。重点组织实施了西部聚氯乙烯公司12万吨PVC、恒力集团60万吨钢冶轧、星日电子4亿只片式钽电容器等一批新建、扩建和技改项目，为工业经济发展增添了发展后劲。集中解决了民族化工大股东占用、市铁合金厂破产重组、原市第一碳素厂职工身份置换等问题。

石嘴山发电厂有限公司生产厂区一角

2003—2005年，石嘴山市借助列入全国资源型城市扶持发展的契

西北煤机产品

机，在一系列政策催生下，全市工业进入历史上少有的稳定高速增长期，实现了超常规跨越式发展。煤炭采选及加工、电力、钢铁、机械制造四大传统产业和稀有金属及镁产业、精细化工、电子元器件、碳基碳材四大新兴产业增加值分别实现了倍增。工业总产值、利润等指标的增幅一直在两位数高位运行。企业改革不断深化，市铁合金厂、民化集团、英力特化工、煤机一厂、煤机二厂、煤机三厂等国有企业成功实现了改制重组。加大了对外开放与合作力度，积极引进外资提升产业链，先后引进挪威埃肯公司、日本丰田科特拉及可乐丽公司、上海氯碱厂、宁夏电投、三喜科技、中国节能、海力电子等国内外大企业，为产业转型奠定了坚实的基础。

2006年以后，市委、政府确定了实施“产业对接、蓝天碧水和民心”三大工程，全力推进以“粗放型产业向集群型产业跨越”为代表的“五大”战略。在产业对接和资源整合上，与北京天地科技股份有限公司重组成立了宁夏天地奔牛实业集团有限公司，与国电集团重组成立了宁夏英力特电力（集团）公司，成为宁夏第一家、西北第二家完成股权分置改革的上市公司，中盐集团、山东泰山瓷业、美洁纸业等国内知名企业相继落户石嘴山与本市企业开展合作，全市工业结构发生较大变化，确立了新材料、重化工、碳基碳材、电子元器件、农副产品深加工五大支柱产业。2007年，引进建设了10万千瓦风力发电项目，填补了石嘴山市开发风力资源建设发电项目的空白。全市规模以上工业增加值由 2003 年的 35.5 亿元增长到 2007 年的 95 亿元，年均增长 18.6%，工业对经济增长的贡献率达到 74.2%。

奔牛锻造分厂 5 吨模锻生产现场

2008 年，围绕做大做强机械装备制造、新材料、能源化工产业，强力推进大集团、大项目带动战略，促进了结构调整、经济转型和产业升级。按照“七优先一限制”的产业导向，优先发展新材料、环保、机械装备制造、文化旅游等产业，舍弃了昔日工业“王牌”的高耗能产业。经过“伤筋动骨”的结构调整，石嘴山市转型脉络日渐清晰。期间，成功引进了西部聚氯乙烯公司年产 12 万吨聚氯乙烯项目、上海华谊集团 PVC 项目、江苏阳光集团多晶硅项目、新加坡凯发集团 L–乳酸项目、中粮集团番茄制品、无锡尚德 400 吨单晶硅等多家大型企业项目，为推动石嘴山市经济转型和工业结构调整注入了强大活力。

2009—2011 年，在国际金融危机影响下，石嘴山市把项目引进重点转移到晶硅材料加工、组件生产及配套生产、陆港物流等方

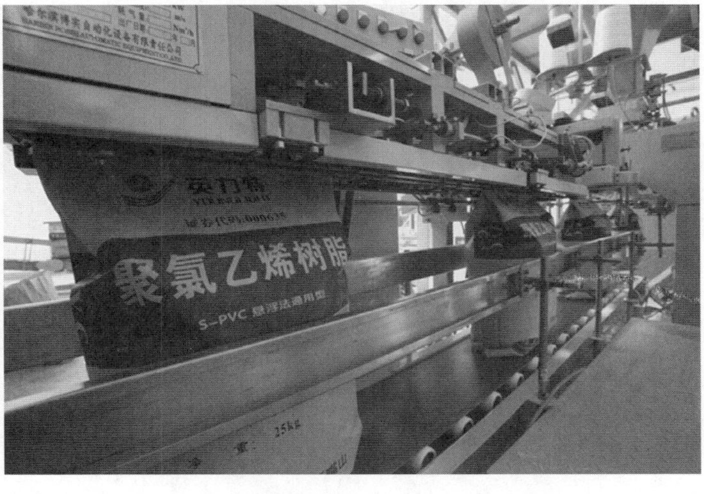

英力特化工产品

面。2009 年，中国第一个 10 万兆瓦太阳能光伏发电项目“中节能尚德石嘴山太阳能光伏电站”一期 10 兆瓦大型光伏发电站并网发电。2011 年，陆港经济区成功升级为国家级经济技术开发区，与天津市达成了海铁联运协议，与山东淄博市共建淄山工业园区，全年实现工业增加值 205.82 亿元，增长 15.5%，实现了“十二五”计划的良好局面。

2010 年宁夏光伏发电中节尚德石嘴山项目开工仪式

石嘴山市惠农陆路口岸

这一阶段，西北煤矿电机厂整体改制工作顺利完成，民化集团公司和西北煤机二厂政策性破产结束，宁夏西北煤矿机械制造有限公司和宁夏创佳民族化工有限公司依法设立。原卫生瓷厂整体搬迁，组建了上海科迈瓷业有限公司。与此同时，积极推动骨干企业与国内大型企业进行兼并和资产重组，完成了中色集团与东方有色金属集团公司重组、西北骏马与中联电气重组、天地科技与西北奔牛集团和西北煤机二厂重组，其中晟宴实业集团通过兼并重组周边 9 家企业，把“小船”变成“大船”，使得硅锰合金产能由 2 万吨扩张到 30 万吨。此外，按照市委“实施三大工程”，推进优势产业整合的思路，整合国有资产和资源，组建了由政府参股控股、企业自主经营的市星瀚市政产业集团、矿业集团公司。这些企业通过借助国内外大型企业的资金、项目、技术、人才、市场和先进管理经验，不仅进一步焕发了生机和活力，也成了带动工业跨越发展的行业主力军、排头兵。而在产业对接和资源整合方面，石嘴山市企业分别与北京天地科技股份有限公司重组成立了宁夏天地奔牛实业集团有限公司，与国电集团重组成立了宁夏英力特电力（集团）公司，并引进外资新建了可乐丽化学（宁夏）环境化工有限公司。全市紧紧围绕做强做大机械装备、新材料、能源化工产业，强力推进大集团、大项目带动战略，有力促进了全市产业的结构调整和转型升级。

西北骏马生产车间

（四）以产业转型升级为着力点的全面深化改革阶段（2013 年至今）

2013 年，受国际金融危机影响，面对工业产品价格下滑、产品销售困难、企业开工不足等问题，市委、政府在阵痛中依然以调结构促转型为目标，突出“稳增长”主基调，以“双龙工程”和一系列稳增长政策为抓手，确保全市工业经济的快速发展。先后制定了“双龙工程”和《石嘴山市工业转型升级和结构调整实施方案》，明确产业发展推进路线图和时间表，按照“扶大、关小、限高、上新、延长”的调整方式，全面推进工业改革向纵深发展。通过成立企业服务中心和产业促进中心，做好政务服务入园工作，抢抓“两大”战略、“两区”建设、产业转移重大机遇，紧扣技术改造、循环利用、平台建设等工业结构调整的着力

中色钽粉技改新线

点，积极争取了一大批新项目落地。出台了《关于加快推进工业转型升级，支持优势特色和配套产业技改升级的意见》，鼓励企业开展产学研合作，建立技术研发中心，提高自主创新能力。围绕推进矿山机械装备产业基地建设、有色金属新材料产业基地建设、电石化工升级改造三大重大专项，狠抓优势特色产业培育和技改升级，组建了冶金集团、钢铁集团等，新增规模以上企业 30 家，实施了重点工业项目 22 个，完成投资 64 亿元，实施了中色东方等技改项目 188 个，完成投资 135 亿元，申银特钢、丽珠制药等 52 个工业项目相继建成投产，采取了下放经济技术开发区 24 项市级行政和经济管理权限等一列举措，实现了全年全市工业增加值246.01 亿元，同比增长 12%的目标。

2014 年，石嘴山市审议通过了《中共石嘴山市委关于深化改革推动转型发展的若干意见》（石党发〔2014〕1 号），明确了深化改革总体要求、目标任务、推进步骤、重点任务。制定和印发了《贯彻实施〈中共石嘴山市委员会关于深化改革推动转型发展的若干意见〉责任分工方案》（石党办发〔2014〕41 号），逐项分解落实协调单位、牵头单位、配合单位和完成时限。市改革办制定了《石嘴山市 2014 年度深化改革任务及推进计划表》，明确了重点改革事项计划，坚决破除各方面体制机制弊端，坚定不移地推进工业经济转型发展。同年，石嘴山市借助被列为国家信息惠民城市试点、全国资源综合利用“双百工程”示范基地、“宁夏银川—石嘴山承接产业转移示范区”，生态经济开发区被列入全国循环化改造试点，与天津滨海新区缔结为友好市区等契机，大力发展循环经济，为建设开放、和谐、富裕、美丽石嘴山奠定了坚实的基础。

二、主要成就

改革开放以来，石嘴山市依托丰富的资源和能源优势形成了能源重化工为主导的工业体系，工业经济取得长足发展。

一是工业经济实力显著增强，成为全市财税的重要支柱产业。改革开放 38 年来，石嘴山市的工业经济由上世纪七八十年代的主要依靠煤炭开发和高耗能产业，粗放式经营管理，以传统产业和新兴产业相结合，循环经济和高技术、高附加值产品为主的能源、化工、机械装备制造、新材料等优势特色产业，工业产品种类多样、门类齐全，工业体系不断健全完善发展壮大，形成了以新材料、煤基炭材、化工、机械制造、建材、轻工等门类较为齐全的工业体系。煤矿机械、碳素制品、石灰氮、双氰胺、碳化硅、活性炭等工艺技术和产品产量居国内前列。高比容钽粉、钽丝的产量居国内第一、世界第三，石嘴山市成为国内唯一的铍金属生产基地。石灰氮、双氰胺产量约占全国产能的 70%，世界产能的60%，居亚洲首位。煤基炭材产量占全区总产量的 80%以上，全国总产量的 33%，成为世界煤基活性炭的重要产地。刮板输送机、防爆电机等煤机主导产品占国内市场份额的 40%以上。现拥有中色（宁夏）东方集团有限公司、宁夏天地奔牛实业集团有限公司、宁夏大地化工有限公司、宁夏英力特化工股份有限公司、宁夏恒力钢丝绳股份有限公司等 40 多家大中型企业，培育了东方钽业、宁夏恒力、英力特化工 3 家上市公司，创出了“宝山牌”钽粉、钽丝，“恒力牌”密封钢丝绳，“宁河牌”“大荣牌”石灰氮、双氰胺等一批荣获国家和自治区级的名牌产品。工业对全市经济的贡献率达到了 69%以上，工业占 GDP 的比重达到 68%，2014 年，石嘴山市全市工业增加值实现 256.67 亿元，增长 8.3%，占地区生产总值的 54.9%，拉动经济增长 4.8 个百分点，成为全市重要的支柱和财税来源。

二是科技创新步伐加快，带动了产业结构调整提档升级。经过 38 年的发展，石嘴山市的工业经济从单一的依靠煤炭资源开发综合利用，到现在拥有多品种、高技术、高附加值产品，依靠的主要是科技创新。多年来，石嘴山市由于坚持创新驱动发展，加快孵化园、企业研发中心等创新平台的建设，致力于推动科技创新成果转化。目前，石嘴山市已成为全国制造业信息化重点城市、国家新材料成果转化及产业化基地、国家火炬计划传感技术产业化基地。全市骨干企业中有 80%已建立了不同形式的企业技术研发机构，其中中色（宁夏）东方集团有限公司和宁夏天地奔牛实业集团有限公司建立了国家级企业技术中心，并被国家科技部认定为国家“863”成果转化基地，全市目前拥有省级以上技术中心 10 个，另有 42 家重点企业已经与 36 家国家科研院所和高校建立了技术合作关系。全市目前科技对经济增长的贡献率已达到 45.7%。在科技创新的驱动下，到 2014 年，16 个亿元以上配套协作项目、13 家企业炉型置换和烟气余热综合利用项目有序推进，建成投产工业项目 109 个，淘汰落后产能 61 万吨，有效促进了工业的提质增效。以新材料、装备制造、特色冶金和电石化工为主的四大产业集群和以新能源、生物医药、新型煤化工为主的三大特色产业快速发展。2014 年，四大产业集群累计实现增加值 82.4 亿元，占规模以上工业增加值 225.5 亿元的 36.5%，同比增长 6.9%，拉动工业经济增长 2.8 个百分点。

三是工业园区建设有序推进，工业发展后劲不断加强。石嘴山市现有石嘴山高新技术产业开发区和石嘴山经济技术开发区两个国家级开发区，石嘴山生态经济开发区和宁夏精细化工基地两个自治区级开发区。工业园区作为工业企业发展的主战场和招商引资的承载地，主体功能和支撑效应非常明显，为全市经济社会的发展做出了突出贡献。其中，石嘴山经济技术开发区是自治区级新型工业化产业示范基地，重点以新能源、特钢、新材料、能源化工、电子信息、陆港通关等口岸物流业等产业为主，目标是建成宁夏内陆开放型陆港经济先行区、资源型城市转型示范区、承接产业转移集聚区和国家级百强经济技术开发区。石嘴山高新技术产业开发区是国家工业和信息化部确定的国家新型工业化产业示范基地和自治区唯一的信息化与工业化融合试点园区，重点以煤机制造及配套、新材料、汽车装配及零部件、新能源设备制造、软件设计和信息化等产业为主，目标是打造成为宁夏内陆开放型经济试验先行区，全国资源枯竭型城市经济转型发展示范区，全国重要的矿山机械制造基地，国家新材料高新技术产业基地，国家工业“两化”融合示范基地，宁夏高技能人才培养基地。石嘴山生态经济开发区是自治区级经济技术开发区，重点以机械装备及节能环保设备制造、电子信息、新能源、生物科技、农副产品精深加工、精细化工、多元合金等产业为主，目标是建成陕甘宁蒙青等地区居民消费的农副产品加工基地，服务于西北市场布局的国内外知名品牌生产基地，宁夏承接东部产业转移的先行示范区，在西北地区处于领先的生态经济开发区。宁夏精细化工基地是自治区批准建立的循环经济试验区，重点以新型煤化工、电力、多元合金、精细化工、新型环保建材等产业为主，目标是建成煤电化一体的循环经济示范区和承接产业转移的集聚区。四个园区的建成和发展，对于缓解就业压力、提升产业档次、打造产业集群，推动地方经济发展起到了至关重要的作用。2014 年，四大园区入园的规模以上企业 186 家，完成工业总产值 520.6 亿元，工业增加值 130.1 亿元。现有英力特股份、东方钽业和恒力钢丝绳股份 3 家上市公司，60 户企业列入全市重点骨干企业，21 户企业入选宁夏百强企业。

四是转变发展方式，地方环境质量和空气污染明显改善的促进作用。20 世纪 80 年代，石嘴山市能源化工产业异军突起，一度成为最具活力、最有影响的主导产业，产能、产量占宁夏总产量的 80%左右。但因粗放的经济增长方式，导致资源消耗量大、污染物排放强度高，环境问题日益突出，发展与环境矛盾尖锐，曾一度成为全国环境污染“焦点城市”，戴上“全国十大空气污染严重城市”的帽子，欠下“巨额环保债”。面对严重的问题和困境，市委、政府重拳出击，采取行政、经济、法律、社会监督等一系列重大措施，铁腕治污，强力推进污染减排和环境综合治理，使污染减排目标任务得到有效落实，从根本上缓解了资源瓶颈制约和环境压力。“十一五”期间，先后投资 19.9 亿元，组织实施了 36 个环境保护重点项目，所有工业企业全部配套建设了污染治理设施。通过大力发展循环经济，引导企业加大技术改造，加快淘汰落后产能；加大对电力、水泥、造纸、化工、污水处理厂等重点行业工程减排力度，企业污染治理设施稳定达标运行，石嘴山呈现出蓝天、碧水、塞上江南的美景。

三、经验启示

经过改革开放 38 年坚持不懈的艰苦奋斗，石嘴山市工业经济已步入发展的快车道，积累了一些成功的经验。

（一）工业强市是石嘴山市发展的必由之路

纵观改革开放以来石嘴山市发展的历史，可以看出，石嘴山兴旺的历史就是工业兴旺的历史，石嘴山滑坡的历史也是工业滑坡的历史。工业是石嘴山的经济命脉，是石嘴山最主要的经济支柱。工业是财政的源泉，是三产的支撑，是农业产业化的动力，是高技能就业平台，是以工补农的基础。持之以恒地突出抓好工业是石嘴山快速发展的必由之路，这一根基只能强化不能动摇。石嘴山市正处于工业化中后期阶段，工业经济发展水平还比较低，需要以赶超和跨越的态势加速工业发展。在新的历史起点上，石嘴山市要进一步解放思想，强化工业首位意识。各级党委、政府要真正把工业立市作为第一战略、第一任务和第一目标，做到一切为了工业、一切服从工业、一切服务工业，倾全市之力主攻工业，以工业的重点突破带动各项事业的全面协调发展。

（二）坚持抓住用好战略机遇，是实现经济发展的关键所在

国内外的经验表明，一个地区的经济是可以抓住若干次机遇从而实现跨越式发展的；机遇不可多得，稍纵即逝。改革开放以来，特别是“十一五”以来，石嘴山市坚持把抢抓机遇作为加快发展的重要突破口，赢得了先机、争取了主动，有力地促进了经济持续快速发展。抓住国家实施西部大开发战略的机遇，促进了能源和资源优势向经济优势的转变，推动了优势特色产业的优化升级和做大做强。抓住我国加入世贸组织的机遇，加强了与国际、国内500强大企业、大集体的经济技术合作。抓住了国家缓解煤、电等“瓶颈”制约的机遇，能源、原材料工业得到较快发展。抓住国家实施振兴东北等老工业基地和促进经济转型与可持续发展战略的机遇，争取列入首批全国资源枯竭城市，促进了与东部地区产业转移紧密对接。在新的历史起点上，要更加自觉地把石嘴山市的发展置于全国发展大局之中，增强机遇意识，提高抓住机遇的主动性，把石嘴山市的发展同中央的战略布局有机地结合起来，实现经济发展。当前，在国家实施“一带一路”建设的带动下，尤其要抓住宁夏正在推进的“中阿博览”等关键环节，依托石嘴山市工业基础好的优势，大力发展农副产品和清真食品加工业。

（三）加快工业发展必须更好发挥政府作用

从经济增长的动力结构看，石嘴山市工业发展内生性动力不强，经济主体创业创新的意识和活力不强，特别需要政府强势助推。在推动工业改革发展进程中，石嘴山市各级党委、政府除了提供公共服务和创造环境外，还承担了助推经济发展的重要职责，有力推动了工业改革与发

展。在新的历史起点上，石嘴山市必须强调政府的有为，努力从规划、政策、管理和服务等各方面建立健全高效有力的大工业推进体系，明确工业发展的近中远期目标，理清工业跨越式发展的思路，构筑好各方面各层次的工业发展平台，充分发挥好党委、政府在工业经济发展中的推动作用。

（四）引进大项目才能带动工业经济大发展

纵观石嘴山市工业改革发展的历程，投资驱动和大项目带动是两个轮子，对石嘴山市工业发展起了巨大推动作用。实践证明，石嘴山市投资驱动型经济的阶段性特征决定了重大项目、有效投入是工业经济又好又快的总抓手。多年来，石嘴山市虽然非常重视招商引资，但总体上差距较大，特别是在大项目招商、外资招商方面差距非常大，因而成效还很不明显。在新的历史起点上，要以更大的力度、更实的举措，引进和实施重大工业项目，有效保障工业的增量投入，牵引产业结构优化升级，提升工业经济发展的内涵和质量。要敢想、敢做、敢抢，敢于直接参与面向国内外大企业的招商竞争，千方百计引进一批符合石嘴山市产业发展方向的行业龙头企业。要引进和实施大项目，催生大产业，实现大发展。

（五）主导产业高端化是推进工业经济转型提升的突破口

区域主导产业对整个工业经济增长的速度与质量有着决定性影响，产业高端化是工业优化升级的主方向。纵观石嘴山市工业改革发展的历程，工业发展成就巨大，问题不少，教训深刻。石嘴山市主导产业不仅规模小，主导作用不突出，而且高端化程度低，大多处在产业价值链中低附加值的低端环节，多数特色产业更是以制造工业中间产品为主，技术研发、品牌建设等方面比较薄弱，仅能赚取微薄的加工费。同时大多数产业链条不长，关联度不高，配套不完善，基本处在前期的企业扎堆阶段，尚未形成真正意义上的产业集群。在新的历史起点上，要把主导产业高端化作为工业经济转型升级的突破口，以主导产业的高端化来实现主导产业的高起点、跨越式发展；以主导产业的高起点、跨越式发展来突破和带动工业经济的高起点、跨越式发展。

（六）放权让利、放水养鱼、配置增长点是企业发展的动力和源泉

改革开放以来，石嘴山市工业企业的发展壮大、提档升级和创新突破，与二十世纪七八十年代的放权让利，鼓励发展非公企业、培育科技领军人才有着密切关系。在经济发展新常态下，石嘴山市更应转变政府职能，减少束缚在企业头上的诸多制约因素，更大限度地激活企业自主创新、自我发展的路子。增加更多利于企业发展的服务功能，强化基础设施建设、协调融资、减少税收、组织技术创新、引进高科技产品、发展集群等等，配置企业新的经济增长点，不断增强企业发展的后劲。通过政府、企业相互配合，积极引进科技领军人才，建成一大批国家级高新技术研发中心和产业基地，强化政策引导，鼓励企业在工艺设计、产品开发、质量管理等方面与国内外先进接轨，建立企业品牌保护和知识产权保护体系，依法维护品牌合法权益，为高新技术产业发展奠定智力基础。

四、对策建议

改革开放以来，石嘴山市的工业发展虽然取得了很大成就，但也存在着一些不容忽视的问题。一是产业结构不尽合理。石嘴山市产业中工业比重较高，尤其是重工业占比偏大，轻重工业比例失调，产业的集中度不高，企业规模小而散，产业链短，市场竞争力弱。二是工业发展的质量不高。产业布局、园区定位趋同，特色不明显，产业关联度不高，产业的配套和协作能力较差，不利于形成综合竞争力。三是节能减排压力较大。石嘴山市工业对资源和能源的依赖度较高，高载能行业占工业的总能耗较高，在产业的转型中，相当一部分仍然是高耗能项目，节能降耗形势依然严峻。四是科技创新能力不强。科技投入不足，企业科技

研发投入占销售收入的比重偏低，高新技术企业偏少，对高层次人才和专业技术人才的引进与培养需要进一步提升，企业的创新能力与研发水平建设有待进一步加强。2015年10月，党的十八届五中全会提出要坚持“创新、协调、绿色、开放、共享”发展理念，深入实施创新驱动战略。12月，自治区党委十一届七次全会提出，要坚持创新驱动，全力打造宁夏经济升级版。贯彻党的十八届五中全会和自治区党委十一届七次全会精神，石嘴山市工业发展要以“创新、协调、绿色、开放、共享”发展理念为引领，奋力推进工业转型升级，推动工业跨越式发展。

（一）科学编制规划

要以“创新、协调、绿色、开放、共享”发展理念为指导，按照统筹规划、合理布局、科学发展的总体要求，立足规模化、特色化、集群化的要求，突出开发区功能布局和产业特色，按照开发区总体规划和“十三五”规划以及产业转型升级和结构调整总体规划，分产业、分阶段科学编制新材料、装备制造、特色冶金、电石化工优势产业集群和新能源、生物医药、新型煤化工等特色产业发展专项规划，明确集群发展方向、目标任务和具体措施，使企业中长期发展规划与各专项规划有效衔接，统筹做好各专项规划与全市产业转型升级和结构调整规划、“十三五”规划的有效衔接，提升规划的可操作性。加强规划的监督实施，维护规划的权威性，确保规划的顺利实施。

（二）实施“双龙”工程

坚持政策引导、市场主导、自主培育、区外引进相结合的方式，做大做强龙头型企业，发展壮大成长型企业，精心培育科技型企业。大力实施“双龙”工程，健全促进企业升级机制，采取集中政策、集中资源、挂牌保护等方面的政策措施，加大扶持力度。鼓励现有企业通过上大项目、产业整合等方式，壮大规模实力。积极争取国家和自治区的政策倾斜，对鼓励发展的优势项目和特色项目给予贷款贴息，并优先申报国家和自治区的专项资金。鼓励和支持现有优势骨干企业与中小企业围绕主导产业配套，培育龙头骨干和企业集团。力争到2017年，中色（宁夏）东方、大地化工、申银特钢销售收入突破100亿元目标；天地奔牛、英力特化工、力帆汽车、福华冶金、吉元冶金、丽珠药业等企业销售收入突破30亿元以上目标，培育壮大一批拥有核心竞争力的龙头骨干企业。坚持抓大不放小，鼓励大型企业通过服务外包、订单生产等方式，带动中小微企业发展配套产品，促进产业配套和产业链延伸。重点扶持维尔铸造、森源重工、贝利特化工、银晨太阳能、天润新能源、科捷锂电池等中小企业向专、精、特、优的方向发展，形成一批专、精、尖、新、优中小微企业。

（三）推进重大项目

按照大项目、产业链、产业群、产业基地的发展模式，积极谋划和推动工业经济持续发展，做到谋划储备一批、审批开工一批、建设达产一批、拓展延伸一批，积蓄可持续的产业发展后劲。围绕国家、自治区重点支持领域，精心谋划大项目，充实完善项目库，确保每年实施不少于100个对产业集群发展具有重大带动作用的工业示范项目。实行市级领导包推重点建设项目责任制，完善六个一工作推进机制，加快申银特钢、大地化工、丽珠药业、力帆凯马、吉元冶金、福华冶金、煜林化工、维尔铸造等重点项目建设，确保存量稳定增产，增量及时发力。围绕优势特色产业的产业链、设备链、装备链强化招商引资，主动寻求与东中部地区的战略合作，积极承接集约用地型、优势互补型、填补空白型和梯度转移型项目，推进与天津、淄博等地政府间的经济技术合作，发展飞地经济，构建以产业集群促进经济转型的新格局。

（四）发展循环经济

发展循环经济，延伸产业链，增值降耗。坚持减量化、再利用、资源化的原则，构建企业循环链，分行业推进企业技术改造和产品延伸，提高上下游产品、生产工艺和生产环节的循环利用水平，形成物质循环利用、能量梯级利用的循环产业体系。重点推进大地化工200万吨电石渣制水泥、安能生物质热电联产项目、煜林化工电石氰胺循环经济等70个循环化改造项目。以国家循环经济试点和老工业基地调整改造为契机，对园区废气、废水、固废进行集中整治，形成低消耗、低排放、高效率、能循环的循环经济示范园区。力争到2017年，全市工业开发区能源产出率提高20%；工业固废综合利用率提高到75%以上；园区循环经济产业链关联度达到85%。

（五）实施创新驱动

大力实施创新驱动发展战略，建立以企业为主体、市场为导向、产学研相结合的科技创新体系。强化企业技术创新的主体作用，加大政府扶持力度，建立企业后补助机制，依托中色东方、天地奔牛博士后工作站和西北骏马、兴平化工院士工作站，引导企业加大研究与试验发展（R&D）投入，落实各项科技、人才扶持政策，建立和完善人才激励机制，推行人才+项目+平台的人才引进机制，重点支持装备制造、新材料、电石化工、生物医药等企业建设各类工程实验室、工程研发中心和企业技术中心，支持企业开展技术研发、关键技术攻坚、新产品开发和成果转化。实施好院地合作计划，加快院士工作站和国家级重点实验室建设。落实与北京海淀区中海投资管理公司签订的《产业示范园区合作协议》，共同筹建中关村石嘴山新材料产业示范园，推动中关村高端技术向石嘴山转移。建立政府支持企业引进培养人才机制，努力打造一支符合优势特色产业发展方向和需求的专业技能人才队伍。

（六）推进“两化”融合

全面落实国家、自治区“两化”深度融合的政策意见，不断创新工作方式，搭建发展平台，落实专项资金，从示范工程入手带动企业信息化发展。坚持典型引路，培育和发展信息化示范企业和示范项目，重视产业链信息化建设，建立专项资金，开展试点示范，以点带面，整体推进，加快利用信息技术改造提升传统产业。鼓励支持天地奔牛、中色东方、大地化工等企业充分应用信息技术提升核心竞争力，推动设计研发数字化、制造装备智能化、生产过程自动化和经营管理网络化的普及应用。支持企业利用信息技术实施一批信息化改造示范项目，打造一批工业生产数字化示范企业。依托中小企业服务中心网络平台建设，加快中小企业信息技术平台建设，开展信息咨询、人才培训、信息交流等服务功能，实现资源共享。

（七）深化改革开放

完善产业转型升级体制机制。健全传统产业升级引导机制，鼓励企业兼并重组，组建优势特色产业集团，提高产业竞争力；实行企业节能减排完成情况与享受阶梯水价、差别电价、绿色信贷等政策挂钩制度，落实支持优势特色和配套产业技改升级的扶持政策，争取国家和自治区各类惠企政策支持。加快推进行政审批制度改革。减少审批事项，优化审批流程，压缩办事时限。下放工业项目审批权限，按照《石嘴山市关于对全市开发区和工业园区工业项目审批前置事项进行规范的实施方案》要求，将工业项目备案及相关前置审查事项随项目下放县区工信部门或开发区、工业园区经济发展部门一次性审查，切实减轻企业负担。建立开发区优化提升机制。全面落实高新区发展若干意见和经济开发区事权下放意见，深化生态经济区和宁夏精细化工基地管理体制改革，逐步下放事权、人权、财权；完善开发区协作发展机制和共建共享机制，提升开发区承载、服务和创新能力。完善产业升级和结构调整目标考核体系。重点评价考核县区、开发区和企业在节能降耗、科技创新、投入产出比、产业链延伸及产业配套等综合反映经济发展质量效益的指标，真正发挥评价考核体系对结构调整的指挥棒和风向标作用。

（八）强化政策扶持

加大财政支持力度，设立工业转型升级专项扶持资金。按照《石嘴山市工业转型升级和结构调整财政奖励资金管理办法》，采取以奖代补方式，对工业转型升级和结构调整项目给予适当支持和奖励。市财政每年安排5500万元资金，推动产业集群和特色产业发展。其中扶持装备制造、新材料、电石化工、冶金四大产业集群发展资金4000万元，重点用于企业产业链延伸、产业集群配套、技术工艺装备改造、节能减排、产品更新换代、产业化重点项目建设；扶持新能源、生物医药、新型煤化工三个特色产业发展资金1500万元，重点用于企业技术创新、新产品研发、填补产品空白、先进技术（项目）和成果转化项目建设。通过做资金政策扶持，推动产业集群发展。完善体制机制建设。围绕四个专项行动，建立激励机制、淘汰退出机制、责任落实机制、负面清单制度，确保全面完成约束性目标任务。探索园区发电、供电一体化。推行园区大用户直接交易和局域电网试点工作，提高直供电交易量，降低供电、用电成本。

（九）强化协调服务

各县（区）党委、政府要加强对工业经济的领导，完善工业转型升级与结构调整推进机制，强化各级工业主管部门调控工业经济和推动工业发展牵头抓总的功能。坚持月度、季度研判经济形势，研判节能降耗形势，及时预警，传导压力。创新创业融资模式，支持企业直接融资。加大金融机构对企业的扶持力度。组建石嘴山市担保有限公司，面向中小企业开展融资服务业务，切实帮助企业解决融资难、融资贵问题。加大问责力度。严格按照《石嘴山市工业经济发展问责办法》，对各级政府和相关部门由于故意或过失不履行法定职责，以致影响工业经济发展、重点项目建设、年度目标任务的完成和工作效率，发生行政不作为、少作为、乱作为等行政过错，落实扶持政策不到位、或者损害行政管理相对人的合法权益，造成不良社会影响和后果的行为，实行诫勉谈话、责令限期改正、通报批评、调整岗位、行政处分、引咎辞职或责令辞职等行政监督和责任追究。对自治区下达的能耗总量、万元 GDP 能耗、万元工业增加值能耗三个指标红线，凡是触及红线的，一律问责。对拟建的万元工业增加值能耗高于 3.73 吨标准煤的工业项目，市、县（区）投资主管部门一律不得审批。对未完成年度工业经济发展目标、工业投资和节能减排任务等重点工作的县区政府，工业园区、市直部门负责人进行问责，由市监察部门对主要领导进行约谈，限期整改。对未完成年度节能减排任务和指标的企业，取消享受各类财政扶持资金的资格，列入限制发展的黑名单。

吴忠市工业经济改革与发展

经过改革开放30多年的快速发展，吴忠市工业经济走上了符合地方实际、富有地方特色的发展道路，形成了空间布局合理、产业特色鲜明、经营机制灵活、多种经济成分竞相发展的工业化新格局；初步形成了以电力、机械、建材、化工、食品加工、印刷包装等29个工业行业大类产品为支柱的产业体系；先后建成了中国（吴忠）清真产业园、太阳山开发区等9个工业园区。吴忠市工业经济在改革发展中不断壮大，向新的目标不断迈进。

一、改革发展历程

改革开放以来，吴忠市委、政府始终把工业发展放在重要位置，大力实施工业强市战略，支持工业企业做大做强，全市工业经济保持了健康、快速发展的良好势头。

（一）扩权让利阶段（1978—1984年）

改革开放初期，吴忠市工业企业自主权不断扩大，各种形式的承包经营责任制逐步完善，工业格局发生了显著变化。

党的十一届三中全会后，吴忠市（银南地区）从实际出发，贯彻落实《中共中央关于加快工业发展若干问题的决定（草案）》（简称工业三十条）精神，以搞活企业为中心进行了多方面的改革。在七县范围对国有、集体企业进行了扩大经营自主权试点。试行企业、车间分级定任务、定利税、定奖罚的承包责任制，效益工资、超产奖金分配上不封顶，下不保底，打破企业计划经济管理制度，收到实效。

1979 年，国务院下发了《关于扩大国营工业企业经营管理自主权的若干规定》等一系列文件，开始了以扩大企业自主权为出发点的一系列改革试点工作。改革首先从财权制度改革入手，国家对企业实行利润分成，打破了原来国家对企业统收统支的制度。为适应党的工作重点转移的需要，1979 年 11 月，自治区成立了宁夏回族自治区经济委员会，会同有关部门有计划、有步骤地改革经济管理体制工作。吴忠市（银南地区）撤销了银南地区工交处，成立了银南地区经济委员会。

1980 年 4 月 4 日，吴忠市（银南地区）借鉴广东清远企业财权改革的经验，在吴忠县直属 10 个国营企业中实行了利润大包干，自治区财政厅根据吴忠县利润大包干工作情况，以宁财企（80）第 119 号《关于吴忠县对国营工业企业实行利润包干情况的报告》上报国家财政部。对产品有销路，生产稳定，盈利水平较高，增产潜力大的企业，实行基数利润留成加增长利润多方面的办法；对产品还有些销路，增产潜力小，利润不太高的企业，实行超计划利润提成办法；对产销矛盾突出，任务不饱满或基本上没有生产任务的企业，实行全额利润分成的办法；对政策性亏损的企业，实行亏损包干。7 月，吴忠仪表厂首次引进日本山武—霍尼威尔公司的 VU 系列自动调节阀设计制造技术，开创了吴忠地区企业吸引国外先进技术的先例。

1981 年 5 月，宁夏开始在全部工业企业中推行经济责任制。吴忠市（银南地区）经委在各县小化肥厂和部分小型国营企业中实行了盈亏包干、减亏超盈分成、超亏不补的试点。8 月 8 日，吴忠市委（银南地委）《关于经济工作情况的报告》指出，吴忠市（银南地区）企业改革初见成效，全市（地区）有 78 家企业实行了各种形式的经济责任制，占县属国营、集体企业的 58%，收到了显著效果。吴忠县造纸厂实行了以“五定一奖”为主要内容的经济责任制，部分经济指标承包到车间、班级和机台，责任落实到人，把劳动报酬同贡献大小挂起钩来，一举甩掉了亏损的帽子。吴忠县卷烟厂实行了“百分计奖”办法，把奖金和责任制结合起来，取得了显著的经济效益。中卫县皮革厂实行个人计件工资，把国家、集体、个人三者的经济利益紧密地结合到一起，进一步调动了职工群众的积极性。

1982年，吴忠市（银南地区）工业企业全面实行了盈亏包干、超利润分成、减亏分成或留用。积极引入价格双轨制，允许企业在完成国家计划指标的前提下制定补充计划，并按照此计划生产和自行销售商业、外贸、物资部门不收购的产品，在国家规定的价格上给予一定的上下浮动空间。

1983年4月，国务院批转财政部《关于国营企业利税试行办法》，决定在企业实现的利润中，先征收一定比例的所得税和地方税，然后对税后利润在国家和企业之间进行合理分配。为了促进工业发展，1983年1月，吴忠县率先成立了工业改革领导小组。2月，吴忠县制定了《关于工业经济改革试行方案》，撤销了县工业局，将局所属企业划归县经委直接领导，农机所、建设局、二轻局等部分企业划归经委管理，二轻、交通两局在业务上受县经委领导，明确了县经委的责、权、利。3月，吴忠县在县经委所属10家工业企业中实行了利润包干、超额分成。1984年，吴忠市（银南行署）在全市（地区）工业企业中积极推行多种形式的经济承包，健全经济责任制。一是全市（地区）各县（市）相继采取了企业主管部门对县，企业对主管部门、车间，班级个人对企业进行多种形式的经济承包，进一步建立健全各级经济责任制，并与企业签订承包合同，改变了以往企业只管生产，不管经济效益，不担风险的被动生产局面。吴忠市委（县级）与工交领导小组、经委、二轻局两级领导签订责任书，中卫县经委、青铜峡市（县级）经委、吴忠市（县级）二轻局和所属企业签订经济承包合同，都程度不同地取得了效果。二是扩大企业自主权。根据国务院“扩权”十条和自治区党委、政府有关“扩权”规定，各县（市）也都相应制定了扩大企业经营管理自主权的规定，进行了简政放权，明确承包指标和奖罚办法，年终兑现，取得了明显效果。

加强对企业机构改革调整，对企业领导普遍进行了整顿和调整，文化结构和专业结构发生了较大变化，厂级干部 98 名，大学文化程度的 21 名，占 21.4%。积极开展“双增双节”活动，实行“减亏留用、超亏不补”的办法，适当扩大浮动工资比例，把职工的劳动报酬与企业的经济效益紧密地结合起来。积极在地方国营盈利企业中推行“以税代利，税利并存”的第一步利改税，即以 1983 年企业决算数为测算依据并考虑新增因素，由企业按核定的所得税率、上缴利润比例向国家上缴税利，把国家同企业的分配关系用税收形式固定下来，保证了国家财政收入的稳定增长，同时提高了企业留利水平，增强了企业发展的后劲。10 月，中卫县按照国务院要求开始实施第二步利改税改革，将国营企业原来的税利并存改为完全交税。到 1984 年年底，吴忠市（银南行署）80%以上的企业建立了“承包、扭亏增盈、全额计件、超定额计件”等不同形式的经济责任制。

根据中央提出的“对外开放，对内搞活”的方针，吴忠市（银南地区）一方面积极同外国外省区加强联系，引进技术、人才、资金、设备等，另一方面与市区（地区）内的中央、区属企业挂钩，开展广泛的、密切的经济技术协作。1984 年 11 月，吴忠市（县级）成立了吴忠市经济体制改革领导小组，负责本地工业企业改革工作。吴忠塑料工业股份有限公司经过多方考察，投资 748 万元分别从西德、奥地利引进年产 1000 万条聚丙烯塑料复合编织袋生产设备并投产。市区（地区）内的中央、区属企业向吴忠市（银南地区）扩散产品 11 项，进行技术改造 5 项，提供各种技术服务 11 项，提供原材料、设备 1 项，投资联办企业

1项，代培人员2项，还为地方企业输送了技术人才和经济技术信息。

（二）承包经营责任制阶段（1985—1992年）

1984年10月，党的十二届三中全会通过了《中共中央关于经济体制改革的决定》，明确提出“要使企业成为相对独立的经济实体，成为自主经营、自负盈亏的社会主义的商品生产者和经营者，成为具有一定权利和义务的法人”。之后，相继出台了扩大企业自主权、实行承包经营责任制以及转换企业经营机制等一系列政策措施，工业企业改革步入新阶段。吴忠市深入落实国务院和自治区关于扩大企业自主权规定精神，把人、财、物、产、供、销的权力下放给企业，使企业真正成为相对独立的经济实体。

1985年，吴忠市（银南地区）紧紧围绕增强企业活力，提高经济效益这个中心环节，巩固完善以承包为主的经济责任制，进一步扩大企业自主权，青铜峡磷肥厂等7个工业企业实行了上缴利润递增包干。全市（地区）137家企业推行了企业内部的经济责任制。吴忠市（县级）经委、二轻局，中卫县经委承包后，不仅在全系统扭亏，而且利润大幅度上升。吴忠塑料厂把各项指标分解到车间，扩大了车间的经营自主权，收到了较好的效果。吴忠市造纸厂根据不同岗位，分别实行计时浮动、全计件和超额计件工资制。青铜峡磷肥厂1986年上缴的利税总额、企业留利、全年人均收入分别比承包前的1984年提高93%、99%和30%。承包经营的推行，进一步明确了国家同企业的责、权、利关系，促进了企业内部的配套改革，调动了经营者和劳动者的积极性。

1986年12月，国务院《关于深化企业改革增强企业活力的若干规定》中提出，要推行多种形式的经营承包责任制，给经营者以充分的经营自主权。吴忠市（银南地区）在总结前两年改革经验的基础上，决定在全民所有制小型企业中试行租赁，选择了一部分亏损或微利企业进行试点。全面推行厂长（经理）负责制，同时实行厂长（经理）任期目标责任制。吴忠造纸厂实行“目标管理、指标承包、分级核算、联效计酬”的经济责任制。在搞好国营、二轻企业经济责任制的同时，吴忠市（银南地区）加强了对乡镇企业的领导工作，把农业承包经营责任制的成功经验运用到乡镇企业方面，建立和健全了以经济承包为主要形式的生产责任制，企业增添了活力。中宁县东华造纸厂根据本厂实际，建立了各种形式的经济承包责任制，建立健全了各种规章制度，三年迈了三大步。

各县（市）根据市委、政府（地委、行署）提出的“面向沿海、背靠大厂、外强内联、振兴银南”的口号，从本地资源比较丰富、劳动力多，而技术、人才、资金缺乏的实际出发，本着“自愿互利、优惠待人、讲求信誉、严守协议”的原则，与区内外开展了各种形式的经济技术协作和横向经济联系，有力地促进了全市（地区）乡镇企业的发展。中卫县永康乡和艾湾村从湖南引进了生产花炮的技术和人才，联办了小型花炮厂；吴忠配件厂和板桥乡联办了缸套厂。

1987年年初，吴忠市（银南地区）转发了国家经委、国家体改委《关于深化企业改革完善承包经营责任制的意见》。8月，各县（市）又相继转发了《自治区关于加强企业承包经营工作的通知》。两文件强调，实行承包经营责任制，必须坚持“包死基数，确保上交，超收多留，欠收自补”的原则；必须促进企业革新挖潜、发展生产、扩大经营、提高效益、发送服务；必须引入竞争机制，通过招标确定承包指标，选聘经营者。据此，承包经营责任制的主要形式有“两保一挂、上缴利润递增包干、上缴利润基数包干超收分成、亏损包干、投入产出包干”等五种形式。到年底，全市（地区）国营工业企业有45家签订了承包合同，占86%。青铜峡市在总结经验的基础上，落实配套措施，企业承包又有了新的发展。青铜峡市化肥厂采取四项承包责任制，把产量、消耗、任务具体落实到人，把效益和工资挂起钩来。吴忠市（县级）积极引进竞争机制，把企业承包工作引向深入，政府对经委、粮食局系统 10 家国营企业实行了招标承包。灵武县、中宁县以点为突破口，推动全市承包工作。盐池县在冯记沟煤矿、清真食品厂采取答辩承包的方式承包企业。截至 1988 年年底，盐池县国营企业 12 家全部承包完毕，二轻企业 11 家全部实行承包责任制。

1988 年年初，按照自治区下发的《一九八八年全区经济体制改革的意见》，吴忠市（银南地区）遵照“经济要进一步稳定，改革要进一步深化”的方针，将经济体制改革同经济发展、政治体制改革紧密结合起来，以落实和完善企业承包经营责任制、深化企业经营机制改革为重点，有重点、有针对性、有步骤地深入进行。到 3 月，吴忠市（银南地区）国营企业 52 家已有 51 家实行承包，70 家二轻企业基本上实行了各种形式的承包。4 月底，承包责任制进一步深化，在承包形式上由本单位、本部门、本行业承包逐步发展到由外单位来承包，由大厂承包小厂，银川氮肥厂承包了吴忠化肥厂和灵武化肥厂两个亏损大户。青铜峡市在 6 家国营工业企业承包经营的基础上，通过公开招标的程序对符合承包和租赁条件的 59 家工交、财贸企业实行了承包和租赁责任制，承包、租赁企业占全部企业的 95%。

1990 年，吴忠市（银南地区）在总结第一轮承包工作的基础上，认真贯彻自治区人民政府《关于完善企业承包经济责任制的意见》，继续坚持和完善企业承包经营责任制，采取滚动承包的形式，在各县（市）属企业开展第二轮承包工作。在这一轮承包中，吴忠市（银南地区）按照自治区“包死基数，确保上交，超收多留，欠收自补”的原则，规范和完善了承包形式，调整了国家、企业、职工三者的利益，促进了企业经济效益的提高。吴忠市（银南地区）在全市（地区）积极推行全员风险抵押承包和承包班子的抵押承包，全市（地区）251 家工商企业有 154 家签订了承包合同。

20世纪80年代末吴忠阀门厂生产车间

1991年，全市（地区）积极探索二轻集体企业承包经营责任制，制定了《二轻集体企业承包经营责任制实施办法》。6月，吴忠市（县级）实施国营企业固定工退休金统筹，全民企业职工丧葬费统筹，全民固定职工和集体企业职工个人缴费、职工待业保险基金等政策，其中城镇全民企业固定职工和集体企业在职职工的养老金统筹面分别达到95.5%和100%。

（三）转换经营机制与建立现代企业制度（1993—2002年）

1992年10月，党的十四大把建立和完善社会主义市场经济体制作为经济体制改革的目标。自治区在部分工业企业中进行转换经营机制的试点工作，开始使企业逐步向自主经营、自负盈亏、自我发展、自我约束的商品生产者和经营者的方向转变。1993年，自治区政府发布了《宁夏回族自治区全民所有制工业企业转换经营机制条例》和《宁夏回族自治区全民所有制工业企业转换经营机制实施办法》，对全民所有制企业经营权、自负盈亏的责任、产品结构和组织结构调整、转变政府职能等做出了规定。11月，党的十四届三中全会《关于建立社会主义市场经济体制若干问题的决定》提出，国有企业改革的方向是建立现代企业制度。

1993年年初，吴忠市（银南地区）成立了“企业转换经营机制指导小组”。4月至9月，吴忠市（银南地区）在吴忠市化工厂进行了《转换经营机制条例》全面实施的试点工作，试点结束后在全市（地区）进行了推广。6月，自治区政府相继下发了《关于进一步抓好企业扭亏增盈工作的通知》和《关于促进国有工业企业扭亏增盈的若干政策措施》，提出了加强企业内部管理，增强内在动力；加大改革力度，激活生产要素；给予贷款支持，挖掘资金潜力；采取扶持措施，帮助企业解困。9月24日，吴忠市（银南地区）召开全市（地区）贯彻《宁夏回族自治区全民所有制工业企业转换经营机制条例》工作会议，各县（市）按照吴忠市（银南地区）的要求，落实《宁夏回族自治区全民所有制工业企业转换经营机制条例》规定的企业十四项经营自主权。企业“三项制度”改革深入进行，新的企业承包在进一步完善股份合作制、国有民营、公有私营、税利分流等新的企业组织形式和经营形式在实行和探索之中，现代企业制度的建立也在筹备试点。全市（地区）各县（市）工业企业有22户进行了“三项制度”改革和落实自主权试点，有19户实行了税利分流，有79户实行了工效挂钩，有11户进行了股份制试点，有2户进行了“公有私营”试点。

1994年，我国第一部《公司法》颁布后，宁夏确定了40户国有企业作为建立现代企业制度的试点企业。3月，吴忠市（银南地区）发布了《吴忠市股份制企业实施办法》《吴忠市国有和集体小型企业产权制度改革实施办法》《吴忠市国有企业目标管理、税后利润分成实施办法》。据此，吴忠市（银南地区）把转换企业经营机制和企业产权制度改革作为工作重点，积极探索建立现代企业制度。各县（市）也都制定了有关改革的政策措施。中卫县造纸厂试点建立企业现代制度；青铜峡市在蒋顶乡重晶石粉厂进行股份合作制改革试点。中宁县水泥厂股份制试点采取全员认股、一次购买、一步到位，在全市（地区）县（市）属国有企业中率先成立了股份有限责任公司。吴忠市（县级）对长期亏损、扭亏无望的建材厂、皮毛厂、服装公司实行抵押金承包、关闭，低压阀门厂被水泵阀门厂兼并。青铜峡市和灵武县对长期亏损、扭亏无望的青铜峡市第一机砖厂、灵武县毛纺厂皮革分厂、灵武县农机修造厂实行拍卖及整体出售。同心县制定了《同心县二轻集体企业租赁经营实施细则》，对所属服装厂、修配厂实行个人租赁经营。盐池县对多年亏损、资不抵债的化肥厂和染料厂实行了破产，五金厂和工业公司实行了解散，印刷厂、地毯厂实行了股份合作制。

1995 年，吴忠市（银南地区）围绕深化国有企业改革这一重点，把改组、改制、改造与加强企业管理相结合。在吴忠化工厂、中卫造纸厂经过一年的现代企业制度试点，完成了资产清理，拟定了现代企业制度试点初步方案，产权制度改革试点进展顺利。由自治区体改委、经委等部门牵头的青铜峡市、中卫县产权制度试点通过股份制改造、竞价拍卖、有偿转让、依法破产、分立经营、外资嫁接、租壳换瓤、兼并合并、股份制合作等形式进行改革。改组改制工作进展加快，小企业和微亏企业租赁、拍卖、合并、破产步伐加快。截至年底，全市（地区）有 26 户工业企业通过兼并、合并、破产进行了重组，拍卖小企业 3 户。国有预算内工业通过深化改革，通过转换经营机制，优化资源配置，盘活了资金存量，全年实现利润 1350 万元，占全市（地区）国有二轻工业利润的 84%。

1996 年年初，吴忠市（银南地区）成立了银南地区工业企业改革领导小组，进一步加强对工业企业改革的领导工作。全市（地区）各级党委、政府组织工业企业认真贯彻全国经济工作会议和全区两次小型企业改革和发展会议精神，按照两年左右的时间从整体上搞活小型企业的要求，明确目标，加大力度，因企施制，重点突破，使全地区工业企业改革稳步推进，取得了实质性的进展。到年底全市（地区）县（市）属工业企业 153 户，进行改制的 75 户，占企业总数的 49%。其中实施股份制和股份合作制的 28 户，兼并联合经营的 11 户，组建集团经营的 5 户，租赁经营的 10 户，引资嫁接经营的 3 户，托管经营的 2 户，破产的 1 户，目标经营责任制的 10 户，其他形式的 5 户。经过改制，大部分企业资产进行了重组，促进了企业结构调整。

在加大改革力度的同时，吴忠市（银南地区）各县（市）积极组织相关人员到平凉、乌海、山东诸城考察学习改革经验，并邀请乌海市体改办主任来吴忠进行企业改制的专题讲座，介绍经验。在借鉴外地经验、总结本地试点作法的基础上，各县（市）以“三个有利于”为标准，以理顺产权关系为重点，以增强企业活力、提高经济效益为目标，积极探索，采取灵活有效的改制改组形式，推进企业改革。中卫造纸厂和吴忠化工厂被列入全区建立现代企业制度试点。吴忠市（县级）有6家优势企业跨所有制、跨地区兼并了6户劣势企业，吴忠造纸厂兼并灵武造纸厂、吴忠市水泵阀门厂兼并金积铸造阀门厂、吴忠市开关厂兼并吴忠市搪瓷厂等。中卫县主动出击，积极开展东西合作，中卫化工厂、常乐瓷砖厂先后与江阴舒春集团、长江陶瓷集团合作，引进资金、技术，扩大了生产能力，提高了产品档次。同心县将电石厂、服装厂等6户企业分别实行拍卖、租赁经营，甩掉了包袱，盘活了资产存量。股份制和股份合作制步伐加快，先后有中宁县水泥厂、印刷装潢厂、碳素厂，吴忠市橡胶车辆厂，盐池县地毯集团公司，灵武县建材厂，青铜峡市氟化盐厂、清真食品厂、加砌块厂等实行了股份制或股份合作制。中宁印刷装潢厂在改制前先兼并1家小企业，发展壮大自己后将企业改组为股份合作制企业。

吴忠仪表有限责任公司智能调节阀流水线

1997年1月，吴忠绵织厂因严重亏损资不抵债宣告破产，为吴忠市首家破产的国有工业企业。4月25日，吴忠市（银南地区）在青铜峡市召开了全市（地区）工业工作会议，各县(市）就工业发展思路、设想和规划情况进行了汇报交流，会上下发了《自治区人民政府关于加快小型企业改革与发展的若干政策措施》等文件。根据会议精神，吴忠市（县级）出台了《关于企业兼并试行办法》《关于小型企业“先售后改”试行办法》，中卫县制定了《关于加快工业企业改革的意见》《关于深化改革进一步搞活县属小企业的意见》等文件。8 月，吴忠仪表厂整体改制，成立了宁夏天意仪表集团有限公司（国有独资公司），后于 1998 年 3 月，更名为吴忠仪表集团有限公司，成为吴忠市第一家上市企业。

1998 年 1 月 4 日，中共吴忠市委（银南地委）《关于深化中小型企业产权制度改革若干问题的意见（试行)》明确提出，积极探索公有制的实现形式，以产权制度改革为突破口，对国有、集体企业采取资产出售、有偿转让、股权置换等方式改组为以个人持股为主的股份制企业或民有民营企业，使国有资本从一般性竞争行业中全部退出来，从根本上转换企业经营机制。利通区被列入改制的企业有 104 户，改制的主要形式是乡镇企业以民营化为主，区属国有和集体企业以股份制、股份合作制、兼并、租赁、出售为主。由于当时的政策和资金短缺等因素所限，改制中的一些矛盾暂时被搁置。

1998 年 9 月，银南地区撤地成立吴忠市。12 月，吴忠市一届一次党代会提出“振兴工业经济，是建设经济强市的关键，要集中资金、人才、技术对优势产业、优势企业、优势产品给予扶持。培育壮大有一定基础的冶金、化工、机械、建筑建材和农副产品加工五大支柱产业。同时积极适应市场，培植已开始发育的特色食品、绒毛皮加工、造纸、环保等新兴产业”。1999 年年初，吴忠市委、市政府制定下发了《吴忠市中小企业产权制度改革的意见》，以产权制度改革为突破口，以国有企业为重点，坚持有进有退，按照“放小扶活，注重实效”的原则，采取改组、联合、兼并、股份制、出售等形式，引导中小企业国有资产从竞争性行业中退出，基本实现了国有资产不参股，企业不留集体股，经营者持大股，鼓励非公有制经济成分参与国有企业改革，综合运用经济法律和必要的行政手段，促使中小企业向“专、精、特、新”方向发展。4月20日，吴忠市印发《关于进一步加快中小企业改革的意见》，进一步加大了国有企业改革与脱困力度，采取抓大放小，重点突破，对重点脱困企业制订了改制与脱困计划，按照“集团带动、上市辐射、鼓励兼并、规范破产、改制退位、自主扭亏”的思想，成功地实施了山东高塘造纸厂兼并吴忠造纸厂、香山酒业兼并中卫面粉厂，灵武特种水泥厂列入了国家政策兼并行列，吴忠塑编厂被国家经贸委批准进入国家政策兼并破产行列，上报了灵武毛纺厂破产、金玉淀粉厂等企业债转股，被自治区列入的7户重点改革脱困大中型企业。夏贝公司和盐池柠檬酸厂实现了破产；吴忠塑编厂实施了分离重组。截至年底，在已改制企业中，涉及产权制度改革的130户，占76%；列入市属改制的11家企业，已完成改制6家。

2000年，吴忠市提出了国有特困企业改革脱困的指导意见，对7县（市、区）97户国有企业逐个制定了改革方案，采取因企制宜、一厂一策的办法，大力发展混合所有制经济。截至年底，全市97户国有企业有66户整体退出国有资产成为民营企业，有3户部分退出了国有资产，成为国有控股企业，有11户企业停产注销了国有企业性质。共有80户企业涉及产权制度改革，国有企业产权制度改革面达到82.5%。

2001年，吴忠市一届二次党代会提出加快结构优化升级，大力推进“一调整三创新”。吴忠市加快了传统产业升级换代步伐，重点支持以农副产品加工、能源化工、冶金建材、机械仪表、造纸、绒毛等为主的优势行业和骨干企业，促进中小企业向“专、精、特、新”的方向发展。吴忠市从实际出发，以生物工程和新材料工业为突破口，培育生物制药、营养保健、铝镁合金、煤炭加工二甲醚等系列开发，建成了一批高科技含量、高附加值、高成长性的企业，带动了吴忠高新技术产业的形成和发展。以建立现代企业制度为目标的管理模式已逐渐被企业认同；所有权与经营权分离，企业内部“三项制度”改革有了新的突破，改制企业逐步起死回生，焕发出生机；企业创新意识增强，产品结构调整日趋合理，造纸、化工、有色金属、绒毛产业、枸杞产业、乳制品、建材等产品主导地位日益突出，经产业、产品结构调整后的优势骨干企业支撑带动作用日益增强。

为了发挥优势骨干企业对经济发展的支撑作用，按照改造传统产业，壮大优势特色产业，发展高新技术，淘汰落后生产能力的要求，吴忠市 2001 年 3 月制订了《吴忠市 30 户重点企业产业结构调整升级方案》，涉及吴忠市绒衫厂等无毛绒行业重点企业 4 户，吴忠加美华镁业公司等有色金属 6 户，盐池萌生水泥公司等新型建筑建材 6 户，中卫香山酒业公司等生物制药及保健营养行业 5 户，吴忠夏进公司等乳制品、清真食品及精米、精粉加工业 4 户，中卫美利纸业股份公司的林产加工造纸业、吴忠金牛集团公司等新型化工行业 3 户。为了适应建立现代企业制度的需要，强化了国有资产的管理与运营，加强了对国有资产的监督管理，确保了国有资产的保值增值。2002 年 10 月，灵武市交银川市代管，灵武市工业数据纳入银川市统计。

这一时期，吴忠市委、政府十分重视下岗职工的生活和再就业问题，认真做好国有企业下岗职基本生活保障和再就业工作。按照自治区党委、政府《关于切实做好我区国有企业下岗职工基本生活保障和再就业工作的通知》的要求，1999 年 3 月，吴忠市成立了国有企业下岗职工基本生活保障和再就业工作领导小组。吴忠市建立了再就业服务中心，保障国有企业下岗职工基本生活，拓宽分流安置和再就业渠道，完善社会保障体系，强化再就业培训，确保国有企业下岗职工基本生活保障和再就业工作顺利进行。

（四）转型升级与调整增效阶段（2003 年至今）

党的十六大提出了走新型工业化道路，转变经济发展方式摆到了重要议事日程，产业结构调整和节能减排力度加大。吴忠市大力实施工业强市战略，“两城五园”聚集承载功能得到增强，初步形成以能源化工、新能源、新材料、机械装备、农副产品加工为主导的工业体系。

2003 年，吴忠市委、政府下发了《关于加快工业化进程的实施意见》，国有企业改革不断深化，盘活企业 63 家，盘活存量资产近 10 亿元，改制面达 94.1%，工业经济大幅攀升，持续保持了工业总产值、增加值、销售收入、利润“四个同步增长”，地方工业实现利税年均递增 19%，对经济增长的贡献率达到 60%，非公有制经济增加值提高了 8 个百分点。6 月，与加拿大铝业公司、宁夏电力投资开发有限公司合资组建了宁夏加宁铝业有限公司。

2005 年 6 月 22 日，市委常委会就市区企业产权制度改革工作明确指出：“市区企业产权制度改革是市委、政府的一项重要工作，事关市区改革、发展和稳定大局，要作为一项政治任务来对待。”随之，产权制度改革在市区普遍推开。2006 年 12 月，吴忠市第三次党代会提出：大力发展劳动密集型产业、非公有制经济和中小企业，增加就业岗位；切实落实就业再就业优惠政策，开发公益性岗位，重点解决城镇下岗失业人员、零就业家庭等困难群体的就业问题。完善社会保障体系，逐步将非公有制企业、灵活就业、进城务工人员纳入社会保障覆盖范围，力争实现城镇职工基本养老和基本医疗、失业、工伤、生育保险全覆盖。并规划建设太阳山移民开发区。各县（市、区）分别制定了《关于进一步加强项目建设和招商引资工作的意见》《关于对招商引资和重点建设项目实行“育婴式”服务的办法》等政策措施，进一步优化投资环境。盐池县制定了《关于进一步优化投资环境的决定》《“工业强县”建设方案实施细则》等 12 项具体办法，提出了“强县必须抓工业”的发展思路。同心县以实施“兴工强县战略、加快工业发展”为主线，以“扩大对外开放、加快项目建设、做大做强园区经济”为重点，积极谋划发展战略，认真落实各项扶持政策。

截至 2006 年年底，全市有规模以上企业 133 家，销售收入过亿元的企业 20 家，其中青铝集团销售收入过 70 亿元，加宁铝业、大坝电厂和金昱元集团等 4 户企业销售收入超过 10 亿元。

2007 年，自治区人民政府批转了自治区轻纺总会、环保局、经委《关于加快造纸工业结构调整淘汰落后生产能力实施意见的通知》，吴忠市加大了造纸产业整合力度，在金积工业园区牛首山工业园，对有发展潜力的造纸企业进行搬迁整合，实行集中治理污染。12 月 17 日，市委三届四次全体（扩大）会议提出：要全面加快企业改革步伐，依据国家节能减排要求，吴忠市依法关停、整顿、取缔了一批高耗能企业、五小企业、土炼油作坊。重点监控用能大户、污染大户，使工业企业万元产值综合能耗下降 3.6%。

2008 年，吴忠市按照《国务院关于进一步促进宁夏经济社会发展的若干意见》精神，大力发展特色农产品加工业，充分发挥特色农产品资源优势，做大做强乳制品、清真牛羊肉和粮食加工企业。鼓励支持国内外有实力的大企业、大集团嫁接和改造市内企业，重点培育了一批技术装备先进、核心竞争力强的企业集团，形成了若干具有当地特色和资源优势的产业集群，巩固提升了乳制品、清真牛羊肉等特色农产品生产加工基地，加快了羊绒产业结构调整，提高加工深度和附加值。依托《宁东能源化工基地开发总体规划》，加快了吴忠市太阳山开发区煤化工产业基地建设，大力发展风能、太阳能等可再生能源。鼓励用高新技术和先进适用技术改造提升冶金、化工、建材、轻纺、机械等传统产业，提高企业技术装备水平和产品竞争力。提升电解铝、石油炼制等产业的技术装备水平。积极发展装备制造业和高新技术产业。做优做强自动化仪表、风机制造、精密轴承等先进装备制造业。支持镁及镁合金、光伏材料等新材料生产企业开发新产品、延长产业链。10月，全国民营企业500强浙江盾安集团投资建设的宁夏太阳镁业有限公司镁合金循环经济工业园在太阳山开工建设。12月，青铜峡铝业集团有限公司战略重组设立了宁夏能源铝业。到年底，全市规模以上企业达156家，完成总产值239.89亿元，增加值70.16亿元，占全市工农业生产总值的90.2%，销售收入过亿元的企业35家。

2009年，吴忠市开展了主题为“节能攻坚，全民行动”的全国节能宣传周活动，成立了吴忠市节能降耗预警调控领导小组，印发了《吴忠市2010年节能降耗预警调控方案》，切实加强对节能降耗工作的领导。按照国家产业政策，对开元配件冶炼公司等9户落后产能实施停产关闭及设备拆除，淘汰水泥产能46万吨、铅冶炼22.5万吨、电石5.16万吨。

2010年，吴忠市委、政府《关于加快工业经济发展的意见》提出，加大对园区基础设施建设、优势骨干企业的支持力度，以促进产业优化升级，增强工业经济实力。加快再生铝及铝合金、镁合金、液态奶、煤

风电厂

焦化等项目建设，全面建成太阳山风电场、光伏电站，加大石化、冶金、建材等传统产业技改力度。加快园区基础设施建设，不断完善配套功能，提高项目承载能力。同时提出，工业要发展，产业是主导。要立足本地实际，把新能源、新材料、轻工、煤化工等产业集群作为今后工业经济发展的战略性产业，加快培育；积极促进清真食品和穆斯林用品产业向基地集中，引进液态奶生产线，加快奶产业向高附加值、高技术含量方向发展，加快包装印刷产业园建设。

2012年，是工业经济发展面临形势最为复杂的一年。面对工业转型和保增长的双层压力，吴忠市坚决贯彻中央、自治区的决策部署，出台了《吴忠市关于2012年扶持工业发展的意见》，进一步加大中小微企业的扶持力度，极大地激发了中小微企业加快发展的积极性。吴忠市积极争取自治区工业发展资金2亿元，放大企业贷款比例；成立了中小企业服务中心，通过开设服务热线、服务网站和邮箱等方式，为企业建立全方位服务平台。截至年底，吴忠市完成工业总产值480亿元，同比增长9.1%；规模以上工业完成工业总值448.9亿元，同比增长10.6%。

2013年，吴忠市政府制定了《2013年扶持工业经济发展资金奖励办法》和《关于进一步促进非公有制经济发展意见》，拿出资金800多万元扶持奖励非公有制企业做大做强。各县（市、区）政府也加大了工业扶持力度，先后拿出1.3亿元资金帮助企业渡过难关。吴忠市制定下发了《市级领导联系帮扶重点工业企业和项目的通知》，定期采取现场办公、专题会议研究等方式，帮助企业落实煤、电、油、运等生产要素。争取在全区率先实施区域集优中小企业集合票据融资工作，确定了夏进公司、法福来面粉两家符合区域集优准入条件的企业上报至人民银行宁夏分行，融资1.6亿元。按照“产品相关，产业相连”的原则，积极调整产业结构，加快产品更新换代，打造竞争优势。积极培育中小微企业发展壮大，力促地方工业崛起，“央企一感冒吴忠就发烧”的被动局面正在扭转。针对重工业太重、轻工业太轻的实际，大力发展清真食品穆斯林用品、毛纺织、农副产品加工、包装印刷等轻工业。制定出台了《吴忠市“两化融合”能力提升五年行动推进计划》，以规模以上工业企业为主体，积极推进信息化技术改造提升传统产业，带动企业快速进入信息化轨道，加快了新型工业化进程。

2014 年，吴忠市确立清真食品穆斯林用品为主导产业，装备制造、能源化工、新材料、新能源为支柱产业的工业经济体系。引导吴忠仪表、勤昌轴承等企业开发适销对路产品，研发高端智能控制阀、高铁轴承滚子等 12 项国家及自治区重点新产品。按照“轻重并举、优先轻工”的转型思路，加快纺织、印刷包装等轻工业发展，引导化工、建材等传统重工业技术升级，增强企业发展活力。截至 2014 年年底，全市规模以上企业 320 家，比 2005 年增加 203 个。全市重点监测的 11 种产品有 7 种产品产量保持增长，增长面为 63.6%。技术研发投入费用占 GDP 比重为 0.5%，随着吴忠市经济发展水平不断提高及新型工业化的深入推进，研发投入经费占 GDP 的比重逐步增加，科技进步对经济增长的贡献率不断提高。

二、主要成就

经过 30 多年的快速发展，吴忠市工业经济结构调整步伐加快，工业门类逐步完善，工业体系不断健全。

（一）工业经济不断发展，实现了历史性跨越

改革开放前，吴忠工业受自然资源和大农业观念的束缚，发展水平不高，经济增速较低。1978 年，完成工业总产值 3.53 亿元，工业生产总值占工农业生产总值的 47.44%。改革开放 30 多年来，吴忠市工业保持了快速发展的势头，推动了工业经济的不断扩张。2014 年，吴忠市规模以上企业 320 家，完成工业总产值 588.7 亿元，比 1978 年增长 166

倍。工业企业数从 1980 年的 306 家，增加到 2014 年的 1615 家，增长了 5.3 倍。工业产品产量、品种、技术水平等与改革之前相比有了长足的进步。2014 年，规模以上工业企业实现利润总额和利税总额分别为 7.8 亿元和 31.5 亿元，分别占全区的 10.24%和 19.2%。主要产品 73 种，其中原料型、初加工型产品 41 种，中间产品 20 种，最终产品 12 种。第一、第二、第三产业的比例由 1978 年的 32.4:51.2:16.4 转变为 2014 年的 14.1:57.04:28.86，已实现了由农业大市逐步向工业强市转变。2014 年，吴忠市国民生产总值中，工业比重达 41.8 %，工业对吴忠市国民生产总值增长的贡献份额达 39.1%，成为吴忠市经济高速增长的重要引擎。

（二）工业结构不断优化，工业体系逐步完善

改革开放初期，吴忠市工业产业结构和区域布局严重失衡，重工业比重高，所有制结构单一，工业主要集中在青铜峡市和吴忠市（县级）。经过改革开放 30 多年来的发展和调整，产业结构不断升级，区域结构得到优化，所有制结构日益完善，工业经济结构发生了根本性变化。一是产业领域不断拓展。吴忠市已经建立起以煤电铝为龙头的能源、冶金工业，以水泥、石膏为主的建材工业，以纺织、皮革、造纸、印刷为主的轻纺工业，以化肥、电石、树脂为主的化学工业，以粮油、肉蛋奶、葡萄酒、果汁、枸杞为主的清真食品工业。形成了五大工业体系，29 个工业行业大类，工业体系逐步完善。二是投资结构更趋优化。30 多年来，坚持把有限的资金投入到符合产业政策、环保要求、可持续发展的领域，加大生态纺织、包装印刷、食品加工等轻工业项目投资比例，加快传统重工业技术升级，按照“轻重并举、优先轻工”的转型思路，大力发展清真食品穆斯林用品、纺织、农副产品加工、包装印刷等轻工业，化工、建材等传统重工业换挡升级，企业发展活力增强。三是产业园区建设逐步加快。改革开放以来，吴忠市针对产业分散、规模偏小、带动力弱等现状，先后规划建成了以清真乳制品、清真肉制品、清真粮

油制品、清真休闲食品、清真调味品、清真饮料及保健品、穆斯林服饰和用品等产业为主的吴忠金积工业园区；以煤炭开采、煤化工、新能源、镁及镁合金为主的太阳山开发区；以合金新材料、化工新材料、建筑新材料为主的青铜峡新材料基地；以油气化工、精细化工、建筑建材等为主的盐池县工业园区；以葡萄酒城、酒庄、葡萄文化游游、百里葡萄生态长廊等为主的葡萄酒业；以羊绒分梳及深加工、农副产品深加工、煤化工等产业为主的同心同德工业园区；以农副产品深加工、装备制造、包装印刷等产业为主的青铜峡市嘉宝工业园区；主要发展羊绒羊毛产品及深加工、纺织产品及深加工等产业为主的利通区毛纺织园区等10个产值或销售收入过百亿元的产业板块，清真产业板块2014年率先突破百亿元。截至2014年年底，全市工业园区入驻企业748家，实现工业产值419亿元。特别是金积工业园区由国家发改委2006年审批为省级工业园区，2010年，被国家工信部确定为清真食品新型工业化示范基地。2013年11月，自治区人民政府决定依托金积工业园区建设“中国（吴忠）清真产业园”。四是所有制结构日臻完善。改革开放以前，吴忠工业结构在计划经济体制下，所有制结构单一，主要为国有企业和集体企业，国有工业产值比重占工业总产值比重的58.3%。随着改革开放的不断深入，吴忠市经济结构突破了单一国有制的结构，放手发展乡镇企业，推动农村工业化。随着企业产权制度改革取得突破性进展，私营企业蓬勃发展。2014年，规模以上工业中，国有企业、股份制

滩羊深加工

企业和私营企业工业增加值分别达到30.1亿元、110.9亿元、6亿元,比重分别为20.1%、74%和4%，形成了多种经济成分竞相发展的新格局。五是知名品牌不断增多。经过改革开放30多年的发展，全市工业企业共争创夏进牛奶、盐池滩羊、御马葡萄酒等中国驰名商标11个；沙漠王子、老苗、涝河桥等中国“十大清真品牌”3个；“伊星”“红山河”“嘉禾雪”等宁夏著名商标58个；西夏贡大米、中桦小麦粉、盐池对了杂粮等宁夏名牌产品49个，品牌效应不断提升。

（三）工业发展方式逐步转变，发展后劲不断增强

改革开放初期，吴忠市工业发展主要依靠增加投入、扩大投资规模，企业整体素质不高，资源利用率不高，资源和环境代价大。随着改革开放的深入，市场格局发生了重大变化，资源和环境压力进一步加大，提高资源利用效率，建设环境友好型社会成为增强可持续发展能力的重点。吴忠市大力推进发展方式转变，工业发展后劲不断增强。一是技术创新能力明显增强。截至2014年年底，吴忠市培育企业技术中心8家，其中国家级企业技术中心2家，自治区级企业技术中心6家。勤昌轴承与白俄罗斯国立技术大学开展合作，开展“专用轴承零件表面耐磨强化改性技术研发”。吴忠仪表再创新能力明显增强，在产品研发、制造能力、检测体系等方面达到国际、国内先进水平，23项高新产品被国家科技部、工信部评为“国家级重点新产品”。国内专利申请量已达2043件，授权量1380件。二是资源综合利用率逐步提高。以资源的高效和循环利用为核心，以低投入、低消耗、低排放、高效益为特征的循环经济的发展理念在企业发展中得到巩固和提高。企业在生产、经营和流通的各个环节注重资源、能源的综合利用。三是调整产品结构，淘汰落后产能。按照国家产业政策，先后淘汰了青铝集团120千安和160千安电解槽、金牛集团锦海矿业3台16500kVA电石矿热炉等落后产能100.78万吨。2014年，全市规模以上工业能源消费量596.54（等价值）

万吨标准煤，同比下降5.7%；单位工业增加值能耗同比下降16.7%；单位GDP能耗下降8.39%，下降幅度均处全区领先水平。四是信息化技术应用领域进一步拓宽。以规模以上工业企业为主体，积极推进信息化技术改造提升传统产业，带动企业快速进入信息化轨道。吴忠仪表工业云创新服务平台项目被国家工信部列为全国21个省级工业云平台之一，2014年率先在全区推广应用。吴忠仪表、夏进乳业集团等4家企业被国家工信部命名为“两化”融合管理体系贯标试点企业和试点服务企业。青铝集团等3家企业被列为国家级“两化”融合标杆示范企业。2014年9月26日，吴忠市被国家工信部和国家发改委正式确定为全国2014年度创建“宽带中国”示范城市之一。

三、基本经验

党的十一届三中全会以后，吴忠市力促工业经济改革与发展，始终坚持以搞活企业为目的，向改革要动力，以改革促调整，借改革求发展，经过30多年的探索实践，工业经济发生了一系列深刻变化，工业发展取得了巨大成就，也积累了十分宝贵的经验。

（一）培育支柱产业促进工业转型升级

改革开放以来，吴忠市在不断深化对市情及自身资源禀赋认识的基础上，逐步把新能源、农副产品加工、高端装备制造、煤及煤化工等产业集群作为工业经济发展的战略性产业加快培育。在有条件的地区建设风力发电和太阳能发电项目，在养殖园区积极加快沼气的综合利用，积极推动吴忠市清洁能源的发展。积极促进清真食品和穆斯林用品产业向金积工业园区集中，引进了液态奶生产线、清真粮油、清真食品等项目，加快了奶产业和清真食品向高端产品和高附加值方向发展。积极引进和消化吸收国内外先进技术，加快吴忠市装备制造走向高端。吴忠仪表有限公司先后引进高压氧控制阀等多项高端自动化生产技术。宁夏勤昌滚动轴承制造有限公司的汽车专用轴承及普通轴承生产，带动了吴忠高端装备制造业的发展。推进吴忠卷烟厂技改扩建，扩大生产能力，成为吴忠市地方工业发展的重点产业。依托太阳山的煤化工、金属镁、废油综合利用等项目建设吴忠煤化工基地，促进吴忠工业稳步增长。

（二）优化产业结构调整工业发展领域

吴忠市针对吴忠工业产业分散、规模偏小、带动力弱等现状，立足资源优势、现有园区、产业基础，先后规划建设了太阳山煤化工基地等10个产值或销售收入过百亿元的产业板块，清真产业板块2014年年底已突破百亿元，新材料产业基地、煤炭电力产业基地产值稳步发展，产业聚集、辐射、带动力显著增强。确立清真食品穆斯林用品为主导产业，装备制造、能源化工、新材料、新能源为支柱产业，完善工业经济支撑体系。清真产业发展迅速，风光电装机容量逐年增加，能源化工、新材料等新兴产业逐步发展壮大。积极鼓励研发高端智能控制阀、高铁轴承滚子等国家及自治区重点新产品。积极协调万胜生物采取转让股份等方式与清华诚志股份合作，建设高附加值氨基酸产业基地项目。积极协助宁鲁石化引入风险投资等战略合作伙伴，建设年产60万吨烯烃项目，提高市场竞争力。按照“轻重并举、优先轻工”的转型思路，加快纺织、印刷包装等轻工业发展，引导化工、建材等传统重工业技术升级，增强企业发展活力，2014年年底轻重工业比年底达到26.6∶73.4。

宁鲁石化公司

(三) 积极招商引资建设重点项目

实施“以招商引资促工业发展”的战略，坚持上争、内聚、外引并举，不断扩大项目资金支持，增强项目发展后劲。一方面加大工业招商力度。坚持把招商引资放在工作的首要位置，整合县（市、区）及各园区资源，号召全市重点企业、特别是外商企业老板积极参与招商引资活动，形成了市县上下合力抓招商的良好格局。另一方面实施“走出去”战略。积极采取“走出去、引进来”的招商战略，切实加大了组团外出招商的引资力度，先后引进了浙江盾安集团、运达集团、伊利集团等大型企业。把重点项目建设作为工业经济建设的主要工作来抓，按照签约项目抓落实、落地项目促开工、开工项目推进度、建成项目保投产的具体措施，确保了重点项目“有人抓、有人管、有人盯”。每年年底深入各县（市、区）、工业园区和重点企业进行调研和勘察，筛选确定次年重点工业项目，并制定和落实项目建设目标任务及责任，确保了重点工业项目的数量和质量。切实强化项目前期工作的协调、指导和服务，及时帮助企业解决影响项目开工建设的突出问题，确保每年重点新建工业项目开工率。采取市四套班子领导包抓重点项目、定期召开签约项目落地情况督查协调会和重点工业项目观摩会等办法，加大在建项目的推进力度。每年储备一批科技含量高、市场前景广的好项目、大项目，充实全市项目库动态建设，确保常年储备工业项目 50 个以上。通过项目带动战略，进一步壮大了工业经济发展规模。

(四) 加强节能降耗和环境保护

面对节能降耗的严峻挑战和复杂经济形势，吴忠市坚决按照自治区的决策部署，强化措施，狠抓落实。建立纵向到底、横向到边的“双目标”责任考核奖惩机制。多次组织开展节能减排专项督查，面对异常严峻的节能形势，及时启动了节能预警调控工作，要求确保完成节能目标，取得积极成效。按照国家、自治区关于设立节能执法专职机构的要求，成立了吴忠市节能监察监测中心，推动了吴忠市依法节能工作的全面开展。依据《自治区人民政府关于加强固定资产投资项目节能评估和审查工作的通知》要求，编制印发了《吴忠市固定资产投资项目节能评估和审查管理暂行办法》，对吴忠市行政区域内的固定资产投资项目(含新建和改建项目) 进行节能评估和审查，严控新建高耗能项目，防止盲目上马“两高一资”项目。围绕国家确定的“十大节能工程”，在冶金、建材、化工等高耗能行业推广高效节能产品，开发节能新技术，推进重大节能技术产业化和节能技术改造。加快循环经济发展步伐。优先选择化工、煤炭、建材、造纸、生物发酵等高能耗、高污染行业，推广应用循环经济适用技术，全力构建集约性、循环性、清洁性的工业经济增长方式。青铜峡水泥公司纯低温发电等一批资源综合利用项目的建设，切实推进了循环经济发展，全市资源综合利用率五年提升 15 个百分点。

（五）着力营造工业经济平稳运行软环境

工业经济运行和要素保障是事关经济又好又快发展的基础。吴忠市坚持领导联系重点企业、月度分析、企业“110”等制度，着力营造工业经济平稳运行软环境，完善经济运行保障体系。一是强化了经济运行监测。切实加强对重点产业、重点园区和规模以上企业的运行监测，特别是市属重点骨干企业及重要工业产品的监测分析，按时编制工业经济运行月报，帮助新入规、入园企业落实煤、电、油、运等各类生产要素，为上级领导决策提供准确依据。二是定期召开经济运行分析会。每季度组织各县（市、区）工业主管部门、各工业园区召开经济运行分析会，认真分析工业经济运行态势和存在问题，研究发展对策，保持了工业经济的稳定发展势头。三是加大政策支持力度。起草并提请市委、政府研究，2009 年出台《关于促进当前工业企业发展的六项措施》，2010 年出台《关于进一步加快工业经济发展的意见》，2011 年和 2012 年两次对工业扶持政策进行了调整和完善，切实为工业经济创造了良好的发展环境。四是强化银企对接服务。制定了银企对接联席会议制度，建立了融资项目库，搭建银企对接融资平台，定期召开联席会议。积极争取自治区支持工业发展资金注入银行，放大企业贷款比例。探索新型企业融资方式，加快发展惠普式金融等直接融资模式，帮助中小企业挂牌上市，为吴忠市中小企业转型升级、规范管理机制、优化资源配置，为推动企业发展积累了经验。

四、对策建议

吴忠市属欠发达地区，工业基础差、起步晚、底子薄，目前尚处于工业化的初期阶段，工业经济发展面临诸多困难和问题。一是工业增长方式粗放。不少企业仍以传统产业的低端扩张，搞同质竞争，工业增加值率普遍较低，高附加值产品较少，多处于价值链的中低端。二是产业集聚能力不强。尽管已经建成了 9 个工业园，但普遍存在行业门类多样化、产业结构扁平化、产品竞争无序化的现象，与现代产业集群发展要求还有一定差距，缺乏地标型行业龙头企业的引领带动作用。三是结构调整与转型升级任重道远。吴忠市资源、能源型产业占据主导地位，规模以上工业能源消费量占全市能源消费量的 70%，六大高耗能行业占规模以上工业能源消费量的 92%。战略新兴产业发展滞后是我市工业产业发展的核心问题。尽管国有企业所占比重有所降低，但在电力、热力等关系国民经济命脉的重要行业和领域，国有经济仍占主导地位，非公经济比重依然较轻。四是科技创新能力不足。大部分企业的关键技术较为薄弱，企业研发投入较少，技术创新、研发能力弱，研发费用占比仅为 0.5%。自治区级企业技术中心仅有 6 家，国家级企业技术中心 2 家，创新动力严重不足。

2015 年 10 月，党的十八届五中全会全提出，要坚持创新、协调、绿色、开放、共享发展理念，深入实施“四个全面”战略，确保如期全面建成小康社会，为实现第二个百年奋斗目标、实现中华民族伟大复兴的中国梦奠定坚实基础。12月，自治区党委十一届七次全会审议通过了《中共宁夏回族自治区委员会关于制定国民经济和社会发展第十三个五年规划的建议》，对宁夏改革发展做出战略部署。根据十八届五中全会和自治区党委十一届七次全会精神，吴忠市制定了工业发展目标：全市工业增加值增速在9%左右；工业增加值年均增速目标设为10%左右；工业固定资产投资规模在1860亿元，在“十二五”基础上翻一番；到2020年全市轻重工业比例的预期目标为35:65；“十三五”末研发投入经费达到1.3%以上；“十三五”时期战略性新兴产业工业产值比重将达到15%。“十三五”末，全社会能源消费量为1082万吨标准煤，2020年万元GDP综合能耗为2.2吨标准煤/万元，累计下降10%，年均下降2.1%。面对机遇和挑战，吴忠市将进一步坚定信心，奋力攻坚，把工业摆在更加突出的位置，集中力量发展工业，以工业的快速崛起促进经济的飞跃发展。

（一）继续优化空间发展布局

“十三五”时期，根据全市区位条件与现有产业分布，要按照主体功能清晰、发展导向明确、开发秩序规范、各类要素协调的要求，加快形成各具特色、集聚集约、分工协作的全市工业发展布局，促进产业布局与空间开发优化发展。金积工业园区要按照“一园多区”的规划原则，重点发展清真食品穆斯林用品、高端装备制造、包装印刷等产业，积极承接中、东部产业转移。太阳山开发区要重点发展煤炭开采、煤化工、新能源、新材料等产业。青铜峡新材料基地要重点发展冶金新材料、化工新材料、建筑新材料等产业。盐池工业园区要重点发展石油天然气化工、精细化工、煤化工等产业，打造宁东配套产业基地。利通区生态纺织产业园要加快发展集纺纱、织布、印染、服装于一体的生态纺织产业。嘉宝工业园区要重点发展特色农副产品深加工、汽车零部件制造等产业。弘德慈善园区要重点发展包装印刷、葡萄酒种植、加工、新能源等产业。同德慈善园区要重点发展煤化工、羊绒分梳及深加工、农副产品深加工等产业。

（二）持续加快工业转型升级

以创新驱动为核心，把加快企业技术创新、品牌培育创建作为推动工业经济转型升级的中心环节，着力提高产业核心竞争力。一是要增强企业自主创新能力。要培育发展新动力，激发创新创业活力，推动大众创业、万众创新，加快创业孵化基地建设，提高基地服务水平。要围绕一批共性技术、关键技术、前沿技术，着力打造具有国际竞争力、引领产业发展的创新型领军企业。以国家重大产业技术开发项目为导向，加大吴忠市实施重点技术创新项目的力度。积极推进企业研发机构建设，增强企业创新能力。积极鼓励中小企业建设国家、自治区、吴忠市技术中心，并在资金上给予奖励，支持企业开发更多的具有自主核心技术的产品。每年新增自治区级以上企业技术中心、重点实验室 2 家以上，到“十三五”末，自治区级以上各类研发机构超过 20 家。要推进产学研深度融合。支持高校、科研院所与企业共建研发平台。加大引进、共建高水平研发机构工作力度，积极鼓励支持中小企业与各类科研机构开展技术合作。二是要推进科研体制机制创新，围绕产业技术创新需求和打造重点产业链，建立各类产业技术创新和产业发展联盟，推动创新成果在企业新产品和技术改造中的应用。要加快建立国家级清真食品认证中心。完善清真食品、穆斯林用品认证和市场准入制度，提高吴忠市清真产业的知名度和市场占有率。建设中国（吴忠）清真产业园创新发展服务中心等创新型园区、科技成果孵化器等载体，促进大型研发基础设施和平台开放使用，放大科技成果转化效应。依托“一带一路”，引领全国清真食品和穆斯林用品向标准化、产业化、集团化、国际化发展，将清真产业打造成为“买全球”“卖全球”的国际化产业。三是要大力促进品牌建设战略。制定实施品牌发展规划，着力抓好品牌设计、传播、提升、推广等工作，推动红山河、杞叶青等一批区、市品牌向中国名牌、世界名牌跃升。鼓励企业依托专利技术和优质产品创知名品牌、国际品牌，引导企业发展品牌经济。争取更多自治区乃至全国“名牌产品”“著名商标”和“重点培育和发展的出口产品”。鼓励宁扬、黄河电焊机等企业参与行业、国内和国际标准制定，力争在重点产业领域形成 1~3 个国家标准，打造“吴忠制造”的高地品牌。

（三）不断增强工业综合实力

要加快培育一批战略性产业，以大产业、大基地、大集团、大企业为依托，着力推动工业经济持续快速发展，使工业总量再上新台阶，综合实力实现新跨越。培育十大百亿元产业板块，壮大经济规模。针对产业分散、规模偏小、带动力弱等现状，立足资源优势、现有园区、产业基础，规划建设 10 个产值或销售收入过百亿元的产业板块，全力壮大一批支撑吴忠市工业总量的产业集群。到 2020 年，10 个百亿产业板块全面建成，销售产值达到千亿元以上，以板块经济带动区域经济发展；培育百亿元产业园区，促进集约发展。以“高端、高新、高附加值”的战略性新兴产业作为园区发展的主攻方向，打造吴忠工业优势再造的高端平台和重要载体。力促昊华骏化 100 万吨乙醇等一批新建项目启动建设，全力加快中国自动化产业园等一批续建项目建设速度。同时，紧盯全国食品加工、新材料、轻纺、装备制造等行业龙头，着力引进和实施一批科技含量高、市场前景好、支撑带动力强的好项目，牵引上下游合作伙伴，形成园区大产业集群。到“十三五”末，建成销售产值达到百亿元的工业园区 6 个；培育亿元工业企业，做强企业集团。以重点骨干集团和重大项目为龙头，以资本为纽带，通过联合重组、纵向整合，在清真食品穆斯林用品、装备制造、能源化工等优势产业领域，培育形成

3个以上百亿集团，吴忠市亿元以上企业达到150家，产业集中度和市场竞争力显著提升。

（四）着力推进工业融合发展

通过规划引导、产业对接、项目推进、政策支持，推进工业三大“融合”发展。强化制造业与生产性服务业的协调发展，助推现代物流、科技服务、金融服务等直接为制造服务的生产性服务业，促进工业与生产性服务的有效融合。特别是在金融服务业上积极引进国内外股份制商业银行、信用担保公司设立分支机构，不断优化金融环境，培育主板、中小企业板、创业板上市企业3家。推进工业化信息化融合发展。以信息资源开发利用为核心，加快推进企业管理的信息化建设，深化信息技术在机械装备、原材料、消费品等重点领域的推广应用。推进产品研发设计、流程控制、企业管理、市场营销等重点环节的信息技术改造。健全完善“两化”融合技术支撑体系，培育20家“两化”融合示范企业和50个“两化”融合示范项目。

固原市工业经济改革与发展

改革开放38年来，固原工业经济从低速发展到调整转型，再到涅槃重生与繁荣发展，取得了长足的进步。固原市工业经济改革发展的每一步都证明着一个真理：思路决定出路，创新决定发展，开放决定格局。

一、改革发展历程

改革开放以来，固原工业经济改革与发展的历程分为四个阶段。

（一）起步探索阶段（1978—1991年）

党的十一届三中全会以后，固原地区工业经济改革开始起步。1979年9月，根据国务院《关于扩大国营工业企业经营管理自主权的若干规定》《关于国营企业实行利润留成的决定》等文件精神，固原地区开始了扩大企业自主权试点工作，确定固原拖配厂等10户国营工业企业为试点单位。1980年，按照《固原地区发展工业的意见》提出的改制老企业，发展新企业的要求，对六盘山水泥厂、固原拖配厂、固原油面厂等国营企业引进新设备进行技术改造，技术改造项目共21项。同时，新建了宁夏第二中药厂，引进了成药加工厂技术设备，各县也相继新建了毛纺厂、酒厂、劳保用品厂、清真食品厂、化工厂、造纸厂、地膜塑料厂、丝织厂、玻璃工艺制品厂、电视机厂、精淀粉厂、活性炭厂等23种生产加工型企业。在企业管理上，逐步推行厂长负责制。1982年，企业放权改革全面展开，加大了利润分成的实施力度。根据自治区《关于国营企业实行盈亏经济责任制的若干暂行规定》，对企业的利润留成比例做了明确规定。1983 年，国家实行“利改税”，将企业上交的利润改为依法缴纳所得税，企业利多多留、利少少留、无利不留。凡盈利的全民所有制企业，按实现利润缴纳 55%的所得税，税后利润一部分上交国家，一部分按国家核定的比例留给企业。并开始改革企业领导体制，实行了《厂长工作暂行条例》《企业职代会暂行条例》和《党的企业基层组织工作暂行条例》等。到“五五”计划末的 1980 年，全地区总产值达到 1.48 亿元，完成计划的 100.7%。1984 年 8 月 28 日，固原地委、行署作出《关于进一步扩大工业企业自主权的试行规定》，按照文件要求改革经营管理方式，扩大生产经营权；实行厂长（经理）负责制。

1984 年 10 月，党的十二届三中全会通过《中共中央关于经济体制改革的决定》，提出增强企业活力，特别是增强全民所有制企业的活力，是整个经济体制改革的中心环节。为此，要确定国家与全民所有制企业的正确关系，使企业成为相对独立的经济实体，自主经营，自负盈亏，同时通过政企职责分开，使政府正确发挥管理经济的职能。1986 年 8 至 10 月隆德县 12 个国营和二轻企业、固原地区地直的 4 个国营企业推行了经营承包制和租赁承包制。1988 年，西吉县的国营工业企业和商业企业全部实行了生产经营承包责任制。当年，全地区开始对企业进行第一轮承包。这一时期，企业承包的形式主要有“双包一挂”“上缴利润”“递增包干”“上缴利润包干”“超收分成”“微利企业上缴利润定额包干”“亏损企业减亏（补贴）包干”等形式。1990 年，企业承包开始坚持“包死基数，确保上交，超收多留，欠收自补”的原则，规范和完善了承包形式，调整了国家、企业、职工三者的利益。至 1990 年，随着厂长负责制的建立，国家所有，集体承包，照章纳税，自负盈亏，车间费用，利润包干，实行产值、成本、质量、消费、安全、资金占用，设备状况考核，企业内部改革配套，责、权、利结合等具体改革措施普遍推行，极大地调动了各企业的生产积极性。1990 年，固原地区乡以上的国营、集体和其他企业达到 375 个，比 1978 年增长了 100.5%；工业产值达到17249.7 万元，比 1978 年增长了 367.8%。企业门类由原来的 7 大类发展到 30 大类，新增的主要产品百余种。如水泥、亚麻原料、毛毯、二毛皮衣等，产品还销往区内外。

这一时期，固原地区的乡镇企业异军突起，为固原工业发展增添了活力。1988 年 4 月上旬，固原地委、行署做出了《关于加快发展乡镇企业的决定》，提出了引进人才、引进资金、引进项目、引进设备，联合办厂，发展多种经济成分并存的企业等具体措施。并逐步形成以市场调节为主，自主经营、自负盈亏、自我约束、自我调节、自我积累、自我发展、多劳多得、优胜劣汰的机制运行。到 1990 年，全地区乡镇企业工业有 24 个大类，80 多种主要工业产品，其中有 13 种产品荣获自治区乡镇企业优秀产品奖。乡镇企业个数由 1988 年的 22391 个，增加到 25598 个，总产值由 1988 年的 16573.7 万元，增长到 21297.2 万元。1992 年 2 月 27 日，固原地委办公室、行署办公室批转固原地区乡镇企业局《关于大力发展乡镇企业的安排意见》的通知，要求全地区地、县、乡、村都必须大力兴办乡镇企业，发展乡镇工业企业，并提出了乡镇企业发展的原则、方向、目标、任务等，乡镇企业在固原开始大力发展。乡镇企业的发展振兴了农村经济，增强了经济实力，增加了农民收入，改善了农民生活，弥补了地方国营企业不足，填补了地方工业领域空白，促进了城乡物资交流，提高了当地农副产品加工增值，搞活了市场，增加了地方收入，彻底改善了地方经济结构的预期目标。

1991 年，在贯彻落实《企业法》和《全民所有制工业企业转换经营机制条例》的过程中，固原地区又在扩大企业自主权、积极推行企业内部各项改革的基础上，确立了企业具有独立商品生产者和经营者法人地位的基本经营管理制度。大多数企业在管理体制上全面推行了厂长（经理）负责制，实行了厂长（经理）任期目标责任制和任期终结审计制；

推行了人事劳动制度改革，企业公开招聘中层以上干部，竞争上岗，择优使用，职工实行双向选择，择优上岗，企业进人全部实行劳动合同制；进行分配制度改革，将职工工资、奖金的分配与企业效益及个人贡献大小结合起来，实行计件工资、岗位工资、浮动工资、档案工资与评分记奖等分配形式，从而打破了长期以来国有企业在劳动分配上存在的平均主义，吃大锅饭的现象。

这一时期，固原地区工业企业的改革重点是，围绕加快企业整顿、提高和改制，探索和形成了工业发展的新机制，并依托本地资源开发，壮大了工业经济基础，增加了地方财政收入，改善了地方经济结构，逐步形成了固原工业化初级阶段的发展思路。

（二）深化改革阶段（1992—2001 年）

1992 年 10 月党的十四大和 1993 年 11 月党的十四届三中全会后，固原地区开始了以建立社会主义市场经济体制和现代企业制度为目标的工业改革。1993 年 4 月，经自治区人民政府同意，固原地区成立了扶贫经济发展试验区，区内实行自行管理、自免税赋、自由用人、自由价格、自批户口、自定制度的“六自”政策，成为工业扶贫开发的新模式。1994 年 2 月 22 日，固原地委、行署制定了固原地区经济体制改革工作的要点，进一步提出了深化企业改革，转换企业经营机制，理顺产权关系，搞好股份制试点，加强企业管理，引导企业练“内功”，因地制宜，采取多种形式进行企业经营机制改革。5 月 20 日作出《关于加快工业发展的决定》，提出了固原建立现代工业体系的原则、目标、产业方向和相关政策、措施等。主要内容包括：（1）深化企业改革，建立现代企业制度；（2）依靠国家和自治区的各项优惠政策，兴办企业；（3）以中小型企业为主，小中大企业相结合；（4）依靠当地资源，围绕支柱产业，争取外援，创办地方特色工业企业；（5）创造良好的投资环境，兴办“三资”企业；（6）鼓励支持企业与区内外大中型企业、大专院校、科研机构联合发展企业；（7）依靠市场和优惠政策引进新技术和人才，开发优势拳头产品；（8）利用富余劳动力，兴办劳动密集型工业项目；（9）发展具有地方特色、民族特色的食品、畜产品、林产品、药材、野生加工工业；（10）以矿产资源发展建材、煤化工、火电和高耗能工业。还提出要大力倡导依据市场需求，能办什么工业就办什么工业，走多元化经济协同发展的路子，鼓励大办特办私营工业，积极兴办集体工业。

1994 年 8 月，自治区提出了“北部重振，南部放开，中部上台阶”的发展思路。固原地委、行署制定了《关于贯彻落实“南部放开”加快经济发展的意见》，决定通过企业实施“股、并、卖、送、分、退、关、破”八个方面的重大改革措施，对工业企业在所有制上彻底放开，体制上彻底还权，机制上完全搞活，三联制动，全面创新，实现企业产权明、体制顺、机制活的目标，使公有制企业向多种所有制形式转化，增加私营经济的分量，加大市场竞争的主体力量，鼓励支持大办三资企业、骨干企业，加快建设工业小区和发展沿线沿路经济，支持农民经商，发展庭院经济或务工办厂，建立工业奖励基金，各单位各部门都要全心全意为发展工业生产服务。1995 年 11 月，固原地委、行署召开全地区工业经济和企业改革工作会议，制定了《关于进一步贯彻落实“南部放开”，加快经济发展的意见》，提出了放开土地管理政策；加快拍卖宜林“四荒地”，加快沿路经济开发速度等五项具体措施。在当时根据固原地区的特点，围绕如何发展支柱产业集中进行企业和产品的技术改造，引进外资、投资嫁接改造，把技术改造与制度创新、管理创新相结合，用新机制推进技术改造，以技术改造的成果促进机制创新。通过企业的改组，打破了“小、散、弱”的格局，采取兼并联合合资、租赁、转让、破产等形式，调整了企业组织结构。1995 年，全地区乡及乡以上 37%的国有集体工业企业实施了不同形式的改革。西吉淀粉总公司因势

宁夏固原市三关口水泥厂

利导改组企业，大胆兼并、联合走集团化的路子，不断开发具有民族地方特色的新产品，逐步形成优势，成为当时全地区规模最大、效益最好的工业企业。

随着企业改革的逐步深化，社会保障等配套改革也逐步加快，1995年年底全地区国有企业职工（不含临时工）全部参加了社会养老保险和失业保险。1996年，又召开了全地区企业改革工作会议。会议提出了企业改革要在“放”字上做文章，一是放开所有制形式，改变单一化弊端；二是放开经营，把经营决策权交给企业，减少行政干预。地委、行署要求企业的改革任务是：“乡及乡以上工业企业改革面达到100%，其中产权制度改革要达到70%以上。主要突出“一个重点”股份制；“两个加大”兼并和分立破产。提倡推动存量资产的流动和重组，通过联合、兼并等多种形式，组建企业集团。还提出要通过加大宣传力度，争取投资，加强经济技术合作，技术引进和技术革新等办法，充分利用自治区对固原地区的各项优惠政策，培育几家地区的龙头骨干企业，培育名牌和拳头产品，以效益为目的，推动全地区企业改革，实现经济腾飞。1999年，加大了企业改革力度，狠抓了企业改制的质量，使企业生产真正适应和服从于社会主义市场经济规律。当时，全地区县属以上101家国有企业，因厂制宜进行了不同形式的改制92家，改革面达90.2%，对改制走了形式的9家企业重新调整了改制方案。这样，提高了企业改制效益，使一些企业扩大了规模，增强了市场竞争力。还先后兴建了隆德县、西吉县精淀粉，固原县皮革、三营造纸，泾源县肉联，彭阳县的麻棉等厂，装备先进的技术设备，形成了建材、皮革、淀粉、煤炭、机械、造纸、肉类加工等依附当地资源的加工工业门类。宁夏上菱集团兼并重组六盘山水泥公司后，投资 1.5 亿元建成了日产 1500 吨干法旋窑水泥生产线暨年产 60 吨水泥综合改造项目，成为宁夏南部山区规模最大、技术装备水平最高的水泥生产企业；宁夏远声药业公司由隆湖房地产公司全面收购和改扩建工程；叙利亚华侨整体收购改造固原邮电宾馆；宁夏佳立生物科技有限公司租赁西吉傻傻集团；隆德县的水泥、建材、淀粉等 12 家企业的改制重组，都逐步实现了外部资本、技术管理与企业重组的结合，实现了投资主体多元化，这些企业改革后都成为全地区经济势力最强，生产规模最大，经济效益最好，对固原的经济发展和扶贫致富贡献最大的企业集团。2000 年 7 月，固原地委、政府又印发了《关于实施西部大开发战略，加快固原发展的意见》，提出了 14 项“改革、扩量并举，加快发展地方工业”的具体措施。主要是依托当地资源，形成地域特色比较明显的工业体系，工业涉及农副产品加工、建材、煤炭、冶金、医药、化工、纺织、印刷等十多个行业，有马铃薯淀粉、清真肉制品、畜草制品、水泥、机砖、煤、中成药、铁合金、地毯、皮革等产品。同时，确立了“实业发展工业园区、产业至上、工业第一”，“攻坚、突破、跨越”，“服务、质量、效能”新理念，大举招商引资、推动项目落地固原地区，加快工业园区结构调整、促进工业园区产业升级。在地委、政府的领导下，成立了招商局，以招商引资发展工业。招商引资以“三化”建设为重点，以园区为平台，以项目为载体，采取“走出去”“请进来”的办法，利用全国性和区域性经贸洽谈会宣传推介项目，实现了招商引资向大项目的高度延伸，向建设领域的宽度延伸，向资源开发的深度延伸。经过努力，全地区共引进工业项目 107 个，引进资金 8.7 亿元。招商引资引进了资金、项目、人才、技术、管理经验、经营理念、思想观念等，对全市的经济社会和工业企业发展起到“输血强身”作用的同时，也对全市的经济社会发展起到了一种“造血强身”的功效。还把有一定发展潜力和市场需求的企业作为引资的重点，寻求市外大企业对本市国有企业进行兼并、收购和重组，推进国有企业改制。当时，共有 8 家国内外大型企业完成了对固原地区工业企业的重组、收购、兼并、改扩建等形式的改制。

（三）推进新型工业化阶段（2002—2012 年）

这一阶段，为固原工业推进发展转型时期，通过进一步解放思想，开始了由农业为主导向以工业为主导、多产发展并举转变。

2002 年 7 月，经国务院批准，固原地级市正式成立，标志着固原改革开放和社会主义现代化进入了一个新的发展阶段。固原市成立后，首先按照“提升工业总量，加快推进工业化进程”的总体思路，大力发展民营经济，以项目求突破，抓改革促发展，抓技改扩规模，抓管理增效益，工业经济保持了较快增长，当年完成工业总产值 17 亿元，增长 6.3%；增加值 4.5 亿元，增长 17.8%，实现产销率 94%。企业改制工作得到深化，全市 39 户县属以上国有控股企业改制面达到 88%。工业技术改造有新的进展，争取技改贴息资金 134 万元，新上技改项目 22 项，完成投资 6000 多万元。对外经济协作健康发展，签订招商引资合作项目 20 项，引进落实资金 2454 万元。

2003 年 3 月，自治区党委、政府召开了第一次固原工作会议，会议提出，固原要抓住西部大开发的历史机遇，以畜牧业和农副产品加工业为突破口，大力推进经济结构的战略性调整，着力提升产业层次；走种植业为养殖业服务、农业

宁夏固原市隆德县人造花生产车间

为畜牧业服务，种植业、畜牧业为农副产品深加工服务，提高农副产品附加值的路子。这次会议为固原经济社会发展，特别是工业加快发展指明了方向。同年6月23日，针对固原发展中工业化、城镇化和农业产业化基础薄弱的现实，固原市委、政府召开了全市加快工业化进程暨非公有制经济发展大会，会议明确把加快非公有制经济发展作为推进“三化”进程的突破口和助推器，出台了《固原市委、政府关于加快非公有制经济发展的决定》，并编制了《固原市工业发展规划》，将草畜、马铃薯、劳务输出和旅游确定为固原发展的四大支柱产业；提出今后五年要围绕“重点抓改制，关键抓项目，突出抓招商”的思路，把工业化和产业化、城镇化、信息化有机结合起来，突出发展马铃薯淀粉、草畜、中药材加工工业和建材业，走以农副产品和当地优势资源精加工为主发展工业的路子；要求加强组织领导、解放思想、转变观念，“毫不动摇地鼓励、支持和引导非公有制经济发展”；提出放宽领域，降低门槛，简化注册登记手续，放开户口，鼓励常住，实行用地优惠，实行税费优惠政策，开发人才资源，在资金方面给予大力支持等具体政策。

2003年以后，自治区党委、政府又相继召开了四次固原工作会议，专题研究固原发展的思路和阶段性战略重点，确定了固原市工业的发展重点是：“突出抓好重点项目，走出一条依托资源优势，实现工业突破的新路子。”这一时期，固原市大力推进工业项目带动战略，进一步深化企业改革，加快了工业园区建设步伐。2007年，全市共引进项目423个，资金31.4亿元，建成工业园区6个，入园企业达到200家，国有企业改制面达到90%，引资重组年产60万吨六盘山水泥综合改造项目投产运营；王洼煤矿二矿开工建设；六盘山热电联产项目前期工作、彭阳油气资源勘探开发加紧进行；形成了煤炭开采、水泥建材、马铃薯淀粉和草畜、特色中药材加工四大主导产业；非公有制骨干企业不断发展壮大、当年非公有制企业增加值占全市工业增加值的65%以上，企业的创新能力明显提高，经济效益逐步回升，当年有7家企业的产品获得自治区名牌产品称号。

2009年3月23日，固原市迎来了具有里程碑意义的一刻——自治区党委、政府在固原市隆重举行重点建设项目六盘山热电厂开工奠基仪式。六盘山热电厂的开工建设和盐化工循环经济扶贫示范区的起步建设，以盐岩、煤炭、油气为主的资源勘探取得实质性进展，固原的工业发展出现了新的契机。年底，固原市委二届八次全体（扩大）会议提出，“加快实现由以农业为主导向工业为主导、多产业发展并举转变”，成为调整经济结构和转变发展方式的重点，结束了固原长期以来“农业一统天下”的发展格局。围绕这一战略思路，确定“十二五”期间重点实施“155”工程，即由1个核心区、5个产业和5个基地组成。具体是，把原州区建成全市产业聚集的“核心区”，培育盐化工及煤电一体化产业，规划建设盐化工循环经济扶贫示范基地；发展特色农业及农副产品深加工产业，建设六盘山农业示范基地；发展物流及服务产业，建设西兰银交汇中心物流集散基地；发展旅游产业，建设六盘山红色旅游、生态旅游和文化休闲避暑度假基地；发展劳务产业，建设劳务输出基地。同时，为加快推进工业化进程，固原市委托陕西朝华管理学院编制完成了《固原市产业发展规划》初稿，初步提出规划建设盐化工循环经济示范区的意见，同时组织专门力量编制完成了《固原市马铃薯淀粉加工业发展规划》《固原市草畜加工业发展规划》等5个专项产业规划，明确了工业长远发展的战略方向。

2011年12月18日，固原市第三次党代会提出，要“把握一个主题，推进三个转变，实施六大战略”，并确定了“强力推进工业强市发展战略，加快资源勘探开发，强化产业集聚，重点抓骨干企业，关键抓产业园区建设，努力在做大工业总量、构建新型工业化体系上取得实质性突破，以工业强市壮大固原市的集聚实力”的新型工业化目标。同时将从“以农业为主导，重点发展马铃薯、草畜、劳务和旅游四大支柱产业”转变为“以现代生态农业为基础、新型工业为主导、现代新型服务业为支撑的多元发展”的思路。固原市进入了一个迅速变革发展的时期。2012年，全市全年完成工业增加值25亿元，煤炭、岩盐、石油等资源勘探取得重大进展；煤炭产能达到510万吨，原油产量达到15万吨，电力装机容量达到770兆瓦；盐化工循环经济扶贫示范区基础设施基本完成，中铝固原煤电铝一体化项目启动，金昱元盐化工项目开工建设。三大产业结构由2002年的30.9:14.8:54.3调整为2012年的25:29:46，第二产业比重首次超过第一产业，工业在国民经济中的主导地位初步显现。

（四）突破创新阶段（2012年至今）

2012年11月党的十八大和2013年11月党的十八届三中全会后，固原市掀开了全面深化改革的新篇章，工业改革与发展进入了新常态。2013年5月16日，固原市委召开了全市“推进工业强市战略暨招商引资”工作大会，这是在全市上下加快推进扶贫攻坚、全面建设小康社会的关键时期召开的一次重要会议，也是市委、政府多年来召开的第一次工业经济发展大会。会议的主要任务是：认真贯彻落实市第三次党代会精神，动员全市上下坚定不移地实施工业强市战略和重大项目带动战略，加快转变经济发展方式，构建以工业经济为主导的经济发展格局，为建设富裕文明和谐幸福新固原和小康社会而努力奋斗。会议在分析了固原工业经济发展的形势后，明确提出“固原市工业经济发展要以科学发展观为指导，以转变经济发展方式为主线，坚定不移地推进工业强市战略，坚持走新型工业化道路，坚持‘抓大扶小’的方针（即培育重点骨干企业，加快中小微企业发展，扶持非公有制经济发展），狠抓优势特色产业，狠抓重大项目建设，狠抓产业园区，狠抓招商引资，狠抓科技创新，发展壮大一批拥有核心竞争力的龙头骨干企业和有成长潜力的中小微企业，推进经济社会跨越发展，为与全区同步进入全面小康社会奠定坚实物质基础”的工业经济发展总体要求和思路。随后，市委、政府又制定出台了《关于加快发展工业经济的意见》（简称发展工业20条），提出了加快发展固原工业的总体要求、发展思路、发展目标、基本原则和具体措施。这对彻底改变固原工业主导地位不突出，工业总量规模偏小，缺少骨干企业和工业化项目支撑等落后现状具有很强的指导意义，标志着固原工业在生产方式实现了由从传统手工业生产方式向机器大工业生产方式的转变，产业布局由以农业为主导向以工业为主导、多产业发展并举转变之后，增长方式也开始了由粗放型向循环、集约、安全、绿色、低碳、稳健型和创新驱动型增长转变，逐步走向了由传统工业化向新型工业化的历史跨越。在《关于加快发展工业经济的意见》的指导和市委、政府的强有力的推动下，工业经济发展可以概括为“四个越来越”：一是抓工业经济的氛围越来越浓。经过多年的努力，固原市已基本完成了工业企业改制任务，企业的发展活力明显增强；立足于2020年与全区同步进入全面小康社会，市委、政府持续推进思想解放，干部群众思想观念发生了深刻转变，形成了抓工业、转方式、促跨越的浓厚氛围，工业经济和招商引资呈迅猛发展之势。二是发展工业经济的思路越来越明确。市第三次党代会把工业强市作为六大战略之一，确定了培育壮大四大产业、扶持重点骨干企业、加强产业园区建设、加大招商引资力度的重大举措。经过实践证明，这些思路和措施符合固原发展实际，有力地促进了工业经济的快速发展。三是工业园区建设步伐越来越快。全市已经建成了9个工业园区和产业园区，其中自治区级工业园区3个，即固原扶贫发展试验区、盐化工示范区和清水河工业园区，累计完成固定资产投资51.5亿元，入园企业430家，其中工业企业130家，实现工业增加值23.4亿元，占全市工业增加值的58%。为工业大发展创造了条件、搭建了平台，园区的承载力和吸引力日益增强。四是招商引资力度越来越大。全市累计引进招商项目278项，其中投资过亿元项目84个，到位资金129亿元，占全市固定资产投资的44.8%，一大批工业项目相继落户固原并建成投产。

二、主要成就

改革开放38年来，固原地区（市）历届党委、政府坚持不懈抓工业发展，大力推进工业化进程，固原工业规模总量、产业结构、运行质量、竞争能力得到全面提升，发生了很大变化，实现了由传统农业市到新兴工业化市的历史性跨越。

（一）工业经济快速发展，主导地位日益突出，总体实力不断提高

改革开放初期，固原作为一个传统的农业区，受计划经济体制下国家产业布局和投资政策的影响，固原市的工业主导地位不突出，工业总量规模偏小，工业基础非常薄弱，起步晚发展缓慢，缺少骨干企业和工业化项目支撑。一是规模以上工业企业个数迅速增加。固原市工业企业发展到2014年达到457家。二是各项经济指标快速增长，与1978年相比，一些重要工业产品的产值大幅度增长，到2014年年底，全市工业实现增加值29.87亿元，同比增长14.2%，其中：规模以上工业实现增加值16.6亿元，同比增长12.3%。规模以下工业实现增加值13.27亿元，增长16.6%。规模以上工业中轻工业完成增加值5.83亿元，增长31.3%；重工业完成增加值10.77亿元，

宁夏西吉县吉德工业园区国圣企业集团生产的薯邦系列产品

增长 4.8%。工业主要产品产量中，发电量 44.88 亿度，比上年增长 0.9%；供热量 383.32 万吉焦，增长 23.9%；自来水产量 778 万立方米，增长 7%；原煤产量 507.99 万吨，增长 11.1%；水泥产量 108.46 万吨，减少 8.5%；商品混凝土产量 19.3 万立方米，减少 12.1%；水泥熟料产量 33.96 万吨，减少 2%；小麦粉产量 2.62 万吨，减少 10.1%；精制食用植物油 0.38 万吨，增长 155.2%；鲜冷藏肉产量 0.51 万吨，增长 7.3%；塑料制品产量 0.64 万吨，增长 10.4%；塑料薄膜产量 0.13 万吨，增长 80.9%；焙烤松脆食品产量 0.91 万吨，增长 29.8%；钢结构产量 0.47 万吨，增长 100%；毛纱产量 125 吨，增长 100%。按经济类型分，国有企业完成工业总产值 6.38 亿元，增长 0.2%；股份制工业完成增加值 10.22 亿元，增长 23.1%。

随着固原市由传统以农业为主向以工业为主、多产业并举转变，工业发展异军突起，2011 年六盘山热电厂建成投产，大大提升了固原工业化水平。特别是 2011 年以来，全市累计引进招商项目 635 项，其中投资过亿元项目 143 个，到位资金 235 亿元，占全市固定资产投资比重逐年增加，一大批工业项目相继落户固原并建成投产，扩充了经济总量，发挥了“引擎”作用。2014 年，全年实施招商引资项目 182 个，到位资金146.61 亿元，其中：新建项目 126 个，到位资金 75.88 亿元；续建项目56 个，到位资金 70.73 亿元。三次产业结构由 1978 年的 66.4:14.2:19.4 调整到 2014 年的 23.2:27.8:49，第一产业比重下降 0.7 个百分点，第二产业提高 1.6 个百分点，第三产业下降 0.3 个百分点。第二产业超过第一产业，而且逐步上升，产业结构由“一三二”向“三二一”集聚模式转变，集聚结构实现了重大战略转型。至 2014 年年底，全市工业企业及产业活动单位总数 2120 家，从业人员 2.67 万人，资产总额 149.35 亿元，规模以上的龙头骨干工业企业不断发展壮大。工业园区发展活力增强，发展环境不断优化，慈善工业园从无到有，发展势头良好。目前，固原9大工业园区成为工业经济新的增长点，经济技术开发区（盐化工示范区、轻工产业园区和西兰银综合物流园）初具规模，宁夏园德慈善产业园、宁夏吉德慈善产业园、隆德六盘山产业园、泾源轻工产业园和彭阳王洼产业园特色产业园区加快推进。使固原工业平台进一步地延伸拓展，产业结构得到优化，产业集聚逐渐显现，为固原工业的发展提供了强有力的支撑。全市入园企业549家，其中：工业企业有213家，实现工业增加值16.8亿元，占全市工业增加值的56.2%。工业园区的建设和发展在拓宽就业渠道，扩大就业规模，提高城乡居民收入和维持社会稳定等方面发挥了重要作用。工业在全市国民经济中的地位初步显现。固原市工业增加值的不断增长，是全市GDP增长最主要的贡献者。工业在全市国民经济中的地位正在逐步加强。全市工业经济的持续快速增长，为我市国民经济稳定增长提供了有力的支撑，为全市和国家创造了大量的社会财富。到2014年年底，全市有40家规模以上的工业企业（不包括热电厂和西吉月亮山风电场），完成主营业务收入30.6亿元，增长13.4%，实现利润总额2.72亿元，增长2.9%。全市各种经济类型的工业企业均处于良好的发展时期。非公有制规模工业企业数达到33个，民营经济完成工业增加值19.85亿元，占全部工业增加值的66.45%，工业总产值占全部规模工业总产值的比重达到39.58%以上。全市中小企业发展到6340家。

（二）工业体系不断完善，产业结构逐步优化，经济效益大幅提高

改革开放前期，固原地区少量的工业主要分散在轻纺、食品等传统行业，工业门类较少，产业体系很不完善。改革开放以来，在原有的工业发展基础上，固原市的工业以市场为导向，以资源为依托，以技术进步为动力，通过政策规范，投入引导，注重地方优势产业、企业、产品的培育，工业结构不断得到调整和完善。行业优势逐步凸现，支柱产业发展壮大。随着工业企业的发展和改革，固原市主要依托辖区丰富的煤

炭等矿产资源和马铃薯、草畜、中药材等特色产品资源；紧紧围绕培育壮大能源冶金（煤炭、电力、石油、冶金、天然气）、盐化工、特色农产品加工业（马铃薯、草畜、中药材）和战略型新产业“五大产业”（风电、火电、光伏发电、电动自行车、农机具机械生产）及水泥建材产业。经过38年的改革开放，全市形成了以煤炭、能源、盐化工、电力、纺织、食品、药材、机械工业为主，涵盖全部国民经济行业分类46个工业行业大类中的24个大类，门类比较齐全、具有相当规模和区域特色的工业体系。改革开放后，随着固原工业发展速度的加快，固原出口的工业产品也逐步有了新的增长，创造性的工业产品在固原诞生。1989年1月11日，隆德县同西安无线电一厂签订了组装“海燕”牌电视机，生产出了宁夏第一台电视机，填补了固原地方电子工业的空白；1988年8月原军工厂（695）企业从军工转为民用，研制生产出了宁夏第一辆“白鸽”牌26式锰钢自行车；20世纪90年代中后期西吉傻傻集团生产的淀粉享誉全国。产业结构逐步优化，战略性新兴产业发展积极。固原市积极培育和发展战略性新兴产业，如风力发电、太阳能发电等新能源的发展，不断促进产业产品升级。随着工业总量的快速增长和产业结构的日趋完善，全市工业产品生产能力持续扩张，主要产品产量快速增长。创国家驰名商标2个，自治区级名牌产品20个。

（三）经济成分深刻变化，发展活力显著增强，竞争能力明显提升

1978年年底，全市只有国有企业和集体所有企业，其他经济成分完全空白。随着全市工业的快速发展和改革的逐步深化，国有工业的主导地位逐步削弱，非国有经济工业发展潜力逐步激活，民营企业异军突起，多种经济成分并存，经济活力越发显现。截至2014年年底，全市登记注册的非公有制经济主体47545户，其中私营企业5403户，注册资金165.42亿元，个体工商户42142户，注册资金35.82亿元，从业人员101519人，全年实现增加值105.01亿元（2013年实现增加值91.24

亿元），同比增长 15. 1%。非公有制工业企业实现增加值 19.85 亿元，占全部工业增加值的 66.45%。其中：33 户非公有制规模以上工业企业实现增加值6.57 亿元，占全部规模以上工业的 39.58%。非公有工业的快速增长，成为规模工业的最大亮点。工业的发展壮大成为推动全市经济增长的主导产业，使固原经济社会发展已进入工业化加速推进的快速增长期。

（四）工业改革不断深化，现代企业制度逐步建立

改革开放以来，固原市在工业经济建设中，随着企业经营自主权的逐步下放和不断扩大，逐步在企业实行厂长（经理）负责制、承包经营、股份制等，现在工业企业都普遍建立了现代企业制度。本着“产权清晰、责权明确、政企分开、管理科学”的原则，对企业组织结构进行调整，在股份制企业建立了“股东大会、董事会、经理层”相互制衡的公司治理结构，形成了适应市场化发展需要的企业管理制度。按照“抓大放小”“有所为有所不为”的原则，实施了国有企业和集体企业的分类改革、部分垄断行业改革和地方工业企业的战略重组，使国有经济从某些竞争性领域退出的同时，向一些关系国家命脉的重要行业、关键领域、大中型企业集中。企业走向集团化发展，企业组织结构由单一企业组织结构向多元化的集团发展。2007 年，西吉傻傻集团政策性破产后，资产重组建立的宁夏佳立生物科技有限公司，已成为固原工业农产品加工的龙头企业。还有王洼的煤业公司、六盘山热电厂、宁夏明德中药饮片有限公司成为固原工业企业的龙头骨干企业。

三、经验启示

改革开放 38 年来，固原市围绕推进工业化进程，进行了大胆探索，取得了令人瞩目的成就，也为固原工业的进一步发展积累了宝贵的经验和有益的启示。

（一）坚持更新理念、解放思想是推进固原市工业化发展的先决条件

解放思想，提高认识，更新观念，是加快固原工业经济发展的首要条件，是工业经济发展的持久不息的强大动力。改革开放以来，固原市工业的每一次大发展都是与解放思想、提高认识、更新理念息息相关。尤其是进入21世纪，全市上下掀起了一股思发展、议发展、谋发展的热潮，都是解放思想、提高认识、更新理念的结果。市委、政府正是在解放思想、提高认识、更新理念的基础上，才逐步破除了“固原市能不能发展工业”等落后认识及各种制约固原工业发展的思想障碍，逐步确立了“工业强市”战略、“工业园区带动”战略、“全民创业”战略等重要发展思路。提出了走新型工业化、新型城镇化发展和多产业协调并举的发展之路。这个战略思路是对固原工业发展历史和现状的清醒认识，是从单一思维到立体思维的调整，是从单一发展模式到综合协调发展模式的转变，是从消极发展心态到积极发展心态的转换，是由从“温饱”“增收”型低层次目标向“富裕”“小康”型高层次目标的迈进。极大地促进了固原市工业化进程及经济社会的发展。实践证明，把提高认识，解放思想，更新观念贯穿于经济发展的全过程是必须长期坚持的硬道理。

（二）坚持科学发展是推进工业化发展的根本方向

科学发展是党执政兴国的第一要务，在任何时候、任何情况下，都不能动摇，不能放松。特别是随着社会主义市场经济体制的建立，国家产业布局和投资政策发生深刻变化，进一步加大了抓工业发展的力度，固原市委、政府每年召开一次工业经济工作大会，安排部署工业经济工作，把工业发展作为首要使命。进入21世纪特别是固原撤地设市以后，市委、政府从全市经济社会发展的战略高度出发，统筹处理工业化与农业产业化、工业化与城市化、工业化与信息化的关系，自治区党委和政府也非常重视固原的经济发展，先后在固原召开了五次工作会议，明确

提出“工业强市”战略，相继制定出台了《关于促进固原经济社会加快发展的若干意见》《关于加快六大产业发展的若干意见》《关于鼓励扶持60户重点企业加快发展的意见》，提出了全市工业发展的总体思路、任务目标和政策措施，为全市工业发展指明了方向，提供了保障。实践证明，坚持科学发展，是固原工业改革与发展必须遵循的基本原则。要实现工业经济跨越式发展，就必须坚持科学发展理念，坚持把工业放在优先发展的重要位置，制定强有力的措施。

（三）坚持改革开放是推进工业化发展的关键

固原作为宁夏南部的山区市，相对封闭落后，这是制约固原市工业发展的一个重要因素。改革开放以来，固原地区（市）历届党委、政府坚持启动内力和借助外力相结合，把加快工业发展的基点放在市内，坚持抓改革促发展，向改革要活力，大力推进经济体制改革和工业企业改革。改革开放初期的简政放权、减税让利，20世纪80年代中后期的三轮承包经营，极大地调动了企业生产经营积极性，实行企业的“八字”方针的改制，促进了工业企业的快速发展。1994年，固原地委、行署制定了《关于贯彻落实“南部放开”加快经济发展的意见》，根据这个意见，全地区的企业通过实施“股、并、卖、送、分、退、关、破”八个方面的重大改革措施，推动了全地区的工作重心由发展农业和农村经济向加快工业发展转变，促进了固原地区工业经济的快速发展。随着社会主义市场经济体制的建立，拉开了固原工业企业产权制度改革的序幕，掀起了工业企业股份制、股份合作制改造的高潮。通过产权制度改革，促进了企业管理体制和经营机制转变，生产经营得到快速发展，完成了三年改革脱困目标，奠定了工业经济快速发展的基础。“十五”以来，围绕建立现代企业制度，工业园区的建设，非公有制企业的发展，加快推进工业化进程，坚持激活内力与借助外力相结合，在继续深化企业改革的同时，坚持市外就是外，积极抢抓国内外产业转移和“东西结合”

“西部大开发”“突破固原”机遇，大力推进企业战略重组，扩大对外开放和招商引资。通过改革重组，不仅引入了外地联盟等一大批知名企业来固原发展，这些企业带来了大量项目、资金和先进的经营理念、管理经验、技术设备，提高了全市工业整体素质和综合实力，而且加速了市属企业拖配厂、肉联厂、汽车配件厂和县属企业毛纺厂、皮革厂等一批劣势资产的退出，解决了长期困扰市、县属企业发展稳定的突出问题，全市工业经济进入有史以来发展最好最快的时期。

（四）坚持科技创新是推进工业化发展的有效途径

科技创新是经济发展的强大动力和支撑。固原市科技资源薄弱，科技与生产力的结合也不够，企业自主创新机制远未建立，以市场为导向、以企业为主体的高新产业发展不够。因此，与其说固原工业经济总量、效益与其他市和地区存在较大差距，倒不如说是科技创新上的差距，是科技转化为生产力上的差距，这是制约固原市工业经济发展的瓶颈。改革开放以来，固原地区（市）历届党委、政府坚持把加快技术创新作为引领工业发展，转变增长方式的关键环节，实施科技兴工战略，大力加强企业技术中心建设和产学研联合，加大科技投入和新产品新技术研发力度，目前全市工业企业创建自治区级企业技术中心 1 家，工业产品中创国家驰名商标 2 个、自治区名牌产品 20 个。还有一些企业与高校科研院所建立了产学研合作关系，高新技术产业产值在逐年上升，工业企业自主创新能力、技术装备水平和核心竞争能力得到快速提升。

（五）坚持宏观调控与本地实际相结合是推进工业化发展的现实选择

改革开放 38 年来，固原地区（市）党委、政府一直认真贯彻执行中央宏观调控政策，同时结合本地工业发展的特点，在实施总量控制的同时，注重调整和优化结构，分类指导，做到了松紧适度，调控更科学，更有预见性和有效性，保证了工业经济快速发展。如在三年治理整顿时期，针对当时的社会总需求急剧膨胀、流通秩序混乱等情况，严格按照国家宏观调控政策的需求，采取了紧缩信贷，清理固定资产投资项目，控制集团消费，加强税收等多管齐下的强力紧缩需求政策，有效地控制了社会需求的过快增长。2003 年下半年开始，中央政府采取了收缩性调控政策，固原市也结合实际，坚决贯彻国家宏观调控政策，认真清理固定资产投资项目，制止部分行业盲目投资和低水平重复建设，限制和淘汰分布不合理、高污染、落后过剩的马铃薯淀粉加工和小水泥厂的投资建设。建立完善落后产能淘汰和退出机制，综合运用经济、法律、行政手段，依法加大对资源依赖强、能源消耗高、环境影响大的行业限制淘汰力度，淘汰一批技术设备落后、产能过剩、市场竞争不强的企业，腾出资源、环境等要素容量空间，为优质高效工业发展让路，提高新建项目环评、能评要求，抬高准入门槛，大力延伸产业链，发展循环经济，实现清洁生产。并及时治理整顿土地市场、清理开发区，同时按照有保有压的原则，继续支持符合国家产业政策和有效益项目的建设，大力加强经济社会发展的薄弱环节，进一步夯实了固原市工业发展的基础。实践证明，固原工业持续保持快速发展的良好态势，是各级政府坚持宏观调控与本地实际相结合的具体表现，也是各级政府成功驾驭经济发展能力的综合体现。

（六）坚持抓项目建设、培育优势特色产业是实现工业化发展的根本任务

投资作为经济增长的第一推动力，在经济发展过程中起着非常重要的作用。固原是个典型的民族地区、革命老区、“三西”贫困地区，投入不足一直是产业发展的瓶颈。改革开放以来，特别是进入 21 世纪以来，固原市委、政府面对工业结构优化升级的要求，按照“围绕资源抓工业，围绕企业上项目，围绕项目促产业”的原则，一是加大了工业项目投入力度。固原市强化“选项目”意识，抬高准入门槛，加大大项目、好项目、适应本地项目引进步伐，同时把产业园区建设作为推进新

型工业化的切入点和主要载体，积极争取国家和自治区及各方面的项目支持，高起点规划、高质量建设、高水平管理，为资本生长创造适宜的土壤，为投资兴业提供良好的平台。充分发挥了项目的支撑和带动作用，对工业发展产生了强有力的拉动作用。二是创新提升优势特色产业，促其做强做大。近年来，固原市按照“改造提升传统产业，培育壮大新兴产业，聚集高新技术产业”的思路，依托资源、劳动力和产业基础等优势，瞄准未来产业发展的制高点，选择潜在市场大、带动能力强、吸收就业多、综合效益好的新能源、新材料、先进装备制造业重点培育，促其迅速发展壮大。积极承接中东部产业转移，紧盯国内500强和行业领军企业，积极组织项目对接，一大批投资规模大、产业链条长、经济效益好的大项目、好项目先后意向性入住固原工业园区。把握市场需求，以信息技术为核心，以技术改造更新为支撑，加快产业融合互动，创新提升传统优势产业的质量效益和竞争力。实践证明，大项目是经济发展的后劲所在、活力所在、潜力所在，也是区域经济实力最集中、最生动的体现。推动工业强势崛起，必须引进一大批投资规模大、科技含量高、产业带动强、市场前景好的项目。

四、对策建议

改革开放以来，尽管固原工业有了较快发展，但从总体上看，仍处于工业化初级阶段，工业发展水平与加快全市经济社会发展的需要还很不相适应，存在许多不容忽视的问题，需要及时破解。一是工业的总体发展水平还比较落后，经济效益不高。二是企业规模不大，难以形成规模效应。三是工业企业结构矛盾突出，可持续发展能力不强。四是非公有制工业企业整体发展程度有限，效益不高。五是工业企业管理人才、专业技术人才十分短缺。这些都严重制约固原市的发展。

党的十八届五中全会提出了“创新、协调、绿色、开放、共享”五大发展理念，自治区党委十一届七次全会对“十三五”时期宁夏经济社会发展做出了战略部署。贯彻党的十八届五中全会和自治区党委十一届七次全会精神，固原市必须贯彻落实五大发展理念，加快推进新型工业化和信息化进程，实现工业经济跨越式发展。

（一）坚定不移地推进“工业强市战略”实现固原工业的跨越式发展

要强力推进工业强市战略。以《关于加快发展工业经济的意见》为指导，培育壮大特色支柱产业，培育壮大能源冶金产业，培育壮大盐化工产业，培育壮大特色农产品加工业，培育壮大战略性新型产业，着力提升园区聚集能力，加快产业园区建设，加快产业项目聚集，抓大扶小完善发展格局，创新优化工业发展环境，创新金融服务，鼓励创新创造，实行政策扶持，凝聚发展工业强大合力，强化组织领导，强化责任落实，强化督查考核。

要加快特色工业发展，狠抓项目建设，培育新的经济增长点，增强工业发展后劲。要依托固原市的资源禀赋和产业发展实际，立足地方特色，发挥资源优势，重点发展具有比较优势的四大产业，加快培育壮大以煤炭、电力、电解铝和石油为主的能源冶金产业；以真空盐、PVC 为主的盐化工产业；以马铃薯、冷凉蔬菜和中药材等深加工为主的特色农产品加工业；以新能源、新材料和先进装备制造业等为主的战略性新型产业。要加快产业项目聚集。充分挖掘和放大中央和自治区普惠性、特惠性政策，深入研究国家和自治区产业政策、投资导向和外商投资方向，围绕优势资源转化和支柱产业培育，建立项目梯次推进机制，争取在国家和自治区项目布点、专项资金安排、与大型企业投资合作及产业扶贫上有大的突破。力争每年组织实施 3 项以上投资上亿元、10 项以上投资上千万元的重点工业项目。要抢抓“两区”建设机遇，依托中阿博览会、闽宁对口协作和陕甘宁革命老区联席会议等平台，加强与银川、宁东基地、福建和周边省市企业协作，主动承接东部产业转移项目，积极拓展与港澳台及阿拉伯国家和地区企业的联系，引进一批产业链条长、带动力强的战略投资项目，不断增强固原市工业发展的后劲。

（二）推进企业战略重组，壮大企业规模，加快推进企业技术创新，培育企业核心竞争力

企业间的战略重组是企业实现规模扩张和提升竞争力的重要途径。要在各个领域，根据企业发展的实际状况，推荐一批有发展潜力的优质企业，主动走出去与区内外、国内外大型企业集团实施联合重组，通过资本运作、产业重组，技改扩建，创立名牌，保护商标等具体措施，推进优质生产要素向优势企业聚集，尽快形成一批主业突出、行业领先、核心竞争力强的大企业、大集团，使其成为固原市工业发展的旗舰，成为固原市经济的顶梁柱。科技是第一生产力，技术创新是企业发展的不竭动力。一方面，要加快企业技术创新体系建设；另一方面，要强化企业技术改造。各级财政对企业自主创新的支持力度，逐年增加科学研究与实验发展经费投入，着力实施一批支撑能力强、经济效益好的重点技术改造项目，增强企业自主创新能力，提升工业技术装备水平。要以产学研联合促进企业开展技术创新，鼓励有条件的企业与高等院校、科研机构联合组建技术研发机构和培训机构，提升产学研联合的层次和水平。

人才资源是第一资源。固原的工业企业的主要特点是面广、起点不高，多集中于劳动密集型产业，工业企业高端人才没有；企业的技术人才比例和总量还比较少。当前，人才问题已经成为制约固原工业转型升级的主要瓶颈。要建立人才选拔机制和培养机制。加强工业企业经营管理人才队伍建设，把真正有能力的经营管理人才科学准确地引进和选拔出来。要培养一批当地的企业管理人才，提升固原工业企业人才队伍的质量。要紧扣固原经济社会发展和产业建设重点项目，集聚引进外地人才，加快培养本地人才；要完善市场机制和人才政策，提高企业技术管理人才资源市场化配置程度，推动研发技术人才的流动；不断优化人才

环境，为引进企业技术人才、人才产业体系及其服务产业发展创造有利条件。

（三）要优化发展环境，加强招商引资工作

要以固原的能源冶金、盐化工、农产品加工等特色产业为重点，积极参加和组织重大招商引资活动，完善激励措施，优化招商服务，不断提高招商引资实效。一要拓宽招商渠道。开展以商引商、以企引商，鼓励一部分企业通过重组、并购、嫁接等方式，吸引更多项目落户。二要加强信息跟踪。发扬“瞄、盯、跟”精神，强化服务意识和服务能力，创优招商引资软环境。三要加强考核激励。继续完善招商引资政策文件，加大招商引资奖励力度，强化对招商引资工作的考核督查，形成内激外促、上下联动的招商引资新局面。四要加强服务型政府建设，转变政府职能。严厉查处各类破坏工业投资环境的案件，构建和谐统一的新型政企关系，畅通政企沟通渠道，主动服务企业，在破解要素制约、企业减负、融资上保驾护航。要搭建多种平台，促进企业的交流和提高，利用召开座谈会、外出考察和商会活动等交流平台，加强企业与企业、企业与政府、企业与部门之间的交流和沟通，在帮助企业解决实际问题中提升信心，在主动超前服务中树立企业的发展信心，在破解各种难题中促进企业的发展信心，大力推动全市工业经济又好又快发展。

（四）积极推广信息技术应用，加快对传统产业升级改造

要按照宽带中国示范城市建设要求，提升信息基础设施等级。以新一代信息通信技术为牵引，围绕宽带发展战略推进“三网融合”试点。要尽快完成智慧城市顶层设计，整合信息资源，实现共享，积极争取自治区、国家信息化建设资金，支持本地和引进外地软件企业利用现有的基础条件建立信息产业园，加快优化职能部门的信息系统，实现职能部门易于管理和市民享受便捷服务的目标；强化信息在企业中的应用，为信息化产业发展提供有力保障。以提升企业市场的竞争力，推动固原智

慧城市发展。

（五）推进节能减排，提高可持续发展能力

实施清洁生产，推广资源节约、替代和循环利用新技术，加快企业节能、降耗、减污技术改造，鼓励引导企业建设利用节能、环保和资源综合利用的工业项目。不仅要充分发挥中国华电集团在固原辖区内风能项目的带动作用和不断加大太阳能技术的推广利用，增加新能源在固原市工业经济中的分量，提升新能源经济的竞争力，而且要善于技术改造与创新，提升传统产业的环保能力，确保固原工业经济在绿色发展的轨道健康前行。

宁夏西吉县月亮山风力发电厂

（六）加快抓大扶小企业发展，积极鼓励、支持、引导非公有制企业健康发展

要认真落实《中小企业促进法》《国务院关于进一步支持小型微型企业健康发展的意见》《宁夏回族自治区促进中小企业发展条例》《自治区党委 人民政府关于加快发展非公有制经济的若干意见》和《中共固原市委 固原市人民政府关于加快发展非公有制经济的实施细则》，深入实施中小企业“百家成长、千家培育”工程。对列入全市“百家成长、千家培育”名单的企业，实行动态管理，每年新增一批、淘汰一批、扶持一批。要引导非公有制企业逐步建立现代企业制度，采取各种措施促使其向外向型、科技型和多元化、规模化方向发展，积极鼓励、

引导非公有制企业以兼并、收购、参股、控股等方式参与公有制企业改革，实现低成本扩张。

（七）推进工业园区建设，夯实产业发展平台

龙头骨干企业是工业经济的领头羊，具有带动作用明显、市场竞争力强等特点，要做大做强龙头企业。要加大扶优扶强力度，着力培育拥有自主知识产权和知名品牌、主业突出、核心竞争力强、带动作用明显的大企业。要继续评选十大规模企业，对年度销售亿元以上的企业和优秀企业进行表彰奖励；要积极培育苗子企业和高新技术企业，通过加强服务、提供信息、政策扶持等手段，鼓励企业通过技术创新、管理创新、市场拓展等途径做大做强。要抓工业区园区建设，推动工业集聚发展。要按照“统一规划、合理布局、滚动开发、形成特色”和“一年打基础、两年出形象、三年上规模、五年出效益”的总目标，高标准规划园区，科学定位产业，加快把园区建成关联度高、特色鲜明、符合新型工业化要求的产业集群发展载体。要认真落实《自治区人民政府关于加快固原盐化工循环经济扶贫示范区发展的若干意见》，按照“一区多园”管理模式，全面推进以电解铝和盐化工为主的盐化工循环经济扶贫示范区建设，加快推进以中药材加工、清真食品和穆斯林用品等为主的轻工产业园建设，争创国家级工业园区。积极支持宁夏园德慈善产业园（宁夏固原清水河工业园区）、宁夏吉德慈善产业园（宁夏闽宁产业园）、隆德六盘山产业园、泾源轻工产业园和彭阳王洼产业园等各具特色的产业园区建设，争创自治区级工业园区。探索市、县共建产业园区机制（产值、税收、就业和招商任务等归属引进的县、区），积极解决县（区）发展工业成本高、代价大、配套弱、规模小等问题，避免产业雷同、重复建设和影响生态。全面落实《固原市产业园区规划建设管理办法》，不断提高产业园区的竞争力和吸引力。力争到2017年，园区工业产值占全市工业总产值的比重达到70%以上。

总之，工业化是固原市现代化的基础和前提，推进工业化进程任务重大而艰巨。固原人民在固原市委、政府的带领下，进一步解放思想，抓住机遇，全面深化改革，大力弘扬“不到长城非好汉”的六盘山精神，就一定能够加快固原工业强市的步伐，开创固原跨越发展的新局面。

中卫市工业经济改革与发展

工业是国民经济的支柱。中卫市地处西北内陆边陲，工业基础薄弱。改革开放38年来，中卫市工业从无到有、从小到大、从传统手工加工到现代机械加工，工业发展规模日益壮大，产业层次不断提升，经济效益显著增强，开放水平不断提高。工业经济呈现出发展快、增速快、成效显著的局面。尤其是近年来，中卫市委、政府高度重视工业发展，实施“以工强市”战略，以资源优势为依托，狠抓重点项目建设，不断调整经济结构，着力培育新型支柱产业，工业基础设施逐步完善，工业结构不断优化，工业生产布局日趋合理，全市经济社会发展起到了积极的推动作用。

一、改革发展历程

改革开放以来，中卫地区工业经济大致经历了三个发展阶段。

（一）国有工业企业实行扩权让利、两权分离，非公有制经济在探索中发展阶段（1978—1992年）

1. 公有制经济扩权让利、两权分离

党的十一届三中全会后，中卫地区首先在县集体、二轻工业企业扩大自主经营权，试行企业、车间分级定任务、定利税、定奖罚的承包责任制，实行效益工资、超产奖金分配上不封顶，下不保底，打破了企业按月定级发工资的计划经济管理制度。

进入20世纪80年代后，当时的中卫地区国有企业进行了一系列放权让利的改革。在推行企业承包责任制的同时，在国有企业改革中引入承包责任制。实行了第一步利税改革。1983 年 4 月，国务院批转财政部《关于国营企业利税试行办法》，决定在企业实现的利润中，先征收一定比例的所得税和地方税，然后对税后利润采取多种形式在国家和企业之间进行合理分配。按照中央和自治区党委、政府的要求，中卫国有企业实行了利税改革。

1984 年 10 月，党的十二届三中全会提出要建立自觉运用价值规律的计划体制，发展社会主义商品经济，并决定全面推进以增强企业活力，特别是增强国有大中型企业活力为中心的、以城市为重点的经济体制改革。

之后，中卫地区国有企业改革主要从三个方面展开。一是继续推行企业承包责任制。1986 年 12 月，国务院《关于深化企业改革增强企业活力的若干规定》中提出，要推行多种形式的经营承包责任制，给经营者以充分的经营自主权。1987 年，中卫县工业企业普遍推行了承包责任制。企业所有权和经营权适当分离，包死任务利税或盈亏基数，确保上交、超收自留、欠收自补，以合同形式明确企业与国家之间的责任制。企业内部则层层实行了经济承包责任制或岗位责任制。二是实行第二步利改税。1984 年 10 月，中卫县按照国务院要求开始实施第二步利改税，将国有企业原来的税利并存改为完全交税。三是引入价格双轨制。自 20 世纪 80 年代初开始，允许企业在完成国家计划指标的前提下制定补充计划，并按照此计划生产和自行销售商业、外贸、物资部门不收购的产品，在国家规定的价格上给予一定的上下浮动空间。通过改革，中卫工业经济取得了长足的发展。

2. 非公有制经济在探索中前进

1987 年 10 月，党的十三大提出发展“私营经济”后，中卫县个体私营经济逐渐发展起来。中卫县政府鼓励个体、联户企业的发展，个体私营企业有较大幅度增长，且随着个体户收入的提高、积累的增加和规模的扩大，其经济力量逐步雄厚，从流通领域转向生产领域，从商业、零售、饮食、修理业，发展到制造、建筑工业。这一时期，海原县也进行了工业企业改革，参与改革的工厂有农机厂、清真食品厂、水泥厂、盐厂 4 家全民所有制企业，综合厂、印刷厂、皮鞋厂、服装厂、木器厂、陶瓷厂 6 家集体企业，圆钉厂、塑料厂、粉丝厂、机砖厂 4 家乡镇企业。1990 年，海原县还从浙江引进药用胶囊生产线，开始筹建药用胶囊厂。至 1990 年年底，全县有企业 45 家，县办国有企业 9 家，县办集体企业 7 家，乡镇企业局直属企业 7 家，乡办企业 22 家，工业总产值 9407 万元（现价），工业增加值 2822 万元。

中宁县委、政府积极调整产业结构，以煤炭、酿造、水泥、金属冶炼等骨干企业为重点，抓技改、上项目、扩规模、打基础、促使工业生产保持稳定的发展态势。全县出现了鸣沙冶炼厂、宁安水泥制品厂、中宁枸杞经销部、恩和汽车队等一些规模较大、有活力的私营企业。党的十四大后，中宁县委、政府先后出台了《关于鼓励个体私营经济的若干规定》《关于促进个体私营经济发展的意见》《关于进一步加快个体私营经济发展的意见》《关于进一步加快个体私营经济发展的决定》等文件，为个体私营经济发展创造宽松环境。制定了一系列优惠政策，这些政策包括：待业青年从事个体经营的，可免征三年的税收和管理费，招工后可计算工龄；对新开业的个体工商户在开业一年内免征所得税；新开办的私营企业享受同集体企业一样的减免税优惠等。随之，个体私营经济如雨后春笋般脱颖而出，中宁县的个体私营经济得到初步发展。

（二）国有工业企业建立现代企业制度，非公有制经济快速发展阶段（1993—2001 年）

1. 公有制经济建立现代企业制度

1993 年 11 月，党的十四届三中全会通过《关于建立社会主义市场经济体制若干问题的决定》，明确提出国有企业改革的方向是建立现代企业制度。12 月，第八届全国人大常委会第五次会议通过的《中华人民共和国公司法》为国有企业的公司化改革提供了法律保障。但是，由于经营体制机制僵化、技术创新能力缺乏、债务和社会负担沉重，许多国有企业经营出现了严重困难。一些深层次的矛盾和问题集中暴露出来，直接影响了工业经济的发展进程。党的十五大后，中卫县、中宁县、海原县加快推进国有企业改革，实行国有资产合理流动和重组，实行鼓励兼并、规范破产、下岗分流、减员增效和再就业工程等，建立现代企业制度，原有的企业组织形式被打破和改变，市场机制在资源配置中开始发挥积极作用。1999 年 9 月，党的十五届四中全会通过了《中共中央关于国有企业改革和发展若干重大问题的决定》，提出了到 2000 年“大多数国有大中型骨干企业初步建立现代企业制度”的目标，为加快国有经济战略布局调整提供了方向。

1994—1995 年，中卫县围绕建立现代企业制度，坚持以提高经济效益为中心，以扭亏增盈为重点，强化内部管理和技术更新改造为突破口，转机制，练内功，抓改造，增效益，工业保持了良好的发展势头。随着改革的深化，扩建、改建、新上、技改项目建成投产，工业企业规模进一步扩大，一些支柱企业和龙头企业开始崛起，主要工业产品碳铵、铁合金、机制纸、电石、地毯、硫化碱均有大幅度增长，新建成或改造完成投产的机制纸、特种纸、纸面石膏板、白瓷生产线等竣工投产，石膏、化工、造纸等有限责任公司、企业集团和长河、卫嘉、美亚等中外合资骨干企业开始形成，全县工业发展呈现出强劲势头。乡以上独立核算工业企业由 1994 年的 324 家到 1995 年发展为 480 家，其中县属国有企业 27 家，县属集体企业 16 家，联营企业 2 家，合资股份企业 4 家，乡镇企业 275 家（含村联办）。

1998 年，在工业经济运行面临严重困难的情况下，中卫县按照“产权清晰，权责明确，政企分开，管理科学”的原则建立现代企业制度，以改革企业产权制度为突破口，加大产权转换和资产重组力度；坚持一厂一策、实事求是原则，在抓好试点企业改制基础上，以点带面，全面推进。

1994年，中宁县委积极推行以股份合作制为主要形式的产权制度改革，制定出台了《关于县属工商企业产权制度改革的意见》。产权制度改革主要采取股份制、股份合作制、嫁接改造、出售小型工业企业、剥离经营、租售经营、一厂多制、民地搬迁改造、依法实施破产、兼并联合等10种形式。并选择了县水泥厂、印刷厂、皮件厂、塑料厂、碳素厂、石膏粉厂等6家工业企业先行试点。水泥厂对国有资产采取存量资产购买的方式，出售给职工，国家收回全部资金，组建了一个全部由企业职工持股的股份制企业，企业名称定为宁夏宏威水泥股份有限公司。印刷装潢厂改组为职工持股的股份合作制企业，改后为赢嘉实业公司。碳素厂改组为全体职工持股的股份合作制企业。但皮件厂实施承担债权债务租赁经营，但运行不到两个月，企业停产。石膏粉厂因企业停产，不具备改制条件。从试点情况看，虽然有2家企业出现了波动和反复，但从总体上来看，试点是成功的。是年，中宁县实行了新一轮承包经营或目标责任管理。其中，碱沟山煤矿产品优势明显，效益稳定增长，继续实行滚动承包，承包期2年。化肥厂、针织厂、齿轮厂等市场前景不明朗，经济效益明显下降的实行一年一定的目标经营责任制。对企业只管好1个承包人、1份承包合同，对经营者实行超利分成或全奖全罚。1997年，中宁县委、政府下发了《关于加快我县企业产权制度改革的意见》，第一次明确提出把改革的重点放在企业产权变动和资产重组上，以股份制和股份合作制为主要形式，采取规范提高、挂靠联合、出售拍卖、兼并划转、分立重组的办法。2002年，碱沟山煤矿完成股份制改造，企业注册为宁夏鑫力源煤业有限公司，国有资产整体退出企业。

1995年，通过产权等改革，海原县有工业企业35家，工业总产值达10192万元，工业增加值5318万元。但由于传统体制的长期影响、历史形成的诸多问题、多年以来的重复建设以及市场环境的急剧变化等原因，一些深层次的矛盾和问题集中暴露出来，直接影响了全县工业经济的发展进程。党的十五大召开后，海原县推行了一系列深层次的国有企业改革——国有资产合理流动和重组，建立现代企业制度，实行鼓励兼并、规范破产、下岗分流、减员增效和再就业工程等，使原有的企业组织形式被打破和改变，市场机制在资源配置中开始发挥积极作用。1996年，海原县将县办国有企业、集体企业、乡镇企业局直属企业通过拍卖、转让、破产、租赁等形式进行改革，拍卖了清真食品厂等8个企业，转让陶瓷厂等6个企业于个人经营，破产毛纺厂等5个企业，实行股份合作经营，对梳绒厂实行租赁经营。在乡办企业中，通过股份合作、重组、拍卖形式，完成了西安乡机砖厂等3家企业股份合作制，重组了西安乡地毯厂等8家企业，拍卖兴仁油料加工厂等9家企业。改制后的企业重新焕发生机，经济效益明显提高。至2000年，海原县以海城镇、兴仁镇、李旺镇、西安乡、高崖乡为中心，形成了建材、机械、食品、皮革为主体的工业体系。全县有工业企业及个体户680个，国有规模以上工业企业3个，集体企业5个，其他经济类型工业51个，农村工业企业622个，实现工业总产值（现价）10483万元，其中国有工业企业55.5万元，集体工业企业104.7万元，其他工业企业10323万元。

1996年，中卫县按照“以工强县”战略方针，坚持“依靠改革找动力，挖掘内涵添活力，内引外联增实力，强化管理出效益”的经营思想，把工作重心转向转变经济增长方式和提高效益的轨道。是年，中卫县重点实施县造纸厂二期工程、卫嘉特种纸、长河公司包装装潢、塑料制品厂、化肥厂升压、石膏矿纸面石膏板、铁厂二期选矿、化工总厂2号与3号转炉、食用加碘盐、工业硅厂电容补偿、金矿探矿工程、电石厂短网改造等技改项目。在经营管理上，坚持“四改联动，强大活小”的方针，结合企业规模大小、产权组织形式和业务经营特点，采取多种形式解放生产力。在县造纸厂进行现代企业制度试点工作，率先在全区试点企业中完成试点方案的编制、报批工作，依法将造纸厂改组为“宁夏美利纸业集团有限责任公司”，并结合产权制度改革，为转化企业风险，变项目贷款利息为利润，积极完成向社会发行股票的前期准备工作，为全县的工业企业改革积累了经验。

2. 非公有制经济快速发展

1993 年，党的十四届三中全会《关于建立社会主义市场经济体制若干问题的决定》，提出积极发展公有制经济的同时，鼓励个体、私营、外资经济的发展。中宁县委、政府按照私营企业的政策规定，放手发展个体私营经济，积极提供信息、选择项目，创造多种形式的产权制度和经营形式。当年，中卫县工业总产值达 4098.1 万元，实现利税 460 万元，企业大多有一定的固定设施，且为半机械化、机械化生产。1994 年 8 月，银南地委、行署在中宁县召开个体私营经济现场会议。11 月，自治区党委、政府在中宁县召开全区发展私营经济现场会，做出《关于进一步加快个体私营经济发展的决定》。“八五”期间，中宁县工业经济通过产业结构调整和机制转换，初步形成了以煤炭、水泥、化肥、铁合金、奶制品为龙头的能源、建材、化工、冶金和农副产品深加工等五大工业体系。

1995—1996 年，中宁县个体私营者效益出现分化，有的个体私营企业由于先天不足和仓促上马等原因，出现发展速度大幅度下降、效益滑坡、企业亏损等问题。为解决发展中的困难和问题，县委、政府对全县私营企业进行治理整顿。经过治理整顿，一般性加工企业比重有所下降，企业项目技术含量和产品水平明显提高。有的私营企业资产迅速增加，发展成为具有一定规模的企业或有限责任公司。如万得实业公司、枸杞经销公司，跻身全国500家最大私营企业的行列。

1997年，党的十五大提出："个体经济、私营经济等非公有制经济，是社会主义市场经济的重要组成部分。"中宁县委、政府继续坚定不移地把个体私营经济作为县域经济发展的战略重点，个体私营企业抓住机会，发展自身。万得实业总公司、第二水泥厂、红宝实业公司、兴宁实业公司、华银科技实业公司、康泰实业公司、稀土化工厂等私营企业投入数千元资金搞技改扩建。私营企业科技含量逐步提高，企业素质提升，产品档次升级，科技型企业增多。2000年，工业经济成为中宁县域经济的重要支柱和最具活力的增长点。全县继续大力发展工业企业，在培育壮大煤炭、冶金、化工、建筑建材四大支柱产业的基础上，引导这些产业向精深加工方向发展，延长产业链，提高资源的有效综合利用和多次增值水平。

（三）公有制经济深化体制改革，非公有制经济持续健康发展阶段(2002年至今)

1. 公有制经济深化体制改革

2002年，党的十六大提出了建设国有资产管理体制的要求，推动国有企业改革进入新阶段。2003年10月，党的十六届三中全会对国企改革进行了全面部署。2005年，中卫市按照经济规律和市场经济规则引导、督促企业建立和完善现代企业制度，指导企业按照《公司法》加强规范运作，进一步规范管理，建立健全"产权清晰，责权统一，运转协调，有效制衡"的法人治理结构，充分发挥股东大会、职代会的作用，重大决策体现科学化、民主化，使企业有方向、有目标地稳健发展。对原中卫广信化工公司、铁厂、外贸公司改制破产情况，市企业改制领导小组办公室开会进行研究。华泰鑫、石林集团、广信化工、银河冶炼、弘骞化工等5家企业身份置换方案经自治区财政、人劳、经委等部门审定，共争取资金1079万元。2006年，中卫市对原中卫县物资总公司等

20家国有企业的1288名职工身份置换问题进行调查摸底，经上级部门审定后，争取资金778万元。

2007年10月，党的十七大提出要深化国有企业公司制股份制改革，健全现代企业制度，让国家和民众享受国有资本收益，调动各方面积极性，加快工业的发展。中卫市加大对企业改革的指导服务力度，企业改革顺利推进。完成了恒嘉房地产开发公司的改制工作。指导市政建设工程公司、市房地产开发公司进行了资产清算和评估，向市财政上缴了企业剩余资产，办理了国有资产变更手续，按时交纳了职工各类社会保险费用，进行了职工身份置换。

2. 非公有制经济持续健康发展

2002年，中共十六大报告提出两个“毫不动摇”，即必须毫不动摇地巩固和发展公有制经济，必须毫不动摇地鼓励、支持和引导非公有制经济发展；党的十六大的召开，私产入宪以及“非公经济36条”的出台，为我国非公经济创造了大踏步发展的“第三春”。2004年，宪法修正案把“私有财产不受侵犯”写入宪法；2005年，《国务院关于鼓励支持和引导个体私营等非公有制经济发展的若干意见》出台。

2003年，中卫县工业经济实施项目带动战略，着力培育优势产业，发展壮大骨干企业，工业经济发展势头良好。2004—2007年，全市非公有制经济呈现出以下特点。一是数量增多，行业分布广泛，形式多样。全市各种类型的个体经营户涉及工业、农业、交通运输、建筑、批发零售等15个大的行业，一些专卖店、连锁店、百货店、流动配送中心等，为市场的发展带来了新的生机与活力，弥补了市场空当。二是行业相对集中。尤其是集中在批发零售业、交通运输业、工业、住宿餐饮业、居民服务业和其他服务业等六大行业。三是市场群集效应突出。党政机关所在地成为众多个体经营户的首选之地和外来人口的集散中心，主要从事批发零售业、住宿餐饮业、交通运输业和居民服务业。大店、小店、连锁店鳞次栉比，购物、就餐、出行方便快捷。在农村，小城镇和专业批发市场成为个体经营户的主要集散地，主要从事农业生产资料和农民生活必需品以及农副产品的批发零售和流通，既满足了农民群众的生产生活，又成为了农村经济发展的必要补充，市场的群集效应十分明显。

2009年，中卫市工业系统认真贯彻落实国家、自治区有关扩内需、保增长的政策措施，以科学发展观为统领，以龙头骨干企业为重点，以工业园区为载体，以项目建设为支撑，进一步发展壮大支柱行业，培育特色优势产业，促进工业结构优化升级，提高工业经济运行质量和效益，全市工业经济保持平稳发展，工业增加值增速名列全区第二，保企业、保增长、保稳定工作得到自治区政府的肯定。2010年，全市工业经济紧紧围绕“降能耗、保增长”两项中心工作，着力推动产业优化升级，着力推进中小企业发展，着力提升工业经济运行质量。2011年，中卫规模以上工业企业完成工业总产值255.9亿元，工业经济对GDP的贡献率达到56.6%。全市续建、技改、新建工业项目76个，完成工业总投资103亿元。

2013年，中卫市工业经济以“降能耗、调结构、保增长”为主线，工业经济实现了平稳较快发展。全年完成工业总投资169.6亿元，同比增长31.5%，增速位居五市第一。年内全市续建、新上、技改工业项目70个，产值超10亿元的企业达到6家，超20亿元的企业达到4家，超亿元企业达到50家。全市万元GDP综合能耗同比下降3.27%，实现了“十二五”以来的首次下降。2014年，中卫市积极应对各种困难和挑战，全力推进工业转型发展，全市工业经济在十分复杂和困难的形势下保持了平稳发展。是年，全市新增规模以上企业19家，累计达到112家，其中：产值超亿元的企业达到52家，超10亿元的企业达到9家。全市万元GDP能耗为3.29吨标准煤，同比下降9.81%，完成了自治区下达我市万元GDP能耗下降9.09%的目标。

2015年10月，党的十八届五中全会召开，全会审议通过《中共中央关于制定国民经济和社会发展第十三个五年规划的建议》。“十三五”时期经济社会发展的主要目标和基本理念之一是实施工业强基工程，开展质量品牌提升行动，支持企业瞄准国际同行业标杆推进技术改造，全面提高产品技术、工艺装备、能效环保等水平。更加注重运用市场机制、经济手段、法治办法化解产能过剩，加大政策引导力度，完善企业退出机制。

二、主要成就

改革开放38年来，中卫按照国家和自治区的统一部署，工业经济取得较大发展，成就显著。

（一）工业经济快速增长

十一届三中全会以后，党的工作中心转到了以经济建设为中心的轨道上来，对内搞活，对外开放，给工业经济带来了前所未有的生机和活力。经过38年的改革开放，中卫市工业从改革开放初期的放权让利、扩大企业自主权入手，逐步使企业从管得过严、统得过死的框架下解放出来，成为独立自主、自主经营、自负盈亏的商品生产者和经营者，极大地调动了企业和职工的积极性，工业经济迅速发展。建市10年来，中卫市规模以上工业总产值由2004年的46.2亿元增加到2013年的406亿元，增长了近8.8倍；工业增加值由2004年的11.2亿元增加到2013年的90.5亿元；规模以上工业企业由2004年的40家增加到2013年的102家。

（二）非公有制经济发展迅速

改革开放38年来，中卫市非公有制经济经历了一个从无到有、从小到大、从弱到强的过程。经过38年的改革实践探索，中卫市非公有制经济在全市工业经济中的地位不断提升，占全市工业经济产值的比重不断增加，在推动全市经济发展、创业就业、增加财政收入等方面发挥着举足轻重的作用。2013年，全市规模以上非公有工业总产值366亿元，占全市规模以上工业总产值的91%。其中，沙坡头区规模以上非公有工业总产值133亿，占规模以上工业总产值的89%；中宁县规模以上非公有工业总产值228亿，占全县规模以上工业总产值的94%；海原县非公有工业总产值4亿，占全市规模以上工业总产值的44%。非公有制经济固定资产投资67亿，占全市工业固定资产投资额的40%。

30多年来，中卫市非公有制经济发展迅速。其中，中宁县非公有制经济发展成果尤其突出。改革开放以来，中宁县委、政府认真贯彻落实中央和自治区支持民营企业发展的各种法律法规，始终把支持民营企业发展作为提高经济运行质量、实现跨越式发展的突破口。一是先后制定出台《关于鼓励非公有制经济支持民间投资发展的若干政策措施》《关于加快工业发展的若干政策规定》《中宁县关于加快民营企业发展的实施意见》和《“百家成长千家培育”发展工程工作方案》等政策文件，进一步明确了发展民营企业的工作目标任务，全方位推进该项工作的顺利开展。二是强化经济运行监测、预测和预警分析，准确把握经济运行动态，逐月编制《工业运行报告》，科学分析判断经济运行态势，并针对工业运行情况加大对工业企业协调服务。三是按照《关于开展规模以下工业预入库企业普查活动的通知要求》，进行工业企业经济运行和中小企业普查，对规模以上企业加强经济运行数据的统计监测，对达到规模以上标准的企业尽快纳入统计，做到应统尽统。四是进一步加大营造宽松、适宜民营企业发展环境的力度，为全县民营企业快速健康发展创造良好的政策环境。中宁县专门成立了中宁工业园区公共服务中心和物流园区服务中心。五是积极鼓励民间资本依照有关规定，参与设立小额贷款公司、农村资金互助社等金融机构，逐步形成不同类型、不同规模、互补性较强的金融组织体系和多层次、差异化的金融服务体系。

2011年通过招商引资，将青海银行成功引进，中宁县成立了青银村镇银行，为民营企业创新信贷方式，提供更多的信贷服务。六是建立重大项目奖励机制。2014年，县委、政府研究出台了《中宁县中小微企业发展专项资金管理暂行办法》《中宁县重点中小微企业助保金贷款风险补偿管理暂行办法》等相关扶持政策，先后为11家符合条件的困难企业发放补助金1140.8万元，一对一重点帮助华夏特钢、嬴平化工等9家停产、半停产企业恢复生产。七是启动实施中宁县“十佳培育、百家成长”工程，建立中小微企业池，在全县筛选300家科技含量高、成长性好的中小微企业进行了重点帮扶。

（三）工业产业结构不断调整

经过38年的努力，中卫市不断调整产业结构，打破工业“倚重倚能”模式，产业结构实现由重变轻的“低碳转型”。近年来，中卫市致力于推进新能源开发利用，大力发展新能源、新材料、精细化工等战略性新兴产业。中卫市开工建设了国电集团50MW光伏发电项目、金阳公司250MWp光伏发电项目、中电投1000MW风力发电项目、宁夏风力发电公司49.5MW风力发电项目、银阳公司光伏制造项目、宁夏隆基硅公司4800吨单晶硅项目、宁夏万隆公司100万吨稀土彩钢板项目、锦宁巨科公司100万吨铝板带箔项目，以及瑞泰公司、华御公司、渝丰公司等一批精细化工项目。

中电投热电联产

2014年，中卫市信息产业迈出新步伐——积极推进宁夏中关村科技产业园及西部云基地规划建设，云创公司为中国

奇虎 360 数据中心机房

亚马逊数据中心机房

电信、奇虎 360 量身定制的数据中心主体工程已完工，西部云基地为亚马逊代建的新一代数据中心开工建设；中国移动数据中心签订投资协议，中国联通数据中心完成可研报告；编制中阿互联网经济试验区（网上丝绸之路）规划方案，启动中航信集团等央企灾备中心建设，国家战略数据安全储备基地项目前期工作顺利推进；北京与中卫“前店后厂”骨干网络通道系统完成测试。

（四）工业发展集约化程度提高

全市已建成中卫工业区、中宁工业区、海原新区产业功能区“三大工业区”和镇罗金鑫园、宣和高载能园、常乐陶瓷园、宁夏红科技园、瀛海建材工业园和宁新工业园“六个特色工业园”，中卫工业区、中宁工业区被自治区确定为循环经济试点园区。发展以新能源产业和信息化产业为目标的光（风）电产业园和西部云基地正在加快建设。全市工业园区占地面积 233.18 平方公里，入园企业 205 家，园区承载功能不断增强，集聚效应正在形成，已成为我市工业经济发展的集中区、招商引资的重要平台。

2015 年，中宁工业园区成为全区唯一入选工业和信息化部第六批“国家新型化产业示范基地”公示的产业聚集区。

近几年来，中宁工业园区投资 17 亿元，平整土地 5.8 万亩，修建硬化道路 74 千米，完善水、电、路、气等基础设施，为中小微企业落户基地奠定坚实基础。目前，120余家从事工业生产的民营企业陆续落户中宁工业园四大创业基地，初步形成了铝镁合金及深加工、锰镍铬及稀有金属合金、装备制造和太阳能光伏材料 4 个百亿元产业集群，以冶金、化工、新材料、新能源为补充的 10 亿元产业方队。2014 年，园区内民营企业完成工业产值 176.4 亿元，占全县民营企业总产值的 77%，在工业园区内的民营企业就业人员约 3 万人，占全县民营企业就业人数的 71%。2006 年 8 月，经自治区人民政府批准，国家发改委公告并正式命名为宁夏中宁工业园区，园区总体定位为西部地区重要的冶金工业及化工产业发展基地、宁夏回族自治区新型材料及现代装备制造业发展基地；2009 年，中宁工业园被自治区命名为“十大特色园区之一”。中宁循环经济示范园入围自治区十大特色园区，获评为“全国最佳产业转移示范园区”，被国土资源部赞誉为“中宁模式”。

中宁石空工业园区

（五）工业发展集群化效应凸显

中卫市围绕新材料、精细化工产业链延伸，新能源发展，冶金、化工、造纸、农副产品加工等传统产业提升，实施了一批重点项目。2004—2013 年，累计实施工业建设项目 480 多项，其中亿元以上重点项目 65 项；累计完成工业固定资产投资 650 亿元。先后建成了宁钢、银阳公司光伏制造一期二期、宇联产一期、瑞泰公司精细化工一期、锦宁公司铝镁合金一期、华夏特钢 30 万吨镍铁、隆基硅公司 4800 吨单晶

银阳光伏制造

天元锰业生产车间

硅、天元锰业60万吨金属锰等一批重点项目。形成了以煤焦化、合成氨等为主的精细化工循环经济产业链；以多晶铸锭、单晶拉棒、切片、电池板组装到光伏电站为主的新能源循环经济产业链；以蛋氨酸为主的生物医药循环经济产业链；以茂烨公司、银河公司等18家企业为主的区内集中度高、技术先进、炉型大、单耗低的冶金产业群。

（六）招商引资成效显著

近年来，中卫市委、政府始终把招商引资工作纳入重要议事日程，引导企业紧紧围绕资源寻求全方位的产业、资金和技术合作，优化招商引资环境，整合现有资源、产业、劳动力等优势，坚持以产业招商、以商招商，大力引进先进技术、先进管理、高端人才，做活做强产业和产品。近年来，中卫市引进亚马逊AWS、广汇集团公司、保利协鑫集团公司、中石油化集团公司、酒钢集团公司、扬农集团公

重庆紫光蛋氨酸

司、淮化集团公司、苏化集团公司、锦江集团公司、重庆紫光集团公司等国内外知名品牌企业的重大投资项目，一批世界知名企业和中国500强企业在我市落户，成为我市经济增长的新亮点。

（七）自主创新能力不断增强

改革开放以来，市场在资源配置中的作用日益突显，企业自主创新能力不断增强，有效提升了企业科技实力。近年来，中卫市围绕云计算、光伏、新材料、生物医药、枸杞产业等，引导企业建立以市场为导向、产学研相结合的技术创新体系，研发与引进了一批具有自主知识产权的技术生产线。支持宁夏红传杞枸杞干红技术创新、利安隆紫外线吸收剂和抗氧化剂工艺开发，促进天元锰业、锦宁铝镁、锦宁巨科、紫光蛋氨酸、宁夏红、茂烨冶金等重点骨干企业和主导产品的技术装备达到全国领先水平或接近国际同期水平。

三、经验启示

改革开放以来，中卫市克服困难，勇敢创新，工业经济取得了显著成就，也积累了宝贵的历史经验。

（一）解放思想是工业经济发展的关键所在

改革开放以来，中卫市各级领导坚持解放思想、超前谋划、大胆创新，带领全市人民加快工业发展，不断实践，及时总结发展的经验和教训，借助中卫丰富的矿产资源和特殊的交通地位，培育了一批铁合金、电石、造纸、水泥等行业优势骨干企业，工业逐步成为中卫经济社会发展的中坚力量。特别是2004年中卫撤县设市以来，市委、政府明确提出了“工业强市”的战略号召，工业成为中卫市经济社会发展的主攻方向，中卫市工业迎来了全面发展的春天。实践证明，发展工业经济，只有解放思想，突破惯性思维，不断完善发展思路，才能构建起符合中卫特色的工业经济发展模式。

（二）转型升级是加快工业经济发展的主攻方向

改革开放以来，中卫市围绕“四主一化”（旅游、信息、现代物流、现代农业四个主攻方向和新型工业化）产业转型升级行动计划，改造传统产业，提升特色产业，大力发展新兴产业，培育工业经济新的增长极。中卫市坚持发展壮大特色优势产业，把发展农副产品深加工作为新上项目、技术改造和新产品开发的主攻方向，在提高附加值、拉长产业链、提高加工转化能力上下功夫，培育壮大“农”字型龙头企业，把农副产品优势转化为经济优势；坚持改造提升传统产业，引导冶金、化工、建材等传统产业，积极顺应国家宏观调控政策，以节能降耗和环境保护为前提，朝技术先进和规模合理方向发展；淘汰关闭落后的工艺设备，鼓励采用高新技术和先进实用技术，提高企业技术装备水平和产品竞争力，加快电解铝、金属锰、金属镁、铁合金、电石等产业的深度研发及其深加工产品的开发，延伸产业链条；严格准入条件，按照国家产业调整目录，严格项目准入，不符合《产业调整目录》的坚决不立项、不批地、不贷款。实践证明，转变发展方式，加快转型升级，是发展工业经济的主攻方向。要始终坚持优先原则，实施严格的环境保护措施，加快推进经济发展方式转变和产业转型升级，提升经济发展质量；坚持循环原则，依据生态规律，从根本上解决工业发展与资源环境有限的矛盾；坚持和谐原则，创造安全、健康的生态环境，促进人与环境和谐相处。

（三）优化发展环境是加快工业经济发展的重要依托

环境是品牌、是资源、是财富，也是竞争力、吸引力和生产力。建市 10 年，中卫市建设了三个大型工业园区，全部完成了园区“三通一平”，为外来企业进驻中卫提供了最优质的服务。2014 年，中卫市进一步加快推进行政审批制度改革，出台《中卫市“两优”行政审批制度》，推行负面清单审批模式，审批主体由分散变集中，由多家审批变一家受理，审批事项由 229 项压减到 80 项，减少 65%；市本级行政“零收费”，为企业减负 1880 万元。实行“先证后照”，简化审批环节，释放市场活力，新登记注册企业 2489 家，增长 86%；针对工业下行和企业生产经营困难，市委、政府建立了市级领导“三个十”包抓责任制，向困难企业派驻解困工作组，落实电力直接交易、差别化电价、路桥通行费减征等扶持措施，协调解决天元锰业融资、土地和项目环评等困难，帮助企业渡过难关，确保了重点企业生产运营稳定、重点项目有序推进。实践证明，发展工业经济，必须不断优化发展环境，才能释放活力、产生引力，吸纳各方资源，助推发展。

（四）扩大开放招商引资是加快工业经济发展的有效途径

中卫市是西部地区一个年轻的地级市，工业基础薄、经济实力弱。近年来，中卫市多渠道、宽领域开展招商引资，2014 年与中国移动、协鑫集团等 56 家企业签订投资合作协议，招商引资区外到位资金 249.6 亿元。同时，积极与北京、江苏、重庆等发达地区及周边地区产业对接，构筑了全方位、多层次对外开放新格局。工业经济实现由小到大、由分散到集中，建成三大工业（物流）园区，天元锰业、锦宁巨科、银阳新能源、亚马逊 AWS 等一批具有行业领先和国际国内影响力的龙头企业落户中卫，工业增加值 10 年增长了 6.9 倍。实践证明，扩大开放、招商引资是加快地区工业经济发展的有效途径，对于传播先进的经营管理方法，优化资源配置，加速产业结构调整和升级具有重要意义。

（五）创新驱动发展是新型工业化的不竭动力

改革开放以来，中卫市在推进工业化进程中，自觉坚持以科学发展观为指导，大力推进结构调整，转变经济增长方式，把加快技术创新作为引领工业发展，转变增长方式的关键环节；实施科技兴工战略，加大科技投入和新产品新技术研发力度，工业企业自主创新能力、技术装备水平和核心竞争能力得到快速提升；坚持正确处理膨胀总量与调整结构的关系，坚持抓投入膨胀总量，靠增量调整结构，加大重点企业和名牌产品培育力度，形成了一批对全市工业和整个经济发展有重要支撑带动作用的优势产业、骨干企业和名牌产品。实践证明，发展工业经济，必须创新发展思路，创新体制机制，创新科学技术，培养创新型人才，才能为工业经济发展提供源源不断的动力。

四、对策建议

改革开放以来，中卫工业经济发展取得了一定成效，但与落实科学发展观和合理优化产业结构的要求相比，还有较大差距，还存在一些突出问题。一是工业化程度低；二是高耗能企业比重大；三是企业规模偏小，工业整体实力不强；四是区域发展不均衡。这些问题严重制约了中卫市工业经济的发展。党的十八届五中全会提出了“创新、协调、绿色、开放、共享”发展理念，自治区党委十一届七次全会对宁夏“十三五”经济社会发展做出部署。中卫市工业要以“创新、协调、绿色、开放、共享”五大理念为指导，认真把握和适应经济发展新常态，紧紧围绕“四主一化”和“二次创业”的总体战略部署，按照“抓改革、调结构、转方式、惠民生、促和谐”的要求，以新兴产业为主攻方向，以项目建设为抓手，以转型升级为重点，加快改进工业结构，促进产业转型升级，全力加快建设开放中卫、富裕中卫、和谐中卫、美丽中卫。

（一）加快结构调整，培育优势增长点

要着力扶持新兴产业，加大化工冶金等传统支柱行业的改造升级，配套发展环保产业，促进产业链条的延伸，加大政府政策支持力度，引导产业集群的形成，努力发展循环经济。一是高端化发展传统产业。依托中卫市已有冶金化工基础、原料、人才集聚及技术领先优势，大力引导冶金化工产业、建材业的产业集聚，通过产业重组、技术改造提升产业的核心竞争力，最终形成原材料产业集群。二是集群化发展特色优势产业。充分发挥资源优势，以加工龙头企业为依托，加强农产品及其深

加工产品开发研究，实行区域化布局、规模化种植、集约化经营、标准化管理。三是规模化发展新兴产业。坚持项目建设与产业发展并重，突破技术瓶颈、提升新能源产业的核心竞争力，把新能源发展的速度、规模与新能源装备制造业的发展特别是技术创新能力的提升统筹起来，培育出一个以技术创新为核心能力的新兴产业，为经济增长增加新的引擎；坚持两条腿走路，既要大规模集中利用，也要重视分散利用，因地制宜多途径地发展新能源。以打造国家战略数据安全储备基地为目标，加快宁夏中关村科技产业园及云计算产业园建设，以物联网、三网融合、云计算、大数据等新兴领域为重点，加快推动新一代移动通信、下一代互联网核心设备和智能终端的研发与产业化，着力发展高端软件、新型显示、服务器制造、数据灾备、电子商务、呼叫中心、集成电路等核心基础产业，大力发展数字虚拟等技术，不断提升软件服务、网络增值服务等信息服务能力。打造西北地区“互联网经济强市”和“物联网经济高地”，使中卫成为重要的国家信息安全储备基地。

（二）优化空间布局，推进园区建设

依托中卫市“十三五”规划的空间布局，在创新的工业发展理念和模式的指导下，依据资源禀赋、生产条件和城市依托等因素，围绕“一心两带三区四核多基点”统筹布局工业集中区和重点园区建设，以中卫工业园区为核心带动点，沿黄河、宝中铁路为主要产业发展带，形成沿黄战略性新兴产业发展带与宝中铁路优势特色产业提升带，并打造沙坡头区高新技术产业集聚区、中宁循环经济工业集聚区和海原海兴生态经济开发集聚区三大转型平台，在此基础上打造四个优势产业基地，以若干个工业区为节点，推动中卫工业空间整合，形成工业特色突出、资源配置高效、服务功能完备、管理规范、竞争优势明显的工业格局。

（三）推动“两化”融合，实现创新发展

坚持以信息化带动工业化，以工业化促进信息化，通过信息技术实现传统产业改造升级，培育新的经济增长点，增强产业整体实力。充分发挥信息化在工业转型升级中的牵引作用，完善信息化推进机制，推动信息技术深度应用，不断提高工业信息化的层次和水平。通过促进工业科技创新、提高工业信息化水平和打造数字化园区，推动中卫市工业化与信息化深度融合；围绕工业发展重点，强化技术创新要素支撑，构建企业主体、市场导向、政府推动、产学研相结合的开放性区域创新体系，加快技术创新升级。构建创新服务平台，强化创业服务中心、软件产业园、大学科技园等孵化功能，改善技术研发和产业化条件。面向产业园区，建设完善共性技术研发平台、中试基地、测试中心等公共技术服务平台。通过健全创新服务体系，完善企业自主创新机制，最终实现工业转型升级和创新发展。

（四）转变发展方式，发展循环经济

一是推广低碳技术应用。积极开发轻质材料、可再生能源等低碳产品，在冶金、建材、石化以及装备制造等重点行业中选择一批技术成熟、减排潜力大的低碳技术，结合低碳示范市、生态工业园区的创建，在全市实施低碳技术应用示范工程，推动传统产业低碳化改造、工业园区的低碳化发展。建立起企业、园区、行业以及城市等不同层面的低碳评价体系，从技术研发和应用等领域参与到工业经济发展过程中，实现低碳技术广泛应用，为低碳发展奠定基础。二是加快循环经济改造。按照建设资源节约型、环境友好型社会的要求，以推进设计开发生态化、生产过程清洁化、资源利用高效化、环境影响最小化为目标，节约、低碳、安全发展，合理控制能源消费总量，健全激励和约束机制，增强工业的可持续发展能力。开发应用源头减量、循环利用、废物交换利用、能量梯级利用、废水循环利用和污染物集中处理，构筑链接循环的工业产业体系。加强废旧金属、废塑料、废纸、废旧纺织品、废弃电子电器产品、废旧合成材料等回收利用，发展资源循环利用产业。加强共性关键技术研发及推广，推进大宗工业固体废物规模化增值利用。三是打造生态工业园区。以中卫工业园循环化改造试点为契机，把循环化改造作为园区加快转变经济发展方式、调整经济结构的有效实现形式，以提高资源产出率为目标，统筹规划园区空间布局，调整产业结构，优化资源配置，共同使用基础设施，形成低消耗、低排放、高效率、能循环的现代产业体系，把园区改造成为“经济快速发展，资源高效利用，环境优美清洁，生态良性循环”的生态工业示范园区基地。

文 献 篇

中央及国家部委文献

中共中央、国务院
关于国营工业企业进行全面整顿的决定

1982 年 1 月 2 日

（一）为了进一步贯彻执行党的国民经济调整、改革、整顿、提高的方针，充分发挥现有国营工业企业的潜力，提高经济效益，促进我国国民经济状况的根本好转，中共中央，国务院决定：从一九八二年起，用两三年时间，有计划有步骤地、点面结合地、分期分批地对所有国营工业企业进行全面的整顿工作。

国营工业企业是国民经济的命脉。职工队伍精神面貌的好坏，生产经营经济效益的高低，对我国社会主义现代化建设关系极大。党的十一届三中全会以来，各地区、各部门贯彻执行党的国民经济调整、改革、整顿、提高的方针。在整顿企业领导班子，扩大企业自主权，实行职工民主管理、建立经济责任制、改善经营管理、培训职工队伍等方面，做了大量工作，并且在真正从我国实际情况出发，走发展国民经济新路子方面有了一个良好的开端。但是，企业整顿工作的进展是不平衡的，整顿得好的是少数，处于中间状态的是多数，没有认真进行整顿、管理混乱、存在严重问题的也是少数。即使整顿工作搞得好的企业，距离社会主义现代化企业管理的要求，也还有很大差距。目前相当多的企业，程

度不同地存在着领导班子软弱涣散，精神不振，思想政治工作薄弱，机构臃肿，人浮于事，劳动纪律松弛，产品质量低，浪费严重，经济效益很差等现象。少数企业领导班子不纯，受资本主义思想侵蚀，搞不正之风，违反财经纪律，甚至弄虚作假，偷税抗税，截留上缴利润，营私舞弊，贪污受贿等等。不认真解决这些问题，就不可能争取国民经济状况的根本好转，更不可能把我们的企业真正建设成为社会主义现代化企业。因此，根据企业的具体情况，采取分类指导的原则进行全面整顿，是今后两三年内党和政府的一项重要任务。要加强领导，充分发挥企业领导干部和广大职工的积极性、主动性，扎扎实实地进行这项工作，圆满地完成任务。

（二）企业的全面整顿，是对企业工作进行综合治理，包括整顿领导班子、职工队伍、管理制度、劳动纪律、财经纪律、党的作风和加强思想政治工作等一系列的工作。通过整顿，把这些工作互相结合起来，根据各个企业的具体情况，分别轻重缓急，有步骤地加以解决，使企业各项工作得到落实，真正走上发展国民经济的新路子。当前要围绕提高经济效益，着重做好以下五项工作。

第一，整顿和完善经济责任制，改善企业经营管理，搞好全面计划管理、质量管理和经济核算工作。

实行经济责任制的目的，是要在国家计划指导下，搞好企业经营管理，把企业和职工的经济利益同承担的经济责任和实现的经济效果联系起来，使广大职工以主人翁的态度，在生产经营活动中取得最好的经济效益。它是调动企业与职工的积极性，解决企业与企业之间、企业内部职工之间吃大锅饭问题的有效途径，是整顿企业的关键的一环。要在企业的全面整顿中进一步总结经验，不断地完善经济责任制，明确企业对国家的经济责任，并赋予企业一定的经济权限，使企业的经济利益与企业生产经营成果好坏直接联系，把责、权、利三者统一起来。

不能把经济责任制仅仅看成是一个利益分配问题。企业的责任首先是要按照国家计划要求和市场需要，生产出适销对路、价廉物美的产品，满足社会需要，提高经济效益。企业创造的经济收益，首先要为国家作贡献，使国家增收；其次才是企业多留、职工多得。为此企业必须在国家计划指导下，实行企业内部的全面计划管理，把生产、技术、供销、财务等各方面工作，落实到每一个岗位、每一个人。在实行全面计划管理的同时，要继续推行全面质量管理和全面经济核算，以保证品种增加、质量提高、成本降低、利润增长，实现全面的经济效益。

在企业内部实行经济责任制，同样要按照责、权、利相结合的原则，从科室、车间到班组、个人，建立和健全岗位责任制，使个人经济利益与集体成果、个人劳动贡献相联系，贯彻按劳分配的原则。要健全原始记录、计量、统计、核算等基础工作，制定生产与消耗的平均先进定额，加强定额管理；总结现行的按劳分配经验，探索更加合理的分配办法；结合生动的思想政治工作，把职工群众的积极性引导到改进生产技术、不断创新、改善经营管理、提高全面经济效益的正确轨道上来。

第二，整顿和加强劳动纪律，严格执行奖惩制度。

现代社会化的大生产，不能没有严明的劳动纪律。十年内乱期间无政府主义盛行，流毒至今尚未完全肃清。要大力加强对职工群众的主人翁思想教育，建立自觉遵守劳动纪律的风尚。为了加强劳动纪律，必须建立严格的奖惩制度。对劳动态度好、遵纪守法、成绩卓著的职工要给予表扬和奖励；对严重违反劳动纪律的，企业有权按照有关规定给予经济或行政的处分，屡教不改的，要加重处分，直到辞退和开除。

一些企业的经验证明，制定《职工守则》是教育职工加强劳动纪律的有效措施。为此，中华全国总工会要会同有关方面，认真总结这方面的经验，起草一个全国通行的《职工守则》，报国务院审批后颁布执行。在《守则》颁布之前，各企业可以制定本企业的《职工守则暂行规定》，经职工代表大会审议通过施行。各企业还应该根据《守则》的要求，制定相应的奖惩制度，以保证《守则》的贯彻执行。

第三，整顿财经纪律，健全财务会计制度。

国营工业企业的全部固定资产和流动资金都是国家的财产，任何人不得侵占。企业的盈利要按规定进行分配，不允许化大公为小公，更不允许化公为私。一切违法和违反财经纪律的行为，必须坚决制止和予以制裁。

要对执行财经制度的情况进行一次认真的清查，健全财务会计制度，严格执行财经纪律，对犯有一般错误的人员，要进行批评教育；对犯有营私舞弊、贪污盗窃等罪行的人员，要分别予以惩处。企业领导干部和财务人员要以身作则，模范地遵守财经纪律。如果违反，要加重处罚，追究经济责任直至法律责任。全体职工都要敢于同损害国家财产、侵占国家利益的坏人坏事作斗争。对于模范遵守财经纪律和保护国家资财有功的人员，要给予表彰和奖励。

第四，整顿劳动组织，按定员定额组织生产，有计划地进行全员培训，坚决克服人浮于事、工作散漫的现象。

整顿劳动组织要同建立岗位责任制结合起来进行。岗位责任制的核心是工作责任心，要在提高职工思想自觉的基础上，明确每一生产岗位和工作岗位的职责，并根据生产技术和业务工作的要求，规定配备人员的质量和数量标准，逐步做到严格按标准配备合格的人员。努力做到人尽其才，各尽所能。要有计划地、分期分批地对职工进行轮训，不断提高职工的思想政治和技术业务水平。这要成为一个长期坚持不懈的制度。

凡由于技术、年龄、健康等条件，不适于本岗位工作的人员，可以改任其他工作，或经过其他专业训练后，转到其他岗位工作。凡符合退休、离休条件的，要妥善安置。今后凡是新入厂的或改变工种，工作的职工，都必须经过训练和考核合格，才能上岗工作。

全员培训要同人事考核、晋升、提拔和工资调整等相结合，建立和健全一套全面的人事管理制度。

抽调轮训的职工，在轮训期间发给基本工资，不发奖金。对于学习态度好、学习成绩优良的，可以发给奖学金。

为了认真做好全员培训工作，大企业要建立培训中心，中小企业单独建立有困难的，可以联合建立或由上级主管部门统一建立。要抽调得力干部负责培训中心的领导工作。可以脱产或半脱产培训，也可以业余培训，凡是完成了规定的学业，考试合格的，发给结业证书。

企业按定员、定额整顿劳动组织和管理机构，有富余的人员，除了组织轮训外，一部分可以充实生活服务机构一部分可以参加劳动服务机构，开辟和发展新的生产门路。

为了逐步实行生产经营与生活服务的分工，有条件的企业，可以设生活服务公司，统一管理宿舍、食堂、托儿所、医务室、澡堂等生活福利设施，做好为职工的生活服务工作。生活福利工作要逐步实行企业化、社会化。

为了安排暂时富余的职工和待业青年就业，企业可以单独或联合举办劳动服务公司，从事社会所需要的生产或劳动服务。劳动服务公司作为企业附属的集体所有制单位，可以为本企业服务，也可以为社会服务。但必须独立经营、独立核算、自负盈亏，不允许和企业混在一起，吃大锅饭。

企业要选派工作积极负责、任劳任怨、作风正派的同志到生活服务公司和劳动服务公司担任领导职务。由企业调到劳动服务公司工作的职工保留全民企业职工的身份。

第五，整顿和建设领导班子，加强对职工的思想政治教育。

围绕以上各项整顿工作，要进一步整顿和建设企业的领导班子，克服某些领导班子存在的涣散、软弱、臃肿、老化以及官僚主义等现象，要把优秀的、懂技术业务的中青年干部选拔到领导岗位上来。

所有的企业都要遵循党委集体领导、职工民主管理、厂长行政指挥的根本原则。要认真贯彻执行《国营工业企业职工代表大会暂行条例》和即将颁发的《国营工厂厂长工作暂行条例》《中国共产党工业企业基层组织工作条例》，在党委领导下，建立和健全厂长负责制和职工代表大会制，使企业逐步建设起一个既有民主、又有集中的领导体制。少数经过批准进行改革领导制度试点的企业要继续进行试点，以便探索能够更好地体现党的领导，体现民主管理和加强厂长统一指挥的新的领导制度。

为了提高工作效率，企业生产行政的领导班子要精干。厂级领导干部要逐步实现革命化、年轻化、知识化、专业化。厂长（经理）要由能够坚持四项基本原则，坚决实行党的方针政策，懂得生产技术和有关的经济法规，善于经营管理，为人正派，联系群众，身体健康，能胜任繁重的领导工作的同志担任。主要领导干部年轻化暂时有困难的企业，要选拔四十五岁以下，思想品德好，年富力强，具有专业知识，能联系群众的干部，担任副厂长（副经理）或其他副职，加以培养。

在调整企业领导班子的时候，一部分厂级干部，可以根据专长，安排到研究室、顾问室、监察室、职工培训中心，担任领导工作或顾问，政治与生活待遇不变。体弱多病不能担任工作的，可以安排退休、离休、在政治和生活待遇上要妥善照顾。一切对革命有过贡献的年老体弱的同志都应该懂得，积极地推荐、提拔、支持对党忠诚、年轻有为的同志来接班，是自己义不容辞的光荣任务。

整顿企业必须加强和改善党对企业的领导。企业党组织与企业行政组织要逐步实行分工，除重大方针和决策要由党委讨论决定外，企业的日常生产行政工作由厂长（经理）负责，党委的主要精力要用到抓思想政治工作和党的建设上，通过党的组织工作和宣传教育工作，通过党员的模范带头作用，切实加强党对企业的思想政治领导，监督和保证企业坚持社会主义方向，严格执行党和政府的各项方针、政策、计划、遵守国家的制度、法令，保护国家和人民的利益，保证企业各项政治任务和经济任务的完成，正确处理国家、企业和职工个人三者的利益关系。

经过整顿的企业，要把企业党委建设成为一个能够团结企业全体职工，贯彻执行党的方针、政策，坚持民主集中制原则的，坚强有力的领导核心。党委书记应当由党性强，作风正派，坚决并善于执行党的路线、方针、政策，有一定的生产和管理知识，能密切联系群众和掌握全面工作的党员担任；另外，配备一名德才兼备、年富力强的副书记，作为书记的助手。

企业党组织要大力加强职工代表大会的工作，要充分发挥工会、共青团组织的作用。

企业党组织要经常联系实际，对职工进行坚持四项基本原则的教育、形势教育和爱国主义教育。特别要加强对青年职工的教育，提高职工的政治素质。对职工进行脱产或不脱产的培训，除了上文化课、技术或业务课外，也要上政治课，并严格考核学习成绩。

（三）企业的整顿工作，要在企业党组织的领导下依靠现有的领导班子和职工群众进行。对那些存在严重问题，不能胜任工作的领导班子，要采取调动工作的办法，适当调整。至于领导班子的进一步加强和充实，应该在企业整顿过程中逐步解决。企业主要领导干部的人选，要采取上级调配与民主选举相结合的办法，认真选定。党委书记要在党内充分酝酿，并广泛征求党外群众的意见，经党的委员会选举产生，报上级党委审批。厂长除在必要时由上级调配以外，要在实行经济责任制和整顿企业的基础上，积极创造条件，逐步实行民主选举，并按照干部管理权限，报请上级机关批准任命。

（四）企业全面整顿是建设性的整顿，除了当前首先要做好前述围绕提高经济效益的五项工作外，还要有一个系统的、全面的建设规划。要认真总结和吸取过去建设“五好”企业、“大庆式”企业等一切行之有效的经验，把企业的整顿和建设紧密结合进行。企业在整顿中进行建设的基本要求，可以概括为：搞好三项建设，达到六好要求。“三项建设”即通过全面整顿，逐步地建设起一种又有民主、又有集中的领导体制，逐步地建设起一支又红又专的职工队伍，逐步地建设起一套科学文明的管理制度；“六好要求”即通过“三项建设”使企业能够正确地处理国家、企业、职工个人三者的经济关系，出色地完成国家计划，达到三者兼顾好、产品质量好、经济效益好、劳动纪律好、文明生产好、政治工作好，成为“六好企业”。

有关“三项建设”的具体内容、“六好要求”的具体标准，各工业部门和各地区可以根据自己的特点和具体情况，参照最近经委提出的整顿企业的要求，分别作出规定。

（五）企业的全面整顿，要点面结合进行。各工业部门要根据当前围绕提高经济效益的五项工作和“三建”“六好”目标，制定一个适合本部门特点的全面整顿规划，对不同类别和不同水平的企业，规定不同的要求和整顿的步骤，进行分类指导。所有企业都要结合自己的具体情况，制定本企业的整顿规划。

面上企业的整顿工作，必须抓紧。各企业首先要按照中央转发国家经委党组《关于工业学大庆问题的报告》的通知精神，进行深入细致的思想教育工作，讲清中国工人阶级的优秀品质、光荣革命传统和伟大历史使命，使广大职工以国家主人翁的态度，积极参加和做好企业的整顿工作。要引导大家向先进地区、先进行业、先进单位、先进人物学习，向先进科学技术和经营管理学习，向科学要本领，拜行家做老师，把广大职工充分发动起来，在每个企业中形成比先进、学先进、赶先进、帮后进、创造“六好企业”的热烈气氛，以推动企业的整顿工作和其他各项工作。

为了使整顿企业的工作做得更好，国务院各主管部、委要会同各省、市、自治区派出负责干部，并配备一些熟悉生产、技术、经营管理、劳动工资、财务会计等业务干部和党群工作干部，组成蹲点调查组，在地方党委和政府的统一领导下，分期分批到骨干企业调查研究，进行必要的指导，帮助解决问题，及时总结经验，指导面上的整顿工作。同时，吸取实践经验，不断提高领导水平。每个行业首先要挑选几个对国计民生有重大作用的骨干企业，作为第一批蹲点调查单位。这些重点企业可以是基础好的先进单位，也可以是问题较多的后进单位，以便取得先进更先进和后进赶先进的两种经验，并及时宣传推广。

中央要求，在两三年内，全国两千个骨干企业，能够在国务院各主管部、委和省、市、自治区直接帮助下，扎扎实实地、分批地完成整顿任务。地区和县市也要根据实际情况，在所属企业中选择重点，组织蹲点调查组去进行帮助。以点带面，做好整顿工作。

凡是上级主管部门未派蹲点调查组协助整顿的企业，都要按本决定的精神，自行整顿，不要等待；凡能解决的问题，要主动地、及时地解决。有关主管部门在第一批重点企业整顿工作结束以后，要从取得整顿工作经验的蹲点调查组中，选拔精干力量，组织巡回检查组，到上述企业进行检查，凡达到整顿标准的，即可验收；不符合标准的，要派蹲点调查组予以协助，继续进行整顿。

所有企业，在整顿完毕之后，都要由上级主管部门检查验收。衡量企业整顿成功与否的主要标志，是看产品质量的优劣，产量的多少，经济效益的高低，对国家贡献的大小。

党中央、国务院充分相信，我们的企业经过全面整顿以后，必将出现一个崭新的面貌。希望工业战线上的全体干部和职工奋发努力，完成企业整顿的各项任务，搞好“三项建设”，达到“六好要求”，为建设具有高度物质文明和精神文明的、具有中国特色的社会主义现代化企业的伟大目标而奋斗。

中共中央关于经济体制改革的决定

（中国共产党第十二届中央委员会
第三次全体会议一九八四年十月二十日通过）

中国共产党第十二届中央委员会第三次全体会议，分析了我国当前的经济和政治形势，总结了我国社会主义建设正反两方面的经验，特别是这几年城乡经济体制改革的经验，一致认为：必须按照把马克思主义基本原理同中国实际结合起来，建设有中国特色的社会主义的总要求，进一步贯彻执行对内搞活经济、对外实行开放的方针，加快以城市为重点的整个经济体制改革的步伐，以利于更好地开创社会主义现代化建设的新局面。

一、改革是当前我国形势发展的迫切需要

我国经济体制的改革，已经经过了几年的酝酿和实践。十一届三中全会在决定把全党工作重点转到经济建设上来的同时就着重指出，为了实现社会主义现代化，必须对经济体制进行改革。那次全会以后，全党在拨乱反正和调整国民经济方面进行了大量工作，改革主要在农村进行。在完成指导思想上的拨乱反正、实现历史性伟大转折的基础上，党的十二大明确提出了有系统地进行经济体制改革的任务，并且指出这是坚持社会主义道路、实现社会主义现代化的重要保证。近两年来特别是今年以来，党中央、国务院又作出了一系列重要决策和指示，推动了各

项改革的广泛深入发展。

我国经济体制改革首先在农村取得了巨大成就。长期使我们焦虑的农业生产所以能够在短时期内蓬勃发展起来，显示了我国社会主义农业的强大活力，根本原因就在于大胆冲破“左”的思想束缚，改变不适应我国农业生产力发展的体制，全面推行了联产承包责任制，发挥了八亿农民的巨大的社会主义积极性。目前农村的改革还在继续发展，农村经济开始向专业化、商品化、现代化转变，这种形势迫切要求疏通城乡流通渠道，为日益增多的农产品开拓市场，同时满足农民对工业品、科学技术和文化教育的不断增长的需求。农村改革的成功经验，农村经济发展对城市的要求，为以城市为重点的整个经济体制的改革提供了极为有利的条件。

这几年以城市为重点的整个经济体制改革也已经进行了许多试验和探索，采取了一些重大措施，取得了显著成效和重要经验，使经济生活开始出现了多年未有的活跃局面。但是城市改革还只是初步的，城市经济体制中严重妨碍生产力发展的种种弊端还没有从根本上消除。目前，城市企业经济效益还很低，城市经济的巨大潜力还远远没有挖掘出来，生产、建设和流通领域中的种种损失和浪费还很严重，加快改革是城市经济进一步发展的内在要求。城市是我国经济、政治、科学技术、文化教育的中心，是现代工业和工人阶级集中的地方，在社会主义现代化建设中起着主导作用。只有坚决地系统地进行改革，城市经济才能兴旺繁荣，才能适应对内搞活、对外开放的需要，真正起到应有的主导作用，推动整个国民经济更好更快地发展。

还应该看到，正在世界范围兴起的新技术革命，对我国经济的发展是一种新的机遇和挑战。这就要求我们的经济体制，具有吸收当代最新科技成就，推动科技进步，创造新的生产力的更加强大的能力。因此，改革的需要更为迫切。

当前我国安定团结的政治局面日益巩固，经济调整工作取得了重大成绩，国民经济持续增长，第六个五年计划的主要指标提前完成，国家财政状况逐步好转，全党同志和全国各族人民对社会主义现代化建设的信心大为增强，加快经济体制改革的愿望更加强烈。特别是中央和省、自治区、直辖市一级全面整党的健康发展，已经和正在端正各条战线现代化建设的业务指导思想，明确改革的方向。现在，全面改革经济体制的条件已经具备，我们有必要也有可能比较系统地提出和阐明改革中的一系列重大问题，以利于统一和提高全党同志特别是领导干部的认识，使改革更加卓有成效地进行，使社会主义优越性进一步得到发挥。中央希望并且相信，如同十一届三中全会在实行拨乱反正，提出改革任务，推动农村改革方面起了伟大的历史作用那样，十二届三中全会在制订全面改革蓝图，加快改革步伐，推动以城市为重点的整个经济体制的改革方面，也必将起到伟大的历史作用。

二、改革是为了建立充满生机的社会主义经济体制

中华人民共和国的诞生，社会主义制度的建立，结束了半封建半殖民地旧中国一百多年人民灾难深重的历史，消灭了剥削制度，我国各族人民真正成了国家的主人。在中国共产党领导下，全国人民艰苦奋斗，建立了独立的比较完整的工业体系和国民经济体系，取得了旧中国根本不可能取得的巨大成就，为我们建设富强、民主、文明的现代化的社会主义国家奠定了必不可少的物质基础。我国各族人民从长期的历史经验中深切体会到，只有社会主义才能救中国。

马克思主义的创始人曾经预言，社会主义在消灭剥削制度的基础上，必然能够创造出更高的劳动生产率，使生产力以更高的速度向前发展。我国建国三十五年来所发生的深刻变化，已经初步显示出社会主义制度的优越性。但是必须指出，这种优越性还没有得到应有的发挥。其

所以如此，除了历史的、政治的、思想的原因之外，就经济方面来说，一个重要的原因，就是在经济体制上形成了一种同社会生产力发展要求不相适应的僵化的模式。这种模式的主要弊端是：政企职责不分，条块分割，国家对企业统得过多过死，忽视商品生产、价值规律和市场的作用，分配中平均主义严重。这就造成了企业缺乏应有的自主权，企业吃国家“大锅饭”、职工吃企业“大锅饭”的局面，严重压抑了企业和广大职工群众的积极性、主动性、创造性，使本来应该生机盎然的社会主义经济在很大程度上失去了活力。

建国初期和第一个五年计划期间，我国面临着实现全国财政经济统一、对资本主义工商业进行社会主义改造和开展有计划的大规模经济建设的繁重任务，逐步建立起全国集中统一的经济体制。那个时候，在许多方面还没有统得很死，而且在社会主义改造的方法和步骤上坚持了从中国实际出发，有很大的创造。但是，随着社会主义改造的基本完成和我国经济发展的规模越来越大，原来为限制和改造资本主义工商业所采取的一些措施已不再适应新的形势，经济体制方面某些统得过多过死的弊端逐渐显露出来。一九五六年，在党的第八次全国代表大会上和大会前后，党中央特别是中央主持经济工作的同志已经觉察到这个问题，并提出了某些改进措施。但是，由于我们党对于如何进行社会主义建设毕竟经验不足，由于长期以来在对社会主义的理解上形成了若干不适合实际情况的固定观念，特别是由于一九五七年以后党在指导思想上的“左”倾错误的影响，把搞活企业和发展社会主义商品经济的种种正确措施当成“资本主义”，结果就使经济体制上过度集中统一的问题不仅长期得不到解决，而且发展得越来越突出。

其间多次实行权力下放，但都只限于调整中央和地方、条条和块块的管理权限，没有触及赋予企业自主权这个要害问题，也就不能跳出原有的框框。

为了从根本上改变束缚生产力发展的经济体制，必须认真总结我国的历史经验，认真研究我国经济的实际状况和发展要求，同时必须吸收和借鉴当今世界各国包括资本主义发达国家的一切反映现代社会化生产规律的先进经营管理方法。中央认为，按照党历来要求的把马克思主义基本原理同中国实际相结合的原则，按照正确对待外国经验的原则，进一步解放思想，走自己的路，建立起具有中国特色的、充满生机和活力的社会主义经济体制，促进社会生产力的发展，这就是我们这次改革的基本任务。

社会主义社会的基本矛盾仍然是生产关系和生产力、上层建筑和经济基础之间的矛盾。我们改革经济体制，是在坚持社会主义制度的前提下，改革生产关系和上层建筑中不适应生产力发展的一系列相互联系的环节和方面。这种改革，是在党和政府的领导下有计划、有步骤、有秩序地进行的，是社会主义制度的自我完善和发展。改革的进行，只应该促进而绝不能损害社会的安定、生产的发展、人民生活的改善和国家财力的增强。社会主义的根本任务就是发展社会生产力，就是要使社会财富越来越多地涌现出来，不断地满足人民日益增长的物质和文化需要。社会主义要消灭贫穷，不能把贫穷当作社会主义。必须下定决心，以最大的毅力，集中力量进行经济建设，实现工业、农业、国防和科学技术的现代化，这是历史的必然和人民的愿望。全党同志在进行改革的过程中，应该紧紧把握住马克思主义的这个基本观点，把是否有利于发展社会生产力作为检验一切改革得失成败的最主要标准。

三、增强企业活力是经济体制改革的中心环节

城市企业是工业生产、建设和商品流通的主要的直接承担者，是社会生产力发展和经济技术进步的主导力量。现在，我国城市企业，包括工业、建筑业、交通业、商业和服务业的企业，已有一百多万个，职工

共达八千多万人。仅城市工业企业提供的税收和利润，就占全国财政收入的百分之八十以上。这些情况表明，城市企业生产和经营的积极性、主动性、创造性能否充分发挥，八千多万职工的积极性、主动性、创造性能否充分发挥，就是说城市企业是否具有强大的活力，对于我国经济的全局和国家财政经济状况的根本好转，对于党的十二大提出的到本世纪末工农业年总产值翻两番的奋斗目标的实现，是一个关键问题。具有中国特色的社会主义，首先应该是企业有充分活力的社会主义。而现行经济体制的种种弊端，恰恰集中表现为企业缺乏应有的活力。所以，增强企业的活力，特别是增强全民所有制的大、中型企业的活力，是以城市为重点的整个经济体制改革的中心环节。

围绕这个中心环节，主要应该解决好两个方面的关系问题，即确立国家和全民所有制企业之间的正确关系，扩大企业自主权；确立职工和企业之间的正确关系，保证劳动者在企业中的主人翁地位。

过去国家对企业管得太多太死的一个重要原因，就是把全民所有同国家机构直接经营企业混为一谈。根据马克思主义的理论和社会主义的实践，所有权同经营权是可以适当分开的。为了使各个企业的经济活动符合国民经济发展的总体要求，社会主义的国家机构必须通过计划和经济的、行政的、法律的手段对企业进行必要的管理、检查、指导和调节，通过税收等形式从企业集中必须由国家统一使用的纯收入，委派、任免或批准聘选企业的主要领导人员，并且可以决定企业的创建和关、停、并、转、迁。但是，由于社会需求十分复杂而且经常处于变动之中，企业条件千差万别，企业之间的经济联系错综繁复，任何国家机构都不可能完全了解和迅速适应这些情况。如果全民所有制的各种企业都由国家机构直接经营和管理，那就不可避免地会产生严重的主观主义和官僚主义，压抑企业的生机和活力。因此，在服从国家计划和管理的前提下，企业有权选择灵活多样的经营方式，有权安排自己的产供销活动，有权拥有和支配自留资金，有权依照规定自行任免、聘用和选举本企业的工作人员，有权自行决定用工办法和工资奖励方式，有权在国家允许的范围内确定本企业产品的价格，等等。总之，要使企业真正成为相对独立的经济实体，成为自主经营、自负盈亏的社会主义商品生产者和经营者，具有自我改造和自我发展的能力，成为具有一定权利的义务的法人。这样做，既在全体上保证整个国民经济的统一性，又在局部上保证各个企业生产经营的多样性、灵活性和进取性，不但不会削弱而且只会有利于巩固和完善社会主义的全民所有制。

企业活力的源泉，在于脑力劳动者和体力劳动者的积极性、智慧和创造力。当劳动者的主人翁地位在企业的各项制度中得到切实的保障，他们的劳动又与自身的物质利益紧密联系的时候，劳动者的积极性、智慧和创造力就能充分地发挥出来。我国农村改革的经验生动有力地证明了这一点。城市经济体制改革中，必须正确解决职工和企业的关系，真正做到职工当家做主，做到每一个劳动者在各自的岗位上，以主人翁的姿态进行工作，人人关注企业的经营，人人重视企业的效益，人人的工作成果同他的社会荣誉和物质利益密切相连。现代企业必须有集中统一的领导和生产指挥，必须有高度严格的劳动纪律。因为我们的现代企业是社会主义的，在实行这种集中领导和严格纪律的时候，又必须坚决保证广大职工和他们选出的代表参加企业民主管理的权利。在社会主义条件下，企业领导者的权威同劳动者的主人翁地位是统一的，同劳动者的主动性创造性是统一的。这种统一，是劳动者的积极性能够正确地有效地发挥的必要前提。

确立国家和企业、企业和职工这两方面的正确关系，是以城市为重点的整个经济体制改革的本质内容和基本要求。要实现这个基本要求，势必牵动整个经济体制的各个方面，需要进行计划体制、价格体系、国家机构管理经济的职能和劳动工资制度等方面的配套改革。中央认为，这些改革，应该根据国民经济各个环节的内在联系和主客观条件的成熟程度，分别轻重缓急和难易，有先有后，逐步进行，争取用五年左右的时间基本实现。达到这个目标的步骤，另行部署。

四、建立自觉运用价值规律的计划体制，发展社会主义商品经济

社会主义社会在生产资料公有制的基础上实行计划经济，可以避免资本主义社会生产的无政府状态和周期性危机，使生产符合不断满足人民日益增长的物质文化生活需要的目的，这是社会主义经济优越于资本主义经济的根本标志之一。新中国成立以来，我们实行计划经济，集中大量财力、物力、人力，进行大规模的社会主义经济建设，取得了巨大成就。同时，历史的经验也告诉我们，社会主义的计划体制，应该是统一性同灵活性相结合的体制。尤其是考虑到我国幅员广大、人口众多，考虑到交通不便、信息不灵、经济文化发展很不平衡的状况的在短期内还难以完全改变，考虑到我国目前商品经济还很不发达，必须大力发展商品生产和商品交换的实际情况，建立这样的计划体制的需要就更加迫切。如果脱离现实的国情，企图把种种社会经济活动统统纳入计划，并且单纯依靠行政命令加以实施，忽视经济杠杆和市场调节的重要作用，那就不可避免地会造成在计划的指导思想上主观和客观相分离，计划同实际严重脱节。列宁在十月革命后，曾经在制订电气化计划的时候产生这样的思想："现在对我们来说，完整的、无所不包的、真正的计划='官僚主义的空想'。""不要追求这种空想"。今天我国同当时俄国经济十分困难的情况已大不相同，但是我们的实践经验证明列宁的这个思想不仅适用于当时条件下的俄国，而且具有长久的意义。必须实事求是地认识到，在很长的历史时期内，我们的国民经济计划就总体来说只能是粗线条的和有弹性的，只能是通过计划的综合平衡和经济手段的调节，

做到大的方面管住管好、小的方面放开放活，保证重大比例关系比较适当，国民经济大体按比例地协调发展。

改革计划体制，首先要突破把计划经济同商品经济对立起来的传统观念，明确认识社会主义计划经济必须自觉依据和运用价值规律，是在公有制基础上的有计划的商品经济。商品经济的充分发展，是社会经济发展的不可逾越的阶段，是实现我国经济现代化的必要条件。只有充分发展商品经济，才能把经济真正搞活，促使各个企业提高效率，灵活经营，灵敏地适应复杂多变的社会需求，而这是单纯依靠行政手段和指令性计划所不能做到的。同时还应该看到，即使是社会主义的商品经济，它的广泛发展也会产生某种盲目性，必须有计划的指导、调节和行政的管理，这在社会主义条件下是能够做到的。因此，实行计划经济同运用价值规律、发展商品经济，不是互相排斥的，而是统一的，把它们对立起来是错误的。在商品经济和价值规律问题上，社会主义经济同资本主义经济的区别不在于商品经济是否存在和价值规律是否发挥作用，而在于所有制不同，在于剥削阶级是否存在，在于劳动人民是否当家做主，在于为什么样的生产目的服务，在于能否在全社会的规模上自觉地运用价值规律，还在于商品关系的范围不同。在我国社会主义条件下，劳动力不是商品，土地、矿山、银行、铁路等等一切国有的企业和资源也都不是商品。

根据历史的经验和十一届三中全会以来的实践，应该对我国计划体制的基本点进一步作出如下的概括：第一，就总体说，我国实行的是计划经济，即有计划的商品经济，而不是那种完全由市场调节的市场经济；第二，完全由市场调节的生产和交换，主要是部分农副产品、日用小商品和服务修理行业的劳务活动，它们在国民经济中起辅助的但不可缺少的作用；第三，实行计划经济不等于指令性计划为主，指令性计划和指导性计划都是计划经济的具体形式；第四，指导性计划主要依靠运用经济杠杆的作用来实现，指令性计划则是必须执行的，但也必须运用价值规律。按照以上要点改革的计划体制，就要有步骤地适当缩小指令性计划的范围，适当扩大指导性计划的范围。对关系国计民生的重要产品中需要由国家调拨分配的部分，对关系全局的重大经济活动，实行指令性计划；对其他大量产品和经济活动，根据不同情况，分别实行指导性计划或完全由市场调节。计划工作的重点要转到中期和长期计划上来，适当简化年度计划，并相应改革计划方法，充分重视经济信息和预测，提高计划的科学性。

五、建立合理的价格体系，充分重视经济杠杆的作用

我国现行的价格体系，由于过去长期忽视价值规律的作用和其他历史原因，存在着相当紊乱的现象，不少商品的价格既不反映价值，也不反映供求关系。不改革这种不合理的价格体系，就不能正确评价企业的生产经营效果，不能保障城乡物资的顺畅交流，不能促进技术进步和生产结构、消费结构的合理化，就必然造成社会劳动的巨大浪费，也会严重妨碍按劳分配原则的贯彻执行。随着企业自主权的进一步扩大，价格对企业生产经营活动的调节作用越来越显著，建立合理的价格体系更为急迫。各项经济体制的改革，包括计划体制和工资制度的改革，它们的成效都在很大程度上取决于价格体系的改革。价格是最有效的调节手段，合理的价格是保证国民经济活而不乱的重要条件，价格体系的改革是整个经济体制改革成败的关键。

当前我国价格体系不合理的主要表现是：同类商品的质量差价没有拉开；不同商品之间的比价不合理，特别是某些矿产品和原材料价格偏低；主要农副产品的购销价格倒挂，销价低于国家购价。必须从现在起采取措施，逐步改变这种状况。

价格体系的不合理，同价格管理体制的不合理有密切的关系。在调

整价格的同时，必须改革过分集中的价格管理体制，逐步缩小国家统一定价的范围，适当扩大有一定幅度的浮动价格和自由价格的范围，使价格能够比较灵敏地反映社会劳动生产率和市场供求关系的变化，比较好地符合国民经济发展的需要。

改革价格体系关系国民经济的全局，涉及千家万户，一定要采取十分慎重的态度，根据生产的发展和国家财力负担的可能，在保证人民实际收入逐步增加的前提下，制定周密的切实可行的方案，有计划有步骤地进行。改革的原则是：第一、按照等价交换的要求和供求关系的变化，调整不合理的比价，该降的降，该升的升；第二、在提高部分矿产品和原材料价格的时候，加工企业必须大力降低消耗，使由于矿产品和原材料价格上涨而造成的成本增高基本上在企业内部抵消，少部分由国家减免税收来解决，避免因此提高工业消费品的市场销售价格；第三、在解决农副产品购销价格倒挂和调整消费品价格的时候，必须采取切实的措施，确保广大城乡居民的实际收入不因价格的调整而降低。同时，随着生产的发展和经济效益的提高，职工工资还要逐步提高。必须向群众广泛宣传，我们在生产发展和物资日益丰富的条件下，主动改革价格体系，解决各种比价不合理的问题，决不会引起物价的普遍轮番上涨。这种改革，是进一步发展生产的迫切需要，是符合广大消费者的根本利益的。一切企业都应该通过大力改善经营管理来提高经济效益，而决不应该把增加企业收入的希望托在涨价上。决不允许任何单位和任何人趁改革之机任意涨价，人为地制造涨价风，扰乱社会主义市场，损害国家和消费者的利益。

在改革价格体系的同时，还要进一步完善税收制度，改革财政体制和金融体制。越是搞活经济，越要重视宏观调节，越要善于在及时掌握经济动态的基础上综合运用价格、税收、信贷等经济杠杆，以利于调节社会供应总量和需求总量、积累和消费等重大比例关系，调节财力、物力和人力的流向，调节产业结构和生产力的布局，调节市场供求，调节对外经济往来，等等。我们过去习惯于用行政手段推动经济运行，而长期忽视运用经济杠杆进行调节。学会掌握经济杠杆，并且把领导经济工作的重点放到这一方面来，应该成为各级经济部门特别是综合经济部门的重要任务。

六、实行政企职责分开，正确发挥政府机构管理经济的职能

在无产阶级和全体人民掌握了国家政权以后，领导和组织经济建设就成为国家机构的一项基本职能。建国三十多年来，总的来说，我们的国家机构履行了这方面的职责，起了重大的作用。但是，国家机构特别是政府部门究竟怎样才能更好地领导和组织经济建设，以适应国民经济和社会发展的要求，还是一个需要认真加以解决的问题。过去由于长期政企职责不分，企业实际上成了行政机构的附属物，中央和地方政府包揽了许多本来不应由它们管的事，而许多必须由它们管的事又未能管好。加上条块分割，互相扯皮，使企业工作更加困难。这种状况不改变，就不可能发挥基层和企业的积极性，不可能有效地促进企业之间的合作、联合和竞争，不可能发展社会主义的统一市场，而且势必严重削弱政府机构管理经济的应有作用。因此，按照政企职责分开、简政放权的原则进行改革，是搞活企业和整个国民经济的迫切需要。

根据多年来的实践经验，政府机构管理经济的主要职能应该是：制订经济和社会发展的战略、计划、方针和政策；制订资源开发、技术改造和智力开发的方案；协调地区、部门、企业之间的发展计划和经济关系；部署重点工程特别是能源、交通和原材料工业的建设；汇集和传布经济信息，掌握和运用经济调节手段；制订并监督执行经济法规；按规定的范围任免干部；管理对外经济技术交流和合作；等等。这些职能，

需要各级政府付出极大努力来履行，而过去有些没有做好，有的还没有做。但就政府和企业的关系来说，今后各级政府部门原则上不再直接经营管理企业。至于少数由国家赋予直接经营管理企业责任的政府经济部门，也必须按照简政放权的精神，正确处理同所属企业的关系，以增强企业和基层自主经营的活力，避免由于高度集中可能带来的弊端。全国性和地区性的公司，是在国民经济发展的需要和企业互有需要的基础上建立的联合经济组织，它们必须是企业而不是行政机构，不能因袭过去的一套办法，而必须学会现代科学管理方法。

实行政企职责分开以后，要充分发挥城市的中心作用，逐步形成以城市特别是大、中城市为依托的，不同规模的，开放式、网络型的经济区。在进行这种改革的时候，有必要提起各城市的领导同志们注意，城市政府也必须实行政企职责分开，简政放权，不要重复过去那种主要依靠行政手段管理企业的老做法，以免造成新的条块分割。城市政府应该集中力量做好城市的规划、建设和管理，加强各种公用设施的建设，进行环境的综合整治，指导和促进企业的专业化协作、改组联合、技术改造和经营管理现代化，指导和促进物资和商品的合理流通，搞好文教、卫生、社会福利事业和各项服务事业，促进精神文明的建设和创造良好的社会风气，搞好社会治安。同时，城市政府还应该根据国民经济发展的总体要求和当地的条件，做好中长期的经济和社会发展规划。

社会主义企业之间的关系，首先是互相协作、互相支援的关系，但这种关系并不排斥竞争。长期以来，人们往往把竞争看成是资本主义特有的现象，其实，只要有商品生产，就必然有竞争，只不过在不同的社会制度下竞争的目的、性质、范围和手段不同。社会主义企业之间的竞争，同资本主义条件下的弱肉强食根本不同，它是在公有制基础上，在国家计划和法令的管理下，在为社会主义现代化建设服务的前提下，让企业在市场上直接接受广大消费者的评判和检验，优胜劣汰。这样做，有利于打破阻碍生产发展的封锁和垄断，及时暴露企业的缺点，促使企业改进生产技术和经营管理，推动整个国民经济和社会主义事业的发展。竞争中可能出现某些消极现象和违法行为，各级有关领导机关对此必须保持清醒头脑，加强教育和管理，认真注意解决好这方面的问题。

经济体制的改革和国民经济的发展，使越来越多的经济关系和经济活动准则需要用法律形式固定下来。国家立法机关要加快经济立法，法院要加强经济案件的审判工作，检察院要加强对经济犯罪行为的检察工作，司法部门要积极为经济建设提供法律服务。

实行政企职责分开、简政放权，是社会主义上层建筑的一次深刻改造。体制改了，组织机构和思想作风也要改。要坚定不移地按照为人民服务和精简、统一、效能的原则，改造机关作风，提高工作人员的素质。要改变那种长期形成的领导机关不是为基层和企业服务，而是让基层和企业围着领导机关转的局面，扫除机构重叠、人浮于事、职责不明、互相扯皮的官僚主义积弊，使各级领导机关把自己的全部工作切实转移到为发展生产服务，为基层和企业服务，为国家的繁荣强盛和人民的富裕幸福服务的轨道上来。

七、建立多种形式的经济责任制，认真贯彻按劳分配原则

这几年城市改革的试验充分表明，农村实行承包责任制的基本经验同样适用于城市。为了增强城市企业的活力，提高广大职工的责任心和充分发挥他们的主动性、积极性、创造性，必须在企业内部明确对每个岗位、每个职工的工作要求，建立以承包为主的多种形式的经济责任制。这种责任制的基本原则是：责、权、利相结合，国家、集体、个人利益相统一，职工劳动所得同劳动成果相联系。在把农村经验运用到城市中来的时候，必须考虑城市企业的特点，不应该也不可能照搬农村的具体做法。由于行业性质、企业规模和生产条件各不相同，城市企业实

行责任制也不可能有划一的模式。这就要求我们的同志，特别是企业的领导同志，坚持一切从实际出发，在实践中逐步创造出适合自己情况的具体形式，使承包责任制在城市生根、开花、结果。

现代企业分工细密，生产具有高度的连续性，技术要求严格，协作关系复杂，必须建立统一的、强有力的、高效率的生产指挥和经营管理系统。只有实行厂长（经理）负责制，才能适应这种要求。企业中党的组织要积极支持厂长行使统一指挥生产经营活动的职权，保证和监督党和国家各项方针政策的贯彻执行，加强企业党的思想建设和组织建设，加强对企业工会、共青团组织的领导，做好职工思想政治工作。在实行厂长负责制的同时，必须健全职工代表大会制度和各项民主管理制度，充分发挥工会组织和职工代表在审议企业重大决策、监督行政领导和维护职工合法权益等方面的权力和作用，体现工人阶级的主人地位。这是社会主义企业的性质所决定的，绝对不容许有任何的忽视和削弱。

随着利改税的普遍推行和企业多种形式经济责任制的普遍建立，按劳分配的社会主义原则将得到进一步的贯彻落实。这方面已经采取的一个重大步骤，就是企业职工资金由企业根据经营状况自行决定，国家只对企业适当征收超限额奖金税。今后还将采取必要的措施，使企业职工的工资和奖金同企业经济效益的提高更好地挂起钩来。在企业内部，要扩大工资差距，拉开档次，以充分体现奖勤罚懒、奖优罚劣，充分体现多劳多得，少劳少得，充分体现脑力劳动和体力劳动、复杂劳动和简单劳动、熟练劳动和非熟练劳动、繁重劳动和非繁重劳动之间的差别。当前尤其要改变脑力劳动报酬偏低的状况。国家机关、事业单位也要改革工资制度，改革的原则是使职工工资同本人肩负的责任和劳绩密切联系起来。在企业、国家机关和事业单位改革工资制度的同时，还要加快劳动制度的改革。

长期以来在消费资料的分配问题上存在一种误解，似乎社会主义就是要平均，如果一部分社会成员的劳动收入比较多，出现了较大的差别，就认为是两极分化，背离社会主义。这种平均主义思想，同马克思主义关于社会主义的科学观点是完全不相容的。历史的教训告诉我们：平均主义思想是贯彻执行按劳分配原则的一个严重障碍，平均主义的泛滥必然破坏社会生产力。当然，社会主义社会要保证社会成员物质、文化生活水平的逐步提高，达到共同富裕的目标。但是，共同富裕决不等于也不可能是完全平均，决不等于也不可能是所有社会成员在同一时间以同等速度富裕起来。如果把共同富裕理解为完全平均和同步富裕，不但做不到，而且势必导致共同贫穷。只有允许和鼓励一部分地区、一部分企业和一部分人依靠勤奋劳动先富起来，才能对大多数人产生强烈的吸引和鼓舞作用，并带动越来越多的人一浪接一浪地走向富裕。

与此同时，我们必须对老弱病残、鳏寡孤独等实行社会救济，对还没有富裕起来的人积极扶持，对经济还很落后的一部分革命老根据地、少数民族地区、边远地区和其他贫困地区实行特殊的优惠政策，并给以必要的物质技术支援。由于一部分人先富起来产生的差别，是全体社会成员在共同富裕道路上有先有后、有快有慢的差别，而绝不是那种极少数人变成剥削者，大多数人陷于贫穷的两极分化。鼓励一部分人先富起来的政策，是符合社会主义发展规律的，是整个社会走向富裕的必由之路。

艰苦奋斗、勤俭建国是我们在长期革命和建设中形成的优良传统，任何时候都不能丢掉这个传统。在新时期坚持这个传统，主要是发扬不怕任何困难，为祖国为人民顽强奋斗的献身精神，在各项生产和建设事业中十分注意节约，反对挥霍国家资财的行为，力求避免造成浪费的决策错误，而不应该把坚持这个传统错误地理解为可以忽视人民消费的应有增长。按照马克思主义的基本原理，生产是整人经济活动的起点和居于支配地位的要素，它决定消费，而消费的增长又是产生新的社会需求，开拓广阔的市场，促进生产更大发展的强大推动力，在这个意义上，消费又决定生产。我们一定要在生产发展、经济效益提高、国家财政收入稳定增长和正确处理积累消费关系的前提下，使我国职工的工资收入逐步有较大的提高，使人民的消费逐步有较大的增长。不顾生产发展的可能提出过高的消费要求，是不对的；在生产发展允许的限度内不去适当增加消费而一味限制消费，也是不对的。

八、积极发展多种经济形式，进一步扩大对外的和国内的经济技术交流

我们要迅速发展各项生产建设事业，较快实现国家繁荣富强和人民富裕幸福，必须调动一切积极因素，在国家政策和计划的指导下，实行国家、集体、个人一起上的方针，坚持发展多种经济形式和多种经营方式；在独立自主、自力更生、平等互利、互守信用的基础上，积极发展对外经济合作和技术交流。

全民所有制经济是我国社会主义经济的主导力量，对于保证社会主义方向和整个经济的稳定发展起着决定性的作用，但是全民所有制经济的巩固和发展决不应以限制和排斥其他经济形式和经营方式的发展为条件。集体经济是社会主义经济的重要组成部分，许多领域的生产建设事业都可以放手依靠集体来兴办。我国现在的个体经济是和社会主义公有制相联系的，不同于和资本主义私有制相联系的个体经济，它对于发展社会生产、方便人民生活、扩大劳动就业具有不可代替的作用，是社会主义经济必要的有益的补充，是从属于社会主义经济的。当前要注意为城市和乡镇集体经济和个体经济的发展扫除障碍，创造条件，并给予法律保护。特别是在以劳务为主和适宜分散经营的经济活动中，个体经济应该大力发展。同时，要在自愿互利的基础上广泛发展全民、集体、个体经济相互之间灵活多样的合作经营和经济联合，有些小型全民所有制企业还可以租给或包给集体或劳动者个人经营。坚持多种经济形式和经

营方式的共同发展，是我们长期的方针，是社会主义前进的需要，绝不是退回到新中国成立初期那种社会主义公有制尚未在城乡占绝对优势的新民主主义经济，决不会动摇而只会有利于巩固和发展我国的社会主义经济制度。

马克思、恩格斯早在《共产党宣言》中就指出，由于资本主义的发展开拓了世界市场，过去那种地方的和民族的自给自足的闭关自守状态已经被各民族的各方面的互相往来所代替，一切国家的生产和消费都已成为世界性的了。在当代，生产力和科学技术的发展更加迅速，尽管国际关系错综复杂，矛盾重重，但从总的方面来说，国际性的经济技术联系仍然很密切，闭关自守是不可能实现现代化的。十一届三中全会以来，我们把对外开放作为长期的基本国策，作为加快社会主义现代化建设的战略措施，在实践中已经取得显著成效。今后必须继续放宽政策，按照既要调动各方面的积极性、又要实行统一对外的原则改革外贸体制，积极扩大对外经济技术交流和合作的规模，努力办好经济特区，进一步开放沿海港口城市。利用外资，吸引外商来我国举办合资经营企业、合作经营企业和独资企业，也是对我国社会主义经济必要的有益的补充。我们一定要充分利用国内和国外两种资源，开拓国内和国外两个市场，学会组织国内建设和发展对外经济关系两套本领。

对外要开放，国内各地区之间更要互相开放。经济比较发达地区和比较不发达的地区，沿海、内地和边疆，城市和农村，以及各行业各企业之间，都要打破封锁，打开门户，按照扬长避短、形式多样、互利互惠、共同发展的原则，大力促进横向经济联系，促进资金、设备、技术和人才的合理交流，发展各种经济技术合作，联合举办各种经济事业，促进经济结构和地区布局的合理化，加速我国现代化建设的进程。

九、起用一代新人，造就一支社会主义经济管理干部的宏大队伍

经济体制的改革和国民经济的发展，迫切需要大批既有现代化的经济、技术知识，又有革新精神，勇于创造，能够开创新局面的经营管理人才，特别是企业管理干部。现在的问题是，我们的经济管理干部队伍的状况同这个要求很不适应。这支队伍中的大批老同志，在长期的艰苦奋斗中，为我国社会主义经济建设作出了重大贡献。他们表现出来的优良作风、组织才能和恪守党内生活准则的坚定性，教育和影响着广大中青年干部。但是，他们大都已到老年，不能要求他们再担负繁重的领导工作。当前的迫切任务是，大胆起用和积极培养成千上万中青年经济管理干部。

应该看到，在经济建设的实践中，特别是在整党中，在经济体制改革中，已经和正在成长大批优秀人才。各级党委一定要细心地深入地去发现和考察他们，务必不要为那些过时的老观念老框框所束缚，务必不要搞烦琐哲学、求全责备，务必不要受派性和种种闲言碎语的干扰。只要我们这样做了，大批优秀干部就会出现在我们面前。当然，中青年干部有缺乏领导经验的问题，但这种经验可以而且必然能够在实际锻炼中逐步取得，决不能以缺乏经验为理由压抑年轻干部。对经验应该采取分析态度。我们的同志在过去革命和建设中积累起来的正反两方面的丰富经验是十分宝贵的，但是在新时期的崭新任务面前，不论老中青干部，总的来说都缺乏现代化建设所需要的新知识新经验，都要重新认识自己，都要重新学习。那种抱残守缺，老是停留在过了时的经验上的态度，是不对的。

中央要求，在一九八五年底以前完成企业领导班子特别是骨干企业领导班子的调整任务，并且订出规划，采取切实措施，在不太长的时间

内，造就出大批能够卓有成效地组织和指挥企业生产和经营的厂长（经理），能够有力地加强企业的技术管理、推动技术进步的总工程师，能够切实加强企业经营、提高经济效益的总经济师，能够严格维护财经纪律、精打细算、开辟财源的总会计师，能够坚持正确的政治方向、团结企业广大职工的党委书记，形成一支包括这些人才在内的，门类齐全、成龙配套的社会主义经济管理干部和技术干部的宏大队伍。

中央已经多次指出，进行社会主义现代化建设必须尊重知识，尊重人才，同一切轻视科学技术、轻视智力开发、轻视知识分子的思想和行为作斗争，坚决纠正许多地方仍然存在的歧视知识分子的状况，采取有力措施提高知识分子的社会地位，改善他们的工作条件和生活待遇。我们的一切改革，都必须有利于促进科学技术的进步，有利于调动各地区、各部门、各单位和个人进行智力开发的积极性，有利于鼓励广大青少年，广大工人、农民和知识分子加速提高文化技术水平。对有重大发明创造和特殊贡献的，要给以重奖。

科学技术和教育对国民经济的发展有极其重要的作用。随着经济体制的改革，科技体制和教育体制的改革越来越成为迫切需要解决的战略性任务。中央将专门讨论这方面的问题，并作出相应的决定。

十、加强党的领导，保证改革的顺利进行

我国经济体制的改革，将在相当广阔的领域内和相当深刻的程度上展开。这个改革，关系国家的前途，关系亿万工人、农民、知识分子的切身利益，全党同志要站在改革这个时代潮流的前列。改革是极其复杂的、群众性的探索和创新的事业。以城市为重点的整个经济体制改革总的说来还处在积累经验的过程，广大干部不是都很熟悉，这就要求党和政府的各级领导机关保持清醒头脑，进行精心指导。要解放思想，实事求是，一切从实际出发，把党的方针政策同各地区、各部门、各单位的

实际密切结合起来，创造性地贯彻执行。各少数民族地区的经济体制改革如何进行，尤其应该充分考虑本地区的特点。改革中的一切做法都要接受实践的检验，并在实践中总结出新的经验。失误总是难以完全避免的，但是要尽一切努力去避免那些可以避免的失误。当着发生失误的时候，必须力求及时发现，坚决纠正，吸取教训，继续前进。改革的步骤要积极而稳妥，看准了的坚决改，看准一条改一条，看不准的先试点，不企图毕其功于一役。全国性重大改革的实施，由国务统一部署。要鼓励各地区、各部门和各单位进行改革的探索和试验，但一切涉及全局或广大范围的改革要经国务院批准才能进行。

明年将有更多地方和大批企业的党组织进入整党。改革工作要与整党密切结合起来，以整党促进经济，以经济检验整党。在进行改革的同时，必须加强对整党的领导，切实保证整党不走过场。越是搞活经济、搞活企业，就越要注意抵制资本主义思想的侵蚀，越要注意克服那种利用职权谋取私利的腐败现象，克服一切严重损害国家和消费者利益的行为，就越要加强党风党纪的建设，维护和健全党内健康的、正确的政治生活。在新的时期，党的思想工作和组织工作必须坚定地贯彻执行为实现党的总任务、总目标服务，密切结合经济建设和经济体制改革的实际来进行的指导方针。对于锐意改革的干部和群众，要采取积极支持的态度。对于在改革中出现的偏差和错误，除了严重违法乱纪者必须依法处理外，都要采取疏导的方针，批评教育帮助的方针，而不要戴政治帽子。改革问题上的不同主张和不同理论观点，可以展开讨论。不要在干部和群众中分什么“改革派”、“保守派”，要相信思想一时跟不上形势的同志会在改革的实践中提高认识。农村经济体制改革经过五年时间，许多原来抱怀疑态度的同志都在事实的教育下转变过来。中央在指导农村经济体制改革中坚持耐心教育的方针，保证了改革的顺利进行。这是在重大政策问题上解决党内思想认识问题的极为宝贵的经验，今后一定要坚持这样做。要结合改革的实际，对广大党员和群众进行关于改革的理论和政策的生动教育，使他们充分认识具有中国特色的社会主义应该充满活力，既区别于过去那种僵化的模式，又与资本主义根本不同，加深对社会主义的科学理解，自觉投身于改革的伟大实践。

经济体制的改革，不仅会引起人们经济生活的重大变化，而且会引起人们生活方式和精神状态的重大变化。社会主义物质文明和精神文明的建设要一起抓，这是我们党坚定不移的方针。在创立充满生机和活力的社会主义经济体制的同时，要努力在全社会形成适应现代生产力发展和社会进步要求的，文明的、健康的、科学的生活方式，摒弃那些落后的、愚昧的、腐朽的东西；要努力在全社会振奋起积极的、向上的、进取的精神，克服那些安于现状、思想懒惰、惧怕变革、墨守成规的习惯势力。这样的生活方式和精神状态，是社会主义精神文明建设的重要内容，是推进经济体制改革和物质文明建设的巨大力量。毛泽东同志说过：人类总是不断发展的，自然界也总是不断发展的，永远不会停止在一个水平上。人类总得不断地总结经验，有所发现，有所发明，有所创造，有所前进。停止的论点，悲观的论点，无所作为和骄傲自满的论点，都是错误的。其所以是错误，因为这些论点不符合人类社会发展的历史事实，也不符合自然界发展的历史事实。毛泽东同志的这段话，生动地表达了马克思主义的世界观和历史观的一个根本观点。中国共产党人以不断推动社会发展和进步为自己的历史使命。在反动统治下，我们党领导广大人民群众进行革命，为推翻旧制度而奋斗；在人民当家做主的社会主义制度下，我们党领导广大人民群众自觉地进行改革，为建设高度文明、高度民主的社会主义现代化强国而奋斗。

当前改革的形势很好。广大群众在改革的实践中有伟大的创造。依靠群众的智慧和力量，坚持四项基本原则，我们的改革一定能够取得成功，党的十二大确定的总任务和总目标一定能够胜利实现。

中共中央关于国有企业改革和发展若干重大问题的决定

（1999年9月22日）

中国共产党第十五届中央委员会第四次全体会议通过

为实现党的十五大提出的我国改革开放和现代化建设跨世纪发展的宏伟目标，中国共产党第十五届中央委员会第四次全体会议讨论了国有企业改革和发展的若干重大问题，并作如下决定。

一、推进国有企业改革和发展是一项重要而紧迫的任务

新中国成立50年来，我们党领导各族人民不懈奋斗，取得了社会主义建设的巨大成就。我国由一个贫穷落后的农业国，发展成为即将进入小康社会、向工业化和现代化目标大步迈进的社会主义国家。这是中华民族发展进程中一次伟大的历史性跨越。国有企业和工人阶级为此作出了不可磨灭的重大贡献。

党的十一届三中全会以来，在邓小平理论指导下，我们党开辟了建设有中国特色社会主义的新道路。为克服传统计划经济体制的弊端，我们坚持解放思想，实事求是，积极探索，循序渐进，不断深化国有企业改革和整个经济体制改革，推进现代化建设。国有企业管理体制和经营机制发生了深刻变化，一批企业在市场竞争中成长壮大，技术装备水平

明显提高，以国有企业为主生产的一些重要产品的产量跃居世界前列。在公有制为主体、多种所有制经济共同发展的新格局下，国有经济的总体实力进一步增强，在国民经济中继续发挥着主导作用，并且一直是财政收入的主要来源，有力地支持了国家的改革和建设。经过多年的努力，国有企业朝着建立社会主义市场经济体制的改革目标，迈出了前所未有的重大步伐。

国有企业改革是一场广泛而深刻的变革。当前，国有企业的体制转换和结构调整进入攻坚阶段，一些深层次矛盾和问题集中暴露出来。由于传统体制的长期影响、历史形成的诸多问题、多年以来的重复建设以及市场环境的急剧变化，相当一部分国有企业还不适应市场经济的要求，经营机制不活，技术创新能力不强，债务和社会负担沉重，富余人员过多，生产经营艰难，经济效益下降，一些职工生活困难。必须采取切实有效的措施解决这些问题。这不仅关系到国有企业改革的成败，也关系到整个经济体制改革的成败。全党既要充分认识推进国有企业改革和发展的重要性和紧迫性，又要清醒地看到这项工作的艰巨性和长期性，锲而不舍地努力，不断取得新的突破。

世纪之交，和平和发展依然是时代的主题，但霸权主义和强权政治有新的发展。综合国力越来越成为决定一个国家前途命运的主导因素。我们要增强国家的经济实力、国防实力和民族凝聚力，就必须不断促进国有经济的发展壮大。包括国有经济在内的公有制经济，是我国社会主义制度的经济基础，是国家引导、推动、调控经济和社会发展的基本力量，是实现广大人民群众根本利益和共同富裕的重要保证。坚定不移地贯彻十五大精神，推进国有企业的改革和发展，从总体上增强国有企业的活力和国有经济的控制力，对于建立社会主义市场经济体制，促进经济持续快速健康发展，提高人民生活水平，保持安定团结的政治局面，巩固社会主义制度，都具有十分重要的意义。

国有企业是我国国民经济的支柱。发展社会主义社会的生产力，实现国家的工业化和现代化，始终要依靠和发挥国有企业的重要作用。在经济全球化和科技进步不断加快的形势下，国有企业面临着日趋激烈的市场竞争。发展是硬道理。必须敏锐地把握国内外经济发展趋势，切实转变经济增长方式，拓展发展空间，尽快形成国有企业的新优势。

国有企业改革是整个经济体制改革的中心环节。建立和完善社会主义市场经济体制，实现公有制与市场经济的有效结合，最重要的是使国有企业形成适应市场经济要求的管理体制和经营机制。必须继续解放思想，实事求是，以有利于发展社会主义社会的生产力、有利于增强社会主义国家的综合国力、有利于提高人民的生活水平为根本标准，大胆利用一切反映现代社会化生产规律的经营方式和组织形式，努力探索能够极大促进生产力发展的公有制多种实现形式，在深化国有企业的改革上迈出新步伐。

搞好国有企业的改革和发展，是实现国家长治久安和保持社会稳定的重要基础。必须正确处理改革、发展、稳定的关系，改革的力度、发展的速度要同国力和社会承受能力相适应，努力开创改革、发展、稳定相互促进的新局面。

我们党和我国工人阶级历来勇于面对并善于战胜任何艰难险阻。我们有马克思列宁主义、毛泽东思想、邓小平理论和党的基本路线的指导，有比过去更加雄厚的综合国力，有多年积累的实践经验，有广大职工的积极参与，只要全党坚定信心，团结奋斗，就一定能够夺取国有企业改革和发展的新胜利。

二、国有企业改革和发展的主要目标与指导方针

党的十五大和十五届一中全会提出，用三年左右的时间，使大多数国有大中型亏损企业摆脱困境，力争到本世纪末大多数国有大中型骨干

企业初步建立现代企业制度。推进国有企业改革和发展，首先要尽最大努力实现这一目标。要从不同行业和地区的实际出发，根据不平衡发展的客观进程，着力抓好重点行业、重点企业和老工业基地，把解决当前的突出问题与长远发展结合起来，为国有企业跨世纪发展创造有利条件。

到2010年，国有企业改革和发展的目标是：适应经济体制与经济增长方式两个根本性转变和扩大对外开放的要求，基本完成战略性调整和改组，形成比较合理的国有经济布局和结构，建立比较完善的现代企业制度，经济效益明显提高，科技开发能力、市场竞争能力和抗御风险能力明显增强，使国有经济在国民经济中更好地发挥主导作用。

推进国有企业改革和发展，必须坚持以下指导方针：

（一）以公有制为主体，多种所有制经济共同发展。调整和完善所有制结构，积极探索公有制多种实现形式，增强国有经济在国民经济中的控制力，促进各种所有制经济公平竞争和共同发展。

（二）从战略上调整国有经济布局和改组国有企业。着眼于搞好整个国有经济，推进国有资产合理流动和重组，调整国有经济布局和结构，积极发展大型企业和企业集团，放开搞活中小企业。

（三）改革同改组、改造、加强管理相结合。适应市场经济的要求，着力转换企业经营机制，提高企业整体素质，构造产业结构优化和经济高效运行的微观基础。

（四）建立现代企业制度。实现产权清晰、权责明确、政企分开、管理科学，健全决策、执行和监督体系，使企业成为自主经营、自负盈亏的法人实体和市场主体。

（五）推动企业科技进步。加强企业的科研开发和技术改造，重视科技人才，促进产学研结合，形成技术创新机制，走集约型和可持续发展道路。

（六）全面加强企业管理。推行科学管理，强化基础工作，改善经营，提高效益，实行以按劳分配为主体的多种分配方式，形成有效的激励和约束机制。

（七）建立企业优胜劣汰的竞争机制。实行鼓励兼并、规范破产、下岗分流、减员增效和再就业工程。依靠各方面力量，扩大就业门路，确保国有企业下岗职工基本生活。

（八）协调推进各项配套改革。转变政府职能，建立权责明确的国有资产管理、监督和营运体系，保证国有资产保值增值。加强法制建设，维护市场经济秩序。健全社会保障体系。帮助企业增资减债、减轻负担。

（九）全心全意依靠工人阶级，发挥企业党组织的政治核心作用。加强企业党组织建设和思想政治工作，提高企业经营管理者队伍素质，坚持和完善以职工代表大会为基本形式的企业民主管理，切实维护职工合法权益。

（十）推进企业精神文明建设。加强思想道德教育和技术业务培训，全面提高职工队伍素质，培育积极向上的企业文化，推动物质文明和精神文明建设协调发展。

三、从战略上调整国有经济布局

在社会主义市场经济条件下，国有经济在国民经济中的主导作用主要体现在控制力上。（一）国有经济的作用既要通过国有独资企业来实现，更要大力发展股份制，探索通过国有控股和参股企业来实现。（二）国有经济在关系国民经济命脉的重要行业和关键领域占支配地位，支撑、引导和带动整个社会经济的发展，在实现国家宏观调控目标中发挥重要作用。（三）国有经济应保持必要的数量，更要有分布的优化和质的提高；在经济发展的不同阶段，国有经济在不同产业和地区的比重可以有所差别，其布局要相应调整。

从战略上调整国有经济布局，要同产业结构的优化升级和所有制结构的调整完善结合起来，坚持有进有退，有所为有所不为。目前，国有经济分布过宽，整体素质不高，资源配置不尽合理，必须着力加以解决。国有经济需要控制的行业和领域主要包括：涉及国家安全的行业，自然垄断的行业，提供重要公共产品和服务的行业，以及支柱产业和高新技术产业中的重要骨干企业。其他行业和领域，可以通过资产重组和结构调整，集中力量，加强重点，提高国有经济的整体素质。在坚持国有、集体等公有制经济为主体的前提下，鼓励和引导个体、私营等非公有制经济的发展。随着国民经济的不断发展，国有经济有着广阔的发展空间，总量将会继续增加，整体素质进一步提高，分布更加合理，但在整个国民经济中的比重还会有所减少。只要坚持公有制为主体，国家控制国民经济命脉，国有经济的控制力和竞争力得到增强，这种减少不会影响我国的社会主义性质。

积极探索公有制的多种有效实现形式。国有资本通过股份制可以吸引和组织更多的社会资本，放大国有资本的功能，提高国有经济的控制力、影响力和带动力。国有大中型企业尤其是优势企业，宜于实行股份制的，要通过规范上市、中外合资和企业互相参股等形式，改为股份制企业，发展混合所有制经济，重要的企业由国家控股。

统筹规划，采取有效的政策措施，加快老工业基地和中西部地区国有经济布局的调整。对困难较大的老工业基地，国家要在技术改造、资产重组、结构调整以及国有企业下岗职工安置和社会保障资金等方面，加大支持力度。国家要通过优先安排基础设施建设、增加财政转移支付等措施，支持中西部地区和少数民族地区加快发展。国家要实施西部大开发战略。中西部地区要从自身条件出发，发展有比较优势的产业和技术先进的企业，促进产业结构的优化升级。东部地区要在加快改革和发展的同时，本着互惠互利、优势互补、共同发展的原则，通过产业转移、技术转让、对口支援、联合开发等方式，支持和促进中西部地区的经济发展。

四、推进国有企业战略性改组

改革开放以来，国有企业组织结构发生了积极的变化，但目前仍不合理。主要是重复建设严重，企业大而全、小而全，没有形成专业化生产、社会化协作体系和规模经济，缺乏市场竞争能力。要区别不同情况，继续对国有企业实施战略性改组。极少数必须由国家垄断经营的企业，在努力适应市场经济要求的同时，国家给予必要支持，使其更好地发挥应有的功能；竞争性领域中具有一定实力的企业，要吸引多方投资加快发展；对产品有市场但负担过重、经营困难的企业，通过兼并、联合等形式进行资产重组和结构调整，盘活存量资产；产品没有市场、长期亏损、扭亏无望和资源枯竭的企业，以及浪费资源、技术落后、质量低劣、污染严重的小煤矿、小炼油、小水泥、小玻璃、小火电等，要实行破产、关闭。

坚持“抓大放小”。要着力培育实力雄厚、竞争力强的大型企业和企业集团，有的可以成为跨地区、跨行业、跨所有制和跨国经营的大企业集团。要发挥这些企业在资本营运、技术创新、市场开拓等方面的优势，使之成为国民经济的支柱和参与国际竞争的主要力量。发展企业集团，要遵循客观经济规律，以企业为主体，以资本为纽带，通过市场来形成，不能靠行政手段勉强撮合，不能盲目求大求全。要在突出主业、增强竞争优势上下功夫。

放开搞活国有中小企业。要积极扶持中小企业特别是科技型企业，使它们向“专、精、特、新”的方向发展，同大企业建立密切的协作关系，提高生产的社会化水平。要从实际出发，继续采取改组、联合、兼并、租赁、承包经营和股份合作制、出售等多种形式，放开搞活国有小企业，不搞一个模式。对这几年大量涌现的股份合作制企业，要支持和引导，不断总结经验，使之逐步完善。出售要严格按照国家有关规定进行。无论采取哪种放开搞活的形式，都必须听取职工意见，规范操作，注重实效。重视发挥各种所有制中小企业在活跃城乡经济、满足社会多方面需要、吸收劳动力就业、开发新产品、促进国民经济发展等方面的重要作用。培育中小企业服务体系，为中小企业提供信息咨询、市场开拓、筹资融资、贷款担保、技术支持、人才培训等服务。

在国有企业战略性改组过程中，要充分发挥市场机制作用，综合运用经济、法律和必要的行政手段。在涉及产权变动的企业并购中要规范资产评估，防止国有资产流失，防止逃废银行债务及国家税款，妥善安置职工，保护职工合法权益。

五、建立和完善现代企业制度

建立现代企业制度，是发展社会化大生产和市场经济的必然要求，是公有制与市场经济相结合的有效途径，是国有企业改革的方向。要从我国国情出发，总结实践经验，按照十四届三中全会决定和十五大报告关于建立现代企业制度的论述，全面理解和把握产权清晰、权责明确、政企分开、管理科学的要求，突出抓好以下几个环节。

（一）继续推进政企分开。政府对国家出资兴办和拥有股份的企业，通过出资人代表行使所有者职能，按出资额享有资产受益、重大决策和选择经营管理者等权利，对企业的债务承担有限责任，不干预企业日常经营活动。企业依法自主经营，照章纳税，对所有者的净资产承担保值增值责任，不得损害所有者权益。各级党政机关都要同所办的经济实体和直接管理的企业在人财物等方面彻底脱钩。

（二）积极探索国有资产管理的有效形式。要按照国家所有、分级管理、授权经营、分工监督的原则，逐步建立国有资产管理、监督、营运体系和机制，建立与健全严格的责任制度。国务院代表国家统一行使国有资产所有权，中央和地方政府分级管理国有资产，授权大型企业、企业集团和控股公司经营国有资产。要确保出资人到位。允许和鼓励地方试点，探索建立国有资产管理的具体方式。继续试行稽查特派员制度，同时要积极贯彻十五大精神，健全和规范监事会制度，过渡到从体制上、机制上加强对国有企业的监督，确保国有资产及其权益不受侵犯。

（三）对国有大中型企业实行规范的公司制改革。公司制是现代企业制度的一种有效组织形式。公司法人治理结构是公司制的核心。要明确股东会、董事会、监事会和经理层的职责，形成各负其责、协调运转、有效制衡的公司法人治理结构。所有者对企业拥有最终控制权。董事会要维护出资人权益，对股东会负责。董事会对公司的发展目标和重大经营活动作出决策，聘任经营者，并对经营者的业绩进行考核和评价。发挥监事会对企业财务和董事、经营者行为的监督作用。国有独资和国有控股公司的党委负责人可以通过法定程序进入董事会、监事会，董事会和监事会都要有职工代表参加；董事会、监事会、经理层及工会中的党员负责人，可依照党章及有关规定进入党委会；党委书记和董事长可由一人担任，董事长、总经理原则上分设。充分发挥董事会对重大问题统一决策、监事会有效监督的作用。党组织按照党章、工会和职代会按照有关法律法规履行职责。股权多元化有利于形成规范的公司法人治理结构，除极少数必须由国家垄断经营的企业外，要积极发展多元投资主体的公司。

（四）面向市场着力转换企业经营机制。要逐步形成企业优胜劣汰、经营者能上能下、人员能进能出、收入能增能减、技术不断创新、国有资产保值增值等机制。建立与现代企业制度相适应的收入分配制度，在国家政策指导下，实行董事会、经理层等成员按照各自职责和贡献取得报酬的办法；企业职工工资水平，由企业根据当地社会平均工资和本企业经济效益决定；企业内部实行按劳分配原则，适当拉开差距，允许和鼓励资本、技术等生产要素参与收益分配。要采取切实措施，解决目前某些垄断行业个人收入过高的问题。

六、加强和改善企业管理

强化企业管理，提高科学管理水平，是建立现代企业制度的内在要求，也是国有企业扭亏增盈、提高竞争能力的重要途径。必须高度重视和切实加强企业管理工作，从严管理企业，实现管理创新，尽快改变相当一部分企业决策随意、制度不严、纪律松弛、管理水平低下的状况。

加强企业发展战略研究。企业要适应市场，制定和实施明确的发展战略、技术创新战略和市场营销战略，并根据市场变化适时调整。实行科学决策、民主决策，提高决策水平。搞好风险管理，避免出现大的失误。

健全和完善各项规章制度。强化基础工作，彻底改变无章可循、有章不循、违章不究的现象。建立各级、各个环节的严格责任制度，加强考核和督促检查，确保各项工作有人负责。完善劳动合同制，推行职工全员竞争上岗，严格劳动纪律，严明奖惩，充分发挥职工的积极性和创造性。增强法制意识，依法经营管理。

狠抓管理薄弱环节。重点搞好成本管理、资金管理、质量管理。建立健全全国统一的会计制度。要及时编制资产负债表、损益表和现金流量表，真实反映企业经营状况。切实改进和加强经济核算，堵塞各种漏洞。坚持质量第一，采用先进标准，搞好全员全过程的质量管理。坚持预防为主，落实安全措施，确保安全生产。重视企业无形资产的管理、保护和合理利用。要把加强管理和反腐倡廉结合起来，加强对企业经济活动的审计和监督，坚决制止和严肃查处做假账、违反财经纪律、营私舞弊、挥霍浪费等行为。

广泛采用现代管理技术、方法和手段。总结过去行之有效的管理经验，不断赋予新的内涵。推广先进企业的管理经验，引进国外智力，借鉴国外企业现代管理方法。发挥管理专家的作用，为企业改进经营管理提供咨询服务。加强现代信息技术的运用，建立灵敏、准确的信息系统。合理设置企业内部机构，改变管理机构庞大、管理人员过多的状况。

七、改善国有企业资产负债结构和减轻企业社会负担

逐步解决国有企业负债率过高、资本金不足、社会负担重等问题，对于实现国有企业改革和发展目标至关重要。要根据宏观经济环境和国家财力，区别不同情况，有步骤地分类加以解决。

（一）增加银行核销呆坏账准备金，主要用于国有大中型企业的兼并破产和资源枯竭矿山的关闭，并向重点行业倾斜。国有和集体企业兼并国有企业可以享受有关鼓励政策。所有兼并破产和关闭的企业，都要按国家有关规定，妥善安置职工。

（二）结合国有银行集中处理不良资产的改革，通过金融资产管理公司等方式，对一部分产品有市场、发展有前景，由于负债过重而陷入困境的重点国有企业实行债转股，解决企业负债率过高的问题。实行债转股的企业，必须转换经营机制，实行规范的公司制改革，并经过金融资产管理公司独立评审。要按照市场经济的原则和有关规定规范操作，防止一哄而起和国有资产流失。

（三）提高直接融资比重。符合股票上市条件的国有企业，可通过境内外资本市场筹集资本金，并适当提高公众流通股的比重。有些企业可以通过债务重组，具备条件后上市。允许国有及国有控股企业按规定参与股票配售。选择一些信誉好、发展潜力大的国有控股上市公司，在不影响国家控股的前提下，适当减持部分国有股，所得资金由国家用于国有企业的改革和发展。要完善股票发行、上市制度，进一步推动证券市场健康发展。

（四）非上市企业经批准，可将国家划拨给企业的土地使用权有偿转让及企业资产变现，其所得用于增资减债或结构调整。要严格按照国家的法律法规操作，坚持公开、公平、公正的原则，维护国家所有者权益和银行及其他债权人权益。

（五）严格执行国家利率政策，切实减轻企业利息负担。银行要合理确定贷款期限，支持企业合理的资金需求，对不合理的贷款期限，要及时纠正；不得超过规定擅自提高或以各种名义变相提高贷款利率；对信用等级较高、符合国家产业政策、贷款风险较低的企业，贷款利率可适当下浮。

（六）具备偿债能力的国有大型企业，经过符合资质的中介机构评估，可在国家批准的额度内发行企业债券，有的经批准可在境外发债。严格禁止各种形式的非法集资。

（七）分离企业办社会的职能，切实减轻国有企业的社会负担。位于城市的企业，要逐步把所办的学校、医院和其他社会服务机构移交地方政府统筹管理，所需费用可在一定期限内由企业和政府共同承担，并逐步过渡到由政府承担，有些可以转为企业化经营。独立工矿区也要努力创造条件，实现社会服务机构与企业分离。各级政府要采取措施积极推进这项工作。

改善国有企业资产负债结构和减轻企业社会负担，一定要同防范和化解金融风险相结合，一定要同深化企业内部改革、建立新机制和加强科学管理相结合，防止卸了原有包袱，又重复出现老的问题。

八、做好减员增效、再就业和社会保障工作

下岗分流、减员增效和再就业，是国有企业改革的重要内容。要把减员与增效有机结合起来，达到降低企业成本、提高效率和效益的目的。鼓励有条件的国有企业实行主辅分离、转岗分流，创办独立核算、

自负盈亏的经济实体，安置企业富余人员，减轻社会就业压力。要规范职工下岗程序，认真办好企业再就业服务中心，切实做好下岗职工基本生活保障工作，维护社会稳定。下岗分流要同国家财力和社会承受能力相适应。要调整财政支出结构，坚持实行企业、社会、政府各方负担的办法落实资金，亏损企业和社会筹集费用不足的部分，财政要给予保证。地方财政确有困难的，中央财政通过转移支付给予一定的支持。要进一步完善下岗职工基本生活保障、失业保险和城市居民最低生活保障制度，搞好这三条保障线的相互衔接，把保障下岗职工和失业人员基本生活的政策措施落到实处。

大力做好再就业工作。采取有效的政策措施，广开就业门路，增加就业岗位。积极发展第三产业，吸纳更多的下岗职工。引导职工转变择业观念，下大力气搞好下岗职工培训，提高他们的再就业能力。进一步完善促进下岗职工再就业的优惠政策，鼓励下岗职工到非公有制经济单位就业、自己组织起来就业或从事个体经营，使需要再就业的下岗职工尽快走上新的岗位。对自谋职业的，要在工商登记、场地安排、税费减免、资金信贷等方面，给予更多的扶持。要积极发展和规范劳动力市场，形成市场导向的就业机制。

加快社会保障体系建设，是顺利推进国有企业改革的重要条件。要依法扩大养老、失业、医疗等社会保险的覆盖范围，城镇国有、集体、外商投资、私营等各类企业及其职工都要参加社会保险，缴纳社会保险费。强化社会保险费的征缴，提高收缴率，清理追缴企业拖欠的社会保险费，确保养老金的按时足额支付。进一步完善基本养老保险省级统筹制度，增强基金调剂能力。要采取多种措施，包括变现部分国有资产、合理调整财政支出结构等，开拓社会保障新的筹资渠道，充实社会保障基金。严格管理各项社会保障基金，加强监督，严禁挤占挪用，确保基金的安全和增值。逐步推进社会保障的社会化管理，实行退休人员与原企业相分离，养老金由社会服务机构发放，人员由社区管理。认真落实企业离休干部的政治、生活待遇，做好管理和服务工作。

九、加快国有企业技术进步和产业升级

要实现国民经济持续快速健康发展，必须适应全球产业结构调整的大趋势和国内外市场需求的变化，加快技术进步和产业升级。国有经济在国民经济中的重要地位，决定了国有企业必须在技术进步和产业升级中走在前列，积极拓展新的发展空间，发挥关键性作用。

国有企业技术进步和产业升级的方向与重点是：以市场为导向，用先进技术改造传统产业，围绕增加品种、改进质量、提高效益和扩大出口，加强现有企业的技术改造；在电子信息、生物工程、新能源、新材料、航空航天、环境保护等新兴产业和高技术产业占据重要地位，掌握核心技术，占领技术制高点，发挥先导作用。处理好提高质量和增加产量、发展技术密集型产业和劳动密集型产业、自主创新和引进技术、经济发展和环境保护的关系。

通过技术进步和产业升级，少数大型企业和企业集团要在产品质量、工艺技术、生产装备、劳动生产率等方面达到或接近世界先进水平，在国际市场上占有一定的份额；一批企业和企业集团要具有较高技术水平，能够生产高附加值产品，在国内外市场有较强竞争力；多数企业要不断进行技术改造和产品更新，并充分发挥我国劳动力充裕的优势，积极参与国内外市场竞争。

采取积极有效的政策措施，支持企业技术进步和产业升级。特别要利用当前国家实行积极财政政策、扩大内需的有利时机，集中必要力量，对重点行业、重点企业、重点产品和重大先进装备制造加大技术改造投入，并向老工业基地倾斜，在企业技术进步和产业升级方面取得明显成效。对于有市场、有效益、符合国家产业政策的技术改造项目，给

予贷款贴息支持；对这类技术改造项目的国产设备投资，实行税收鼓励政策。培育和发展产业投资基金和风险投资基金。充分利用国内外资本市场筹集资金，支持企业技术改造、结构调整和高新技术产业发展。实施促进科技成果转化的鼓励政策，积极发展技术市场。继续采取加速折旧、加大新产品开发费提取、减免进口先进技术与设备的关税和进口环节税等政策措施，鼓励企业进行技术改造。

技术进步和产业升级的主体是企业，要形成以企业为中心的技术创新体系。企业要加强技术开发力量和加大资金投入，大型企业都要建立技术开发中心，研究开发有自主知识产权的主导产品，增加技术储备，搞好技术人才培训。推进产学研结合，鼓励科研机构和大专院校的科研力量进入企业和企业集团，强化应用技术的开发和推广，增加中间试验投入，促进科技成果向现实生产力的转化。对重大技术难题组织联合攻关，重视发挥科技专家的作用。要形成吸引人才和调动科技人员积极性的激励机制，保护知识产权。

十、为国有企业改革和发展创造良好的外部环境

国有企业改革和发展是一个复杂的社会系统工程，需要搞好宏观调控和相关的配套改革。

（一）保持经济总量基本平衡。扩大内需，开拓城乡市场，增加就业，促进国民经济持续快速健康发展，防止经济增长的大幅度波动，为国有企业发展创造有利的宏观经济环境。

（二）继续扩大对外开放。推进和完善全方位、多层次、宽领域的对外开放格局。鼓励国有企业合理利用国内外两个市场、两种资源，提高国际竞争力。积极引进先进技术，注重消化、吸收和创新。优化进出口商品结构，实施市场多元化，拓展对外贸易。改善投资环境，扩大利用外资，提高利用外资水平。确有条件的国有企业发挥比较优势到国外

设立企业，开拓国际市场，国家要给予必要的政策支持，并加强监管。

（三）制止不合理的重复建设。加快投融资体制改革，建立投资风险约束机制，严格执行项目资本金制度和项目法人责任制，做到谁决策谁承担责任和风险。政府要通过制定产业政策和发布信息等方式进行引导，鼓励资金投向提高技术水平、产品有市场有效益的项目，对国内生产能力已经明显超过市场需求的新上项目必须严格控制。

（四）发展各类市场，维护正常经济秩序。继续完善商品市场，培育和发展要素市场，建立有利于商品、资金、技术、劳动力合理流动的全国统一的市场体系。健全市场规则，规范市场行为，加强市场监管，清除分割、封锁市场的行政性壁垒，营造公平竞争的市场环境。采取有力措施，抓紧解决企业互相拖欠款项的问题，强化信用观念，严格结算纪律。依法严厉打击走私贩私、制售假冒伪劣商品以及其他经济违法犯罪行为。推进税费改革，清理整治乱收费、乱罚款和各种摊派，切实减轻企业负担。

（五）健全中介服务体系。社会中介服务机构要与政府部门彻底脱钩。规范会计、律师、公证、资产评估、咨询等社会中介机构的行为，真正做到客观、真实、公正。对弄虚作假的要追究责任，依法惩处。整顿和规范各类行业协会，加强行业自律。

（六）建立健全社会主义市场经济的法律制度。要抓紧制定和完善有关维护市场秩序、实施宏观调控、规范市场主体、健全社会保障等方面的法律法规。加强和改善司法、行政执法和执法监督。依法惩处侵犯企业合法权益的违法犯罪行为。加强社会治安综合治理，为企业生产经营创造良好的社会环境。

十一、建设高素质的经营管理者队伍

国有企业要适应建立现代企业制度的要求，在激烈的市场竞争中生存发展，必须建设高素质的经营管理者队伍，培育一大批优秀企业家。国有企业的经营管理者队伍总体是好的，为企业改革和发展作出了重要贡献。发展社会主义市场经济对国有企业经营管理者提出了更高要求。他们应该是：思想政治素质好，认真执行党和国家的方针政策与法律法规，具有强烈的事业心和责任感；经营管理能力强，熟悉本行业务，系统掌握现代管理知识，具有金融、科技和法律等方面基本知识，善于根据市场变化作出科学决策；遵纪守法，廉洁自律，求真务实，联系群众。

深化国有企业人事制度改革。坚持党管干部原则，改进管理方法。中央和地方党委对关系国家安全和国民经济命脉的重要骨干企业领导班子要加强管理。要按照企业的特点建立对经营管理者培养、选拔、管理、考核、监督的办法，并逐步实现制度化、规范化。积极探索适应现代企业制度要求的选人用人新机制，把组织考核推荐和引入市场机制、公开向社会招聘结合起来，把党管干部原则和董事会依法选择经营管理者以及经营管理者依法行使用人权结合起来。进一步完善对国有企业领导人员管理的具体办法，避免一个班子多头管理。对企业及企业领导人不再确定行政级别。加快培育企业经营管理者人才市场，建立企业经营管理人才库。按照公开、平等、竞争、择优原则，优化人才资源配置，打破人才部门所有、条块分割，促进人才合理流动。采取多种形式加强教育培训，全面提高经营管理者素质。继续举办和规范工商管理培训，改进培训内容和方法，提高培训质量。努力创造条件，营造经营管理者和企业家队伍健康成长的社会环境。

建立和健全国有企业经营管理者的激励和约束机制。实行经营管理者收入与企业的经营业绩挂钩。把物质鼓励同精神鼓励结合起来，既要使经营管理者获得与其责任和贡献相符的报酬，又要提倡奉献精神，宣传和表彰有突出贡献者，保护经营管理者的合法权益。少数企业试行经理（厂长）年薪制、持有股权等分配方式，可以继续探索，及时总结经验，但不要刮风。要规范经营管理者的报酬，增加透明度。加强和完善监督机制，把外部监督和内部监督结合起来。健全法人治理结构，发挥党内监督和职工民主监督的作用，加强对企业及经营管理者在资金运作、生产经营、收入分配、用人决策和廉洁自律等重大问题上的监督。建立企业经营业绩考核制度和决策失误追究制度，实行企业领导人员任期经济责任审计，凡是由于违法违规等人为因素给企业造成重大损失的，要依法追究其责任，并不得继续担任或易地担任领导职务。

十二、加强党对国有企业改革和发展工作的领导

加强和改善党的领导是加快国有企业改革和发展的根本保证。要搞好国有企业，必须建立符合市场经济规律和我国国情的国有企业领导体制与组织管理制度，加强企业领导班子建设，发挥企业党组织的政治核心作用，坚持全心全意依靠工人阶级的方针。要把发挥党的政治优势同运用市场机制结合起来，调动各方面的积极性，形成合力，确保国有企业改革和发展任务的顺利完成。

坚持党的领导，发挥国有企业党组织的政治核心作用，是一个重大原则，任何时候都不能动摇。企业党组织的政治核心作用主要体现在：保证、监督党和国家方针政策在本企业的贯彻执行；参与企业重大问题决策，支持股东会、董事会、监事会和经理（厂长）依法行使职权；全心全意依靠职工群众，领导和支持工会、共青团等群众组织及职工代表大会依照法律和各自章程独立自主地开展工作；领导企业思想政治工作和精神文明建设，努力建设有理想、有道德、有文化、有纪律的职工队伍；加强党组织自身建设，搞好党性党风教育，发挥党支部的战斗堡垒作用和党员的先锋模范作用。企业党组织要认真贯彻党的基本路线，围绕生产经营开展工作，为实现党的任务和企业改革发展服务。要不断改进企业党组织的工作内容和活动方式，进一步探索发挥政治核心作用的

途径和方法。加强和改进思想政治工作，用建设有中国特色社会主义的共同理想凝聚群众，引导广大职工积极支持和参与改革，满腔热情地帮助他们解决实际困难。困难企业和实行兼并破产企业的党组织尤其要深入细致地做好群众工作。

搞好国有企业的改革和发展，必须切实尊重职工的主人翁地位，充分发挥职工群众的积极性、主动性和创造性。坚决维护职工的经济利益，保障职工的民主权利。进一步理顺劳动关系，依法进行平等协商，认真执行劳动合同和集体合同制度。发挥工会和职工代表大会在民主决策、民主管理、民主监督中的作用。坚持和完善以职工代表大会为基本形式的企业民主管理制度，实行民主评议企业领导人和厂务公开。加强职工队伍建设。坚持用邓小平理论和党的基本路线武装广大职工，大力弘扬爱国主义、集体主义、社会主义和艰苦创业精神，深入进行形势任务和民主法制教育，引导职工树立正确的世界观、人生观、价值观。加强职工业务技术和劳动技能培训。加强企业精神文明建设，发展企业文化，广泛开展创建文明行业、文明企业、文明班组和争当文明职工活动，树立爱岗敬业、诚实守信、奉献社会的良好职业道德和职业风尚，提倡科学精神，反对封建迷信，不断提高职工的思想道德和科学文化素质。

各级党委和政府要坚定地站在国有企业改革的前列，解放思想，实事求是，遵循客观经济规律，尊重群众首创精神。要认真改进领导作风，从工交、商贸、金融等各行各业国有企业的实际出发，深入调查研究，总结新经验，研究新情况，解决新问题，团结和带领广大干部群众迎难而上，开拓前进。

全会号召，全党紧密地团结在以江泽民同志为核心的党中央周围，高举邓小平理论伟大旗帜，深入贯彻党的十五大精神，按照中央的统一部署，同心同德，奋力拼搏，扎实工作，坚定不移地实现国有企业改革和脱困目标，努力开创国有企业改革和发展的新局面，把建设有中国特色社会主义的伟大事业全面推向 21 世纪！

国务院关于加快振兴装备制造业的若干意见

（2006年2月13日）

国发〔2006〕8号文发布

装备制造业是为国民经济发展和国防建设提供技术装备的基础性产业。大力振兴装备制造业，是党的十六大提出的一项重要任务，是树立和落实科学发展观，走新型工业化道路，实现国民经济可持续发展的战略举措。我国装备制造业经过50多年的发展，取得了令人瞩目的成就，形成了门类齐全、具有相当规模和一定水平的产业体系，成为我国经济发展的重要支柱产业。但我国装备制造业还存在自主创新能力弱、对外依存度高、产业结构不合理、国际竞争力不强等问题。为加快装备制造业的振兴，现提出以下意见：

一、明确目标原则，加快振兴步伐

（一）振兴目标：

到2010年，发展一批有较强竞争力的大型装备制造企业集团，增强具有自主知识产权重大技术装备的制造能力，基本满足能源、交通、原材料等领域及国防建设的需要。依靠区域优势，发挥产业集聚效应，形成若干具有特色和知名品牌的装备制造集中地。建设和完善一批具有国际先进水平的国家级重大技术装备工程中心，初步建立以企业为主体的技术创新体系。逐渐形成重大技术装备、高新技术产业装备、基础装备、一般机械装备等专业化合理分工、相互促进、协调发展的产业格局。

（二）基本原则：

1. 坚持市场竞争和政策引导相结合。进一步完善促进装备制造业振兴的政策法规和标准体系，营造良好的市场环境，充分发挥市场在资源配置中的基础性作用，促进装备制造企业有序竞争；加强政府的组织领导和宏观调控，发挥行业指导作用，避免低水平重复建设，对关系国民经济和国防安全的重大技术装备制造和关键共性技术研发，给予必要的政策支持。

2. 坚持对外开放和自主创新相结合。鼓励企业着眼于前沿领域，积极扩大开放，在引进国外先进技术的基础上，实现消化吸收再创新；建立产、学、研、用相结合的技术创新体系，培养一批创新人才，不断增强自主创新能力，促进装备制造业持续发展。

3. 坚持产业结构调整和深化企业改革相结合。按照走新型工业化道路的要求，结合“十一五”规划和振兴东北地区等老工业基地战略的实施，大力推进产业结构调整；创新管理体制和机制，加快建立现代企业制度，完善公司治理结构，增强企业活力和市场竞争能力。

4. 坚持重点发展和全面提升相结合。依托重点工程，研制一批对国民经济发展和产业升级影响大、关联度高的重点领域的重大技术装备，实现核心技术和系统集成能力的突破；以点带面，通过自主设计和自主制造，带动基础装备和一般机械装备产品及零部件生产制造水平的全面提升。

二、确定主要任务，实现重点突破

（三）选择一批对国家经济安全和国防建设有重要影响，对促进国民经济可持续发展有显著效果，对结构调整、产业升级有积极带动作用，能够尽快扩大自主装备市场占有率的重大技术装备和产品作为重点，加大政策支持和引导力度，实现关键领域的重大突破。

1. 发展大型清洁高效发电装备，包括百万千瓦级核电机组、超超临界火电机组、燃气-蒸汽联合循环机组、整体煤气化燃气-蒸汽联合循环机组、大型循环流化床锅炉、大型水电机组及抽水蓄能水电站机组、大型空冷电站机组及大功率风力发电机等新型能源装备，满足电力建设需要。

2. 开展1000千伏特高压交流和±800千伏直流输变电成套设备的研制，全面掌握500千伏交直流和750千伏交流输变电关键设备制造技术。

3. 以一批大型乙烯项目为国产化依托工程，通过引进关键技术消化吸收再创新和自主开发，实现百万吨级大型乙烯成套设备和对二甲苯（PX）、对苯二甲酸（PTA）、聚酯成套设备国产化。

4. 进行大型煤化工成套设备的研制开发，满足我国能源结构调整的需要。

5. 研制大型薄板冷热连轧成套设备及涂镀层加工成套设备，实现成套设备国产化，满足汽车工业和家电等行业发展需要。

6. 发展大型煤炭井下综合采掘、提升和洗选设备以及大型露天矿设备，实现大型综采、提升和洗选设备国产化。

7. 开发大型海洋石油工程装备、30万吨矿石和原油运输船、海上浮动生产储油轮（FPSO）、10000箱以上集装箱船、LNG运输船等大型高技术、高附加值船舶及大功率柴油机等配套装备。

8. 以铁路客运专线、城市轨道交通等项目为依托，通过引进消化吸收先进技术和自主创新相结合，掌握时速200公里以上高速列车、新型地铁车辆等装备核心技术，使我国轨道交通装备制造业在较短时间内达到世界先进水平。

9. 发展大气治理、城市及工业污水处理、固体废弃物处理等大型环保装备，以及海水淡化、报废汽车处理等资源综合利用设备，提高环保设备研发制造水平。

10. 满足铁路、水利工程、城市轨道交通等建设项目的需要，加快大断面岩石掘进机等大型施工机械的研制，尽快掌握关键设备制造技术。

11. 发展重大工程自动化控制系统和关键精密测试仪器，满足重点建设工程及其他重大（成套）技术装备高度自动化和智能化的需要。

12. 发展大型、精密、高速数控装备和数控系统及功能部件，改变大型、高精度数控机床大部分依赖进口的现状，满足机械、航空航天等工业发展的需要。

13. 发展新型纺织机械，重点对日产 200 吨以上涤纶短纤维成套设备、高速粘胶长丝连续纺丝机、高效现代化成套棉纺设备、机电一体化剑杆织机和喷气织机等新型成套关键设备技术攻关和产业化，促进纺织行业技术升级。

14. 发展新型、大马力农业装备，提高大马力拖拉机、半喂入水稻联合收割机、玉米联合收割机、采棉机等国产化水平和技术档次，改变目前 125 马力以上拖拉机、新型农业装备主要依赖进口的状况。

15. 发展集成电路关键设备、新型平板显示器件生产设备、电子元器件生产设备、无铅工艺的整机装联设备、数字化医疗影像设备、生物工程和医药生产专用设备等，促进装备制造业全面升级。

16. 发展民用飞机及发动机、机载设备。

三、制定振兴措施，明确工作方向

（四）以结构调整为主线，优化装备制造业产品和产业结构。重点发展具有自主知识产权的重大技术装备和重要基础装备，在立足自主研发的基础上，通过引进消化吸收，努力掌握核心技术和关键技术，实现再创新和自主制造；大力发展高新技术产业装备，通过与国外具有先进技术水平的企业合作，广泛开展联合设计、联合制造，逐步实现自主制造的目标；全面提升一般机械装备的制造水平，充分运用市场机制，进一步提高装备的产品质量和技术含量，降低生产成本，增加产品的附加值。积极发展高效、节能、低（零）污染的优势产品及清洁制造技术，逐步淘汰落后产品及制造技术。结合国民经济中长期发展规划，充分整合现有资源，发挥比较优势，合理规划确定我国装备制造产业布局，形成一批特色鲜明、重点突出的产业集群和装备制造集中地。

（五）以科技进步为支撑，大力提高装备制造企业自主创新能力。装备制造企业要以系统设计技术、控制技术与关键总成技术为重点，增加研发投入，加快提高企业的自主创新和研发能力。国家将重点支持自主创新项目，包括原始创新、集成创新和在引进消化吸收基础上再创新的项目。对关系国家全局和战略利益、企业难以独立完成的重大技术装备，有关部门要给予必要的支持，集中力量取得突破。鼓励企业通过自主开发、引进技术消化吸收以及国际合作、并购、参股国外先进的研发、制造企业等方式掌握核心技术。鼓励企业与科研院所、大专院校联合开展研发工作，并加快研究成果的产业化进程，创建一批享誉国内外的知名品牌。

（六）以重点工程为依托，推进重大技术装备自主制造。国家在核准或审批重点建设工程时，要有针对性地安排一批重大技术装备自主化依托工程，并要求项目业主和制造部门联合制定详细的装备自主制造实施方案，有关企业和单位要给予大力支持。工程项目重大技术装备需要引进技术的，承接技术转让的单位必须具有消化吸收、研发创新能力和实施产业化的基本条件。凡属于重点领域的工程项目所需装备，均应纳入统一组织的招标工作范围，国家有关部门对招标工作进行必要的组织、协调和指导。

（七）以市场为导向，发展壮大一批大型装备制造企业和工程公司。装备制造企业要加快建立现代企业制度，深化内部改革，转换经营机制。鼓励社会资金特别是大型国有和国有控股企业以并购、参股等多种方式参与国有装备制造企业的改革和不良资产的处置。对在重大技术装备制造领域具有关键作用的装备制造骨干企业，要在保证国家控制能力和主导权的基础上，支持其进行跨行业、跨区域、跨所有制的重组。大型重点骨干装备制造企业控股权向外资转让时应征求国务院有关部门的意见。鼓励装备制造企业之间、关联企业之间、企业与科研院所之间的联合、重组，通过多种途径培育大型企业集团。发挥市场导向和政策支持的作用，形成一批跨行业、跨地区的集系统设计、系统集成、工程总承包和全程服务为一体的工程公司，参与国家重点工程项目的建设和管理，并积极开拓国外市场。

（八）以装备制造业振兴为契机，带动相关产业协调发展。鼓励重大装备制造企业集团在集中力量加强关键技术开发和系统集成的同时，通过市场化的外包分工和社会化协作，带动配套及零部件生产的中小企业向“专、精、特”方向发展，形成若干各有特色、重点突出的产业链。有计划、有重点地研究开发重大技术装备所需的关键共性制造技术、关键原材料及零部件，逐步提高装备的自主制造比例。加强电子信息技术与装备制造技术的相互融合，以信息技术促进装备制造业的升级。

（九）以专业人才培养为重点，加强技术创新队伍建设。各级、各类教育机构要高度重视基础教育和人才培养，支持国家重大技术装备人才培养基地的建设。具备条件的高等院校要整合相关力量，加强技术创新人才培养；高等院校要与企业、科研院所加强合作，联合培育一批年富力强、具有创造性的中青年科技人才、管理人才和高级技工，特别要培养重大装备研制和系统设计的带头人才。采取持股、技术入股、提高薪酬等更加灵活的政策措施，吸引国内外高水平专业技术人才，为装备制造业长远发展造就雄厚的后备力量。对重大技术装备研制、开发、使用和推广做出突出贡献的人员，各级政府和有关部门要给予表彰和奖励。

四、完善法律法规，强化政策支持

（十）完善相关法律法规和标准。要在全面总结我国装备制造业发展的成功经验，借鉴国外通行做法的基础上，研究制定振兴装备制造业的有关法律法规，为装备制造业发展提供必要的法律保障。要充分发挥标准化在振兴装备制造业中的作用，提高国家标准、行业标准和企业标准的等级，完善我国装备制造业标准体系，为我国装备产品参与国际竞争创造条件。

（十一）制定重点领域装备技术政策。根据国民经济重点领域中长期发展的需要，制定科学合理、先进适用和相对稳定的装备技术政策，为装备制造业制定中长期技术引进和自主创新发展规划奠定基础。装备技术政策由发展改革委组织使用和制造部门及研究设计专家编制，经咨询论证并按程序审定后，作为国家审批和核准重点建设工程项目的依据。要抓紧制定电力工业大容量、高参数的发电和输变电，石油化工工业（含海洋石油工程）的炼油和化纤原料生产，煤炭工业的采掘，冶金工业的冶炼和轧制，建材工业的新型（环保）建筑材料生产，汽车工业的汽车产品关键总成生产，轨道交通运输业的新型轨道交通运输，远洋运输，民用航空航天工程，信息产业通信工程，生物工程和医疗医药等领域的装备技术政策。

（十二）调整进口税收优惠政策。对列入国家发展重点的重大技术装备和产品，条件成熟时，由财政部会同发展改革委等部门制定专项进口税收政策，对国内生产企业为开发、制造这些装备而进口的部分关键配套部件和原材料，免征进口关税或实行先征后返，进口环节增值税实行先征后返。同时，取消相应整机和成套设备的进口免税政策。对国产装备不能完全满足需求，仍需进口的，作为过渡措施，经财政部会同发展改革委等有关部门严格审核，以逐步降低优惠幅度、缩小免税范围的方式，在一定期限内继续给予进口优惠政策。

（十三）鼓励订购和使用国产首台（套）重大技术装备。对订购和使用首台（套）国产重大技术装备的国家重点工程，可确定为技术进步示范工程，优先予以安排。尽快研究建立由项目业主、装备制造和保险公司风险共担、利益共享的重大技术装备保险机制，引导装备制造企业和项目业主对首台（套）国产重大技术装备投保。

（十四）加大对重大技术装备企业的资金支持力度。国家在年度投资安排中设立专项资金，对国家重点建设工程所需以及对结构调整和产业升级有重大影响的重大技术装备的技术进步项目，给予重点支持。鼓励符合条件的装备制造企业通过上市融资、发行企业债券等方式筹集资金。加大企业研发投入税前扣除等激励政策的力度，鼓励企业增加研发投入。完善重大装备技术研发资金管理，重点支持系统成套技术、自动化控制技术以及关键共性制造技术、基础性技术和原创性技术的研究开发。

（十五）支持企业分离办社会职能。重大技术装备企业要积极组织加快实施分离企业办社会职能，各级人民政府要给予大力帮助，安排一定的资金给予支持，国有资产监督管理等有关部门要积极推进主辅分离，努力减轻企业负担。

（十六）加强设备进口管理。重大成套装备及其技术的引进工作要有制造、研发和使用单位联合参与，对使用带有附加条件的境外资金直接进口国家重点发展的重大技术装备和重点产品要严格审查、论证。新建和改造工程项目不得进口高能耗、高污染、落后的设备。对承担国家重点工程项目的企业，为实现装备国产化需要进口相关设备和产品时，经认定并经海关审核，可以比照高新技术企业给予便捷通关的优惠。

五、加强领导协调，发挥协会作用

（十七）加强对振兴装备制造业的组织领导。在国务院统一领导下，由发展改革委负责振兴装备制造业的组织领导和协调工作，其职能主要是：组织编制国家重大技术装备规划，协调重大相关政策，推进重大技术装备国产化的落实，完成国务院交办的其他任务。

（十八）及时协调解决装备制造业发展中出现的问题。各地区要结合实际，建立促进装备制造业振兴的工作制度和机制，为促进装备制造业发展创造良好条件。装备制造行业主管部门和有关单位要在全面深入调查研究的基础上，制定装备制造业发展的中长期规划，加强宏观调控和政策引导，积极研究制定促进装备制造业振兴的政策措施，及时协调解决出现的问题。各有关部门要按照职责分工，对本意见明确的各项工作任务，抓紧制定具体的配套政策措施。

（十九）发挥行业协会的作用。各行业协会要充分发挥政府和企业之间的桥梁作用，建立市场供求、生产能力、技术经济指标等方面的信息定期发布制度和行业预警制度，向政府行政主管部门及时反映行业动向，提出政策建议，帮助企业协调解决有关问题，引导企业健康发展。同时，行业协会要加强自身建设，完善行业自律机制，努力成为独立、公正、自主运作的行业组织。

（二十）国防科技装备制造业，比照本意见执行。

国务院关于进一步促进宁夏经济社会发展的若干意见

（国发〔2008〕29 号）

各省、自治区、直辖市人民政府，国务院各部委、各直属机构：

改革开放以来，特别是实施西部大开发战略以来，宁夏经济社会发展明显加快，进入了历史上最好的发展时期。但宁夏在发展中还存在一些特殊的困难和问题。为进一步促进宁夏经济社会又好又快发展，现提出以下意见：

一、促进宁夏经济社会发展的总体要求

（一）充分认识促进宁夏经济社会发展的重要意义。宁夏是我国少数民族自治区之一，也是革命老区和集中连片贫困地区。宁夏既有煤炭、农业、旅游等方面的资源优势，又明显受到水资源短缺和生态脆弱的制约；既有宁东和河套灌区等发展基础较好的地区，又面临中部干旱带和南部山区脱贫致富的繁重任务；既有实现城乡经济社会协调发展的有利条件，又存在基础设施薄弱、市场发育程度较低、人才匮乏等突出问题。实现宁夏经济社会发展的新跨越，是深入推进西部大开发战略，促进区域协调发展的需要；是不断提高各族人民生活水平，加快全面建设小康社会步伐的需要；是落实民族区域自治制度，实现各民族共同发展、共同繁荣的需要。必须站在全局和战略的高度，进一步明确宁夏的

战略定位、发展重点和重大政策措施，促进宁夏实现又好又快发展。

（二）指导思想。高举中国特色社会主义伟大旗帜，深入贯彻落实科学发展观，坚定不移地实施西部大开发战略，以更加开放的思想观念，更加执著的奋斗精神，更加扎实的工作作风，着力转变经济发展方式和开发优势资源，着力加强基础设施建设和保护生态环境，着力改善民生和提高公共服务水平，着力深化改革和发展内陆开放型经济，着力促进民族团结和社会和谐，走出一条符合宁夏实际、有特色的兴区富民发展道路，努力实现全面建设小康社会和现代化建设的宏伟目标。

（三）基本原则。坚持资源开发与生态保护相结合，切实把加强生态建设和环境保护放在更加重要的位置，注重保护耕地和节约集约用地；坚持加快发展与转变经济发展方式相结合，推进科技进步和创新，调整产业结构，走新型工业化、特色城镇化和农业现代化道路；坚持发挥自身优势与开放带动相结合，以改革促发展、以开放促开发；坚持解决当前紧迫问题与谋划长远发展相结合，统筹解决关系全局和民生的重大问题；坚持自力更生与国家支持相结合，充分发挥中央和地方两个积极性。

（四）主要目标。到 2012 年，人均地区生产总值、城乡居民收入水平有明显提升，基本解决城乡饮水安全问题，人均基本公共服务接近全国平均水平，单位生产总值能耗比 2005 年下降 25%，耕地资源得到严格保护，生态环境恶化趋势得到有效遏制，和谐社会建设迈出重要步伐。到 2020 年，人均地区生产总值、城乡居民收入接近或达到全国平均水平，综合经济实力和自我发展能力显著增强，人均基本公共服务达到全国平均水平，单位生产总值能耗进一步显著下降，生态环境明显改善。

二、全面推进节水型社会建设

（五）统筹优化水资源配置。水资源短缺与利用效率低并存，是制约宁夏发展的最大瓶颈。要按照节约优先、立足挖潜，合理使用、优化结构，改革体制、创新机制的原则，充分发挥科技支撑作用，加快实施以保护水生态为中心的可持续发展战略。北部引黄灌区要切实加大农业节水力度，大幅度提高水资源利用效率，通过加快灌区节水改造和水权置换，保障不断增长的生活、生产、生态用水需求；中部干旱风沙区要以解决农村饮水安全为重点，加强地下水勘查，改造扬黄工程，扩大供水范围，建设集雨设施，确保饮水安全；南部黄土丘陵区要以流域为单元，开源与节流并重，加强生态保护与水源涵养，研究适度开发泾河水资源，建立大中小型工程并举、库坝窖池联用的供水体系。支持宁夏加快实施《宁夏节水型社会建设规划》，将宁夏建成全国节水型社会建设示范省区。统筹兼顾上下游、左右岸、生产生态和工农业用水需求，根据水资源、水环境的现有条件和承载能力，科学规划和确定经济社会发展目标。

（六）加强重点水利工程建设。抓紧兴建一批事关宁夏发展全局的重点水利工程。尽快批复实施青铜峡灌区、沙坡头灌区续建配套与节水改造工程。加强贺兰山东麓防洪及水资源综合利用、黄河宁夏河段防洪等重点防洪工程建设，完善重点城市防洪体系建设。加快实施中部干旱带七项农村饮水安全重点供水工程、盐环定扬黄续建工程、固扩十一泵站以上饮水安全及高效节水灌溉工程，尽快启动中部干旱带高效节水补灌工程和大型扬水泵站更新改造工程。加快中南部地区重点流域水土流失治理、病险水库除险加固、灌区节水改造、山洪灾害防治等民生水利工程建设，加强雨洪资源利用，抓紧开展固原地区城乡水源工程前期工作，合理规划和建设部分水资源调配工程。在统筹规划和科学论证的基础上，加快黄河黑山峡河段开发及大柳树水利枢纽工程建设的前期工作。

（七）深化水资源管理体制改革。按照统一配置、定额管理、建管并重、良性运行的原则，建立健全严格高效统一的水资源管理体制。逐步建立覆盖自治区、市、县三级的水权分配体系和配水、用水定额管理制度。健全水资源有偿使用制度，建立不同来源、不同用途、不同地域的水价核算体系，进一步完善水价形成机制。支持宁夏加快水权转换制度和水市场交易制度建设，在总结以往经验的基础上，规范水权转换办法，严格监督机制，实施水权转换。加快推进基层水利工程管理体制改革，完善水费征收使用管理办法，切实落实经费和管护责任，建立水利工程良性运行机制。创新农民参与的民主管理形式，充分发挥农民用水者协会作用。明晰小型水利工程的产权，调动农民和社会力量参与水利建设和设施管护的积极性。

三、切实解决中南部地区的贫困问题

（八）改善基本生存条件。中南部地区干旱少雨，自然条件恶劣，贫困程度深，是宁夏最困难的地区。改善这一地区的基本生存条件，既是宁夏一项长期的战略任务，又是一项极为紧迫的民生工程。要加大扶贫攻坚力度，把解决这一地区的生存和发展问题，作为促进宁夏发展的重中之重。加快解决中南部地区城乡饮水安全问题，“十一五”期间，重点解决中南部地区 75 万农村人口和固原、海原、西吉等 15 万城镇居民的饮水安全。要按照人随水走、水随人走的思路，依托已建成或拟建的农村饮水工程、扬黄工程及节水补灌工程，积极稳妥地组织生态移民搬迁，力争在五年内基本解决同心县、海原县、盐池县、原州区、西吉县、中卫城区等六县（区）的生态移民搬迁问题。继续支持以山区危房危窑改造为主要内容的减灾安居工程，加快实施进度，扩大覆盖面。继续加强基本农田建设和保护，积极开展土地整理，增加有效耕地面积，努力实现人均一亩口粮田。积极发展沼气、太阳能等可再生能源，解决农村的生活用能问题。

（九）拓宽农民就业和增收渠道。以市场为导向，以改善民生为目标，依托土地、光热资源和补灌工程，重点发展以特色种植为主要内容的设施农业和旱作节水农业，抓紧编制相关规划，分步实施。大力实施禁牧舍饲，发展滩羊、肉牛等特色养殖业。结合集雨水窖，鼓励发展庭院经济。以马铃薯、中药材、草畜等特色农产品开发为重点，培育农业产业化基地和龙头加工企业。大力支持固原肉牛、马铃薯等农产品专业批发市场建设。促进南部山区红色旅游和生态旅游业加快发展。大力发展劳务经济，加大新型农民培训工程、农村劳动力技能就业计划、阳光工程实施力度，扩大劳务输出和就业空间。鼓励在银川等条件较好地区的职业学校、高中面向中南部地区定向招生，扩大招生规模。

（十）加大政策扶持力度。中南部地区困难特殊，需要国家和自治区给予特殊支持，加强规划指导，落实项目和资金。加大扶贫开发的投入力度，延长“三西”（甘肃河西、定西和宁夏西海固）资金使用期限。国家加大对生态移民、节水灌溉、设施农业等项目的支持力度。对中央安排中南部八县一区的城乡基础设施、水利、生态环保、社会事业、基层政权建设等公益性建设项目，逐步减少或免除县及县以下配套资金，自治区也要按照统筹城乡发展的要求，加大资金投入。切实做好海原县政府驻地迁移的科学论证和规划工作，国家适当提高补助标准，确保当地社会稳定。完善和创新对口支援方式，加大对口帮扶力度，鼓励东部发达省市和有条件的企业，定点帮扶宁夏山区八县和红寺堡开发区。

四、促进农业稳定发展

（十一）强化农业基础地位。加大基本农田建设保护力度，稳定播种面积，粮食综合生产能力稳定在 300 万吨以上。转变生产方式，大力发展现代农业，加快建设北部引黄灌区现代农业示范区、中部干旱带旱作节水农业示范区、南部黄土丘陵区生态农业示范区。北部灌区在稳定粮食生产的基础上，重点抓好枸杞、牛羊肉、奶牛、设施蔬菜、酿酒葡萄等优势特色产业；中部干旱带重点发展滩羊和抗旱性强的特色农产品；

南部山区重点发展草食畜牧业和马铃薯产业。实施品牌战略，形成特色农业优势产业带。加快引进、选育和推广耐旱作物与抗旱品种，继续实施好种子工程、畜禽良种工程、农牧业科技入户工程等，支持饲草料基地、加工机械、棚圈等配套设施建设。积极开展基层农牧业技术推广和综合服务试点。支持农畜产品质量标准及监测体系、动植物防疫体系、农产品市场体系、农业科技服务体系、农村服务信息体系和农机社会化服务体系建设。充分发挥宁夏农垦对现代农业的引领和示范作用，促进其加快发展。

（十二）大力发展特色农产品加工业。充分发挥特色农产品资源优势，鼓励支持国内外有实力的大企业、大集团嫁接和改造区内企业，重点培育一批技术装备先进、核心竞争力强的企业集团，形成若干具有当地特色和资源优势的产业集群。巩固提升优势特色农产品生产加工基地，大力发展生物发酵抗生素和其他化学原料药。加快调整现有羊绒产业产品结构，提高加工深度和附加值。支持农业产业化经营，扶持农产品流通企业、农民专业合作组织等产业化经营的关键环节，鼓励龙头企业与农民建立紧密的利益联系。

（十三）加强农村基础设施建设。加强基本农田整理和农田水利设施建设，大力实施土地整理、农业综合开发、北部中低产田和低洼盐碱地改造、特色经济林产业带等重大项目，提高农业生产效益和抗御自然灾害的能力。中央财政加大对小型农田水利和中小河流治理的支持力度。继续加大农村饮水、道路、供电、沼气、信息等公共基础设施建设力度，把基础设施向农村延伸。加快塞上农民新居、旧村整治改造等工程建设。启动实施西北生态与现代农业省域示范区规划的相关项目。

（十四）深化农村金融改革。加快推进农村金融改革，着重解决县城以下金融网点少、农业保险滞后、农村金融服务水平低的问题。尽快组建宁夏黄河农村商业银行，进一步理顺农村信用社管理体制，支持办好邮政储蓄银行，引导邮政储蓄资金回流农村，积极开展村镇银行、贷款公司和农村资金互助社试点，建立健全农民小额信用贷款和农户联保贷款制度。进一步加大对“三农”的信贷投入，增加支农再贷款额度，适时完善扶贫贴息贷款管理，提高扶贫资金使用效率。加快农村担保体系建设，支持建立农业贷款风险基金，组建扶持“三农”的信用担保机构，探索解决农村抵押担保难问题。积极支持开展设施农业、特色种植业、养殖业等农业保险，扩大农业和农村保险覆盖面。

五、促进工业结构优化升级

（十五）高水平建设好宁东能源化工基地。将宁东基地列为国家重点开发区，抓紧按程序批复实施《宁东能源化工基地开发总体规划》和相关项目。适应市场需求，高起点、高水平地把宁东建设成为国家重要的大型煤炭基地、煤化工产业基地、“西电东送”火电基地，实现资源优势向经济优势转变，促进形成新的经济增长点。优化资源开发利用模式，加强节水节地节能工作，建成循环经济示范区。建设一批大型煤矿，加大对煤层气产业化生产的支持力度。积极支持建设大型火电基地，发展大型空冷机组。支持西北地区西电东送工程建设，规划建设宁东至山东直流输电线路，实现黄河上游水电与宁东煤电打捆外送。按照国家相关产业政策支持煤化工产业。发展风能、太阳能等可再生能源。对利用荒山、荒沟、荒滩等国有土地建设的工业项目，适当调整土地出让价最低标准。

（十六）促进传统产业升级改造和资源型城市可持续发展。加快重点城市的产业结构优化升级，推动沿黄城市带建设，提高工业化和城镇化水平。按照国家产业政策，以节能降耗和环境保护为前提，促使铁合金、电石和焦炭等行业朝技术先进和合理规模方向发展。重视资源节约和综合利用，认真实施矿产资源规划。鼓励用高新技术和先进适用技术改造提升冶金、有色、化工、建材、轻纺、机械等传统产业，提高企业技术装备水平和产品竞争力。提升电解铝、医药、石油炼制等优势产业的技术装备水平。做好资源型城市可持续发展工作，支持加快建立资源开发补偿机制和衰退产业援助机制，实施采煤沉陷区治理工程，加大矿山地质环境恢复治理和生态环境保护力度，培育壮大接续替代产业，着力解决就业等社会问题。

（十七）积极发展装备制造业和高新技术产业。做优做强数控机床、自动化仪表、煤矿综采设备、大型铸件、精密轴承等先进装备制造业。支持钽铌铍稀有金属、碳基材料、镁及镁合金、光伏材料等新材料生产企业开发新产品、延长产业链，将宁夏建成世界重要的钽铌铍、碳基材料制品生产研发基地和国内重要的镁硅及其深加工产品基地。支持宁夏建立和完善以企业为主体、市场为导向、产学研相结合的技术创新体系。支持中小企业科技孵化基地和科技资源技术产权交易场所建设。支持宁夏科技示范园建设和银川经济技术开发区申请国家级高新技术产业开发区。

六、加快发展综合交通运输体系和现代服务业

（十八）加强综合交通运输体系建设。扩大对外运输通道能力，完善综合交通运输体系，强化宁东能源化工基地交通基础设施。在国家高速公路网内项目基本完成的基础上，推进国道211线灵武至甜水堡公路及其联络线古窑子至青铜峡高速公路等地方高速公路及跨黄河桥梁等项目建设。加快太中银铁路建设，“十一五”期间开工建设包兰铁路复线工程。加快实施银川火车站的改扩建工程。适时增开银川河东机场的国际国内航线，合理安排航班时间。尽快建设固原、中卫两个支线机场。

（十九）完善现代物流体系。支持银川市经济技术开发区陆港物流中心和宁夏空港物流项目建设，形成立体式现代化综合物流体系。建成

启用石嘴山市惠农陆路口岸，发展以生产资料为重点的物流配送体系。围绕重要工业园区开展第三方物流配送。继续实施“双百市场”工程建设，支持枸杞、马铃薯、牛羊肉、蔬菜水果、羊绒等自治区级批发市场和优势特色农产品交易市场基础设施建设。依托“万村千乡市场工程”农家店，发展农村连锁经营、物流配送等现代流通方式，构建农村市场流通服务网络。

（二十）加快发展旅游和金融等服务业。依托独特的自然风光和人文景观资源，加强与周边地区的旅游合作，大力发展沙漠旅游、生态旅游、红色旅游和乡村旅游。重点支持沙坡头、沙湖、六盘山、贺兰山等重点旅游景区基础设施建设，建成西部独具特色的旅游目的地。积极引导国内外金融机构，特别是政策性银行和股份制银行在宁夏设立分支机构。扩大办理民族用品生产贷款的金融机构范围。积极支持符合条件的企业发行企业债券和上市融资。国家服务业引导资金要适当向宁夏特色项目倾斜。支持宁夏举办国际性贸易投资博览会，打造宁夏对外全面开放的综合平台。

七、推进生态建设和环境保护

（二十一）突出抓好防沙治沙工作。遵循科学、综合、依法的方针，全力抓好防沙治沙工作。支持将宁夏建设成全国防沙治沙综合示范区，构筑西部重要的生态安全屏障。重点推广中卫沙坡头、灵武白芨滩成功的治沙模式和经验，加快毛乌素沙地、腾格里沙漠东南缘沙化土地综合治理。坚持保护优先，巩固防沙治沙成果，继续实施草原全面禁牧封育，完善退牧还草政策。保护和合理利用沙区资源，发展沙区循环经济，重点支持毛乌素沙地整治与沙产业开发、中部干旱带红枣经济林、贺兰山东麓生态保护和建设等项目。

（二十二）扎实推进生态建设。结合全国主体功能区规划的实施，支持大六盘生态经济圈建设，以小流域为单元开展山水田林路综合治理。加快实施泾河、葫芦河、祖厉河流域重点治理工程和清水河流域水土流失综合防治工程。改革传统耕作方法，发展保护性耕作。继续实施三北防护林、天然林保护、湿地保护与恢复等重点工程，加大对国家级自然保护区投入和管理能力建设，落实退耕还林后续配套政策。完善森林生态补偿机制，逐步扩大补偿范围。研究建立草原、矿产资源开发和流域水环境保护的生态补偿机制。

（二十三）加强环境综合防治。进一步加强城市污水处理及配套管网、城市垃圾处理等环保基础设施建设，逐步提高城市污水处理、垃圾处理收费标准。加强农村环境保护，继续支持农村小康环保行动计划试点。支持燃煤电厂脱硫、热电联产、城市集中供热、造纸企业碱回收、淀粉企业废水治理等重点减排工程和重点城市大气污染防治工程建设。加强环境监管能力和监管体系建设，完善重大建设项目环境影响评价制度。

八、加快社会事业发展

（二十四）优先发展教育和人才事业。巩固“两基”成果，提高农村中小学办学水平。在中西部地区农村初中校舍改造和新农村卫生新校园建设、农村义务教育阶段学校教师特设岗位计划等方面，加大对宁夏的支持力度。巩固义务教育成果，推广宁夏清理化解农村义务教育“普九”债务经验。进一步加强职业教育基础能力建设。以中等职业教育发展为重点，扩大高中阶段教育规模，着力改善职业教育办学条件，建成一批符合经济社会发展需要的职业学校，积极开展东西联合办学。支持办好宁夏大学和一批当地产业发展急需的重点学科，提高教育质量和创新能力。适当扩大外地高校和职业学校在宁夏招生规模，在民族预科班、民族班、高层次骨干人才、高技能人才培养计划等方面给予倾斜。支持出台留住本地人才的政策办法，大力实施人才引进工程，加强留学人员创业园建设，加大人力资源市场建设，增强自主创新能力和智力强区水平。

（二十五）完善城乡医疗卫生服务体系。加强县、乡、村三级医疗卫生服务体系建设，努力解决农村公共卫生和农民看病就医难问题。加强医疗卫生基础设施建设，改善城市社区卫生设施条件差、乡镇卫生服务机构不健全的状况。加大中医院建设力度，扶持包括回族医药在内的中医药事业发展。继续加强妇幼保健设施建设，提高妇幼卫生服务能力。加强重大疫病防治，做好地方病、慢性病、职业病及重大传染病防治工作。加强医学教育及人才培养，继续开展城乡医院对口支援，实施鼓励大中专院校毕业生定期到基层工作制度，落实基层医疗卫生技术人员待遇。

（二十六）全面做好人口和计划生育工作。实施计划生育家庭特别扶助制度，逐步提高农村部分计划生育家庭奖励扶助制度奖励标准，适当扩大“少生快富”工程范围。开展建立长效节育措施奖励制度试点。加强基层计划生育服务体系和人口综合管理信息网络建设，强化人员培训。加大生殖健康和计划生育宣传力度，倡导科学生育观。开展出生缺陷干预，提高出生人口素质。

（二十七）进一步完善就业和社会保障制度。加大城乡劳动力就业技能培训力度，支持并规范发展就业中介服务，建立覆盖城乡的公共就业服务平台，引导农村劳动力有序转移。完善就业困难群体就业援助制度，帮助零就业家庭解决就业困难。加快建立覆盖城乡居民的社会保障体系。建立企业离退休人员基本养老金正常调整机制。完善新型农村合作医疗制度，逐步提高补助标准，加快推进城镇居民基本医疗保险试点，进一步扩大城镇职工基本医疗保险覆盖面。支持解决关闭、破产国有企业历史遗留的社会保障问题。探索建立新型农村养老保险制度。完善城乡居民最低生活保障、农村五保、城乡医疗救助等社会救助制度。

加大防灾减灾、灾民救助、老龄事业和社会福利等公共服务体系建设支持力度。把抗震减灾作为一项重大任务，用五年时间全部消除农村危房危窑，适当提高新建的各类校舍抗震设防标准。结合公共设施建设，在县城以上城市设立紧急避难所，做好防灾减灾的演练和物资储备。

（二十八）促进文化体育事业发展。加大公共文化设施建设投入，加快建立城乡均衡的公共文化服务体系运行保障机制。大力推进“村村通”广播电视、农村电影放映、乡镇和社区综合文化站、文化信息资源共享、农家书屋等公共文化服务工程建设，丰富农村文化生活。结合传统民族节庆，开展多种形式的群众性文化活动。支持创作推出一批具有宁夏特色的优秀文化产品。实施文化遗产保护工程，支持须弥山石窟等申报世界文化遗产。支持城市社区和基层农村体育设施建设，扶持发展传统民族体育。

九、做好各项政策措施的落实工作

（二十九）加强统筹协调。国务院各有关部门要按照本意见精神，明确职责，抓紧制定细化方案和政策，加强统筹协调，将政策措施落到实处。要指导宁夏编制相关重要规划和重大建设项目实施方案，保障专项规划与全国规划相衔接，做好重大项目的前期工作。中央财政转移支付和中央预算内投资，都要加大对宁夏的支持力度。在政策实施过程中，有关部门要加强调查研究和督促检查，及时总结经验，帮助宁夏解决发展中的困难和问题。中央国家机关、企事业单位和沿海经济发达地区，要加大对宁夏的对口帮扶力度，形成制度化、规范化的援助机制。宁夏回族自治区要认真组织好政策的学习、宣传和贯彻落实工作。

（三十）巩固和加强民族团结。坚持把各民族共同团结奋斗、共同繁荣发展作为当前民族工作的主题，巩固和发展平等、团结、互助、和谐的社会主义新型民族关系。高度重视民族宗教事务工作，全面贯彻党的民族政策和宗教政策，教育广大干部群众牢固树立“汉族离不开少数民族，少数民族离不开汉族，各少数民族之间也相互离不开”的思想观念。尊重信教群众的宗教信仰，提高依法管理宗教事务的水平。高度重视和妥善解决新形势下的民族矛盾，切实尊重和保障少数民族的合法权益，突出解决好少数民族群众最关心、最直接、最现实的利益问题。继续坚持和完善民族区域自治制度，落实促进民族经济发展的各项政策，大力培养少数民族干部和各类专业人才，促进宁夏经济、政治、文化、社会全面进步。

（三十一）深化改革开放。推进体制创新和扩大开放是促进宁夏经济社会发展的根本动力和有力保障。要坚持社会主义市场经济改革方向，加大改革力度，充分发挥市场在配置资源中的基础性作用，在重点领域和关键环节的改革上取得突破。在继续深化国有企业改革的同时，大力破除体制障碍，推进公平准入，鼓励、支持和引导个体、私营等非公有制经济发展，努力形成各种所有制经济平等竞争、相互促进的新格局。大力推进行政管理体制改革，切实转变政府职能，提高工作效率。全面提升对内对外开放水平，大力改善投资环境，加强国内外、区内外经济技术合作，主动承接国际和东部地区产业转移，构筑内陆开放型经济的新格局。

进一步促进宁夏经济社会又好又快发展，是一项长期而艰巨的任务。国务院各有关部门和宁夏回族自治区要认真学习贯彻党的十七大精神，切实落实科学发展观，齐心协力，锐意进取，奋发图强，艰苦奋斗，努力把宁夏经济社会发展推向新的阶段。

国务院

二〇〇八年九月七日

中共中央、国务院
关于深化国有企业改革的指导意见

（2015年8月24日）

国有企业属于全民所有，是推进国家现代化、保障人民共同利益的重要力量，是我们党和国家事业发展的重要物质基础和政治基础。改革开放以来，国有企业改革发展不断取得重大进展，总体上已经同市场经济相融合，运行质量和效益明显提升，在国际国内市场竞争中涌现出一批具有核心竞争力的骨干企业，为推动经济社会发展、保障和改善民生、开拓国际市场、增强我国综合实力作出了重大贡献，国有企业经营管理者队伍总体上是好的，广大职工付出了不懈努力，成就是突出的。但也要看到，国有企业仍然存在一些亟待解决的突出矛盾和问题，一些企业市场主体地位尚未真正确立，现代企业制度还不健全，国有资产监管体制有待完善，国有资本运行效率需进一步提高；一些企业管理混乱，内部人控制、利益输送、国有资产流失等问题突出，企业办社会职能和历史遗留问题还未完全解决；一些企业党组织管党治党责任不落实、作用被弱化。面向未来，国有企业面临日益激烈的国际竞争和转型升级的巨大挑战。在推动我国经济保持中高速增长和迈向中高端水平、完善和发展中国特色社会主义制度、实现中华民族伟大复兴中国梦的进程中，国有企业肩负着重大历史使命和责任。要认真贯彻落实党中央、国务院战略决策，按照“四个全面”战略布局的要求，以经济建设为中心，坚持问题导向，继续推进国有企业改革，切实破除体制机制障碍，坚定不移做强做优做大国有企业。为此，提出以下意见。

一、总体要求

（一）指导思想

高举中国特色社会主义伟大旗帜，认真贯彻落实党的十八大和十八届三中、四中全会精神，深入学习贯彻习近平总书记系列重要讲话精神，坚持和完善基本经济制度，坚持社会主义市场经济改革方向，适应市场化、现代化、国际化新形势，以解放和发展社会生产力为标准，以提高国有资本效率、增强国有企业活力为中心，完善产权清晰、权责明确、政企分开、管理科学的现代企业制度，完善国有资产监管体制，防止国有资产流失，全面推进依法治企，加强和改进党对国有企业的领导，做强做优做大国有企业，不断增强国有经济活力、控制力、影响力、抗风险能力，主动适应和引领经济发展新常态，为促进经济社会持续健康发展、实现中华民族伟大复兴中国梦作出积极贡献。

（二）基本原则

——坚持和完善基本经济制度。这是深化国有企业改革必须把握的根本要求。必须毫不动摇巩固和发展公有制经济，毫不动摇鼓励、支持、引导非公有制经济发展。坚持公有制主体地位，发挥国有经济主导作用，积极促进国有资本、集体资本、非公有资本等交叉持股、相互融合，推动各种所有制资本取长补短、相互促进、共同发展。

——坚持社会主义市场经济改革方向。这是深化国有企业改革必须遵循的基本规律。国有企业改革要遵循市场经济规律和企业发展规律，坚持政企分开、政资分开、所有权与经营权分离，坚持权利、义务、责任相统一，坚持激励机制和约束机制相结合，促使国有企业真正成为依法自主经营、自负盈亏、自担风险、自我约束、自我发展的独立市场主体。社会主义市场经济条件下的国有企业，要成为自觉履行社会责任的表率。

——坚持增强活力和强化监管相结合。这是深化国有企业改革必须把握的重要关系。增强活力是搞好国有企业的本质要求，加强监管是搞好国有企业的重要保障，要切实做到两者的有机统一。继续推进简政放权，依法落实企业法人财产权和经营自主权，进一步激发企业活力、创造力和市场竞争力。进一步完善国有企业监管制度，切实防止国有资产流失，确保国有资产保值增值。

——坚持党对国有企业的领导。这是深化国有企业改革必须坚守的政治方向、政治原则。要贯彻全面从严治党方针，充分发挥企业党组织政治核心作用，加强企业领导班子建设，创新基层党建工作，深入开展党风廉政建设，坚持全心全意依靠工人阶级，维护职工合法权益，为国有企业改革发展提供坚强有力的政治保证、组织保证和人才支撑。

——坚持积极稳妥统筹推进。这是深化国有企业改革必须采用的科学方法。要正确处理推进改革和坚持法治的关系，正确处理改革发展稳定关系，正确处理搞好顶层设计和尊重基层首创精神的关系，突出问题导向，坚持分类推进，把握好改革的次序、节奏、力度，确保改革扎实推进、务求实效。

（三）主要目标

到 2020 年，在国有企业改革重要领域和关键环节取得决定性成果，形成更加符合我国基本经济制度和社会主义市场经济发展要求的国有资产管理体制、现代企业制度、市场化经营机制，国有资本布局结构更趋合理，造就一大批德才兼备、善于经营、充满活力的优秀企业家，培育一大批具有创新能力和国际竞争力的国有骨干企业，国有经济活力、控制力、影响力、抗风险能力明显增强。

——国有企业公司制改革基本完成，发展混合所有制经济取得积极进展，法人治理结构更加健全，优胜劣汰、经营自主灵活、内部管理人员能上能下、员工能进能出、收入能增能减的市场化机制更加完善。

——国有资产监管制度更加成熟，相关法律法规更加健全，监管手段和方式不断优化，监管的科学性、针对性、有效性进一步提高，经营性国有资产实现集中统一监管，国有资产保值增值责任全面落实。

——国有资本配置效率显著提高，国有经济布局结构不断优化、主导作用有效发挥，国有企业在提升自主创新能力、保护资源环境、加快转型升级、履行社会责任中的引领和表率作用充分发挥。

——企业党的建设全面加强，反腐倡廉制度体系、工作体系更加完善，国有企业党组织在公司治理中的法定地位更加巩固，政治核心作用充分发挥。

二、分类推进国有企业改革

（四）划分国有企业不同类别

根据国有资本的战略定位和发展目标，结合不同国有企业在经济社会发展中的作用、现状和发展需要，将国有企业分为商业类和公益类。通过界定功能、划分类别，实行分类改革、分类发展、分类监管、分类定责、分类考核，提高改革的针对性、监管的有效性、考核评价的科学性，推动国有企业同市场经济深入融合，促进国有企业经济效益和社会效益有机统一。按照谁出资谁分类的原则，由履行出资人职责的机构负责制定所出资企业的功能界定和分类方案，报本级政府批准。各地区可结合实际，划分并动态调整本地区国有企业功能类别。

（五）推进商业类国有企业改革

商业类国有企业按照市场化要求实行商业化运作，以增强国有经济活力、放大国有资本功能、实现国有资产保值增值为主要目标，依法独立自主开展生产经营活动，实现优胜劣汰、有序进退。

主业处于充分竞争行业和领域的商业类国有企业，原则上都要实行公司制股份制改革，积极引入其他国有资本或各类非国有资本实现股权多元化，国有资本可以绝对控股、相对控股，也可以参股，并着力推进整体上市。对这些国有企业，重点考核经营业绩指标、国有资产保值增值和市场竞争能力。

主业处于关系国家安全、国民经济命脉的重要行业和关键领域、主要承担重大专项任务的商业类国有企业，要保持国有资本控股地位，支持非国有资本参股。对自然垄断行业，实行以政企分开、政资分开、特许经营、政府监管为主要内容的改革，根据不同行业特点实行网运分开、放开竞争性业务，促进公共资源配置市场化；对需要实行国有全资的企业，也要积极引入其他国有资本实行股权多元化；对特殊业务和竞争性业务实行业务板块有效分离，独立运作、独立核算。对这些国有企业，在考核经营业绩指标和国有资产保值增值情况的同时，加强对服务国家战略、保障国家安全和国民经济运行、发展前瞻性战略性产业以及完成特殊任务的考核。

（六）推进公益类国有企业改革

公益类国有企业以保障民生、服务社会、提供公共产品和服务为主要目标，引入市场机制，提高公共服务效率和能力。这类企业可以采取国有独资形式，具备条件的也可以推行投资主体多元化，还可以通过购买服务、特许经营、委托代理等方式，鼓励非国有企业参与经营。对公益类国有企业，重点考核成本控制、产品服务质量、营运效率和保障能力，根据企业不同特点有区别地考核经营业绩指标和国有资产保值增值情况，考核中要引入社会评价。

三、完善现代企业制度

（七）推进公司制股份制改革

加大集团层面公司制改革力度，积极引入各类投资者实现股权多元化，大力推动国有企业改制上市，创造条件实现集团公司整体上市。根据不同企业的功能定位，逐步调整国有股权比例，形成股权结构多元、股东行为规范、内部约束有效、运行高效灵活的经营机制。允许将部分国有资本转化为优先股，在少数特定领域探索建立国家特殊管理股制度。

（八）健全公司法人治理结构

重点是推进董事会建设，建立健全权责对等、运转协调、有效制衡的决策执行监督机制，规范董事长、总经理行权行为，充分发挥董事会的决策作用、监事会的监督作用、经理层的经营管理作用、党组织的政治核心作用，切实解决一些企业董事会形同虚设、"一把手"说了算的问题，实现规范的公司治理。要切实落实和维护董事会依法行使重大决策、选人用人、薪酬分配等权利，保障经理层经营自主权，法无授权任何政府部门和机构不得干预。加强董事会内部的制衡约束，国有独资、全资公司的董事会和监事会均应有职工代表，董事会外部董事应占多数，落实一人一票表决制度，董事对董事会决议承担责任。改进董事会和董事评价办法，强化对董事的考核评价和管理，对重大决策失误负有直接责任的要及时调整或解聘，并依法追究责任。进一步加强外部董事队伍建设，拓宽来源渠道。

（九）建立国有企业领导人员分类分层管理制度

坚持党管干部原则与董事会依法产生、董事会依法选择经营管理者、经营管理者依法行使用人权相结合，不断创新有效实现形式。上级党组织和国有资产监管机构按照管理权限加强对国有企业领导人员的管理，广开推荐渠道，依规考察提名，严格履行选用程序。根据不同企业类别和层级，实行选任制、委任制、聘任制等不同选人用人方式。推行职业经理人制度，实行内部培养和外部引进相结合，畅通现有经营管理者与职业经理人身份转换通道，董事会按市场化方式选聘和管理职业经理人，合理增加市场化选聘比例，加快建立退出机制。推行企业经理层成员任期制和契约化管理，明确责任、权利、义务，严格任期管理和目标考核。

（十）实行与社会主义市场经济相适应的企业薪酬分配制度

企业内部的薪酬分配权是企业的法定权利，由企业依法依规自主决定，完善既有激励又有约束、既讲效率又讲公平、既符合企业一般规律又体现国有企业特点的分配机制。建立健全与劳动力市场基本适应、与企业经济效益和劳动生产率挂钩的工资决定和正常增长机制。推进全员绩效考核，以业绩为导向，科学评价不同岗位员工的贡献，合理拉开收入分配差距，切实做到收入能增能减和奖惩分明，充分调动广大职工积极性。对国有企业领导人员实行与选任方式相匹配、与企业功能性质相适应、与经营业绩相挂钩的差异化薪酬分配办法。对党中央、国务院和地方党委、政府及其部门任命的国有企业领导人员，合理确定基本年薪、绩效年薪和任期激励收入。对市场化选聘的职业经理人实行市场化薪酬分配机制，可以采取多种方式探索完善中长期激励机制。健全与激励机制相对称的经济责任审计、信息披露、延期支付、追索扣回等约束机制。严格规范履职待遇、业务支出，严禁将公款用于个人支出。

（十一）深化企业内部用人制度改革

建立健全企业各类管理人员公开招聘、竞争上岗等制度，对特殊管理人员可以通过委托人才中介机构推荐等方式，拓宽选人用人视野和渠道。建立分级分类的企业员工市场化公开招聘制度，切实做到信息公开、过程公开、结果公开。构建和谐劳动关系，依法规范企业各类用工管理，建立健全以合同管理为核心、以岗位管理为基础的市场化用工制度，真正形成企业各类管理人员能上能下、员工能进能出的合理流动机制。

四、完善国有资产管理体制

(十二) 以管资本为主推进国有资产监管机构职能转变

国有资产监管机构要准确把握依法履行出资人职责的定位，科学界定国有资产出资人监管的边界，建立监管权力清单和责任清单，实现以管企业为主向以管资本为主的转变。该管的要科学管理、决不缺位，重点管好国有资本布局、规范资本运作、提高资本回报、维护资本安全；不该管的要依法放权、决不越位，将依法应由企业自主经营决策的事项归位于企业，将延伸到子企业的管理事项原则上归位于上级企业，将配合承担的公共管理职能归位于相关政府部门和单位。大力推进依法监管，着力创新监管方式和手段，改变行政化管理方式，改进考核体系和办法，提高监管的科学性、有效性。

(十三) 以管资本为主改革国有资本授权经营体制

改组组建国有资本投资、运营公司，探索有效的运营模式，通过开展投资融资、产业培育、资本整合，推动产业集聚和转型升级，优化国有资本布局结构；通过股权运作、价值管理、有序进退，促进国有资本合理流动，实现保值增值。科学界定国有资本所有权和经营权的边界，国有资产监管机构依法对国有资本投资、运营公司和其他直接监管的企业履行出资人职责，并授权国有资本投资、运营公司对授权范围内的国有资本履行出资人职责。国有资本投资、运营公司作为国有资本市场化运作的专业平台，依法自主开展国有资本运作，对所出资企业行使股东职责，按照责权对应原则切实承担起国有资产保值增值责任。开展政府直接授权国有资本投资、运营公司履行出资人职责的试点。

(十四) 以管资本为主推动国有资本合理流动优化配置

坚持以市场为导向、以企业为主体，有进有退、有所为有所不为，优化国有资本布局结构，增强国有经济整体功能和效率。紧紧围绕服务国家战略，落实国家产业政策和重点产业布局调整总体要求，优化国有资本重点投资方向和领域，推动国有资本向关系国家安全、国民经济命脉和国计民生的重要行业和关键领域、重点基础设施集中，向前瞻性战略性产业集中，向具有核心竞争力的优势企业集中。发挥国有资本投资、运营公司的作用，清理退出一批、重组整合一批、创新发展一批国有企业。建立健全优胜劣汰市场化退出机制，充分发挥失业救济和再就业培训等的作用，解决好职工安置问题，切实保障退出企业依法实现关闭或破产，加快处置低效无效资产，淘汰落后产能。支持企业依法合规通过证券交易、产权交易等资本市场，以市场公允价格处置企业资产，实现国有资本形态转换，变现的国有资本用于更需要的领域和行业。推动国有企业加快管理创新、商业模式创新，合理限定法人层级，有效压缩管理层级。发挥国有企业在实施创新驱动发展战略和制造强国战略中的骨干和表率作用，强化企业在技术创新中的主体地位，重视培养科研人才和高技能人才。支持国有企业开展国际化经营，鼓励国有企业之间以及与其他所有制企业以资本为纽带，强强联合、优势互补，加快培育一批具有世界一流水平的跨国公司。

（十五）以管资本为主推进经营性国有资产集中统一监管

稳步将党政机关、事业单位所属企业的国有资本纳入经营性国有资产集中统一监管体系，具备条件的进入国有资本投资、运营公司。加强国有资产基础管理，按照统一制度规范、统一工作体系的原则，抓紧制定企业国有资产基础管理条例。建立覆盖全部国有企业、分级管理的国有资本经营预算管理制度，提高国有资本收益上缴公共财政比例，2020年提高到30%，更多用于保障和改善民生。划转部分国有资本充实社会保障基金。

五、发展混合所有制经济

（十六）推进国有企业混合所有制改革

以促进国有企业转换经营机制，放大国有资本功能，提高国有资本配置和运行效率，实现各种所有制资本取长补短、相互促进、共同发展为目标，稳妥推动国有企业发展混合所有制经济。对通过实行股份制、上市等途径已经实行混合所有制的国有企业，要着力在完善现代企业制度、提高资本运行效率上下功夫；对于适宜继续推进混合所有制改革的国有企业，要充分发挥市场机制作用，坚持因地施策、因业施策、因企施策，宜独则独、宜控则控、宜参则参，不搞拉郎配，不搞全覆盖，不设时间表，成熟一个推进一个。改革要依法依规、严格程序、公开公正，切实保护混合所有制企业各类出资人的产权权益，杜绝国有资产流失。

（十七）引入非国有资本参与国有企业改革

鼓励非国有资本投资主体通过出资入股、收购股权、认购可转债、股权置换等多种方式，参与国有企业改制重组或国有控股上市公司增资扩股以及企业经营管理。实行同股同权，切实维护各类股东合法权益。在石油、天然气、电力、铁路、电信、资源开发、公用事业等领域，向非国有资本推出符合产业政策、有利于转型升级的项目。依照外商投资产业指导目录和相关安全审查规定，完善外资安全审查工作机制。开展多类型政府和社会资本合作试点，逐步推广政府和社会资本合作模式。

（十八）鼓励国有资本以多种方式入股非国有企业

充分发挥国有资本投资、运营公司的资本运作平台作用，通过市场化方式，以公共服务、高新技术、生态环保、战略性产业为重点领域，对发展潜力大、成长性强的非国有企业进行股权投资。鼓励国有企业通过投资入股、联合投资、重组等多种方式，与非国有企业进行股权融合、战略合作、资源整合。

（十九）探索实行混合所有制企业员工持股

坚持试点先行，在取得经验基础上稳妥有序推进，通过实行员工持股建立激励约束长效机制。优先支持人才资本和技术要素贡献占比较高的转制科研院所、高新技术企业、科技服务型企业开展员工持股试点，支持对企业经营业绩和持续发展有直接或较大影响的科研人员、经营管理人员和业务骨干等持股。员工持股主要采取增资扩股、出资新设等方式。完善相关政策，健全审核程序，规范操作流程，严格资产评估，建立健全股权流转和退出机制，确保员工持股公开透明，严禁暗箱操作，防止利益输送。

六、强化监督防止国有资产流失

（二十）强化企业内部监督

完善企业内部监督体系，明确监事会、审计、纪检监察、巡视以及法律、财务等部门的监督职责，完善监督制度，增强制度执行力。强化对权力集中、资金密集、资源富集、资产聚集的部门和岗位的监督，实行分事行权、分岗设权、分级授权，定期轮岗，强化内部流程控制，防止权力滥用。建立审计部门向董事会负责的工作机制。落实企业内部监事会对董事、经理和其他高级管理人员的监督。进一步发挥企业总法律顾问在经营管理中的法律审核把关作用，推进企业依法经营、合规管理。集团公司要依法依规、尽职尽责加强对子企业的管理和监督。大力推进厂务公开，健全以职工代表大会为基本形式的企业民主管理制度，加强企业职工民主监督。

（二十一）建立健全高效协同的外部监督机制

强化出资人监督，加快国有企业行为规范法律法规制度建设，加强对企业关键业务、改革重点领域、国有资本运营重要环节以及境外国有资产的监督，规范操作流程，强化专业检查，开展总会计师由履行出资人职责机构委派的试点。加强和改进外派监事会制度，明确职责定位，强化与有关专业监督机构的协作，加强当期和事中监督，强化监督成果运用，建立健全核查、移交和整改机制。健全国有资本审计监督体系和制度，实行企业国有资产审计监督全覆盖，建立对企业国有资本的经常性审计制度。加强纪检监察监督和巡视工作，强化对企业领导人员廉洁从业、行使权力等的监督，加大大案要案查处力度，狠抓对存在问题的整改落实。整合出资人监管、外派监事会监督和审计、纪检监察、巡视等监督力量，建立监督工作会商机制，加强统筹，创新方式，共享资源，减少重复检查，提高监督效能。建立健全监督意见反馈整改机制，形成监督工作的闭环。

（二十二）实施信息公开加强社会监督

完善国有资产和国有企业信息公开制度，设立统一的信息公开网络平台，依法依规、及时准确披露国有资本整体运营和监管、国有企业公司治理以及管理架构、经营情况、财务状况、关联交易、企业负责人薪酬等信息，建设阳光国企。认真处理人民群众关于国有资产流失等问题的来信、来访和检举，及时回应社会关切。充分发挥媒体舆论监督作用，有效保障社会公众对企业国有资产运营的知情权和监督权。

（二十三）严格责任追究

建立健全国有企业重大决策失误和失职、渎职责任追究倒查机制，建立和完善重大决策评估、决策事项履职记录、决策过错认定标准等配套制度，严厉查处侵吞、贪污、输送、挥霍国有资产和逃废金融债务的行为。建立健全企业国有资产的监督问责机制，对企业重大违法违纪问题敷衍不追、隐匿不报、查处不力的，严格追究有关人员失职渎职责任，视不同情形给予纪律处分或行政处分，构成犯罪的，由司法机关依法追究刑事责任。

七、加强和改进党对国有企业的领导

（二十四）充分发挥国有企业党组织政治核心作用

把加强党的领导和完善公司治理统一起来，将党建工作总体要求纳入国有企业章程，明确国有企业党组织在公司法人治理结构中的法定地位，创新国有企业党组织发挥政治核心作用的途径和方式。在国有企业改革中坚持党的建设同步谋划、党的组织及工作机构同步设置、党组织负责人及党务工作人员同步配备、党的工作同步开展，保证党组织工作机构健全、党务工作者队伍稳定、党组织和党员作用得到有效发挥。坚持和完善双向进入、交叉任职的领导体制，符合条件的党组织领导班子成员可以通过法定程序进入董事会、监事会、经理层，董事会、监事会、经理层成员中符合条件的党员可以依照有关规定和程序进入党组织领导班子；经理层成员与党组织领导班子成员适度交叉任职；董事长、总经理原则上分设，党组织书记、董事长一般由一人担任。

国有企业党组织要切实承担好、落实好从严管党治党责任。坚持从严治党、思想建党、制度治党，增强管党治党意识，建立健全党建工作责任制，聚精会神抓好党建工作，做到守土有责、守土负责、守土尽责。党组织书记要切实履行党建工作第一责任人职责，党组织班子其他成员要切实履行“一岗双责”，结合业务分工抓好党建工作。中央企业党组织书记同时担任企业其他主要领导职务的，应当设立1名专职抓企业党建工作的副书记。加强国有企业基层党组织建设和党员队伍建设，强化国有企业基层党建工作的基础保障，充分发挥基层党组织战斗堡垒作用、共产党员先锋模范作用。加强企业党组织对群众工作的领导，发挥好工会、共青团等群团组织的作用，深入细致做好职工群众的思想政治工作。把建立党的组织、开展党的工作，作为国有企业推进混合所有制改革的必要前提，根据不同类型混合所有制企业特点，科学确定党组织的设置方式、职责定位、管理模式。

（二十五）进一步加强国有企业领导班子建设和人才队伍建设

根据企业改革发展需要，明确选人用人标准和程序，创新选人用人方式。强化党组织在企业领导人员选拔任用、培养教育、管理监督中的责任，支持董事会依法选择经营管理者、经营管理者依法行使用人权，坚决防止和整治选人用人中的不正之风。加强对国有企业领导人员尤其是主要领导人员的日常监督管理和综合考核评价，及时调整不胜任、不称职的领导人员，切实解决企业领导人员能上不能下的问题。以强化忠诚意识、拓展世界眼光、提高战略思维、增强创新精神、锻造优秀品行为重点，加强企业家队伍建设，充分发挥企业家作用。大力实施人才强企战略，加快建立健全国有企业集聚人才的体制机制。

（二十六）切实落实国有企业反腐倡廉“两个责任”

国有企业党组织要切实履行好主体责任，纪检机构要履行好监督责任。加强党性教育、法治教育、警示教育，引导国有企业领导人员坚定理想信念，自觉践行“三严三实”要求，正确履职行权。建立切实可行的责任追究制度，与企业考核等挂钩，实行“一案双查”。推动国有企业纪律检查工作双重领导体制具体化、程序化、制度化，强化上级纪委对下级纪委的领导。加强和改进国有企业巡视工作，强化对权力运行的监督和制约。坚持运用法治思维和法治方式反腐败，完善反腐倡廉制度体系，严格落实反“四风”规定，努力构筑企业领导人员不敢腐、不能腐、不想腐的有效机制。

八、为国有企业改革创造良好环境条件

（二十七）完善相关法律法规和配套政策

加强国有企业相关法律法规立改废释工作，确保重大改革于法有据。切实转变政府职能，减少审批、优化制度、简化手续、提高效率。

完善公共服务体系，推进政府购买服务，加快建立稳定可靠、补偿合理、公开透明的企业公共服务支出补偿机制。完善和落实国有企业重组整合涉及的资产评估增值、土地变更登记和国有资产无偿划转等方面税收优惠政策。完善国有企业退出的相关政策，依法妥善处理劳动关系调整、社会保险关系接续等问题。

（二十八）加快剥离企业办社会职能和解决历史遗留问题

完善相关政策，建立政府和国有企业合理分担成本的机制，多渠道筹措资金，采取分离移交、重组改制、关闭撤销等方式，剥离国有企业职工家属区"三供一业"和所办医院、学校、社区等公共服务机构，继续推进厂办大集体改革，对国有企业退休人员实施社会化管理，妥善解决国有企业历史遗留问题，为国有企业公平参与市场竞争创造条件。

（二十九）形成鼓励改革创新的氛围

坚持解放思想、实事求是，鼓励探索、实践、创新。全面准确评价国有企业，大力宣传中央关于全面深化国有企业改革的方针政策，宣传改革的典型案例和经验，营造有利于国有企业改革的良好舆论环境。

（三十）加强对国有企业改革的组织领导

各级党委和政府要统一思想，以高度的政治责任感和历史使命感，切实履行对深化国有企业改革的领导责任。要根据本指导意见，结合实际制定实施意见，加强统筹协调、明确责任分工、细化目标任务、强化督促落实，确保深化国有企业改革顺利推进，取得实效。

金融、文化等国有企业的改革，中央另有规定的依其规定执行。

坚决贯彻十二大精神
开创我区工业生产的新局面

——在区党委四届五次全体（扩大）会议上的讲话

（1982年10月25日）

李　恽　和

同志们：

这次自治区党委全委扩大会议，学习、贯彻党的十二大精神，使我们明确了到本世纪末我们经济建设的战略目标、战略重点、战略步骤和总的方针、政策，这对于搞好宁夏的工业生产，开创我区工交工作新局面，将会起到极为重要的指导作用。我同意学智同志讲话中提出的贯彻党的十二大精神的五项工作。现在，我根据十二大精神，就我区工业在不断提高经济效益的前提下，到2000年实现总产值翻两番的奋斗目标，以及今年第四季度和明年初的工交工作，讲一些意见。

一、努力实现到本世纪末我区工业在提高经济效益的前提下，总产值翻两番的奋斗目标

胡耀邦同志在党的十二大的报告中提出了我国经济建设的奋斗目标。根据这个奋斗目标，在我区工业发展的历史和现状进行认真分析的

基础上，我们认为，经过广大干部和人民自力更生，艰苦奋斗，在国家的大力支持、帮助下，我区工业在提高经济效益的前提下，总产值到本世纪末翻两番的奋斗目标，是一定能够实现的。

从我区工业的发展历史情况来看，1951 年到 1980 年的 30 年中，全区工业平均每年递增速度为 16.84%。以 1980 年我区工业总产值 14.5 亿元为基础，到 2000 年全区工业年总产值翻两番，即达到 58 亿元，平均每年递增速度为 7.18%，大大低于 30 年来的平均增长速度。考虑到在近两年工业调整中我区工业总产值下降的情况，以 1983 年达到 14.5 亿元的水平计算，到 2000 年实现翻两番，实际只有 17 年时间。即使如此，17 年的平均递增速度也只有 8.5%，仍然低于 30 年的平均递增速度。因此，到本世纪末我区工业在提高经济效益的前提下，总产值翻两番是能够实现的，安排 64 亿元左右，经过努力，也是完全可能的。从我区的情况来看，我们有实现这一目标的有利的政治经济条件，从经济条件上看：

第一，工业有了一定的基础，拥有 21 亿元固定资产（净值）的生产能力。这些生产能力如果达到全国现在的平均生产水平，工业总产值就可以达到 25 亿元。

第二，我区拥有丰富的能源资源，已探明的煤炭储量达 295 亿吨；黄河流经我区境内，水的资源丰富，这是发展工业的重要条件。

第三，由于具有发展能源工业的优越条件，可以多办耗能多的工业，充分发挥我区的能源优势。

第四，我区有一些驰名中外的土特产品，如滩羊皮、枸杞、甘草等等，可作为工业的原料。

当然，我区还有一些不足的方面，主要是农业给工业提供的原料太少；目前的交通运输能力不能适应工业发展的需要。根据我区工业发展的有利条件和不足方面，从宁夏的实际情况出发，宁夏的工业要实现和超过本世纪末翻两番的目标，设想今后工业的发展和到2000年时的规模轮廓如下：

1. 重点发展能源工业。进一步开发利用煤炭资源，使煤炭年总产量达到2000万吨。在此基础上，建立贺兰山大型火电基地和水力发电站，扩大发电能力，总装机容量规模350万千瓦，为我区工业发展提供强大的能源，同时，还可支援兄弟省区。加强石油勘探，希望石油产量有较大的增长。

2. 加快发展耗能多的冶金工业。铝产量在现有的基础上，扩建20万吨，铁合金、电石的产量分别达到15万吨，钢材15万吨。

3. 进一步发展化学工业。年产尿素达到52万吨，磷肥5万吨。

4. 大力发展食品工业。年生产糖10万吨，淀粉5万吨，卷烟10万箱，葡萄酒5万吨，乳制品2万吨。

5. 优先发展轻纺工业。毛纺达到2万锭，棉纺达到10万锭，同时，发展亚麻、陶瓷、造纸、皮革、毛皮等轻工产品。

6. 积极发展建材工业。水泥生产能力达到100万吨，石膏达到100万吨，积极发展水泥制品、石膏制品和玻璃制品。

7. 进一步提高机械工业，使机床、材料试验机、调节阀、煤矿机械形成拳头产品。根据国内外市场的需要，加快产品的升级换代，为工农业提供技术先进、质量好的设备。

发展我区的工业生产能力，要采取以下措施和办法：

1. 先要搞好现有企业的填平补齐，达到设计能力。增加产值5.5亿元。“六五”期间，要把这项工作作为重点认真抓好，为今后发展打好基础，积蓄力量，创造条件。

2. 前十年增产的途径主要是进行企业的技术改造，对现有企业进行整顿、改组、联合，大力发展集体所有制工厂，改革不合理的经济结构和管理体制，提高企业的生产水平、技术水平、管理水平。增加产值

16 亿元。

3. 为了在后十年经济振兴时期提高工业增长速度，必须集中资金进行重点建设，上一批大中型项目。除了依靠我区自己的力量，自力更生筹集资金外，还要积极争取国家帮助，投资建厂，并同兄弟省市和外国合资办厂。

4. 解决铁路运输问题。要求国家加快进行包兰铁路电气化建设，修建中卫至西安的铁路线，提高我区的铁路外运能力。进一步加强通信设施，适应“四化”建设需要。

5. 大力发展农业、牧业，为工业生产提供更多的原料和市场。同时，积极向国内国外市场推销我区工业产品。

6. 建立各级培训中心，搞好职工培训工作，进行智力开发，培养大批科学技术和经营管理人才，加强科学技术研究工作，适应我区工业发展的需要。

我们相信，只要按照党中央的路线、方针、政策办事，从宁夏的实际情况和特点出发，制定出切实可行的经济发展的战略目标和措施，避免较大的“左”的和“右”的错误，在工作中不走弯路，依靠全区广大干部和人民群众的共同努力，我们的目的是一定能够实现的。

二、全面完成和超额完成今年的工交生产任务，保证明年一季度生产稳步发展

今年以来，我区工交战线广大干部和职工，在党的三中全会以来的路线、方针、政策的指引下，继续深入贯彻国民经济进一步调整的方针，贯彻落实国务院召开的全国工交工作会议精神和全国企业整顿座谈会精神，以企业全面整顿为中心，以提高经济效益为目的，狠抓了工交生产和各项工作，使我区工业生产出现了回升好势头。前 9 个月，全区累计完成工业总产值 10.358 亿元，为年计划的 79.7%，比去年同期增长

13.9%。特别是9月份党的十二大胜利召开后，全区广大干部和职工受到极大鼓舞，以饱满的政治热情狠抓了工交生产和增收节支，9月份当月，全区完成工业总产值1.263亿元，比8月份增长了7.2%，比去年同期增长了15.8%，创造了继今年6月份以来的第二个高产月。

1至9月份，全区财政预算内国营企业（包括电力局）实现利润1152万元，为年利润计划的71.55%；产品销售收入比去年同期增长15.16%；可比产品成本比去年同期下降0.31%；流动资金占用比去年同期下降3.28%。

今年我区工业生产形势是好的，主要表现在以下几个方面：

1. 轻工业继续增长，重工业回升较快。今年1—9月份，轻工业比去年同期增长3.3%；重工业增长14.5%。

2. 区属和地市县企业生产均有增长。在全区工交十二个局中，除二轻局与去年同期持平外，其余都有不同程度的提高；全区18个市县中，有16个都有上升。1—9月份，中央、区属企业比去年同期增长了14.1%。地市县企业增长了13.3%。轻工、医药、石化、机械、交通、国防工办6个局办和贺兰、中宁、西吉、隆德四县增长幅度都超过了20%。

3. 经济效益逐步好转。今年上半年，我区经济效益不好，仅实现利润284万元，完成年利润计划的17.6%。贯彻了全国工交工作会议精神后，强调了以提高经济效益为中心，逐步端正了工交生产的指导思想，刹住亏损局面，5月份扭亏为盈，实现利润100万元。6月份以来，通过贯彻全国企业整顿座谈会精神，进一步加强对企业的全面整顿，企业经营管理有了改善，经济效益逐步提高，6月份盈利102万元，7月份盈利175万元，8月份盈利321万元，9月份实现利润315万元。

4. 企业整顿初见成效。今年在中央二号文件的指导下，开展了企业整顿工作。8月份，对全区第一批整顿的企业进行了检查。从检查的情况看，有些企业通过全面整顿改善了经营管理，加强了基础工作，经济效益有了提高。如银川市通过企业整顿，工业生产和经济效益都取得了好成绩，全市1—9月份完成工业总产值比去年同期增长了17.5%，实现利润增长了1倍多。也有少数企业的整顿工作没有取得预期效果。

5. 部分产品质量有所提高。在9月份的“质量月”活动中，全区评选出了20个优秀质量管理小组，有21种产品被评为自治区优质产品，其中银川电力修造厂的直流高压试验器荣获国家银质奖，西北煤机一厂的联接环、煤机三厂的22千瓦防爆电机和宁夏钢铁厂的密封钢丝绳被评为煤炭部和冶金部的优质产品。

从前9个月的情况来看，我区工业生产的速度虽然比较快，但是经济效益仍然不高，特别是地方国营工业经济效益很差。从客观上讲，确实存在一些困难，如不少企业生产任务不饱满；一些原料提价而产品降价，以及铁路运力不足等等造成企业盈利减少或亏损增加。但是，主要原因还是在我们主观方面和工作方面，在自治区领导抓得不力。同时，有些部门和企业的领导干部思想还没有真正转到提高经济效益上来，片面追求产值、速度而忽视经济效益的现象还没有得到认真克服。一些企业整顿工作不扎实，不认真，管理混乱、消耗高、浪费大的现象仍然存在。还有一些部门和企业的领导班子精神不振，涣散无力，作风不扎实，工作不深入。这些问题的存在，影响了我区经济效益的提高，必须认真学习，贯彻十二大精神，采取有力措施，迅速加以解决。

当前，我区工交工作开始走上稳步、健康发展的轨道，工业生产保持了回升的势头，经济效益情况正在好转。预计全年完成工业总产值13.4亿元，比年计划增长3.1%，比1981年增长9%左右；如果保持8、9月份的水平，工作抓得好，全区今年财政预算内国营工业企业1610万元的利润计划可以完成。但是必须看到，要实现以上目的，特别是争取经济效益的进一步好转，还要做艰苦的努力，为此，第四季度和明年初的工交工作总的要求是认真学习、贯彻党的十二大精神和调整、改革、整顿、提高的方针，继续努力，扎扎实实，坚持速度与效益统一的原则，采取有效措施，重点把经济效益搞上去，在提高经济效益的前提下，全面完成和超额完成今年的工交生产计划，抓紧做好明年的生产准备工作，为明年第一季度生产打好基础。

第四季度和明年初工交部门着重要抓好以下几项工作：

一是继续努力提高经济效益。

要进一步强调端正工业生产的指导思想，把重点转到提高经济效益的轨道上来。要讲究生产的有效性、适用性，坚持在提高质量、增加品种、降低成本、产品适销对路的前提下，增加生产，求得一个扎扎实实的没有水分的速度。目前某些产品已出现了滞销积压的现象，据机械、冶金、轻工等部门的不完全统计，积压产品 4000 多万元。全区 1—9 月份产成品资金占用 1.4385 亿元，比去年同期上升 4.1%，这一情况应引起我们的重视，要采取措施，提高质量，发展品种，努力适应社会需要的变化，扩大产品销路，提高经济效益。

各地各部门要突出抓好重点企业和亏损大户的经济效益，这些企业对全区经济效益的好转关系很大。1—9 月份 10 个亏损大户共亏损 1547 万元。其中，石炭井矿务局亏损 877 万元，银川氮肥厂亏损 144 万元，西北轴承厂亏损 135 万元，长城铸造厂亏损 115 万元。8、9 月份以来这些亏损企业开始减亏，必须继续努力，做出更好的成绩。盈利企业尤其是重点企业，要继续增加盈利，多做贡献。

反对浪费、挖潜节约是提高企业经济效益的重要途径。目前不少企业浪费很大：一是原材料、燃料、动力消耗大，废品率高；二是产品质量低，产销不对路，造成产品积压，这是经济效益不好的主要原因。事实证明企业大有潜力可挖，例如大武口洗煤厂上半年亏损 107 万元，下半年结合企业整顿，精煤回收率由 39%提高到 49%，三个月补回全部亏损还盈利 21000 元。各地各部门和企业，要从国家整体利益出发，为国家多做贡献，不要光考虑本部门、本厂的局部利益。要从反对浪费入手，普遍开展查原因、算细账、挖潜力的活动，千方百计挖潜节约，节支增收，使企业的经济效益有一个明显的提高。

二是进一步加强对企业整顿工作的领导。

整顿好现有工业企业，是提高经济效益的关键。各级党委和政府一定要加强对企业整顿工作的领导，对第一批重点整顿企业进行一次总结，部署明年的整顿工作。要克服厌倦、松劲情绪，坚持高标准、严要求，善始善终抓紧抓好企业的全面整顿工作。第一批整顿企业要按计划完成，年底组织验收。未经验收合格的企业，蹲点调查组不能撤离，一定要保证企业整顿的质量。

企业整顿要出成果，出效益，要敢于碰硬，敢于触及尖锐问题。首先要解决好领导班子问题。这是企业能否出成果、出效益的关键。一些企业如青铜峡铝厂、大武口洗煤厂、轻工机械厂的领导班子问题解决后，较快地开创了新局面。要通过整顿，克服领导软弱涣散状态，下决心选“明白人”，敢于闯新路、善于打开局面的人到领导班子中来，只有这样，才能迅速改变企业面貌。要学习首钢，不断完善经济责任制，改善经营管理。过去经济责任制搞得好的单位，要认真总结加以完善提高；责任制不落实的单位，要认真学习首钢经验，抓紧落实，决不能回到“吃大锅饭”的老路上去。改进奖励办法，坚持奖勤罚懒，反对平均主义，真正把职工的积极性引导到改善经营管理，挖掘内部潜力上来。要结合企业整顿，做好定员定额工作，组织多余人员进行文化、技术学习，搞好智力开发，加强职工文化技术教育，落实职工培训规划。

在企业整顿中，还要认真解决全民、集体混岗问题，改革企业内部管理体制。要建立和健全职工代表大会制度，加强企业民主管理。围绕提高经济效益和节约能源，对产品结构、企业组织结构进行调整，推动企业的改造、改组和联合，有的企业要实行关停并转。

三是抓紧抓好当前生产，充分做好明年生产的准备工作。

各地各部门要抓紧抓好第四季度工业生产，不能松劲，努力增产适销对路的短线产品，减产长线产品，避免新的积压。加强工商衔接和协作，商业部门要积极疏通渠道，尽量帮助工业部门把能够推销的产品推销出去。要搞好铁路运输的综合平衡，组织合理运输，提高运输效率，在继续抓好煤炭外运的同时，还要抓其他重点物资的运输，把一些有销路、有效益的积压产品运出去。要安排好农田冬灌期间的电力供应，做到安全供电，保证工业生产的正常进行。加强节约能源工作，有计划、有步骤地更新改造锅炉、风机、水泵、变压器等耗能高的设备，普遍安装电表、水表，实行计量收费，取消包费制。11 月份，在全国“节能月”中，要对全区节能工作进行一次大检查，推动节能工作的开展。

要切实安排好冬季生产，做好防寒、防冻、防火工作。加强设备的维修保养，提高设备的完好率，保证设备正常运转。要加强对安全生产的领导，严格规章制度，及时发现事故隐患，制定安全措施，防止重大伤亡事故的发生，保证安全生产。

要及早安排、充分做好 1983 年生产准备工作，为开创明年我区工交工作的新局面打好基础，一定要避免明年第一季度工业生产下降的情况。要了解市场情况的变化，做好明年市场需要的预测工作，抓紧编制 1983 年生产、技术、财务计划，开好订货会议，做好材料、物资准备。各地各部门要在 11 月底以前，将明年第一季度生产计划下达到企业，组织好产、供、运、销的综合平衡。还要编制好明年的设备大、中修计划和备品、配件供应计划。今年，有些企业的财务包干指标和奖金系数下达较晚，对企业和职工的积极性有一定影响，明年要接受这个教训，自治区经委、财政、劳动部门要尽早商定方案，将明年的财务包干指标和奖金系数确定下来，以利于调动企业和职工的积极性，提高企业的经济效益。

四是切实加强企业的技术改造工作。

今年挖革改技措项目完成得不够理想，1—9月份仅完成40%左右。当前要抓紧在建技措项目的施工，确保今年计划完成的项目，按质按量按期峻工投产，为明年第一季度生产出力，发挥效益。同时，要及早制定明年技术改造计划，组织设计施工，尽快取得实际效益。

五是加强政治思想工作，搞好精神文明建设。

当前，要组织干部、工人认真学习十二大文件，用共产主义思想教育职工，坚定共产主义信念，在实际工作中坚决贯彻执行党的路线、方针和政策，摆正国家利益、集体利益和个人利益的位置，加强组织性、纪律性，为实现我国经济建设奋斗目标做出贡献。年终要评选先进生产者和劳动模范，表扬好人好事。

继续深入开展五讲四美活动，是社会主义精神文明建设的重要内容，所有工业企业要按照实际情况，开展活动，掀起五讲四美的新高潮。要继续解决脏、乱、差的问题，搞好环境卫生，建立良好的生产秩序，改进服务态度，提高服务质量，造成一个讲卫生、讲秩序、讲礼貌的良好风尚。

总之，今冬明春的工交工作任务很重。各级党委和政府要加强对工交工作的领导。各级工交部门和企业的领导干部，要深入基层，深入实际，调查研究，不断解决新问题，在十二大精神的指导下，在自治区党委的领导下，振奋精神，开拓前进，坚忍不拔，奋斗不息，为开创我区工交工作的新局面做出新贡献。

宁夏回族自治区人民政府关于培育和发展大企业大集团的实施意见

宁政发〔2003〕37号

各市、县（区）人民政府，自治区政府各部门、直属机构：

按照党的十六大提出的全面建设小康社会的奋斗目标。根据当今世界经济科技发展新趋势和全区经济发展新阶段的新要求，加快工业化进程，是我区建设社会主义现代化的战略抉择，也是一项十分艰巨的历史性任务。推动我区经济结构的战略性调整，鼓励国有资本和各种民间资本向国民经济的关键领域和行业集中，积极培育和发展大企业大集团，提升工业的整体发展水平和市场竞争实力，是积极推进工业化的重要内容。现结合自治区实际情况，就培育和发展大企业大集团，提出以下实施意见：

一、充分认识培育和发展大企业大集团的重要意义

培育和发展大企业大集团，是发展我区先进生产力的重要载体。大企业大集团资金实力雄厚，技术设备现代化程度高，经营管理水平先进，从一定意义上讲，培育和发展大企业大集团，就是发展先进生产力，就是实践“三个代表”重要思想的具体体现。自治区只要抓住了一批大企业大集团，就能左右国民经济大局，主导国民经济的发展。今后，要认真按照抓大放小的要求，积极推进企业的战略性改组，鼓励国

有资本和各种民间资本向国民经济的关键领域和行业集中。

培育和发展大企业大集团，是推动自治区经济结构战略性调整的重要举措。培育和发展大企业大集团，有利于推进国有经济布局的战略性调整，提高国有资产运营质量和效益，更好地发挥国有经济的主导作用；依靠大企业大集团的技术创新、管理输出和并购活动，有利于优化产业结构和企业组织结构，使之成为技术创新和产业结构调整的主体，带动整个国民经济素质的提高。

大企业大集团是提高全区工业整体市场竞争力的主导力量。大企业大集团在国内外市场竞争中，具有较强的竞争实力和抗风险能力。随着世界经济一体化的推进，特别是在我国加入世贸组织的新形势下，实施经济国际化战略，必须要积极发展大企业大集团，使之成为我区经济发展的主导力量。

大企业大集团是自治区的重要财源。2001 年自治区 21 户重点骨干企业资产总额为 228 亿元，占全部工业资产总额的 38.5%；实现产品销售收入 139.8 亿元，占全部工业的 51.8%；工业增加值达到 43.3 亿元，占全部工业的 42.4%；实现利税 12.1 亿元，占全部工业的 57.6%。重点骨干企业已成为自治区财政收入的主要来源之一。今后，要继续通过市场优化资源配置，加大政策扶持和引导力度，培育和发展一批大企业大集团，使之成为自治区的重要财源支柱。

二、我区培育和发展大企业大集团的指导思想与目标

坚持以邓小平理论和“三个代表”重要思想为指导，认真贯彻党的十六大精神，积极应对世界科技革命和产业结构剧烈变化带来的困难与挑战，按照全面建设小康社会的目标要求，走出一条科技含量高、经济效益好、环境污染少、人力资源优势得到充分发挥的新型工业化道路。进一步深化企业改革，积极加快企业技术进步，努力提高企业管理水

平，大力推进企业制度创新、技术创新、管理创新，不断提高企业经济实力、市场竞争能力和经营效益，切实培育一批上规模上档次、能够带动全区产业结构优化升级的大企业和企业集团。

到 2005 年，全区工业增加值达到 155 亿元，占 GDP 的比重由目前的 34%提高到 36%。其中预计年销售收入在 10 亿~30 亿元的大企业大集团达到 15 家，30 亿元以上的 3 家，大企业大集团工业增加值达到 75 亿元，占全区工业的比重由 42.4%提高到 45%。

到 2010 年，全区工业增加值达到 265 亿元，占 GDP 的比重达到 38%。其中预计年销售收入在 10 亿~30 亿元的大企业大集团 9 家，30 亿元以上的 11 家，大企业大集团工业增加值达到 130 亿元，占全区工业的比重由 45%提高到 50%。

到 2020 年，全区工业增加值力争达到 750 亿元，占 GDP 的 40%以上。年销售收入在 10 亿元以上的大企业大集团达到 25 家，争取将青铜峡铝业集团、宁夏煤业集团、美利纸业集团、东方有色金属集团、宁夏发电集团公司等培育成为年销售收入达到 100 亿元以上的大企业和企业集团。大企业大集团工业增加值达到 400 亿元，占全区工业的比重达到 60%以上。

三、自治区培育和发展大企业大集团的具体安排

（一）青铜峡铝业集团有限公司

企业目前电解铝生产能力为 25 万吨，根据市场需求和企业发展要求，要进一步扩大生产规模，提高竞争能力。在近期进行技术改造，2005 年电解铝生产能力达到 30 万吨，销售收入达到 40 亿元，实现利税 3.5 亿元。“十一五”期间进一步与加拿大铝业公司合资进行扩建，投资 25 亿元，2007 年电解铝生产能力达到 65 万吨，2010 年实现销售收入 84 亿元，利税 9 亿元，建设成为国内最大的电解铝生产企业之一。

（二）美利纸业集团有限公司

企业目前造纸生产能力为25万吨，并配套热电联产、碱回收及中段水处理装置，已收购新疆阿勒泰纸浆厂。企业正在实施总投资87亿元的百万吨林纸一体化工程，建设宁夏造纸工业园区。近期，营造50万亩速生林，生产杨木化机浆，建成30万吨/年涂布白卡纸生产线。2005年造纸生产能力达到60万吨，实现销售收入36亿元，利税7亿元。在“十一五”期间，再营造50万亩速生林，建成宁夏100万亩速生林基地和新疆阿勒泰50万亩芦苇基地，在新厂区再建75万吨高档纸生产线。到2010年实现百万吨造纸新厂全面竣工投产，企业年造纸生产能力达到135万吨，实现销售收入100亿元，利税20亿元，建设成为全国特大型造纸企业。

（三）宁夏东方有色金属集团有限公司

东方有色集团是世界钽铌冶炼加工三强企业之一，国家科技部、中科院认定的高新技术企业。主要从事钽、铌、铍粉末、合金、化合物及其加工材等高新技术产品的研究、开发和生产，产品主要销售国际市场。今后，企业将进一步提高铝钢提取技术，开发钽铌氧化物、LT、LN等人工晶体产品、钽铌电容器、钽铌合金压力加工材、铍及铍合金材料、稀土化合物及合金材料、镁合金、纳米级ITO粉等超细粉体材料及深加工产品、精细化工产品等。2005年实现销售收入18亿元，利税2亿元，2010年实现销售收入40亿元，利税6亿元。

（四）中国石油集团宁夏大元炼油化工有限责任公司

企业现原油加工能力225万吨/年，主要生产90#汽油、93#汽油、柴油、石油液化气、聚丙烯、合成氨、碳酸氢氨、氢氧化钾等产品。今后将重点开发甲烷氯化物、各种特种用油，发展精细化工产品等。2005年销售收入达到20亿元，利税2亿元。2010年销售收入达到30亿元，利税3亿元。

（五）银川佳通公司（原银川橡胶厂）

企业目前轮胎生产能力为330万套，其中全钢载重子午胎30万套，在经营管理、新产品开发、技术装备等方面居全国同行业先进水平。计划在近期进一步加大技改扩建步伐，新增全钢载重子午胎生产能力120万套，到2005年轮胎生产能力达到500万套，产品销售收入达到30亿元，实现利税3亿元。2010年轮胎生产能力达到1000万套以上，其中全钢载重子午胎300万套，实现销售收入55亿元，利税7亿元，成为国际轮胎生产实力较强的企业之一。

（六）宁夏煤业集团有限公司

2002年底，集团公司资产总额为68亿元，年销售收入28亿元，利税2.3亿元，煤炭实际生产能力1600万吨。为保证自治区河东能源重化工基地和“西电东送”用煤需求，企业将陆续开工建设羊场湾矿、枣泉矿，开发建设鸳鸯湖矿区、横城矿区。当前，主要加快建设煤化工基地，重点实施83万吨煤基二甲醚项目和320万吨油品及化学品煤炭间接液化项目。到2005年，争取煤炭产量达到2500万吨，实现销售收入37亿元，利税3.5亿元。到2010年，煤炭产量达到4000万吨，煤炭化工产品规模力争达到500万吨，集团公司年销售收入达到250亿元以上。

（七）宁夏大坝电厂

一、二期工程已建成4台30万千瓦火力发电机组。随着宁东煤田的开发，按照国家实施“西电东送”工程的战略要求，规划三期工程建设4×60万千瓦火电机组，总投资87亿元，项目建议书已上报。计划2004年开工建设，2008年第一台机组投产，预计2010年全部建成，电厂总装机容量达到360万千瓦，成为国家西电东送的重要电源点。到2010年实现销售收入50亿元，利税6亿元。

（八）宁夏农垦企业（集团）有限责任公司

宁夏农垦企业（集团）有限责任公司集种养加为一体，今后将进一步发挥资源优势，开发农副产品精深加工。重点建成与山东省合作饲养肉羊加工项目、西夏王集团与江中集团合作建设葡萄酒项目，以及奶牛养殖与鲜奶加工项目、啤酒生产项目、肉猪养殖与加工项目等。预计到2005 年实现销售收入 12 亿元，利税 2 亿元。2010 年销售收入达到 20 亿元，利税 4.3 亿元。

（九）宁夏恒力集团有限公司

该公司是国家大型一档企业，中国金属制品重要生产基地。主要产品有钢丝绳、钢丝、钢绞线、建筑用钢材、活性炭五大类，其中金属制品类产品有 40 多个品种、1300 多个规格。今后，公司将根据市场需求，进一步扩大优质出口镀锌钢丝绳等产品的生产，加快柔性抽油杆等产品的开发和市场化进程，加紧实施 60 万吨冷轧改造项目。到 2005 年企业预计实现销售收入 10 亿元，利税 2 亿元。2010 年实现销售收入 20 亿元。

（十）中石油宁夏石化分公司

拟采用国外先进的合成氨增产节能技术，对公司第二套大化肥装置进行扩能改造。工程总投资 3.8 亿元，新增合成氨 15 万吨，尿素 26 万吨，新增天然气用气量 1.8 亿立方米。到 2005 年实现销售收入 14 亿元，利税 1.5 亿元。2010 年实现销售收入 20 亿元。

（十一）吴忠仪表集团有限公司

该公司为国家高新技术企业，是国内最大的生产自动调节阀的国有大型企业，具有工业自动化仪表、民用水电气表计量装置、环境保护、生物制药、医疗器械等领域科研开发和生产制造能力。近期重点开发自动采血仪、苦水海水淡化设备、烟尘烟气在线监测设备、智能现场模块仪表、电子式电气水计量仪、中高频滤波器、汽车防爆装置等新产品。2005 年实现销售收入 16 亿元，利税 3.8 亿元。2010 年实现销售收入 20 亿元。

（十二）国电宁夏石嘴山发电有限责任公司

石嘴山电厂扩建工程是自治区电力需求的重点电源及宁夏电力基地建设的重要项目之一。该项目已于2001年开工建设，规模为4×33万千瓦燃煤发电机组，总投资45.5亿元，送出工程投资13.9亿元。全部项目建成后年发电能力可达到72.6亿千瓦·时以上，2002年第一台机组已投产，预计2004年4台机组全部建成。到2005年实现销售收入12亿元，利税2.1亿元。2010年实现销售收入14亿元。

（十三）宁夏宁河民族化工股份有限公司

目前，企业正在规划建设5万吨石灰氮、10万吨烧碱、10万吨PVC等项目。2005年，预计实现销售收入10.5亿元，利税1.2亿元。在“十一五”期间继续扩大烧碱和PVC规模，力争使烧碱生产能力达到40万吨，PVC生产能力达到50万吨。2010年实现销售收入35亿元，利税4.5亿元。

（十四）宁夏捷美丰友化工有限公司

依托宁夏丰友化工有限公司与香港捷美集团合作，引进国外闲置生产设备，建设第三套天然气大化肥项目。工程总投资14.1亿元，年产40万吨合成氨、70万吨大颗粒尿素，年用天然气5亿立方米，2005年建成。预计2005年实现销售收入8.2亿元，利税1.5亿元。在此基础上，公司将进一步建设并发展甲醇、乙烯等天然气化工下游项目。2010年销售收入达到19亿元，利税3亿元。

（十五）宁夏圣雪绒国际企业集团有限公司

目前在银川、深圳、上海等设有羊绒制品生产厂家，并在美国、欧洲、日本等设立销售网点。现已形成分梳绒、染色、纺纱、制衫、羊绒面料等全套生产工艺。将在近期实施高档羊绒面料项目，扩大高档羊绒衫生产能力，扩大产品出口。到2005年实现销售收入10亿元，利税0.88亿元。之后根据市场需求，进一步开发适销对路产品。到2010年销售收入达到 20 亿元，实现利税 1.7 亿元。

（十六）宁夏启元药业有限公司

企业主导产品盐酸四环素生产能力已达到 2700 吨，位居世界第一，产品市场占有率高达 80%，远销欧洲、南美、东南亚，成为区内创汇大户。“十五”期间，企业还将投资 1.6 亿元实施国家计委审批的枸杞深加工保健食品专项工程。在 2003 年投资 2.5 亿元，建设 600 吨红霉素系列产品生产线，产品出口 65%以上，将成为世界五大红霉素药品生产企业之一。2005 年企业销售收入可达 7 亿元，利税 1.5 亿元。到 2010 年企业将实现销售收入 10 亿元，利税 2.5 亿元。

（十七）宁夏新华百货夏进乳业股份有限公司

2002 年扩建 9 条生产线，目前液体奶年加工能力达到 15 万吨，液体奶加工能力居全国前 8 名，被国家确定为“学生奶定点生产企业”和“农业产业化重点龙头企业”。下一步企业将重点建设国家计委已批复的“国家农副产品深加工食品工业工程”乳品加工专项工程和 15 万吨无菌奶技改工程，建设奶牛养殖示范园区和奶牛养殖基地。2005 年液体奶加工生产能力达到 30 万吨，实现销售收入 15 亿元，利税 1.5 亿元。2010 年液体奶加工能力达到 70 万吨，实现销售收入 35 亿元，利税 3.5 亿元。

（十八）宁夏香山酒业（集团）有限公司

立足宁夏枸杞资源优势，走农业产业化之路，被确定为“国家级农业产业化龙头企业”。目前已形成集白酒、枸杞酒、葡萄酒、饮料、纯净水、面粉加工等为一体的科技型集团化企业。近期重点实施枸杞深加工项目，项目建成后，12~38 度“宁夏红”枸杞酒产量达到 3 万吨，枸杞饮料 2 万吨。2005 年实现销售收入 20 亿元，利税 4 亿元。“十一五”期间进一步开发枸杞系列产品、生物制品等，做大做强枸杞产业，2010 年实现销售收入 50 亿元。

（十九）宁夏大荣实业集团有限公司

该公司是宁夏最大的有外资股份的非公有制企业和大型企业之一，在国内同行业中，已成为氰胺系列产品品种最全、质量最优、总量最大的电石深加工行业的重要出口创汇基地和科研创新基地，在国际市场上是紧随德国德固萨公司之后的第二大氰胺系列产品生产企业。公司近期新建年产3万吨碳酸锶联产1万吨硫脲项目；16万吨玉米深加工项目已列入2001年国家重点技术改造“双高一代”项目，到2005年企业将实现销售收入10亿元，利税3亿元。到2010年企业将实现销售收入30亿元，利税8亿元。

（二十）宁夏英力特电力（集团）股份有限公司

主营业务为发电和重化工产品的生产和销售，投资控股的中宁电厂扩建工程已开工建设，控股经营的民族化工股份公司电石、石灰氮、双氰胺、PVC、烧碱等重化工产品初具规模，此外，辅助经营的高耗能产品、房地产开发、信息服务、旅游服务等不断拓展。预计2005年实现销售收入10亿元，利税1.5亿元。2010年销售收入达到20亿元，利税3亿元。

四、实施培育和发展大企业大集团的配套政策措施

一是加快企业制度创新，建立现代企业制度。鼓励企业吸引外资、引入民间资本、企业内部职工出资、企业相互持股等方式，加快股份制改造，推进投资主体多元化。完善法人治理结构，有条件的企业要引入外部董事、独立董事，设立为董事会履行职责提供支持和服务的专门委员会，建立董事会对经理人员的选聘机制和激励约束机制。完善母子公司体制。深化企业内部人事、劳动、分配三项制度改革，建立管理人员能上能下、职工能进能出、收入能增能减的机制。

二是对具备条件的大企业大集团实行国有资产授权经营。落实国有

资本出资人的权利和责任，把管资产、管人、管事结合起来，坚持政企分开，实行所有权和经营权分离。自治区国有资产管理部门要加强对国有资产的监管，每年对资本运营机构国有资产从严考核，确保国有资产保值增值。

三是加强企业结构调整和战略性重组。支持企业进行优化资源配置，突出主业，分离企业办社会职能。大企业大集团自办的中小学校，可将资产、人员成建制移交当地政府，当地政府要积极接受，纳入中小学校布局调整规划。企业自办的医院，可将资产、人员成建制移交当地政府统一管理，也可将资产作价出让或有偿转让。各有关部门和市县要积极创造条件，尽快办理移交手续。

四是加强资本经营，拓宽融资渠道。支持企业通过免息、缩水、分期还本、转股等手段处理不良资产。对符合条件的企业兼并破产项目，优先申报国家企业兼并破产计划，优化企业资产负债结构。鼓励通过并购重组实现低成本扩张，积极发展企业间横向整合。支持企业加快股份制改造和上市融资，支持大企业大集团自建科技园区和工业园区，支持大企业以品牌、技术、产业等优势，扩大招商引资。

五是积极扩大对内对外开放。鼓励企业通过多种形式与国内外大公司开展合资合作，对重大中外合资项目，中方资本金不足部分，同级政府要积极帮助协调落实。对符合条件的企业优先办理进出口权和外贸经营资格，鼓励企业开展境外投资合作，开发境外资源，发展境外加工贸易、承包工程和劳务合作业务。支持企业面向国内外市场，建立市场开发、产品销售、货款回收、售后服务、信息反馈五位一体的营销网络，积极发展连锁经营、特许经营、网上营销等现代营销方式。

六是运用财税政策支持大企业大集团加快改制。自治区和各级政府安排的财政技改贴息资金的85%以上要用于大企业大集团，科技成果转化资金、科技三项费等其他资金也要重点用于大企业大集团。大企业大集团技术开发经费提取不得低于销售收入的2%，高新技术企业提取不得低于5%。可列入国债资金支持的项目，积极申报国家支持。对条件较好的项目，优先申报国家技改贴息、技术开发和重大装备国产化项目。

二○○三年四月十四日

宁夏回族自治区人民政府
关于加快羊绒产业发展的意见

宁政发〔2007〕42号

各市、县（区）人民政府，自治区政府各部门、直属机构：

为了进一步加快我区羊绒产业发展步伐，提升宁夏羊绒产业的整体水平和市场竞争力，使之成为特色优势明显、集群效应显著、拉动支撑作用突出的主导产业，推动我区经济又好又快发展，根据自治区“十一五”发展规划和自治区党委、政府《关于加快产业结构调整的意见》的要求，结合我区实际，提出如下意见：

一、充分认识加快羊绒产业发展的重要意义

羊绒产业是纺织业的一个新兴产业。羊绒制品以其手感、色泽、保暖等俱佳性能在各类毛纺织品中“一枝独秀”，深受消费者的喜爱。经过近年来的发展，羊绒产业已成为我区轻纺工业中有比较优势的产业，是自治区重点支持发展的特色优势产业之一。2006年，全区羊绒产业实现销售收入48.2亿元，实现增加值16亿元，出口创汇1.5亿美元，成为我区第一大出口商品。

我区具有做大做强羊绒产业的优势。一是具有原料收购和初加工的优势。我区位于中国羊绒主产区的中心，目前已形成了一支1万多人的羊毛和羊绒收购队伍，建立起了辐射周边省区和远至蒙古、中亚等国的

羊绒收购网络，已发展成为全国三大羊绒集散中心之一。羊绒分梳量占全国无毛绒生产总量的50%左右。二是建成了一批优势骨干企业。全区现有羊绒加工企业90户，其中规模以上企业25户。中银绒业、嘉源绒业、马斯特集团、德海集团、圣雪绒集团、盛源绒业、生海绒业等一批骨干企业不断发展壮大，市场竞争能力不断增强。三是灵武、同心两个羊绒工业园区为羊绒产业的发展搭建了良好的平台。截至2006年年底，两个园区共有入园企业75户，梳毛机占到全区总数的90%，年加工无毛绒占全区总产量的85%，已成为我区羊绒产业集群和精深加工的重要基地。四是基本确立了精品羊绒的市场地位。一批具有先进水平的羊绒条、羊绒衫、羊绒纱、羊绒面料等深加工项目陆续建成投产，灵武市被中国纺织工业协会授予“中国精品羊绒产业名城”称号，初步确立了“宁夏精品无毛绒”的良好市场形象，为产业升级、做大做强创造了条件。

在快速发展的同时，我区羊绒产业还存在一些突出问题，主要是企业规模过小，技术水平不高，初加工多、精深加工少，产品附加值低；企业品牌意识不强，自主知名品牌少；专业技术和经营管理人才缺乏；市场销售网络尚不健全；融资困难，资金紧缺。

加快羊绒产业发展，对于推动我区新型工业化、培育优势特色产业、促进县域经济发展、增加就业岗位、扩大外贸出口等，都具有十分重要的意义。各市、县（区）和自治区各部门要充分认识做大做强羊绒产业对于加快我区经济发展的重要意义，制定具体的政策措施，营造良好的发展环境，提供优质高效的服务，进一步加快发展速度，扩大产业规模，提高技术装备水平，提升产业层次，促进羊绒产业快速健康发展。

二、加快羊绒产业发展的指导思想与总体目标

（一）指导思想

以市场为导向，以技术创新为突破口，以灵武、同心羊绒工业园区

为依托，充分利用国际国内两个市场、两种资源，发挥我区羊绒原料集散和精品无毛绒加工的优势，不断提高精深加工能力，培育壮大优势骨干企业，提升企业的整体实力和市场竞争力，力争把我区建成全国最大的原绒流通基地和羊绒制品加工基地。

（二）总体目标

2007年，全区羊绒产业实现销售收入60亿元，工业增加值20亿元。到2010年，全区羊绒产业销售收入突破100亿元，工业增加值31亿元，就业人员达1.8万人。

通过切实有效的措施，不断扩大企业规模，提升羊绒加工技术装备水平，适度发展初加工产品，重点发展深加工、精加工和高附加值产品，逐步形成羊绒产业链；不断提高经营管理水平，培养和引进专业技术和管理人才，推动羊绒企业走上良性发展的轨道；大力实施名牌带动战略，加大新产品研发力度，提高技术创新能力，打造出更多的自主知名品牌；加快灵武、同心羊绒工业园建设，完善基础设施和配套设施，提高建设和管理水平。

三、加快羊绒产业发展的主要措施

目前我区羊绒产业正处于产业提速的关键时期，一方面要巩固现有优势，加快发展速度；另一方面要加快产业结构调整，提高产品档次和质量。要从经济发展和产业结构调整的全局出发，科学规划，合理布局，制定措施，狠抓落实，推动羊绒产业快速健康发展。

（一）制定精品羊绒质量标准

要尽快制定宁夏精品羊绒质量标准，增强宁夏羊绒在国内和国际市场的价格话语权。根据宁夏精品羊绒新的质量标准，制定统一的质量技术要求和检验标准。分别在灵武和同心羊绒工业园内建立羊绒质量检验检测中心，为企业提供及时有效的技术服务。同时，要加强产品质量监督检验和监督抽查，加大对制假售假行为的打击力度，保护宁夏羊绒良好的市场声誉和名优品牌。

（二）建立国际羊绒拍卖交易中心

在巩固和扩大我区原绒收购优势的基础上，借鉴国外畜产品拍卖交易的经验，抓紧在我区建立国际羊绒拍卖交易中心，通过国际通行的拍卖交易方式，增强羊绒交易的公开透明度，实现优质优价，保障供需双方的利益。拍卖交易中心由自治区发展改革委、经委、财政厅、轻纺总会和市县以及企业共同投资建设。由自治区轻纺总会牵头，研究制定具体的激励措施，鼓励企业掌控更多的原绒和无毛绒资源，把我区发展成为国内最大的羊绒原料和初级产品购销集散地。在灵武和同心羊绒工业园区建设信息发布中心，及时为企业提供市场信息。

（三）培育壮大龙头骨干企业

整合羊绒产业各类要素资源，以龙头骨干企业为主体，以资产、资源、品牌、技术和市场为纽带，促进企业之间的重组兼并，培育产权多元、优势互补、管理先进、具有核心竞争力的大企业、大集团。抓好中银、嘉源、马斯特、德海、圣雪绒、盛源、生海等重点羊绒企业，在资金、项目建设等方面予以重点支持。列入重点支持的骨干企业要加快技术改造步伐，迅速扩大规模，壮大实力。力争在3~5年内培育2~3个销售收入超过20亿元的大企业（集团）。

（四）加快羊绒工业园区建设

按照“骨干壮大、主业突出、特色鲜明、功能完善”的原则，进一步加强对灵武、同心羊绒工业园的统一规划和管理。根据两个工业园区现有的发展水平和产品状况，灵武羊绒工业园以优质精品无毛绒加工为主，重点发展羊绒精深加工，打造国际精品羊绒产业基地；同心羊绒工业园以原绒流通集散和无毛绒分梳加工为主，适当发展羊绒精深加工。其他市县新建羊绒加工项目，应优先在灵武和同心羊绒工业园布局建设。加快灵武、同心羊绒工业园和银川经济技术开发区基础设施建设，完善配套服务功能，积极引进国内外资金和知名品牌，促进园区和开发区的羊绒企业健康发展。自治区发展改革委、财政厅、经委、环保局和市县两级都要加大对园区内水、电、气、道路、绿化、环保设施等投入力度。抓紧建设灵武羊绒工业园区污水处理厂。

（五）积极推进企业技术创新

坚持技术进步，推进技术创新，保持我区无毛绒分梳加工技术在国内和世界的领先位置，进而在更多领域通过技术研发、技术创新走在整个行业的前列。引导企业改造和提升现有加工技术和设备，攻克关键技术，掌握独有技术和申报专利技术，提高产品的市场竞争力。鼓励和推动企业与大专院校和科研院所开展多种形式的产学研合作，依托灵武羊绒工业园建立国家级羊绒产业技术研究中心。重点羊绒生产企业每年都要有技改项目，依靠技术进步推进产业升级和发展。全区羊绒产业重点技改项目由自治区经委、轻纺总会负责研究确定，并从资金方面给予支持。

（六）大力实施品牌带动战略

树立品牌意识，坚持以质取胜，继续保持精品无毛绒良好的市场声誉，不断提高绒条、绒纱及羊绒终端产品的质量，塑造宁夏羊绒产业的整体形象。以著名羊绒品牌“圣雪绒”为龙头，支持企业打造和培育新的国内和国际知名品牌，力争到2010年创建1~2个国际知名品牌、3~5个国内知名品牌。对获得国际、国内名牌的企业，自治区给予300万元的重奖。对拥有自主知名品牌的企业，可优先列入自治区技术改造、技术创新、新产品试制支持计划。积极引进国内名牌、国际知名品牌到羊绒工业园落户。

（七）进一步加强与国内外企业的合作

认真落实自治区出台的各项招商引资优惠政策。抓住国外和国内发达地区部分羊绒产业向劳动力成本低的西部地区转移的机遇，吸引国内外资金、项目、技术、人才进入我区。对投资规模大、技术含量高的项目，自治区将给予一定的资金补助。加强与国际羊绒驼绒制造商协会（CCMI）、国际毛纺织组织（IWTO）等世界性行业协会、团体和知名羊绒企业的联系，继续办好“中国宁夏国际羊绒贸易博览会”，加大宣传力度，寻求更多的合作机会。

（八）切实提高企业经营管理水平

推动企业深化改革，积极寻求符合企业自身发展特点并适应市场竞争的企业组织形式和资本组织形式，改变目前我区羊绒产业以单一投资为主体的局面，鼓励企业积极吸引外部资金，推进产权多元化。引入现代化科学管理模式，建立现代企业制度，提高企业经营管理水平。加速企业生产与经营管理的信息化进程，增强企业对市场变化的快速反应能力。构建集政务服务系统、电子商务系统、应用服务系统为一体的宁夏羊绒信息系统平台和信息门户网站，开发具有网络办公、管理、服务和宣传功能的羊绒工业园区管理信息化系统，推动企业规范化管理。

（九）大力引进和培育人才

实施国家人事部“653”工程，加强对羊绒产业所需各类人才的培养、引进工作。鼓励企业建立多方位、多样化、多层次的人才引进和培养机制，造就一支有知识、懂经营、会管理的经营管理人才队伍和具有较高素质的专业技术人才队伍。推行纺织技工职业资格认证，逐步提高羊绒行业劳动力素质。建立有效的人才激励机制，充分调动管理人员、专业技术人员的积极性和创造性。

四、加快羊绒产业发展的保障措施

（一）加强领导，统筹协调，形成合力

加强对羊绒产业的协调服务，成立以自治区分管领导任组长，自治区发展改革委、经委、轻纺总会、财政厅、商务厅、农牧厅、科技厅、招商局、质监局、金融办和银川市、吴忠市以及银川经济技术开发区、灵武羊绒工业园、同心羊绒工业园等为成员的自治区羊绒产业发展领导小组，负责全区羊绒产业的规划编制、政策制定和工作协调等工作，指导有关部门、市县及行业协会开展工作。自治区各有关部门要高度重视，提高认识，加强指导，主动帮助解决有关问题，为羊绒产业快速健康发展营造一个良好的环境。

（二）加大支持力度，抓好重点项目建设

自治区轻纺工业发展资金、技术改造扶持资金、中小企业和非公有制经济扶持资金、重点技术创新项目扶持资金、国际市场开拓资金与外贸发展基金等要加大对羊绒产业发展的支持力度，重点支持新技术与新产品的研发、工业园区基础设施建设、国际市场开拓、重点羊绒深加工技改或新建项目、品牌建设、人才引进、职工培训等。积极争取国家有关专项资金的支持，将羊绒产业纳入农产品加工业和农业产业化范畴，享受相应的优惠政策。凡是在灵武、同心羊绒工业园区投资建厂，项目投资总额超过 1 亿元人民币的，自治区政府一次性补助 300 万元。在不违背中央和自治区土地政策的情况下，市县可以采取更为灵活优惠的土地供应办法，鼓励企业实施重大技术改造项目和招商引资，土地出让金自治区部分给予返还。凡投资建设羊绒深加工项目的企业，3 年内增值税、所得税地方留成部分由财政列支扶持企业。对重点新建企业和重大技术改造项目实行跟踪责任制和“一事一议”“特事特办”的办法，专题研究有关配套政策，确保项目前期工作和建设的顺利进行。

（三）完善担保体系，拓宽融资渠道

分别在灵武、同心羊绒工业园区组建信用担保中心，实行企业化管理、市场化运作，自治区和市县财政给予一定支持，自治区财政每年分别注入 200 万元资本金，促其扩大规模，滚动发展。继续采取企业联保、互保等有效担保形式，保证企业原有贷款额度的落实。银行可根据企业信用等级，采取分级管理等办法，增加对高等级信用企业的贷款或授信额度。加强银企合作，在企业资产抵押和担保机构提供担保的基础上，适度增加银行对企业的授信力度，实行一次审批、周转使用、随用随贷。创造条件，组建宁夏羊绒产业国际控股公司，搭建国际融资平台。支持有条件的优势企业发行企业债券或上市发行股票，扩大募集资金的渠道。

（四）发挥行业协会作用，加强行业自律

充分发挥行业协会的桥梁纽带作用，支持中介组织开展融资担保等，维护羊绒行业的整体利益。由自治区轻纺总会负责，组织行业协会研究制定符合我区实际的羊绒行业规范，加强行业自律和诚信体系建设，形成合力，共同发展。建立和完善羊绒行业共享信息平台，沟通政府与企业、银行与企业的信息传递，适时发布价格信息、投资动态、市场供求及行业运行等方面的信息，建立行业引导、协调和预警机制。

二〇〇七年三月二十二日

自治区人民政府关于
加快推进信息化与工业化融合的意见

宁政发〔2010〕40号

各市、县（区）人民政府，自治区政府各部门、直属机构：

为深入贯彻落实国家大力推进信息化与工业化融合的战略部署，加快推进我区信息化与工业化融合工作（以下称“两化”融合）现提出如下意见。

一、充分把握“两化”融合的有利时机

工业化是信息化的物质基础和重要载体，信息化是工业化的延伸和发展。信息化不仅是提升工业化的动力，而且为加快工业化进程提供了难得的历史机遇。近年来，我区以国家首批制造业信息化示范省区为契机，实施“6322”制造业信息化示范工程，攻克了一批技术难题，基本实现了制造业计算机辅助设计（CAD）和辅助制造（CAM）；建立了全区中小企业信息化服务平台，开通了中国中小企业宁夏网，“两化”融合取得明显成效，具备了在更高水平、更深层次和更大范围实现融合的基础。但由于工作体系和技术服务体系薄弱，关键环节和领域信息技术应用水平不高，规划、政策及标准建设相对滞后，“两化”融合进展不平衡。当前，要紧紧把握国家大力推进信息化与工业化融合的战略机遇，立足现有基础，着眼发展趋势，加快推进我区“两化”融合进程，

通过信息化加速改造提升传统产业、发展壮大特色优势和新兴战略产业，充分发挥信息化在优化工业结构、促进自主创新和节能减排等方面的积极作用，推进全区经济又好又快发展。

二、指导思想和工作目标

（一）指导思想

坚持以科学发展观为指导，以产业结构优化升级和转变经济发展方式为主线，紧紧抓住我区工业化进程的特点，立足产业特色和生产力水平，以自主创新和扩大开放为动力，加强政府引导，发挥企业主体作用，促进产学研结合，努力突破技术瓶颈，大力推进信息技术在工业各领域的应用、渗透和融合，改造提升传统产业，发展新兴产业，壮大支柱产业，构建现代产业体系，提高自主创新能力，走出一条具有宁夏特色可持续发展的新型工业化道路。

（二）工作目标

到 2015 年，传统产业信息技术改造的深度和广度有较大提高，计算机辅助设计（CAD）、计算机辅助制造（CAM）、计算机辅助工艺计划（CAPP）、计算机辅助工程（CAE）、产品生命周期管理（PLM）等技术应用率达到 50%以上，规模以上工业企业数控技术应用率达到 55%以上，形成一批具有自主品牌和知识产权的工业信息化应用产品。中小企业互联网应用普及率达到 50%以上，规模以上企业普及率达到 75%，流通业电子商务应用广泛开展。工业产品信息技术含量大幅提升，消费用品电子信息化率平均达到 30%以上。信息技术在工业设计领域普及应用，生产控制过程中的信息化、智能化水平全面提升，对提高企业经营管理能力的作用进一步增强。信息化对企业创新的促进作用明显提高，企业自主创新能力明显增强，技术自给率由目前的 20%提高到 30%以上。以信息产业为主的高新技术产业持续发展，增加值占生产总值的比重进一步提高。节能减排信息技术得到广泛应用，重点耗能企业普遍建立生产过程信息化管理系统、环境监测和污染源监控信息系统，信息技术对节能减排的贡献明显增强。

三、主要任务

（一）全面提高传统产业信息化水平

大力推进设计研发信息化、生产装备自动化、生产过程最优化，促进信息技术与工业技术融合，实现传统产业制度创新、机制创新、管理创新。以神华宁煤、东方有色、宁夏电力、宁夏石化、中电投宁夏能源铝业等示范企业为龙头，推进信息技术在煤炭、石化、电力、装备制造等特色优势产业的深化应用。大力推广使用计算机辅助设计（CAD）、计算机辅助工艺规程编制（CAPP）、可编程控制（PLC）、集散控制系统（DCS）、企业管理系统（MIS）和资源计划管理（ERP）等信息系统，改造企业产品开发设计系统、生产工艺流程和工艺装备系统，提高企业生产管理和销售过程的数字化、自动化水平。

（二）重点抓好装备制造业信息化建设

在机床、机械、煤炭、电力、冶金、石化、建材、造纸等行业，优先发展数字化、智能化数控设备、数控加工中心、高端电子设备等机电一体化产品，增加产品的信息技术附加值。加强装备制造业设计、生产流程再造，提高成套设备及组合加工设备自动化水平。加快设备的更新换代，努力提高装备数控化率和工艺信息化水平。

（三）加快推进原材料工业信息化建设

冶金行业，通过应用人工智能、仿真模拟等技术，拓展现有自动化装备功能，实现生产智能化，突破工艺极限，促进产品结构升级。石化行业，重点提高在线检测和生产流程智能化水平，促进全行业节能降耗。建材行业，加强信息技术在产品配方、检测、流程控制、排放监控等方面的应用，推进建筑设施智能化和生产监管信息化。

（四）在消费品工业大力推广信息技术

造纸行业，重点推广应用节能控制和污染治理信息技术，研发造纸装备的嵌入式系统，加快大型造纸装备数字化步伐。纺织行业，重点推广应用信息集成技术和智能控制技术，提高设备工艺控制精度，研发专用装备的嵌入式系统，建设面向产业集群、中小企业和专业市场的公共信息服务平台。服装行业，改造提升产品设计、加工和企业营销管理环节，运用计算机集成制造系统（CIMS），构筑电子商务平台，提高服装小批量、多品种、个性化生产的能力，积极采用人体数码扫描技术和裁剪缝纫自动组合技术，实现服装设计和制造的集成化。医药行业，完善医药行业统计、监测制度，建立运行监测网络，跟踪世界医药业发展动态，搭建医药产品出口信息平台。食品行业，加强原料采购、生产、配送、库存、销售等环节信息控制，提升食品生产的检测、控制数字化水平，增强企业质量安全保障能力。

（五）在煤炭工业普遍应用信息技术

全面推进煤矿管理信息化建设，重点加强煤矿安全监测监控、生产调度指挥、井下灾害预报预警、自动控制、调度通信、救灾救护通信、行业应急救援指挥通信等系统信息化建设，不断提高采矿信息化、矿井综合自动化水平。

（六）提升电力工业信息化水平

重点推进县级电网调度自动化系统、高效电力通信传输信息管理平台、电力干线网络、电网实时监控及负荷控制系统和火电厂监控与管理信息、电厂优化生产运行集成等系统信息化建设，提高变电站自动化及关键设备、应用大型电网开放式能量管理、配电自动化、电力负荷管理等系统信息化水平，提升电力商务管理、电力企业管理信息化能力。

（七）加快推进中小企业信息化建设

加大中小企业信息化基础设施投入，建立和完善中小企业信息服务平台，使中小企业普遍利用互联网开展经营活动。按照效益、节能、环保、创新、安全原则，选择3~5户中小企业予以重点支持。

（八）抓好工业园区信息化建设

以“五大十特”工业园区为重点，按照政府扶持、多方投入、企业运作的方式，支持园区建设信息技术服务平台，为企业提供产品研发、信息技术和电子商务服务，促进工业园区提升核心竞争力和创新能力。支持工业园区中产业集聚度高的龙头企业，依托高校和科研机构，进行核心信息技术的研发，扩大信息化技术的应用成果。

四、加快产业支撑体系建设

（一）加快信息产业基地建设

加快宁夏软件园建设，鼓励软件企业开发具有自主知识产权的嵌入式操作系统、集成开发环境和嵌入式应用软件产品，加快推广应用，提升电子信息产品的技术含量和附加值。把开发、生产、应用和服务相结合，满足各行各业对信息装备、信息技术和信息服务的需求，为“两化”融合提供有力的技术支撑，形成有规模、有技术含量、有市场控制力和核心竞争力的产业支撑体系。

（二）大力发展通信业

继续优化和完善通信基础传输网、接入网、移动通信网、广播电视网和数字集群系统，构建覆盖全区城乡、安全可靠的宽带化、数字化、综合化的现代通信网络。加快推进三网融合，提高宽带入户普及率。以第三代移动通信、下一代互联网建设为契机，加快通信设备产业发展，开发适应3G网络特点和移动互联网需求的新业务，带动系统和终端产品的升级换代。

（三）加快信息服务业发展

培育和发展区域与行业技术创新中心、信息服务中心以及信息咨询、培训、评测和监理等中介机构，发挥中介组织在技术管理咨询、人才培训、信息发布、技术推广应用等方面的作用。培植重点信息服务企业，打造一批著名信息服务商和知名品牌，逐步完善全区信息服务产业体系。

五、加强组织领导和政策保障

（一）加强组织领导

我区“两化”融合工作，由自治区信息化领导小组统一协调部署，自治区经济和信息化委牵头，自治区发展改革委、科技厅、财政厅等部门按职责分工组织实施。各级政府和各有关部门建立相应的工作机制，明确工作目标和重点，统筹规划，整合资源，注重调动各方面积极性，引导行业协会、中介组织、科研院所和各行业企业广泛参与，努力形成全社会共同推进“两化”融合的工作格局。

（二）加大政策和资金支持力度

完善推进“两化”融合的投融资政策，形成以政府投入为引导、企业投入为主体、其他投入为补充的投融资机制。自治区从工业化发展资金中每年单列一部分，用于实施“两化”融合项目。自治区经济和信息化委、发展改革委、财政厅、科技厅等部门要合理调配，利用技术改造、信息化、装备制造、技术创新等专项资金，支持“两化”融合项目，以制造业信息化、电子信息推广应用为抓手，促进先进适用信息技术在工业领域的普及应用。科技三项费用、结构调整资金要向重点项目倾斜。企业要加大信息化改造投入，提足用好技术开发费和设备折旧资金，推进“两化”融合有序开展。

（三）开展试点示范工作

大力抓好“两化”融合重点工程和示范项目，分地区、分行业、分工业园区，选择有代表性的企业和项目进行试点示范。组织评选和表彰一批“两化”融合先进单位、先进个人，大力推广先进经验，加快推进“两化”融合步伐。

（四）建立完善激励机制

鼓励大中型企业建立技术研发中心，支持企业参与“两化”融合重点项目，引导企业扩大研发投入，扶持一批具有关键核心技术的科技专项，提升全区工业企业的科技含量和技术水平。对自主研发并经审定在节能降耗、减少污染方面成效显著、具有推广价值的电子系统、产品和技术，可由政府采购或补贴，逐步在全区推广。

（五）做好人才培训工作

发挥高校、科研院所、中介组织和信息服务商的作用，针对不同对象，开展不同层次的培训，为“两化”融合提供人才保障。加强对有关部门和企业负责人的培训，切实提高信息化工作人员的认识水平、决策水平和实施能力，为促进我区“两化”融合工作提供有力保障。

二〇一〇年三月十六日

自治区人民政府关于进一步加快清真食品和穆斯林用品产业发展的意见

（宁政发〔2011〕112号）

各市、县（区）人民政府，自治区政府各部门、直属机构：

为进一步加快我区清真食品和穆斯林用品产业发展，大力提升清真食品和穆斯林用品产业的整体水平和市场竞争力，使清真食品和穆斯林用品产业成为特色优势明显、集群效应显著、拉动支撑作用突出的支柱产业，推动我区经济又好又快发展，根据自治区“十二五”规划纲要，结合我区实际，制定如下意见。

一、充分认识加快发展清真食品和穆斯林用品产业的重要意义

（一）加快发展清真食品和穆斯林用品产业我区具有得天独厚的条件

我区是全国唯一的省级回族聚居区，与世界穆斯林文化相近、习俗相通，有着显著的共同性，具有发展清真食品和穆斯林用品产业独特的人文环境和区位优势。“十一五”期间，全区清真食品工业年均增长达20%以上，占全区食品工业的80%，全行业年工业总产值达200亿元。我区清真食品和穆斯林用品产业发展已初具规模，在国内外穆斯林市场产生了一定影响，为进一步发展提供了坚实的产业基础。

（二）加快发展清真食品和穆斯林用品产业面临难得的历史机遇

我国有2000多万穆斯林，全世界穆斯林人口已达15亿，每年全球清真食品的贸易额超过2万亿美元。清真食品和穆斯林用品产业具有巨大的市场潜力和广阔的发展前景。自治区已确定清真食品和穆斯林用品为我区“十二五”期间轻纺工业重点发展的支柱产业，将更有利于促进国内外清真食品和穆斯林用品产业向我区集聚，《国务院关于进一步促进宁夏经济社会发展的若干意见》（国发〔2008〕29号）指出，要把宁夏打造成为内陆开放型经济区，积极实施宁夏同中亚、中东国家的经贸合作等战略部署，为我区加快发展清真食品和穆斯林用品产业提供了强有力的政策支持。

（三）加快发展清真食品和穆斯林用品产业具有重大战略意义

清真食品和穆斯林用品产业具有与农业依存度大、产业关联度高、原料可再生、能源消耗低、环境污染小、就业机会多的产业特点，是我区内陆开放型经济发展中富有生机和活力的先导性产业。加快发展清真食品和穆斯林用品产业，是宁夏充分发挥比较优势，更好地利用全球化经济发展，有力推进经济结构调整和发展方式转变，培育新的经济增长极，实现民族地区经济社会发展的必然要求和重大举措。

各市、县（区）和各部门要切实增强机遇意识和发展意识，充分认识我区清真食品和穆斯林用品在产业规模、产品设计、品牌建设和研发创新等方面的不足，从国际国内形势的相互关联中把握发展方向，从国际国内条件的相互转化中用好发展机遇，从国际国内资源的优势互补中创造发展条件，用更新的思路、更大的力度、更实的举措，加快发展清真食品和穆斯林用品产业。

二、加快清真食品和穆斯林用品产业发展的总体要求和主要目标

（四）当前和今后一个时期清真食品和穆斯林用品产业发展的总体要求

深入贯彻落实科学发展观，牢牢把握国家实施新一轮西部大开发战略的机遇，以加快转变发展方式和提高产业整体竞争力为主线，突出抓好产业结构调整，壮大做强特色优势产业；突出抓好企业技术进步，促进增长方式转变；突出抓好项目建设，夯实跨越发展基础；突出抓好特色园区建设，增强产业集聚功能；突出抓好品牌建设，提高产品市场竞争力。着力营造加快发展的政策、市场和服务环境，着力完善产业发展政策机制，推进清真食品和穆斯林用品产业又好又快发展。

（五）清真食品和穆斯林用品产业发展的主要目标

将清真食品和穆斯林用品产业的发展纳入中国整体发展、融入穆斯林国际市场，以满足国内外穆斯林定向市场为核心，开拓非穆斯林市场。力争到 2015 年，我区规模以上清真食品和穆斯林用品工业总产值达到 300 亿元，增加值达到 85 亿元，年均增长 20%左右；年销售收入超 10 亿元的大型骨干企业达到 5 家，超亿元的企业达到 15 家。努力建成国内清真食品和穆斯林用品设计、生产、认证、集散、博览“五大中心”。到 2020 年，清真食品和穆斯林用品产业的规模效应、集群效应以及在国内外清真食品和穆斯林用品产业发展格局中的重要地位充分显现，把我区建成中国与伊斯兰国家的区域性产业基地、商贸基地、物流和人才信息交流中心。

三、加快清真食品和穆斯林用品产业发展的主要任务

（六）突出抓好产业结构调整，培育壮大特色龙头企业

立足构建大产业和参与国际竞争的需要，按照“择优扶强”的原则，从政策、资金等方面加大扶持力度，在生产要素的配置上予以倾斜，通过资本运作、产业重组、技改扩建、商标保护等具体措施，推进优质生产要素向优势企业聚集，鼓励优势产业链中的企业横向整合，实现资源、资金、人才、管理等要素的共享，培育一批农工贸一体化、资本结构多元化、具有名牌产品的市场优势、能带动产业链和区域经济发展的龙头企业，显著提高行业规模经济水平和大抓强、小抓特的产业发展层次，发挥更强的辐射带动作用。

（七）突出抓好企业技术进步，促进发展方式转变

加大企业新产品研发费用投入，加快传统产业改造步伐。帮助企业与科研单位、大专院校建立产、学、研联盟和技术研发中心，追踪国内外先进生产工艺和经营理念，与市场需求相对接，提高企业技术水平和产品档次。大力发展资源深度加工，延长产业链，提高资源综合利用水平降低资源消耗，提高产品的科技含量。通过技术引进提高产业总体水平，通过竞争效应培育自主创新能力，通过动态比较优势促进产业结构调整。

（八）突出抓好项目建设，进一步扩大招商引资

围绕“中国（宁夏）—阿拉伯国家博览会”和“回商大会”等重点招商引资活动，以银川市、吴忠市为主要承接地，有针对性地组织工业园区和重点企业，与国内外知名清真食品和穆斯林用品生产企业开展双向考察洽谈，积极引进东部企业来宁投资办厂，着力引进大企业、大项目、大品牌；以东南沿海地区清真食品和穆斯林用品进出口贸易企业为重点，通过优惠政策吸引其在银川注册设立交易总部或贸易公司，以贸

易规模的扩大逐步带动清真食品和穆斯林用品加工业的转移；建立清真食品和穆斯林用品产业招商项目库，编制并及时充实中、英、阿文对照的《清真食品和穆斯林用品产业招商项目册》，抓好重大项目和专业工业园区的储备、谋划、论证和落地。

（九）突出抓好特色园区建设，加快构建产业发展的集聚平台

以银川德胜清真食品工业园、吴忠金积清真食品和穆斯林用品产业园等产业园区为平台，合理规划产业集群。鼓励各市县与伊斯兰国家和地区、沿海地区和中央直属企业，合作共建产业园，承接组团式产业转移。充分发挥我区搭建中阿双方永久性的经贸合作新平台优势，建设中国（宁夏）穆斯林国家青年创业园、中国（宁夏）伊斯兰国家清真食品和穆斯林用品产业国际工业园，形成具有鲜明地域特色的清真食品和穆斯林用品加工中心。利用宁夏内陆开放型经济特区内的综合保税区运行产生的极化作用和辐射效应促进国内外资源向宁夏集聚。

（十）突出抓好品牌建设，加大国内外市场开拓力度

积极培育拥有自主知识产权和民族特色的清真食品品牌和穆斯林用品品牌，引导和鼓励企业争创驰名商标、国内名牌和国际知名品牌，进一步加大宣传力度，使国内外广大穆斯林群众了解“清真在宁夏”。加快建设宁夏国际（银川）穆斯林小商品城和义乌 (银川) 清真食品和穆斯林用品展厅暨物流配送中心，主动引导、承接东部地区穆斯林贸易市场转移，鼓励国内外客商来银采购。支持宁夏有条件的企业走出去，到区外、国外兴办企业、发展连锁店，开设清真食品和穆斯林用品展厅暨物流销售配送中心，不断扩大境外销售中心网点布局，加快直销市场培育，增加我区产品在穆斯林朝觐经济的市场份额。积极组织企业参加各种形式的国内外投资贸易洽谈活动，发展与中东和东南亚伊斯兰国家的经贸技术合作与文化交流，关注世界伊斯兰国家的市场变化和各类信息，正确引导企业对外发展。

（十一）加快营造产业发展的支撑体系

一要加快推进质量标准和认证体系建设，进一步修改完善《宁夏回族自治区清真食品认证通则》及相关认证细则，推动上升为行业标准和国家标准，建立国内统一、国际认可的相互认证机制，将宁夏建成具有国内外影响力的清真食品认证中心和检测中心。成立自治区清真食品和穆斯林用品标准化委员会，研究确定清真食品和穆斯林用品产业标准体系框架和标准年度制订计划。二要加快推进科技支撑体系建设。围绕产业链延伸目标，集中力量解决一批制约产业发展的关键技术和难题。成立自治区清真食品和穆斯林用品产业研发中心，重点开发研究清真食品和穆斯林用品深加工与高附加值产品，积极开发适应现代穆斯林群众需求的特色服饰、日用品、特色回药、文化用品、民族工艺美术品，形成品种齐全、高中低端匹配的系列用品。三要鼓励企业加快技术创新成果的转化利用。支持有条件的企业设立技术研发中心，对新认定的企业技术中心在关键仪器设备购置、技术创新信息化建设等方面给予资金支持，对新认定的国家级、自治区级企业技术中心采取“以奖代补”方式给予支持。四要加快完善产业质量安全保障体系，建立健全企业信用体系，督促企业加强产品售后服务、质量追溯、缺陷产品召回与不合格产品处置等各项管理制度建立和落实。五要切实加快清真牛羊肉等优质原料基地建设，鼓励支持生产企业通过定向投入、定向服务、定向收购的方式，发展专业化的加工原料供给基地，建立稳定的购销关系和合理的利益分配机制。

（十二）加快创新产业发展的服务体系

一要加快构建连接国内外大市场的物流通道，形成以现代物流产业园区、功能性物流中心和多层次配送中心为节点的现代物流体系。二要加快实施电子商务应用示范工程，建设覆盖全国、连接世界伊斯兰国家和地区的销售平台，实现全区重点清真食品和穆斯林用品企业的门户网站衔接、信息查询、产品展示和电子商务交流等，促进信息流、商务流、资金流的有效结合。三要加快建立以共享服务为宗旨的公共服务平台，面向清真食品和穆斯林用品企业提供市场营销、现代物流、金融服务、技术创新、标准制定、人才培训等服务。四要加快人才培养，以区内高等院校及职业技术学院为依托，建立清真食品和穆斯林用品产业发展人才培训基地，重点开展对外贸易、营销管理、食品安全、检疫检测以及国内外市场准入和投资政策等培训。

（十三）加快优化产业发展的市场环境

建立健全长效监管机制，鼓励企业公平竞争，加强对清真食品和穆斯林用品生产经营企业的监督管理，依法严厉打击各类假冒清真食品和穆斯林用品的违法行为，加大对不规范使用清真食品和穆斯林用品商标标识行为的整治力度，切实保护生产经营企业和广大消费者的合法权益，打造以诚信为基础、公平公正、规范有序的市场环境。鼓励企业成立行业协（商）会，充分发挥其在服务企业、规范行业、发展产业、贸易促进和公共服务等方面的作用，及时反映行业情况、问题和企业诉求。

四、加快清真食品和穆斯林用品产业发展的保障措施

（十四）加大财政支持力度

一是发挥财政资金的导向作用和乘数效应，统筹安排自治区清真产业发展专项资金，进一步加强资金管理，强化资金跟踪和后期评估。从2011年起，在落实自治区清真产业发展专项资金的基础上，以后根据自治区财政收入增长逐年增加。对龙头企业实施的技术改造项目，根据市场前景、投入情况、综合效益、新增就业人数等因素，给予实际投资额最多不超过10%的项目补助，补助期限1~3年。对企业实施的符合产业发展趋势、产品市场前景看好的技术创新、特色优势新产品开发项目，按照实际投入费用多少，给予不超过20%的资金补助。企业参加自

治区组织的境内展销、考察活动，给予实际发生费用 50%的一次性补助；对企业参加境外展销、考察活动，其费用补助范围及标准按《中小企业国际市场开拓资金管理办法》的规定执行；企业在境外设立清真食品、穆斯林用品销售中心或商务机构，按实际发生费用给予不超过 30%的一次性补助；企业在区外设立清真食品、穆斯林用品销售窗口，按实际发生费用给予不超过 20%的一次性补助。对企业设立的上述清真食品、穆斯林用品销售窗口（中心）前两年的营运费用给予不超过 50%的费用补助。对清真产业企业通过“Halal”国际认证、质量管理体系认证、环境管理体系认证等认证标准的，根据《中小企业国际市场开拓资金管理办法》规定的标准给予补助。支持清真产业创业园区或企业孵化基地建设，根据园区或基地规模、设施情况、投资额度、入园企业数量等指标给予一定的资金补助。支持清真产业企业实施自主品牌创建活动，对获得“中国驰名商标”称号的，给予企业 60 万元的一次性奖励；获得“中国名牌”称号的，给予企业 50 万元的一次性奖励。支持清真食品、穆斯林用品生产企业引进高端人才和实施人才培训，对龙头企业引进的固定期限工作合同的高端技术人才和实施人才培训，按照企业当年实际发生费用适当给予一定比例的资金补助。支持清真产业公共服务平台建设。对电子商务、电子交易等公共服务平台建设项目，按实际发生费用给予一定比例的资金补助。二是建立和完善清真食品和穆斯林用品企业信用担保体系，对向清真食品和穆斯林用品骨干企业提供担保的担保机构，符合有关条件的，按照担保责任额给予不超过 2%的业务补助；对担保费率低于银行同期贷款基准利率 50%的担保业务，按照不超过银行同期贷款基准利率 50%与实际担保费率之差的比例给予担保机构保费补助。区、市、县（市、区）的全民创业资金、小额贷款担保资金向清真食品和穆斯林用品产业倾斜。三是密切关注国家各部委贯彻中共中央、国务院《关于深入实施西部大开发战略的若干意见》和《重要政策措施分工方案》进展和政策出台情况，积极与国家有关部委对接，争取国家在政策、资金和项目等方面更多支持。

（十五）不断拓宽融资渠道

一是创新资金融通手段和方式，优先支持龙头骨干企业上市，发行债券、短期融资券以及中期票据，支持有条件的企业在中小板或创业板上市融资。每年选择几家具有一定实力的清真食品和穆斯林用品企业，与证券融资公司合作，联合发行企业债券。二是积极稳妥推进与世界伊斯兰国家金融机构业务试点，积极引进世界伊斯兰国家金融机构和有实力的企业来宁设立分支机构开展金融合作，吸引外部资金支持清真食品和穆斯林用品产业加快发展。三是继续加强融资沟通协调制度，做好银行和企业对接的服务协调。

（十六）加大土地和税收政策的支持力度

一是清真食品和穆斯林用品工业项目用地依据《自治区人民政府关于印发宁夏回族自治区工业用地出让最低价标准实施意见的通知》的规定，土地出让价格执行所在地工业用地出让最低价标准。二是落实国家新一轮西部大开发税收优惠政策和小型微利企业所得税优惠政策，对生产和经营列入国家和西部地区《产业结构调整目录》中鼓励类产业的企业，其鼓励类项目主营业务收入占总收入70%以上的企业，减按15%的税率征收企业所得税。三是对在清真食品和穆斯林用品产业引资及合作中做出成绩的中介机构、经纪单位及个人给予一定的奖励。对新建清真食品和穆斯林用品产业项目销售收入首次达到500万元以上的，按当年企业入库地方税金的60%一次性奖励给企业；首次达到2000万元以上的，按当年企业入库地方税金的30%一次性奖励企业；首次达到3亿元以上的，按当年企业入库地方税金的10%一次性奖励给企业。四是争取国家对宁夏的民贸企业进一步加大支持力度，提高清真食品和穆斯林用品产业相关产品的出口退税。

（十七）加强产业规划和经济运行的监测协调

抓紧研究制订自治区清真食品和穆斯林用品产业发展规划，进一步明确全区清真食品和穆斯林用品的重点产业、重点产品和区域布局。建立产业发展协调联席会议机制，定期研究产业发展的重大问题；建立清真食品和穆斯林用品产业数据统计体系，健全统计报表制度，定期开展统计监测和抽样调查，及时反映清真食品和穆斯林用品产业发展动态和趋势；实施重点项目跟踪制度，定期了解项目的进展情况及建设中存在的问题。

（十八）加强组织领导

进一步理顺产业管理体制，成立以自治区分管副主席任组长，自治区轻纺工业局、发展改革委、经济和信息化委、科技厅、民委、财政厅、农牧厅、商务厅、质监局为成员的自治区清真食品和穆斯林用品产业发展领导小组，建立统一、高效的产业协调机制，领导小组下设办公室，办公室设在自治区轻纺工业局。主要负责全区清真食品和穆斯林用品产业发展的日常工作，做好政策研究，产业指导、规划编制、项目审定、资金统筹和工作协调。各市、县（区）对本地区清真食品和穆斯林用品产业发展要统筹规划，加强指导，狠抓各项政策的落实。自治区相关部门和行业协会，要加强协调，密切配合，形成推动清真食品和穆斯林用品产业加快发展的合力。

二○一一年八月二十三日

宁夏回族自治区党委、人民政府关于加快发展非公有制经济的若干意见

宁党发〔2013〕7号

为全面贯彻落实党的十八大精神，大力实施两大战略，扎实推进宁夏内陆开放型经济试验区和银川综合保税区建设，毫不动摇地鼓励、支持、引导非公有制经济发展，保证各种所有制经济依法平等使用生产要素、公平参与市场竞争、同等受到法律保护，促进我区非公有制经济又好又快发展，现提出如下意见。

一、放开投资领域

按照国务院关于鼓励和引导民间投资健康发展的要求，全面清理并废止一切限制民间投资的不合理政策、规章，除国家明令限制民间投资进入的行业外，其他一律放开。

（一）鼓励参与基础设施建设。支持民间资本投资公路、铁路、油气管网、商贸物流等项目，参与经营公铁联运、铁海联运等物流业务。支持依法参与煤炭资源开采、煤矿经营、煤炭洗选加工和煤化工等项目；参与石油和天然气管网建设和大型炼油等项目，开展煤炭等矿产品进出口和加工贸易。支持参股进入基础电信运营市场，支持民间资本开展增值电信业务。支持独资或参股建设各类电站。

（二）鼓励进入金融服务领域。支持参与商业银行增资扩股；支持投资村镇银行、资金互助社等新型农村金融机构，放宽村镇银行最低出资比例的限制；支持设立小额贷款公司、私募股权基金、风险投资基金以及金融（融资）租赁公司、汽车金融公司、企业财务公司、信托投资公司等非银行金融机构。宁夏银监局、自治区金融办分别制定具体实施方案。

（三）鼓励参与园区建设。支持民间投资工业园区、产业集中区、物流园区、慈善园区等各类园区建设和运营，依法保护其所有权、受益权和处置权，同等享受国家有关园区建设的优惠政策。

（四）鼓励参与市政建设。支持进入城镇供水、供气、污水处理、中水回用、雨水收集、环卫保洁、垃圾清运、园林绿化等市政项目建设、运营，已建成项目可通过公开拍卖经营权方式鼓励参与运营管理。

（五）鼓励参与社会事业建设。支持兴办各类医疗机构，对承担公共卫生服务、基本医疗服务和医疗保险定点服务的民营医疗机构，以政府购买服务形式给予补偿；支持进入教育领域，对达到国家办学标准的民办学校，给予与公办学校同等的办学补贴；支持进入政策许可的文化创意产业，开展出版发行、影视制作、演艺娱乐、文博会展、动漫游戏、网络服务等业务；支持参与建设和经营有线电视接入网、有线电视接收端数字化改造等项目。

二、放宽准入条件

降低创业门槛，千方百计扩充市场主体。

（六）创新出资方式。允许以实物、土地使用权、农村土地承包经营权、商标权、专利权、著作权、版权、债权、林权、持有的股权等作价出资创办小微企业，作价出资金额最高可占公司注册资本的70%。

（七）允许延长出资期限。试行注册资本“零首付”，除高危、食品药品等安全行业和重污染行业及小额贷款公司、担保公司外，允许资金不足而其他前置许可要件齐全的企业先登记注册，一年内注册资本到位20%，其余部分三年内到位。

（八）鼓励个体工商户转为企业。保持工商登记档案资料延续性，在不重名的前提下继续保留使用原名称、字号和商标使用权，沿用原前置许可转为公司制企业。

（九）放开经营范围。企业注册时，除涉及食品药品安全、文化安全和公共安全领域及公司经营范围中属于国家法律、规章规定在登记前须经批准的项目外，其他领域可不限经营范围。

三、创新金融服务

大力推进金融产品创新，努力形成多层次、多业态、多类型金融产品互相促进、竞争有序的金融市场。

（十）加大信贷支持力度。支持各类银行建立适应中小微企业特点的信贷管理和贷款评审制度；运用再贷款、再贴现和差别准备金动态调整等货币政策工具引导金融机构加大对中小微企业的信贷支持；积极引进国内外大型商业银行，争取发展区域性股份制银行。宁夏银监局、人民银行银川中心支行、自治区金融办分别制定或完善具体办法。

（十一）规范商业银行服务收费。禁止金融机构对小微企业贷款违规收取承诺费、资金管理费、财务顾问费、理财咨询费等费用。禁止金融机构向企业贷款时重复设置保全措施。宁夏银监局牵头负责制定监管办法。

（十二）加强担保体系建设。建立规范的政策性担保机构资本金注入机制，整合各部门分设的担保机构，集中力量做大做强宁夏担保集团和五市担保中心。自治区加大对宁夏担保集团资本金注入力度，“十二五”末资本金达到10亿元以上。建立融资性担保机构风险补偿机制，适当降低对小微企业及“三农”的贷款担保收费。自治区财政厅、金融办负责制定具体办法。

（十三）拓宽融资渠道。自治区金融办要建立中小企业上市后备资源库，加强优质中小企业上市培育和指导；积极扶持具备条件的非公有制企业境内外上市融资。自治区发改委会同自治区经济和信息化委等自治区有关部门加强对非公有制企业发行债务融资工具的宣传、培训、辅导和推介，扩大非公有制企业通过发行短期融资券、中期票据以及中小企业集合票据、集合债券和企业债、公司债、集合信托等发行规模，自治区财政按其发行额度每年给予2%贴息；自治区金融办要积极稳妥发展私募股权投资和创业投资等融资工具。

（十四）放宽融资抵押品范围。支持银行业金融机构在依法合规和有效管理风险的前提下，鼓励采用知识产权、仓单、商铺经营权、商业信用保险单、股权、应收账款、特许经营权、政府采购合同等无形资产进行抵质押贷款。加快推进农村金融服务创新，积极探索土地承包经营权、农房和林权等“三权”抵押融资。

（十五）做大做强新型金融机构。支持小额贷款公司不断增资扩股，壮大规模，提高抗风险能力；继续推行由“大银行—小额贷款公司—全民创业”无缝对接直通车模式，解决小额贷款公司后续资金不足问题，促使小额贷款公司可持续健康发展；鼓励和引导区（境）外优秀企业及优秀企业家来我区设立小额贷款公司，实现我区小额贷款公司由数量型向质量型转变。

四、加大财政扶持

深入实施中小企业“百家成长，千家培育”工程，推动非公有制企业转型升级。

（十六）建立中小微企业发展基金。自治区出资5亿元设立中小微企业发展基金，作为国家中小企业发展基金的配套资金，分5年到位，主要用于引导地方、创业投资机构和其他社会资金支持初创期小微企业发展和中小企业应对市场风险等，其中用于临时周转的资金实行无息、有期、循环使用。自治区财政厅、经济和信息化委共同制定具体管理办法。

（十七）实行特殊的财政补贴政策。对新办小微企业，由受益财政出资，自取得第一笔收入的纳税年度起 3 年内享受与其缴纳企业所得税、增值税和营业税地方留成部分等额的财政补贴；后 3 年享受与其缴纳企业所得税、增值税和营业税地方留成部分 50%的财政补贴。自治区财政厅负责制定具体办法。

（十八）加大技改力度。自治区中小企业发展专项资金每年递增 10%，重点支持信息化与工业化融合、公共服务平台建设、重点领域和关键环节的技术改造等。自治区财政厅、经济和信息化委共同负责制定具体办法。

（十九）优化市场环境。政府采购产品、服务和工程招标对符合资质要求的各类企业同等对待。招标单位不得提高投标企业资质等级排斥潜在投标人。面向小微企业的采购项目不低于年度预算总额的 20%，采购评审中对小微企业产品可给予 6%~10%的价格扣除。自治区公共资源交易管理局牵头负责制定具体办法，并组织实施。

（二十）建立奖励制度。每年对小微企业依据前 3 年的贡献情况给予一定奖励。由县（市、区）财政出资，以小微企业前 3 年平均纳税额为基数，给予税收新增部分 30%的奖励。自治区财政厅、经济和信息化委共同负责制定具体办法。

（二十一）构建科技创新长效机制。自治区财政用于扶持企业科技创新的资金要保持均衡增长，支持中小企业建立创新研发平台，加强行业技术创新平台建设，政府投资建设的大型科技平台对各类企业开放，适当减免中小微企业使用费。

（二十二）加强人力资源培育。每年培训 1000 名高级经营管理人才。对到小微企业从事技术研发、成果转让的事业单位高层次人才，其人事关系5年内可保留在原单位，由原单位继续为其缴纳单位应缴部分的社会保险，同时允许其回原单位评审专业技术资格，其在企业从事本专业工作业绩，可作为评审相应专业技术资格的依据。企业每吸纳1名宁夏籍应届高校毕业生，签订1年以上劳动合同并按规定缴纳社会保险费的，由所在市县一次性给予企业上岗培训补贴2000元。高等院校、科研院所等专业技术人员在完成本职工作的前提下在职创业的，其收入归个人所有。

（二十三）鼓励建设职工公寓。将非公有制企业自建的职工公寓纳入公共租赁住房年度建设计划，享受公共租赁住房税费优惠政策和减免自治区各项行政事业性收费、政府性基金的优惠政策和中央、自治区有关补助资金。自治区住建厅负责制定具体办法。

五、减轻税费负担

坚持放水养鱼、与民生息的原则，切实减轻企业负担。

（二十四）落实西部大开发税收优惠政策。对自治区新办的大中型非公有制企业，自取得第一笔收入的纳税年度起，免征地方分享部分的企业所得税5年；已注册成立的非公有制企业，凡符合西部大开发鼓励类目录的，执行西部大开发15%的税收优惠政策，同时符合自治区招商引资政策的，可再执行自治区招商引资税收优惠政策。

（二十五）鼓励股权投资。创业投资企业采取股权投资方式投资于未上市的中小微高新技术企业2年以上的，可按其投资额的70%在股权持有满2年的当年抵扣该创业投资企业的应纳税所得额；当年不足抵扣的，可在以后纳税年度结转抵扣。

（二十六）帮扶中小微企业。对新办小微企业，对房产税、城镇土地使用税进行三免三减半政策；对纳税困难的中小微企业，经有权限的税务机关审批，可减征或免征房产税、城镇土地使用税；经营确有困难的中小微企业，经审批可延期3个月缴纳税款，缓缴期间免予加收滞纳金。

（二十七）规范中介服务收费。对现有各类行政许可，凡无法律依据的，一律坚决取消。除中央明确要求外，各级政府不得自行设定行政许可。对虽有法律依据但不适应经济社会发展的行政审批事项要按法定程序及时进行调整或取消。对依附于行政许可的各种中介服务，能取消的取消，能合并的合并，能降低收费标准的降低收费标准。政府部门不得硬性指定中介服务机构，工业园区可由政府统一购买有关中介服务。自治区政府法制办负责清理涉企行政许可，物价局负责重新核定中介服务收费标准。自治区经济和信息化委要建立全区非公有制企业负担监测评估报告制度，定期向社会公布监测评估结果。

（二十八）减免行政事业收费。非公有制企业登记注册费在现行收费基础上实行减半收取，免征小微企业部分管理类、登记类和证照类行政事业性收费。取消个体工商户登记费和变更登记费。取消执法监督中向受检企业收取的样品费和检验检测费。免收小微企业地方教育费附加、水利建设基金、残疾人就业保障金等政府性基金。免除对小微企业的气象、文物、绿化、消防、地震、质检、人防等收费。凡收费标准有上下限的，一律按下限收取，严禁提高标准或变相提高标准乱收费。自治区工商局、财政厅、物价局分别制定具体办法。

六、健全服务体系

着力解决好有人议事、有人负责、有人办事、有钱办事的问题。

（二十九）理顺体制。整合行政资源，优化职能配置，理顺中小企业管理体制，加强统筹规划、综合协调和指导服务。自治区编办、经济和信息化委共同负责研究制订方案。

（三十）建立公共服务平台。建设自治区、市、县三级中小企业公共服务平台网络体系，开展人才培训、技术创新和质量服务、信息化、管理咨询、融资担保和信用、创业服务、市场开拓、国际合作、法律维权等服务。

（三十一）建立统计监测体系。建立中小微企业统计指标体系，强化中小微企业统计调查和运行监测分析。自治区统计局、经济和信息化委、国家统计局宁夏调查总队共同制定具体办法。

（三十二）切实维护企业合法权益。未经法定程序，不得查封、扣留、冻结企业财产和资金。对非法侵害非公有制企业和个体工商户权益、干扰企业生产经营活动的行为要从严查处。

（三十三）保护正当竞争。引导非公有制企业严格执行法律法规，自觉遵守产品质量、环境保护、安全生产等有关规定。加强对非公有制企业执行劳动合同、工资报酬、劳动保护和社会保险等法律法规的监察。鼓励非公有制企业建立工会组织，保障职工的合法权益，构建稳定和谐的劳动关系。

（三十四）支持商会和行业协会工作。剥离依附于行政机构的行业协会，规范运行机制，核定收费项目和标准。自治区对机构健全、运转良好、业绩突出的大型驻宁商会给予一定工作经费补助。对做出突出贡献的给予表彰奖励。自治区财政厅、物价局和工商联共同制定具体办法。

（三十五）建立投诉机制。设立中小微企业服务投诉电话，除法律、法规、规章另有规定外，5 个工作日内回复投诉事项处理情况。建立查访机制，严查门难进、脸难看、事难办和吃拿卡要等问题；建立追责机制，对故意刁难、妨碍企业生产经营造成严重影响的单位和个人依法依规处理。投诉电话设在自治区监察厅，由监察厅在公开媒体上予以公告。

七、加强组织领导

各级党委、政府要把发展非公有制经济摆在更加重要的位置，立足实际研究制定具体实施办法，确保中央和自治区各项扶持非公有制经济的政策措施落到实处。

（三十六）加强综合协调。调整和充实自治区非公有制经济领导小组，协调解决非公有制经济发展过程中出现的问题，促进非公有制经济快速健康发展。自治区经济和信息化委要充分发挥领导小组办公室作用，做好相关工作。

（三十七）加强党的建设。高度重视非公有制经济组织党建工作，不断扩大党的组织和党的工作覆盖面，充分发挥党组织在职工中的政治核心作用和对企业发展的政治引领作用，促进非公有制经济健康快速发展。

（三十八）建立考核制度。各地要建立健全政府领导负责、部门分工明确、责任落实到位的工作协调机制。把发展非公有制经济纳入各级政府效能考核。自治区每年向社会公布各市、县（区）中小企业发展目标考核和县域工业园区考核综合测评结果。

（三十九）营造良好氛围。大力宣传促进非公有制经济发展的法律法规和方针政策，表彰非公有制经济发展中涌现出的优秀企业、优秀企业家和优秀个体工商户，激发广大非公有制企业活力。

二〇一三年一月十日

后 记

工业经济是国民经济的支柱，是一个国家和地区现代化程度的重要决定力量。伴随着我国改革开放的步伐，工业经济改革发展取得了举世瞩目的成就。宁夏工业改革发展在党中央、国务院的关怀支持下，在自治区党委、政府的坚强领导下，走过了由小到大、从弱到强的不凡历程，取得了有目共睹的骄人成绩，谱写了宁夏经济社会发展的华美篇章。

2015 年，为了进一步深入贯彻落实党的十八大，十八届三中、四中、五中全会精神，习近平总书记系列重要讲话精神，以及自治区党委十一届三次、四次、五次、六次、七次全会精神，也为了更好地总结研究宁夏改革开放以来工业经济改革与发展的重大成就、重要经验启示，根据党中央对党史工作“一突出”“两跟进”的战略要求，和中共中央党史研究室《关于开展〈改革开放实录〉课题研究编写工作的通知》精神，以及自治区党委分管领导的指示精神，进一步深化宁夏改革开放史的研究，中共宁夏区委党史研究室联合宁夏回族自治区经济和信息化委员会等相关厅局及全区各市委党史研究室，共同编著了《宁夏工业经济改革与发展史研究》一书。

本书由综述篇、专题篇、地方篇和文献篇四部分组成。该书全方位、多层次、广视角地反映了改革开放以来宁夏工业经济改革与发展的历程、主要成就、经验启示及存在的问题，并提出了相应的对策建议。本书在编写过程中始终坚持以中国特色社会主义理论体系和习近平总书记系列重要讲话精神为指导，坚持解放思想、实事求是、与时俱进、求真务实的思想路线，全面系统地梳理和征集了改革开放38年来，全区各级党委、政府推进工业改革与发展的基本历程、重要决策和举措、重要事件和活动、重大成就和经验启示，以及期间所形成的重要的历史文献与资料，并立足区情，面向未来，提出了进一步推动宁夏工业经济改革与发展的对策建议和基本思路，形成了系列性的专题研究成果。该书既着力书写了宁夏工业经济改革与发展的辉煌历史，又为全区各级党委和政府紧紧围绕“四个全面”战略布局，奋力推进“四个宁夏”建设、实现全面建成小康社会等决策提供相应参考，从而进一步发挥党史工作存史、资政、育人的重要职能作用。

《宁夏工业经济改革与发展史研究》编写出版工作，由中共宁夏区委党史研究室研究二处具体负责组织实施、编纂和协调工作，宁夏回族自治区经济与信息化委员会及全区各市委党史研究室，参与部分内容的研究和撰稿。室副主任饶彦久任本书的主编，负责全书的总体策划、纲目设计和组织协调。室研究二处处长田俊秀任副主编，对本书的文稿做了大量的修订工作。室研究二处卢钰涛、田玲娟、张瑾、周欧等同志承担了本书的具体编务工作。

本书综述篇由饶彦久撰写；专题篇分别由田俊秀、卢钰涛、田玲娟、张瑾、周欧、卢机智等撰写；地方篇分别由李思远、蒋晓忠、王伟、田春梅、周顺明、俞姣等撰写；文献篇由田玲娟和张瑾征集与整理。

本书的编写、出版工作，得到了自治区党委办公厅、自治区政府办公厅、自治区财政厅、自治区经信委、自治区档案局、宁夏人民出版社等相关单位的大力支持与帮助。在此，我们谨向所有关心、关注、支持、帮助本书编写出版工作的单位和同志表示衷心感谢！同时，在本书的编写过程中，我们参考和引用了近年来全国、全区党史党建领域和工业经济及理论研究领域的一些最新研究成果，吸收了相关厅局在推进宁夏工业经济改革与发展进程中的一些经验启示。为此，我们谨向相关方面和人员表示诚挚的谢意！最后，由于我们在研究水平和史学修养等方面尚有局限，书中难免有疏漏和不足之处，敬请相关专家和读者批评指正。

中共宁夏回族自治区委员会党史研究室

2016年10月